图说中华水文化丛书

图说 水利名人

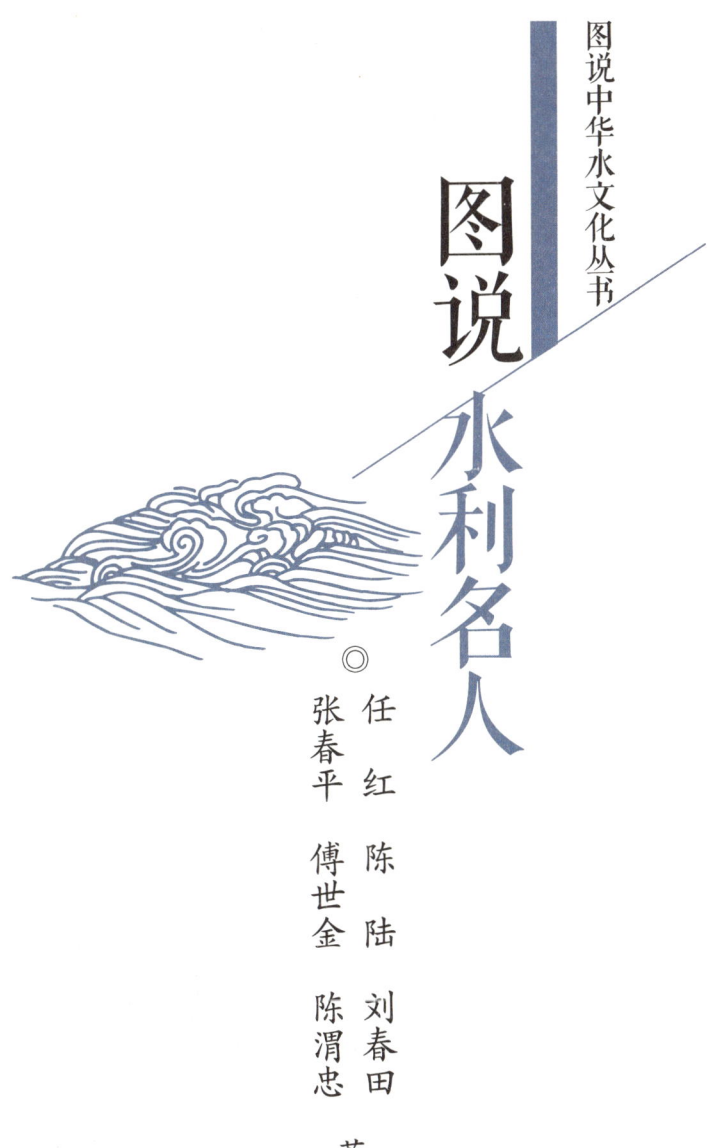

◎ 任 红　陈 陆　刘春田
　张春平　傅世金
　　　　　陈渭忠
　　　　　　著

《中华水文化书系》编纂工作领导小组

顾　问：张印忠　中国职工思想政治工作研究会会长
　　　　　　　　中华水文化专家委员会主任委员
组　长：周学文　水利部党组成员、总规划师
成　员：陈茂山　水利部办公厅巡视员
　　　　孙高振　水利部人事司副司长
　　　　刘学钊　水利部直属机关党委常务副书记
　　　　　　　　水利部精神文明建设指导委员会办公室主任
　　　　袁建军　水利部精神文明建设指导委员会办公室副主任
　　　　陈梦晖　水利部新闻宣传中心副主任
　　　　曹志祥　教育部基础教育课程教材发展中心副主任
　　　　汤鑫华　中国水利水电出版社社长兼党委书记
　　　　朱海风　华北水利水电大学党委书记
　　　　王　凯　南京市水利局巡视员
　　　　张　焱　中国水利报社副社长
　　　　王　星　中华水文化专家委员会副主任委员
　　　　王经国　中华水文化专家委员会副主任委员
　　　　靳怀堾　水利部海委漳卫南运河管理局副局长
　　　　　　　　中华水文化专家委员会副主任委员
　　　　符宁平　浙江水利水电学院党委书记

领导小组下设办公室

主　任：胡昌支
成　员：李　亮　淡智慧　周　媛　杨　薇　李晔韬　王艳燕　刘佳宜

《中华水文化书系》包括以下丛书：
《水文化教育读本丛书》
《图说中华水文化丛书》
《中华水文化专题丛书》

《图说中华水文化丛书》编委会

主　　任：周金辉
副 主 任：李　亮
委　　员：（按姓氏笔画排序）
　　　　　王英华　王瑞平　吕　娟　朱海风　任　红
　　　　　向柏松　李红光　武善彩　贾兵强　靳怀堾

丛 书 主 编：靳怀堾
丛书副主编：朱海风　吕　娟

《图说水利名人》编写人员

任　红　陈　陆　刘春田　张春平　傅世金　陈渭忠　著
程晓陶　主审

责任编辑：李　亮　LeeL@waterpub.com.cn
文字编辑：王雨辰
美术编辑：芦　博
插图创作：北京智煜文化传媒有限公司
插图配置：王雨辰

丛书各分册编写人员

《图说治水与中华文明》　贾兵强　朱晓鸿　著／靳怀堾　主审
《图说古代水利工程》　王英华　杜龙江　邓俊　著／吕娟　主审
《图说水利名人》　任红　陈陆　刘春田　等　著／程晓陶　主审
《图说水与文学艺术》　朱海风　张艳斌　史月梅　著／李宗新　主审
《图说水与风俗礼仪》　史鸿文　王瑞平　陈超　编著／李宗新　主审
《图说水与衣食住行》　李红光　马凯　程麟　刘经体　编著／吕娟　主审
《图说中华水崇拜》　向柏松　著／靳怀堾　主审
《图说水与战争》　武善彩　欧阳金芳　著／朱海风　主审
《图说诸子论水》　靳怀堾　著／赵新　主审

弘扬先进水文化 推进治水兴水千秋伟业
——《中华水文化书系》总序

水是人类文明的源泉。我国是一个具有悠久治水传统的国家，在长期实践中，中华民族创造了巨大的物质和精神财富，形成了独特而丰富的水文化。这是中华文化和民族精神的重要组成，也是引领和推动水利事业发展的重要力量。面对当前波澜壮阔的水利改革发展实践，积极顺应时代发展要求和人民群众期盼，大力推进水文化建设，努力创造无愧于时代的先进水文化，既是一项紧迫工作，也是一项长期任务。

水利部党组高度重视水文化建设，近年来坚持从水利工作全局出发谋划水文化发展战略，着力把水文化建设与水利建设紧密结合起来，与培育发展水利行业文化紧密结合起来，与群众性宣传教育活动紧密结合起来，明确发展重点、搭建有效平台、突出行业特色，有力发挥了水文化对水利改革发展的支撑和保障作用。特别是 2011 年水利部出台《水文化建设规划纲要 (2011—2020 年)》，明确了新时期水文化建设的指导思想、基本原则和目标任务，勾画了进一步推动水文化繁荣发展的宏伟蓝图。

水文化建设是一项社会系统工程，落实好规划纲要各项部署要求，必须统筹协调各方力量，充分发挥各方优势，广泛汇聚各方智慧，形成共谋文化发展、共建文化兴水的强大合力。为抓紧落实规划纲要明确的编纂水文化丛书、开展水文化教育等任务，中国水利水电出版社在深入调研论证基础上，于 2012 年组织策划"中华水文化书系"大型图书出版选题，并获得了财政部资助。为推动项目顺利实施，水利部专门成立《中华水文化书系》编纂工作领导小组，启动了编纂工作。在编纂工作领导小组的组织领导下，在各有关部门和单位的鼎力支持下，在所有参与编纂人员的共同努力下，经过历时一年的艰辛付出，《中华水文化书系》终于编纂完成并即将付梓。

《中华水文化书系》包括《水文化教育读本丛书》《图说中华水文化丛书》《中华水文化专题丛书》三套丛书及相应的数字化产品，总计有 26 个分册，约 720 万字。《水文化教育读本丛书》分别面向小学、中学、大学、研究生和水利职工及社会大众等不同层面读者群，《图说中华水文化丛书》采用图文并茂形式对水文化知识进行了全面梳理，《中华水文化专题丛书》从理论层面分专题对传统水文化进行了深刻解读。三套丛书既有思想性、理论性、学术性，又兼顾了基础性、普及性、可读性，各自特色鲜明又在内容上相互补充，共同构成了较为系统的水文化理论研究体系、涵盖大中小学的水文化教材体系和普及社会公众的水文化知识传播体系。《中华水文化书系》作为水利部牵头组织实施的一项大型图书出版项目，是动员社会各界人士总结梳理、开发利用中华水文化成果的一次有益尝试，是水文化领域一项具有开创意义的基础性战略性工程。它的出版问世是水文化建设结出的丰硕成果，必将有力推动水文化教育走进学校课堂、水文化传播深入社会大众、水文化研究迈向更高层次，对促进水文化发展繁荣具有十分重要的意义。

文化是民族的血脉和灵魂。习近平总书记明确指出："一个国家、一个民族的强盛，总是以文化兴盛为支撑的，中华民族伟大复兴需要以中华文化发展繁荣为条件。"水文化建设是社会主义文化建设的重要组成部分，大力加强水文化建设，关系社会主义文化大发展大繁荣，关系治水兴水千秋伟业。我们要以《中华水文化书系》出版为契机，紧紧围绕建设社会主义文化强国、推动水利改革发展新跨越，认真践行"节水优先、空间均衡、系统治理、两手发力"新时期水利工作方针，不断加大水文化研究发掘和传播普及力度，继承弘扬优秀传统水文化，创新发展现代特色水文化，努力推出更多高质量、高品位、高水平的水文化产品，充分发挥先进水文化的教育启迪和激励凝聚功能，进一步深化和汇集全社会治水兴水共识，奋力谱写水利改革发展新篇章，为实现"两个一百年"奋斗目标和中华民族伟大复兴的中国梦提供更加坚实的水利支撑和保障。

是为序。

2014年12月28日

《图说中华水文化丛书》序

古人说："水者，何也，万物之本原也，诸生之宗室也"（《管子》）；"太一生水。水反辅太一，是以成天。天反辅太一，是以成地"（《太一生水》）。又说："上善若水。水善利万物而不争，处众人之所恶，故几于道"（《老子·八章》）；"知者乐水，仁者乐山"（《论语·雍也》）。

水，是我们人类居住的地球上分布最广的一种物质，浮天载地，高高下下，无处不在。水是生命之源，是包括人类在内的万千生物赖以生存的物质基础。现代人经常仰望星空，不断叩问"哪个星球上有水？"因为有水的地方才会有生命的存在。"水生民，民生文，文生万象"。水养育了人类，它给万民带来的恩惠远远超过世间其他万物；同时，人类作为大自然的骄子，不但繁衍生息须臾离不开水，创造文化更少不了水的滋润和哺育。

文化者，人文教化之谓也，民族灵魂之光也。中华文明是地球上最古老、最灿烂的文明之一。中华本土文化源远流长，博大精深。考察中华民族文化的发展史，不难发现，水与我们这个民族文化的孕育、发展关系实在是太密切了，中华文化中的许多方面都有水文化的光芒在闪耀。比如，人们习惯把黄河称为中华民族的母亲河和中华文明的摇篮，在一定意义上道出了中华文化与水之关系的真谛。

水文化是一个非常古老而十分新颖的文化形态。说它非常古老，是因为自从在我们这个星球上有了人类的活动，有了人类与水打交道的"第一次"，就有了水文化；说它十分新颖，是因为在我国把水文化作为一种相对独立的文化形态提出来进行研究，是20世纪80年代末以后的事。

那么，何谓水文化呢？

水文化是指人类在劳动创造和繁衍生息过程中与水发生关系所生成的各种文化现象的总和，是民族文化以水为载体的文化集合体。而人水关系不但伴随着人类发展的始终，而且几乎涉及社会生活的各个方面，举凡经济、政治、科学、文学、艺术、宗教、民俗、体育、军事等各个领域，无不蕴含着丰富的水文化因子，因而水文化具有深厚的内涵和广阔的外延。

需要指出的是，文化是人类社会实践的产物，人是创造文化的主体。而水作为一种自然资源，自身并不能生成文化，只有当人类的生产生活与水发生了关系，人类有了利用水、治理水、节约水、保护水以及亲近水、观赏水等方面的活动，有了对水的认识和思考，才会产生文化。同时，水作为一种载体，通过打上人文的烙印即"人化"，可以构成十分丰富的文化资源，包括物质的——经过人工打造的水环境、水工程、水工具等；制度的——人们对水的利用、开发、治理、配置（分配）、节约、保护以及协调水与经济社会发展关系过程中所形成的法律法规、规程规范以及组织形态、管理体制、运行机制等；精神的——人类在与水打交道过程中创造的非物质性财富，包括水科学、水哲学、水文艺、水宗教等。与此同时，这些在人水关系中产生的特色鲜明、张力十足的文化成果，反过来又起到"化人"的作用——通过不断汲取水文化的养分，能滋润我们的心灵世界，培育我们"若水向善""乐水进取"等方面的品格和情怀。

随着物质生活水平的大幅度提高，人们对精神文化的追求越来越强烈。水文化作为中华文化的重要组成部分，如何使之从神秘的殿堂中走出来，让广大民众了解和认知，也就成了一个大的问题。目前，水文化还是个方兴未艾的学科，有关理论和实践方面的书籍虽说也能摆一两个书柜，但大多因为表达过于"专业"，不太适应大众的口味和需求。有道是，曲高和寡。就水文化而言，深入深出，只有少数专家学者能消费得起，而大多数人则望着而却步，敬而远之，更遑论"家喻户晓，人人皆知"了。

但用什么方式把水文化表达出来，让"圈外人"都能看懂、理解，当然，如能在懂得、感悟的基础上会心一笑，那是再好不过了。思来想去，还是深入浅出最好，但如何走出水文化高高在上的"象牙塔"，做到平易亲和，生动活泼，让广大读者乐于接受呢？这需要智慧，需要创意。

好在中国水利水电出版社匠心独运，诸位编辑在思维碰撞、智慧对接中策划出"图说"——这种读者喜闻乐见的方式，来讲述人与水的故事；继而经过多位水文化学者和绘画专家的经之营之、辛勤耕耘，终于有了这套《图说水文化丛书》。要说明的是，尽管这套丛书有九册之多，但在水文化的宏大体系中，不过是冰山一角，管中窥豹。

在设计这套丛书的编写内容时，一方面，我们注意选择了水与人们生产生活关系最密切的命题，如衣食住行中的水文化、文学艺术中的水文化等，力求展示人水关系的丰富性和广泛性；另一方面，也选取了一些"形而上"的命题，如先秦诸子论水、治水与中华文明、中华水崇拜等，力求挖掘人水关系的深刻性和厚重性。在表达方式上，我们力求用通俗易懂的语言讲述人水关系的故事，强调知识性、趣味性、可读性的有机融合。至于书中的一幅幅精美的图画，则是为了让图片和文字相互陪衬，使内容更加生动形象，引人入胜，从而为读者打开一扇展现水文化丰采和魅力的窗口。

虽然我们就丛书编纂中的体例、风格、表述方式等有关问题进行了反复讨论，达成了共识，并力求"步调一致"，落到实处，但因整套丛书由多位作者完成，每个人的学养、文风和表达习惯不同，加之编写的时间比较仓促，不尽如人意的地方在所难免，敬请读者批评指正。

靳怀堵

2014 年 12 月 16 日

图解历史名人之水
展现水利智慧之光
——前言

水之为利，膏腴千里、泽被万世；水之为害，饿殍盈阊、哀鸿遍野。史迁曾言："汤汤洪水方割，荡荡怀山襄陵，浩浩滔天，……甚哉，水之为利害也。"防洪治水和兴办水利是中华5000年文明发展史中事关国计民生的头等大事，在这悠悠的历史长河中，杰出的治水人层出不穷，李冰、王景、郭守敬、潘季驯、王同春等都是其中的典型代表。

1998年，长江流域发生了自1954年以来的全流域性特大洪水。洪水大量决口分洪，圩堤普遍溃决。接防总命令，公司派出抗洪抢险专家组，我是其中的成员，参加了汉江民乐闸堵口和洪湖、监利长江干堤的守堤抢险工作。记得当时抵达洪湖干堤抗洪一线时，正值傍晚。站在大堤顶上，放眼远眺，堤外是天水相连，一片汪洋，几乎望不到对岸；回首一看，堤内的洪湖市华灯初放，已是万家灯火，远处的田野，微风轻抚，掀起层层稻花的涟漪，一片谧静祥和。可这灯火、这稻花大部分都在脚下，因为大堤的高度约与五层楼房的高度相当，堤外汹涌而至的洪水水位，刚刚好与在堤顶垒起的、及于胸高的、单薄的编织袋子堤相平。堤内的家园，就靠这风雨飘摇的大堤和子堤保护，随时都有一泻千里的危险，广大人民命悬一线的感受至今记忆犹新。

如何从根本上解决长江中下游的水患？经过半个世纪的研究和论证，七届全国人大五次会议通过了关于兴建三峡工程的决议。1994年三峡工程正式开工建设，2009年，三峡工程胜利建成，开始全面发挥防洪、发电、航运、水资源配置、节能减排与生态环保等综合效益。三峡工程——世界上最大的水利枢纽工程将泽被万世。在三峡工程建设中涌现出了一大批可歌可泣的卓越的治水人，如老一辈的张光斗、潘家铮、王家柱先生……他们都是当代的大禹！是我们后学晚辈的楷模。

经过大量收集整理和精心梳理，《图说水利名人》即将面世。《图说水利名人》不仅记录了我国众多对水利事业发展作出了重大贡献的古代和近代名人，最为重要的是传承了献身、负责、求实的水利精神，是一本不可多得的水文化书籍。任红女士将这本著作原稿送我先睹为快，一口气读完，爱不释手，掩卷长思，感慨颇多，真是一次难得的学习机会。然笔者嘱以前言，吾生也晚，吾学也浅，诚惶诚恐，几不知所言，以上诚为读后感，权充前言。

孙志禹

2015年1月8日于北京

目 录

弘扬先进水文化　推进治水兴水千秋伟业——《中华水文化书系》总序

《图说中华水文化丛书》序

图解历史名人之水　展现水利智慧之光——前言

1　**第一章　先秦**
2　大禹：浩浩河川　汤汤理水
8　管仲：举世论水第一人
15　孙叔敖：兴修水利第一相
23　西门豹：兴建引漳十二渠
30　秦始皇：治水之功　统一六国
36　李冰：无坝引水都江堰
43　郑国：疲秦终成郑国渠
50　史禄：灵渠巧连湘漓水

59　**第二章　两汉**
60　夫差、刘濞：扬州二王　运河始祖
67　汉武帝：白马沉河　瓠子悲歌
73　司马迁：悲《瓠子歌》　作《河渠书》
81　贾让、王景：双子星座　光耀两汉
87　马臻：功也鉴湖，泪也鉴湖

97　**第三章　三国两晋南北朝**
98　刘馥一家　三代治水
104　郦道元：注《水经》的"酷吏"

111　**第四章　隋唐**
112　宇文恺：依水而盛建新都
117　隋炀帝：饮马长城窟　情悲大运河
124　姜师度：盛唐繁华背后的治水良吏
130　白居易：唯留一湖水　与汝救凶年
138　王元𬀩：县令兴建它山堰

145　**第五章　宋元**
146　范仲淹：治水者的忧乐
150　王安石：立法兴水资天下
158　钱四娘：只问工程谁倡首　莫将成败论前身
164　苏轼：治水地图
171　赛典赤："为陂池，以备水旱"
175　郭守敬：古代科技巨星
181　贾鲁：白茅堵口挽清流

191　第六章　明
192　白英：构想"运河都江堰"的汶上老人
199　海瑞：以工代赈治吴淞
206　汤绍恩：千年遗泽在三江
213　万恭：因势利导治黄河
221　潘季驯：明代河工第一人
229　徐贞明：海河水利立高论
234　徐光启：以农立国　水为农本

243　第七章　清
244　康熙帝：三大国事有河务
250　靳辅、陈潢：联手治黄　劳绩昭然
257　鄂尔泰：云南治水建新功
263　乾隆帝：治水仍为养民道
269　郭大昌：黄河安澜因有君
277　陶澍：度领水利系江淮
283　林则徐：水利大家　治水名臣
290　左宗棠：引得春风度玉关
298　丁宝桢：兴怀救弊恨无穷

309　第八章　近现代
310　杨守敬：从《水经注疏》到《湖北江汉水利议》
317　王同春：问渠哪能清如许
323　张謇：实业救国　水利状元
330　李仪祉：中国近代水利事业的奠基人
337　冯玉祥：爱国将军水利情

344　把水的权力关进笼子，让它更合理地流淌——后记

第一章　先秦

大禹：浩浩河川　汤汤理水

"伯禹复鲧，夫何以变化"：大禹是谁

《史记》中说禹名文命，《帝王世纪》说禹字密，"帝禹为夏后而别氏，姓姒氏"。但一般称其为夏禹，是先秦时期以国为氏的习惯。禹的家世煊赫，是"黄帝之玄孙而帝颛顼之孙也"，既为贵胄，又是权臣。因为治水有方，后人尊称他为大禹。禹母是有莘氏，禹父是治水九载无功、于帝尧时登用、帝舜时放逐的鲧。

关于大禹的籍贯所在，海内颇有争议，大概因为九州处处皆有禹迹，大家都愿意把大禹认作自己的乡亲。有说大禹是四川的羌族，也有说大禹是山西人、安徽人、河南人、古越人等，不一而足。禹的出生地不可确考，但对禹的墓葬地人们却大体认同——位于浙江绍兴东南会稽山的大禹陵，历来是全国的祀禹中心。《越绝书》载："禹因病亡死，葬会稽。"公元前21世纪，以夏王启为开端，祭会稽大禹陵成为定例。公元前210年，始皇帝嬴政"上会稽，祭大禹"。此后数代，或由皇帝派出使者，或皇帝沐赍礼亲来。到明代，遣使特祭已成制度。清代，康熙、乾隆都有亲临。民国时设为特祭，定于9月19日。1995年后，大禹陵五年一公祭；地方民祭和后裔家祭则每年举行。4000多年来，大禹陵清庙巨丽，祭祀绵亘，俎豆千秋，玉帛相接。

话说尧舜的时代，洪水泛滥，危害中原，民生凋敝，满目疮痍。《尚书·尧典》载："汤汤洪水方割，荡荡怀山襄陵，浩浩滔天。"《孟子·滕文公》载："当尧之时，天下犹未平，洪水横流，泛滥于天下，草木畅茂，禽兽繁殖，五谷不登，禽兽逼人，兽蹄鸟迹

大禹像

之道交于中国。"那时候，人民的生活状态极其艰难，洪水已然是很大的不幸了，猛兽却又联袂而来。灾荒、贫病、不安、恐惧，挤压着人民本来就已经极其有限的生存空间。在暴虐的大自然面前，人类显得如此渺小和脆弱。先后有鲧、共工氏治理水患，但直到大禹受命，局面才有所扭转。大禹于舜时任司空，其主要工作是治理洪水；鲧死后三年，禹接续父亲未竟的事业。

因为大禹做到了别人不曾做到的事情，人民特别敬仰他，他的身上被打上了神的印记。信史之外，野史更多，而关于禹的神话传说，更赖口耳相传，在民间生生不息，《山海经》《淮南子》《尸子辑本》《拾遗录》《太平广记》等都有收录。先是大禹的出生，就不同凡响，其父鲧羽郊被诛三年不僵，剖以吴刀，化为黄龙；复以吴刀，禹即出生，出生后旋即成年；治水中，大禹会幻作黄熊，孔武有力，开山破土，禹妻偶见他的变形，惊吓之余化为巨石；理水中，河伯还献给大禹三件宝贝：河图、开山斧和避水剑。此外，禹治水还有很多帮手，不但有伯益和后稷等上古英雄从其左右，还有应龙、玄龟、黄牛等神兽相助，甚至连狂章、虞余、黄魔、大翳、庚辰、童律诸仙也听其派遣，想来应该十分的威风。

大禹传说版本很多，林林总总，光怪异常，却颇得民心。这些事情看起来是那么不合常理，完全超乎于凡人的经验之外，难怪屈原会在《天问》中不解："河海应龙，何画何历？""永遏在羽山，夫何三年不施？伯禹复鲧，夫何以变化？"这些诗句因屈原在中国政治史和文学史上的双重地位，而得以广泛流传，成为了人们理解上古历史的重要线索之一。

古史辩派早就对大禹是否确有其人提出过看法。时至近代，怀疑一切和价值重估的观念西学东渐，以顾颉刚为代表的疑古派学者依据《说文解字》中释"禹"为虫，释"禹"之下半部为"兽足蹂地"；合二字之意，颇似蜥蜴；而青铜器上，螭的纹饰，正是蜥蜴的形状。据此，他们认为"禹"可能出于九鼎纹饰。故而，禹的本质不过是一条虫而已，由"神"人格化为"人"。也有学者从神话学原理推论，大禹既非"神"，亦非"人"，乃是代表着一个以"虫"为氏族图腾的部落。

此外,还有学者否定大禹理水的可能性。西方学者夏德在《支那太古史》上说,开挖黄河、长江和汉水的工程量之大,超乎了当时的科技水平,完全不可能实现。中国史学家于文江、顾颉刚等也持否定态度。周谷城则认为,大禹治水并非是大规模地疏浚河道,而是谋求安全的栖身之所。新说还有,大禹治水,所治并非长江、黄河,而是世界性的海侵。洪水退后,地面一片淤泥,若不加治理,就不便耕作。大禹治的,正是这田间水渠的管理。这和孔子所说的"尽力乎沟洫"大致符合。不过,这些提法多流于假设和推断,缺少有力的反驳证据,对信史并不构成颠覆性的冲击。

"洪水茫茫,禹敷下土方":大禹何为

《禹贡》记载了大禹平治水土的事迹,至详且尽。大禹从帝都冀州开始,先完成壶口工程,此后又疏浚了很多河流,做出了"决九川,距四海"的重大贡献,而治理黄河是大禹最完美的治水成就之一。当时,黄河的灾害最为严重,禹在黄河下的工夫也最多,他开凿龙门,使黄河水南到华阴,东下砥柱、孟津,由于黄河上游地处高原,当黄河流经中下游平原地带的时候,水流湍急,容易成灾。大禹便开凿了两条河流,分其水势,到下游,大禹又疏浚了多条河道,让其东流入渤海,这即《史记》所谓"以为河从来者高,水湍悍,难以行平地,数为败,乃厮二渠以引其河"。于此,《吕氏春秋》等书中亦有记录,"昔上古龙门未开,吕梁未发。河水孟门,大溢逆流,无丘陵沃衍,平原高阜,尽皆灭之,名曰鸿水。禹于是疏河决江,为彭蠡之障,干东土,所活者千八百国"是之谓也。

出于对大禹的信仰和崇拜,人民把许多重要的远古水利活动都附会在大禹身上。凿龙门之外,导江岷山、导淮桐柏、导河积石,辟伊阙,下砥柱等都被认为是大禹的功劳。《禹贡》之外,《墨子·兼爱》《孟子·滕文公》等文章也勾勒了较为完整的大禹理水地图。前者说:"古者禹治天下,西为西河渔窦,以泄渠孙皇之水。北为防原,注后之邸,池之窦,洒为砥柱,凿为龙门,以利燕、代、胡、貉与西河之民。"后者说:"禹疏九河,瀹济、漯,而注诸海;决汝、汉,排淮、泗,而注之江。然后中国可得而食也。"这两段文字翻译成白话,大体是说,大禹开凿龙门,兴修水利,使黄河流域的各民族享受利益;疏通九河,

大禹铜像

治理济水和漯水，决通了汝水和汉水，把淮河和泗水排入长江，让人们能够得以生存。

治理水患的过程艰苦卓绝。这不但考验人的智慧，还考验人的品德。大禹节衣缩食，陆行乘车，水行乘船，在泥沼中行走就乘木橇，在山路上行走就穿上带铁齿的鞋。他一手拿着准绳，一手拿着规矩，还装载着测四时定方向的仪器，就像是一个作风凌厉的工程师模样。春去秋来，寒过暑往，不觉间13年过去了。这"忧劳焦思"的13年，仿佛弹指一挥，没人知道大禹的眼角是否平添了皱纹，也没人知道大禹的两鬓是否多了银丝。历史，从来做着减法，

大禹陵，位于浙江绍兴城东南、会稽山麓距城3公里

忽视最具人性的细节，剔除最具情绪的枝蔓。然而，多情的人们，仍然在可编年的冷静和纪传的简约中，自己创造出一个更丰富、更瑰丽的阐释空间和想象空间。大禹和新婚四天的妻子匆匆告别，就踏上了漫漫的理水之路。他几次路过家门，都来不及去看望家人。甚至有一次，他还听到了儿子启的哭声。我想，那一刻，他的心一定碎了。他一定还掩饰着，从感情的牵绊中走开。因为，还有更重要的事情要做。

作为国史的《夏书》今天已经失轶，我们只能间接从其他史料中寻找关于大禹的经历。在冷静阔大的历史视野中，禹的人格和作为被栩栩如生地叙述和勾勒。他伟岸、沉郁、悲悯，正气，内则圣，外则王，没人可以小觑，也没人可以说东道西。但伟大之上，我们仍然可以想象涂山氏的忧伤和儿子启的失望。冠盖之下，大我与小我之间的抉择，大家与小家之间的取舍也跃然纸上。

在中国的文化体系中，大禹的精神成为一种可贵的道德典范和人格境界，为人们深深接受，且争相效尤。"鱼，我所欲也；熊掌，亦我所欲也，二者不可得兼，舍鱼而取熊掌者也。"孟子如是说。"先天下之忧而忧，后天下之乐而乐。"范仲淹亦如是说。大禹的公而忘私、舍生取义的精神成为了中华民族崇高精神的一部分。

大禹在治理水患中，励精图治，苦心孤诣，以天下为己任。他身执耒锸，以为民先，

栉风沐雨,日夜奔忙;腿肚子都累瘦了,腿上的毛也磨光了,即《韩非子》所谓"股无胈,胫无毛,手足胼胝,面目黧黑"是也。不但如此,大禹还保持着简朴而得体的生活作风。他自己虽然舍不得吃好的,自己舍不得穿好的,却舍得用精美的食物来飨宴神祇;同时,大禹更舍不得住好的,居室简陋,把全部资财和心思放在治理水患上。对此,孔子连连赞叹:"吾无间然乎,吾无间然乎!"就是说:"我实在找不到非议他的地方,我实在无法挑剔这样的人啊!"

书归正传,这短暂而漫长的13年终于过去了,洪水也被遏制住了。为了表彰禹的贡献,舜将一块黑色的玉圭赐给禹。不久,禹又封伯,以夏为采邑。老百姓称颂他说:"要不是大禹,我们早成了乌龟王八!"舜的称赞甚至还显得有些夸张,他说:"禹啊,你是臂膀,我的手足和我的视听。你辅佐我礼乐治乱,宣扬五德。你诤谏我莫观占星卜卦,莫奢华穿着。你是发扬圣德,功盖朝野!"《诗经》中也能找到大量赞扬大禹的诗歌,有"丰水东流,维禹之绩","奕奕梁山,维禹甸之",等等。

在治理水患中,大禹还重新规划了中国的行政地格局,将天下分为九州,即冀州、兖州、青州、徐州、扬州、荆州、豫州、梁州、雍州。人们通常称中国为"九州",也

黄河

有人称中国为"禹域",宋朝陈亮《水调歌头》云:"尧之都,舜之壤,禹之封;于中应有,一个半个耻臣戎。"这"禹之封"就是指代中国的疆土。他走遍天下,熟知各地的地形、习俗、物产。大禹还规定了各地贡品,划定了五服界域:天子帝畿以外五百里的地区叫甸服,再外五百里叫侯服,再外五百里叫绥服,再外五百里叫要服,最外五百里叫荒服。甸、侯、绥三服,进贡不同的物品或承担不同的劳役。要服,不纳物服役,只要求接受管教、遵守法制政令。荒服,则根据其习俗进行管理,不强制推行中朝政教。

《史记·夏本纪》说大禹是帝舜时百官的表率,他勤勉庄严,仁爱至亲。在理水中,他让伯益给民众分发稻种,种植在低洼潮湿的地带,又让后稷赈济吃不饱肚子的灾民。据说,他的声音和身躯都完美得令人惊叹,依据他的声音和身躯,就可以校正音律的高低和尺度的长短。

这样一个英俊善意的男子就是国家未来的主人。帝舜在位三十三年时,正式将禹推荐给上天,把天子位"禅让"给禹。十七年后,舜于南巡中逝世。三年治丧结束,禹避居阳城,要将帝位让给舜的儿子商均。但诸侯都离开商均去朝见禹。在诸侯的拥戴下,禹正式即位,以安邑(今山西夏县)为都城,国号夏。分封丹朱于唐,分封商均于虞。改定历日,以建寅之月为正月。

"禹之决渎也,因水以为师":禹之伟大

《尚书·益稷》《尚书·禹贡》《墨子·兼爱》《史记·夏本纪》《史记·河渠书》和《汉书·沟洫志》等书中都说大禹是采用了疏导的办法来治理洪水。大禹不用人力和自然对抗,法乎自然,因势利导,给洪水找出路。他在做堤的基础上,再做渠,令水土不再对峙,人民由此才可以摆脱洪灾,安居乐业。

《淮南子》说:"禹之决渎也,因水以为师。"《孟子》说:"禹之行水也,行其所无事也。"为什么一定要战败自然呢?大禹总结前辈治水教训,亲临洪区各地进行勘察,"左准绳,右规矩","行山表木,定高山大川",逐步摸清了洪水流向和走势,并制定了统一的治水规划。鉴于前辈"堕高堰库",治水无功,采用疏导和堰塞相结合的新办法。他利用

水流运动规律,高的培土,低的疏浚,成沟河,除壅塞,开山凿渠,疏川导滞,排除积水,令其回归河槽,流入大海。水患平息后,人们纷纷从高地搬到平原。禹又带领人们开凿河渠,引水灌溉,发展农业,化害为利,在黄河两岸开垦了许多良田和桑土。

禹理水的故事在中国流传深广。这里我们改传统的"治水"为"理水",非但是为了标新立异,乃是因为早期的典籍里就是这样称谓的。《尸子辑本》说:"禹理水,观于河";《太平广记》说:"大禹理水,驻山下。"鲧治水,禹理水,前者埋塞围堵,后者疏导理顺。在与自然的正面冲突中,父亲失败了;而向自然谋求和谐的儿子,却获得了胜利。这成功的意义非同小可。大禹理水,那是中国水利工程和思想文化模式的一个拐点。它不但开启了今后中国疏导治水的先河,亦开创了中国历代疏导治国的先河。

大禹在巩固夏政权中,重视疏导,恩威并济。相传,西部有扈氏,好战不愿服夏。禹一边用兵征服,一边用德政教化的策略,终使有扈氏臣服。大禹还出巡东南九夷,传播中原礼教。他沿途问习,鼓励农耕,告其农时,播种五谷,引导部族酋长讲礼仪,知法度,不以强凌弱,和睦相处。大禹还收取天下的铜,铸成了九鼎,象征天下共主。

就这样,"九川既疏,九泽既洒,诸夏艾安",大禹在中国历史上做出了杰出的贡献。

管仲:举世论水第一人

立言、立德、立功,是先秦诸子名传千古而不朽的根本。管仲,其德曾为人所诟病,但其赫赫功绩,却在先秦诸子中卓然矗立。他以"春秋第一相"的身份载入史册,又以辅佐齐桓公"九合诸侯,一匡天下"成就"春秋第一霸"而威震华夏。在其立言之中,他第一次提出了水是万物之本原,治水是治国安邦的根本大计,成为举世论水第一人。在《管子·水地》中他说:"水者,何也?万物之本原也,诸生之宗室也。"在论述治国之道时,他说:"凡治国之道,必先富民。民富则易治也"。(《管子·治国》)他还说:"夫民之所生,衣与食也;食之所在,水与土也"。(《管子·禁藏》)他指出,只有治理了水害,人民才能安居乐业,天下才能太平。在《管子·度地》中,管仲指出:"善为国者,必先除其五害(指水、旱、风雹、瘟疫、虫)。""五害之属,水为最大。五害已除,人

管仲:华夏文明的保护者

乃可治。"难怪孔子连连发出感叹:"如其仁,如其仁","管仲相桓公,霸诸侯,一匡天下,民到于今受其赐。微管仲,吾将被发左衽矣!"(《论语·宪问》)

九合诸侯　一匡天下

　　管仲(约公元前723年或公元前716—前645年),名夷吾,字仲或敬仲,尊称管子。颍上(今安徽颍上县)人。他出身贫寒,曾做过小本生意,养过马,服过兵役。他走游四方,丰富了阅历,积累了丰富的社会经验。在狼烟四起的诸侯纷争之中,他目睹了百姓的苦难,思索着治国安邦、富国强兵的大计,并在为实现目标努力实践着。他曾一度辅佐齐国的公子纠,与齐桓公进行继位之争。后齐桓公胜,公子纠失败被杀,管仲沦为阶下囚。但由于他卓越的才能,受到齐国大夫鲍叔牙的让贤推荐,遂被思贤若渴的齐桓公拜为上卿。

　　春秋时期,周王室衰微,天下无主,诸侯纷争。齐国北有外族山戎对其虎视眈眈,南有强楚跃跃欲试进行侵伐。国内连年不断的内战,国力消耗殆尽。齐桓公极欲依靠管仲励精图治实现强国之梦。管仲不负所望,在任齐国国相的40多年里,抓住时代契机,采取了一系列卓有成效的改革方略,辅佐齐桓公成就了霸业。

　　对外,他以非凡的睿智制定了"尊王攘外"之策,以尊崇周天子为名,行号令诸侯之实。齐桓公多次会盟天下,使齐国成为了当时华夏的权力中心。"九合诸侯,不以兵车",达到军事上"不战而屈人之兵"的最高境界。他又联合北方邻国抵御外族——山戎族的南侵。

　　对内,他改革内政,振兴经济,富国强兵。他认为治理国家和人民,首先要发展经济,因为物质基础对于国家的稳定、繁荣和社会的良好道德风尚,具有决定性的影响。他说:"国多财则远者来,地辟举则民留处,仓廪实则知礼节,衣食足则知荣辱"。(《管子·牧民》)"凡治国之道,必先富民……故治国者常富,而乱国者必贫。是以善为国者,必先富民,然后治之"。(《管子·治国》)

　　为了发展农业,促进经济的繁荣。他实行了"相地而衰征"的田赋制度,按照土地的肥瘠定赋税的轻重,增加了国家的税收,提高了人民的生产积极性。此举打破了井田的界限,加速了井田制的瓦解。

齐国靠海,有发展盐业和渔业的优势。他设盐官煮盐,设铁官制农具,鼓励渔业发展,由国家铸造钱币调节物价,推动商品流通……一系列改革措施的实施,使齐国的经济迅速发展,国力迅速提升,齐国很快成为了春秋"首霸"。

善为国者,必先除水旱之害

春秋时期各诸侯之间展开激烈的兼并战争,都企图一统天下。由于割据,各国互相敌视,水利建设更是"壅防百川,各自为利"。于自己有利的水利工程则为,于自己无利的则不为,因此,河流得不到统筹规范和综合治理。

管仲纪念馆,位临淄区乔陵街道北山西村,依托管仲墓而建

不仅如此,一遇水灾,各国为了保住自己国家,甚至以邻为壑,将洪水引向邻国,将灾难转嫁给别人。诸侯间的连年战争更使得土地荒芜,人民流离失所,加之水灾、旱灾、虫灾频仍,齐国的百姓灾难深重,他们都迫切需要改变恶劣的生存环境,变害为利。

管仲在多年的游历生涯中,亲眼目睹了这些灾害给百姓带来的苦痛,他清楚地认识到,作为以农业为基础的国家,土地和水利在社会发展中起着决定性的作用。他在《管子·禁藏》中明确指出:"夫民之所生,衣与食也;食之所生,水与土也。""地者,万物之本原,诸生之根菀也。水者,地之血气,如筋脉之通流者也。"土地和水是人民赖以生存的最基本的物质基础。

他在辅佐齐桓公时,首先改革齐国仍旧保留的井田制,承认了私田的合法性,实行按土地的肥瘠决定税收轻重的税收制度,得到人民的拥护,人民生产积极性高涨。他十分注重水利在治国理政中的重要作用。他在《管子·立政》中说:"沟渎不遂于隘,障水不安其藏,国之贫也。"反之"沟渎遂于隘,障水安于藏,国之富也"。

齐桓公向他咨询治国理政的方略时说:"我称王不久,人心未定,国势不强。如今想修理朝政,立纲陈纪,该从何下手?"

管仲答道:"礼义廉耻,国之四维。四维不张,国乃灭亡"。(《管子·牧民》)即首先是把握国家的四维,即礼、义、廉、耻。这四维不加以弘扬,国家就要灭亡。二是要关注治水。因水是万物之根本,水是土地的血气,就像筋脉流通一样。一个国家是否得到安定治理,不用别人告诉,看他国家的河水治理情况便知道。一个国家必定喜欢肥沃的土地,充足的水源。

管仲在与齐桓公探讨治国方略时,还进言道:"善治国者必先除其五害。水一害也,旱一害也,风雾雹霜一害也,疠一害也,虫一害也。五害之属,水为最大。五害已除,人乃可治。"(《管子·度地》)还说"除五害,以水为始。"管仲将治水看作是治国安邦的根本大计。

置水官　使都匠　保堤防　安水藏

齐桓公请教管仲"为备五害之道",即除五害的具体办法。管仲对曰:"请除五害之说,以水为始。请为置水官,令习水者为吏:大夫、大夫佐各一人,率部校长、官佐各财足。乃取水左右各一人,使为都匠水工。令之行水道、城郭、堤川、沟池、官府、寺舍及州中,当缮治者,给卒财足。"即为了消除"五害"中危害最大的水害,管仲采取的具体措施,首先是加强组织领导:国家专门设置管理水利的官员,任命大夫、大夫佐各一人,统率校长、官佐和各类徒隶。然后挑选水官的左右部下各一人,当水工头领。派他们巡视水道、城郭、堤川、沟池、官府、寺舍及州中,凡应当修缮的地方就分派给士卒、徒隶修缮。明确水官的职责,大力兴修水利建设。他说"决水潦,通沟渎、修障防,安水藏,使时水虽过度,无害于五谷,岁有凶旱,有所分获,司空之事也。"司空是负责水利工程的官吏。他的具体职责是负责积水的排泄、沟渠的疏通、堤坝的修筑、水库的储存。这样,即使遇到水灾,也不影响五谷的生长。即使发生旱灾,粮食也有收获。

他还饬令在河渠修筑防洪大坝时,在河渠边的不毛之地挖一些大小不等的水库。即"地有不生草者,必为之囊(水库)。大者为之堤,小者为之防,夹水四周。"大水库修堤,小水库修防,使堤防围绕水库四周。这样这些水库既可以分洪抗涝,又可以蓄水灌溉农田,一举两得。这就是今天说的"沿河挂铃铛"的治黄方法。

为了保护堤坝，他提出每年堤坝要加土修补，堤上"树以荆棘，以固其地。杂之以柏杨，以备决水"。即在堤上种植荆棘灌木，来保土固堤。还要种植柏、杨等高大乔木，在洪水冲决大堤时备用。为了激发人们植树造林的积极性，他建议齐桓公，对那些为植树造林作出贡献的能人，奖励金一斤，相当于八石粮食。

识水性　借水势　兴水利　治水害

在《管子·度地》中，当齐桓公询问管仲水的特性时，管仲将水分为干流、支流、季节河、人工河和湖泽五类。他认为治水要根据不同水源的特点，因势利导，因地制宜，采取相应的工程措施，兴利除害，使其为灌溉和航运服务。

他说，"夫水之性，以高走下则疾，至于漂石；而下向高，即留而不行，故高其上，领瓴之，尺有十分之三，里满四十九者，水可走也。乃迁其道而远之，以势行之。"就是说，水的性质，从高处往低处流就快，以至于把石头冲走；从低处往高处流，就停而不行。所以把上游水位提高，用瓦管将水引流下来。瓦管每尺有十分之三向下倾斜，水就可以急行四十九里。然后使水迁回到更远的地方，顺应其流势往高处。这里管仲所说的过水的瓦管便是今日的渡槽。可见2000多年前，齐人已经懂得在山地采用渡槽进行输水灌溉了。灌溉水是通过渠道和其他建筑物送往田间的，这就需要选择适宜的断面和比降，以及修建拦水和输水建筑物。他说堤坝的断面"大其下，小其上"，即堤坝的基础要宽，才免于被水冲垮。

在《管子·度地》中，他对渠系水力学的观察也十分细致，并作了生动的描述。如他说："水的性质，是走到曲折的地方，就停而后退；满了，后面就推向前进。地低就走得平稳，地高就发生激荡，地势曲折则将冲毁土地。如地势过于曲折，水流就会跳跃，跳跃则偏流，偏流则打漩，打漩则集中，集中则泥沙沉淀，泥沙沉淀则水道淤塞，水道淤塞则河流改道。"

他说，渠道的比降大了，水流过快会冲毁渠道；比降小流速慢了，又会造成渠道淤积。他甚至计算出了一个合理比降，大约是千分之一。他还提出，当渠道通过道路、河流或山谷时，还需要修建多种形式的建筑物，如渡槽、跌水等。陡坡、跌水之下容易产生水跃，

民国版图书《管仲》

会对渠道产生危险冲刷。对于渡槽，他也提出了进水高程必须高于出水高程，否则水流不能通过。2000多年前，管仲就能对渠道工程的水利学作出明晰的说明，特别是对水跃和环流两种破坏性的水利现象，作出比较科学的论述。而他对水利工程的了解，也充分证明他平时重于实践、精于思索和注重积累。

平时有备　祸从何来

为了防备来年的水害，管仲要求每年秋后就要核查治水大军的人口，普查劳力状况，备好治水工具和物资。

管仲主张，水利工程的劳力要从百姓中抽调。秋末要按家里人口的数量、土地的多少抽派劳工，组织治水队伍。他要求基层选派的劳力，要区分男女老少不同的劳力状况上报"都水官"，"都水官"再根据实际需要确定劳工人数，再通知下级水官，让他们把选定的劳工人数，会同三老、里有司、伍长等到"里"（"里"是一百家组成的一个基层单位）中具体研究，最后再与选定劳工的父母协商确定。

修堤的工具及物资，也要在冬闲时准备。工具也从民间征集，并明确规定：每十家为一征集单位，土筐、锹、夹板、木夯为一套，要备六套；备土车一辆，雨篷两个。甚至连吃饭用具都有明确规定，每人两套并保存在"里"内，以防遗失损坏。水官和工匠头领还要依靠三老、里有司、伍长等检查所备的工具和物资。

在冬闲时，由州大夫率领，派出甲士轮流砍伐治水工程所需的木材，并堆放在水旁，以备待用。治水物资必须按时保质完成。这就是管仲所说的"故常以毋事具器，有事用之，水常可制而使毋败。此谓素有备而豫具者也。"

管仲还要求，经常派治水官吏冬季视察堤防，发现要修缮的问题及时向都水官报告。都水官一般在大地解冻、农事较少的春季组织劳力修筑堤防。因"春三月，天地干燥，水纠裂之时"，土含水量适宜，易夯实堤坝，质量有保障。此时是"山川涸落"的枯水期，有利于河床滩地取土筑坝和疏浚河床。又恰逢是"故事已，新事未起"的农闲时节，昼益长而夜益短，易于组织劳力，也适宜劳作。

大堤修筑成功后,还要时常巡视检验。若遇大雨,堤防需要覆盖要及时覆盖;冲水时,堤防需要屯堵时就要组织劳力及时屯堵。一年四季以保持堤防不坏为治水成效。这就是管仲强调指出的"平时有备,祸从何来?"

由于管仲缜密的思考、周密的布置和细致的安排,齐国的水患得到治理,旱情也大大减轻,农业得到很大的发展。

举世论水第一人

管仲治水的功绩在中国治水历史上占有十分重要的地位。孔子曾赞扬两位治水的历史人物,一个是大禹,一个是管仲。史载"盖孔子尝观河洛而叹曰:微禹,吾其鱼乎?又美齐氏之绩而曰:微管仲,吾将披发左衽矣!(《论语·宪问》)"孔子肯定地说:"没有大禹治水,民众沦为鱼鳖;而没有管仲,华夏早已亡于异族了。"对管仲的这个评价绝非过誉。管仲的一生治理水患发展农业,呕心沥血致力改革,鞠躬尽瘁辅佐齐桓公成就霸业,建立了彪炳史册的功绩。齐国的改革推动了社会的进步,促进了华夏民族的繁荣和稳定。

管仲对于水的本原的论述,在世界有文字记载的史籍中也出现最早,可称得上是举世论水第一人。管仲不仅强调水在生产、生活中的重要性,还提出水对生命、对万物生长都至关重要。在《管子·水地》中他说:"水者何也?万物之本原也,诸生之宗室也。"水是除太阳、土地之外,人类和其他所有生物生存最重要的物质元素,也是文明进步的最重要的物质基础。因为文明以水而生,以水而兴,人类创造的所有文明,都离不开水的滋润。

他还说:"是(水)以无不满,无不居也。集于大地而藏于万物,产于金石,集于诸生,故曰水神。集于草木,根得其华,华得其数,实得其量。鸟兽得之,形体肥大,羽毛丰茂,文理明著。万物莫不尽其机反其常者,水之内度适也。"这里他强调水浮天载地,无处不在;万物靠水滋养,无水则失去生存的根本。所以,他说:"水者,具材也。""水者,何也?万物之本原也。""水者,地之血气,如筋脉通流者,故曰:水,具材也。"这是管仲对水的最本质的认识，既说明了水是万物生存的根本，又通过"具材"，说明水是具备一切的物质。因此管仲的后学在《管仲·水地》中特别指明：对于水，"故人服之，则管仲则之：人皆有之，而管仲以之。"意思是说，人人都习惯了水，而只有管仲能从法则上去了解它；人人都占有了水，而管仲能够掌握和利用它。管仲在2000多年前对水的经典论述，与"人和世界是上帝创造的"唯心论针锋相对，是朴素的唯物主义的自然观和世界观。

管仲以水为万物之源的朴素唯物主义哲学思想，比提出"天地万物生于水，复归于水"的古希腊哲学家泰勒斯早近一个世纪。古希腊哲学家泰勒斯，因说过"水是物的质料因❶"，而被黑格尔称为"大家一致公认的第一个自然哲学家。"恩格斯在《自然辩证法》中谈到最早的自然哲学家也说："在某种特有的东西中寻找这种统一，就如泰勒斯在水里寻找一样。"

但泰勒斯只说出了水是物的质料因，是和土地、太阳等一样，是形成事物的基础，是事物生成的基质，并未像管仲那样对水的本质属性作出更深入、全面的论述。

但据《史记·齐太公世家》记载，管仲生于公元前725年，卒于公元前645年，而据《黑格尔哲学史讲演录》载泰勒斯生于公元前640年或公元前629年，死于公元前556年，泰勒斯比管仲晚了近百年。所以说管仲可称为举世论水第一人。

除了立功之外，管仲还有一部巨著——《管子》留给后世，这是他的后生们对他的思想和言行的真实记录。他深邃的思想对后世产生了深远的影响。特别是他《管子》中的《水地》篇和《度地》等篇章，既展现了他治国先治水的政治谋略，更是以水为万物之源的朴素唯物主义哲学思想的发轫之作。

孙叔敖：兴修水利第一相

"孙叔敖治楚，三年而楚国霸。"孙叔敖用三年时间治理楚国，积极辅佐楚王推行改革，整顿吏治，布政于道，施教于民，使得楚国国力迅速增强。楚庄王饮马黄河，观兵周疆，问鼎中原，成为"春秋五霸"之一。

❶ 质料因：亚里士多德认为事物存在变化的主要原因有四种，即形式因、目的因、质料因和动力因。质料因指事物所由产生的，并在事物内部始终存在着的那东西。

孙叔敖像

治国先治水，治水以兴邦。楚国由蛮夷小国发展成泱泱大国，关键在于孙叔敖的治国方略——将施政的重点放在治水。孙叔敖为相期间，主持修筑了我国最早的大型引水灌溉工程——一期思雩娄灌区，兴建了我国历史上最早的运河——云梦通渠，开凿了我国最早的蓄水灌溉工程——芍陂，使得楚国仓廪充实，武备完善，国势兴盛。可以说是这三大水利工程成就了楚国的辉煌。历史事实昭示了孙叔敖治水兴邦、终成霸业的雄才大略，以及泽被民生、利及千秋的治水功绩。

孙叔敖：循吏第一人

公元前 614 年楚穆王病逝，子熊绎立，他就是春秋时代著名的五霸之一的楚庄王。周初，周成王盟会诸侯，作为小方国的君主楚庄王，在盟会上受到冷遇和轻慢。楚庄王回来后立志发奋图强，扩大疆土。楚庄王虽怀鸿鹄之志，由于初为人君，深知自己年轻力薄，一时难以执掌大权，还需要一个洞察、识别忠臣的过程。于是他佯作荒淫，沉湎于酒色，"即位三年，不出号令，日夜为乐"。伍举、苏从等冒杀身之祸，直谏楚庄王罢淫乐，理朝政，并以"一鸟三年不飞，一飞冲天"励之。是冒死直谏，还是诱溺酒色，从中楚庄王认清了清浊贤佞。于是以"三年不飞，飞将冲天；三年不鸣，鸣将惊人"的大志，整顿吏治，重贤臣，远小人，在贤相孙叔敖等一批忠臣的辅佐下，着力发展经济，提倡勤俭，改革兵制，使国势日益强大，具备了争霸中原的条件。

公元前 606 年，楚庄王亲领大军，攻打陆浑之戎，直抵周天子都城洛邑附近，饮马黄河，观兵周疆，问鼎中原。后楚庄王又两次兴兵伐宋，晋国不敢出兵，宋遂臣服于楚。鲁、郑、陈相继俯首。楚国就这样，由小到大，由弱变强，成为春秋时期的江南霸主，创造了先秦发展史上的奇迹。史载，当时楚国都城"车毂击，民肩摩，市路相排突，号曰朝衣鲜而暮衣敝"，一派繁华景象。

楚庄王的立威定霸，与孙叔敖的奉职循理、忠心辅佐是分不开的。《吕氏春秋·情欲》说："世人之事君者，皆以孙叔敖之遇荆庄王为幸。……孙叔敖日夜不息，不得以便生为故，故使庄王功绩著乎竹帛，传乎后世。"楚庄王、孙叔敖"主明臣贤"，(《韩诗外传》)

其霸业政绩，永垂史册，是一位奉职守法、善施教化、仁厚爱民的好官吏。可见孙叔敖在楚庄王建立霸业中所起的重要作用。

据《荀子·非相》所记："楚之孙叔敖，期思之鄙人也。突秃长左，轩较之下……"，身材短小，又是个秃顶，且左手长右手短，可谓其貌不扬。不想，这丑陋之人却是绝世奇才。

据《淮南子·道应训》载，他出任令尹时，吏民皆来祝贺，有一狐邱丈人告孙叔敖说，人有"三怨"："爵高者，士妒之；官大者，主恶之；禄厚者，怨处之"。孙叔敖答以"吾爵益高，吾志益下；吾官益大，吾心益小；吾禄益厚，吾施益博"。孙叔敖一生谨守这三点，终于助主完成雄楚之霸业。

孙叔敖当上令尹后，积极辅佐楚王推行改革，整顿吏治，布政于道，施教于民。他"奉国法而不党，执刑禄而不欹"。他改革军队，整顿军制，起到"不戒而备"的作用。他改制马车，方便驾驶，利于运输。他改革币制，方便百姓……据《史记》和《孙叔敖碑》记载，孙叔敖为相之初，"施教导民，上下和合，世俗盛美，政缓禁止，吏无奸邪，盗贼不起。秋冬则劝民山采，春夏以水，各得其所便，民皆乐其生"。

他关心民众，注重从生产入手，"考天象之度，敬授民时"。做到不违农时，因地制宜，充分挖掘自然的潜力，使楚国的生产得到发展。同时还注意社会福利事业，做到"老有加惠，旅有施舍"，《列女传》更称其时"道不拾遗，门不闭关，而盗贼自食"。

孙叔敖治国功绩卓著，但最重要的一点，是他抓住了治国的根本。在农耕时代，农业的发展是国家振兴的根本之道。在诸侯争雄、浴血拼争的年代，一个小小方国要在强国如林的夹缝中求生存、求发展，只有发展农业。仓廪实，才能治武库；武库备，才能国势盛。孙叔敖抓住农业的命脉——治水。

在孙叔敖为相期间，发动人民"于楚之境内，下膏泽，兴水利"。《绎史·孙叔敖碑》说："宣导川谷，陂障源泉，灌溉沃泽，堤防湖浦，以为池沼，钟天地之美，收九泽之利，以殷润国家，家富人喜。"孙叔敖注重兴修水利、发展农业的治国理念与实践，楚人艰苦奋斗开疆拓土的精神，为楚庄王争霸中原奠定了基础。唐人樊询说："昔叔敖芍陂，能张楚国。"直接指明水利对楚国强雄，具有密切关系。

在后人感念孙叔敖治水的千秋功业之时，也为其为官清正廉洁赞叹不已。孙叔敖"三得相而不喜，三去相而不悔"。权力在一人之下、万人之上，他轻车简从，吃穿简朴，"妻不衣帛，马不食粟"。楚庄王二十年前后（约公元前594年），孙叔敖患疽病去世。死后，家里竟穷得徒有四壁，连棺木也无钱购置，妻与子过着"披褐负薪"的贫困生活。相传，楚庄王对孙叔敖的去世异常悲痛，日夜思念。后有楚国艺人模仿孙叔敖，才让楚王稍有宽慰。《吕氏春秋》《荀子·非相》中将其称为圣人。孙叔敖生不宠权，死无积财，堪称念国忧民、"奉法守职"的"廉吏"。他的清正廉洁也成为今日为官者的楷模。

期思雩娄灌区：我国最早的大型引水灌溉工程

公元前605年，孙叔敖主持兴建了我国历史上最早的大型引水灌溉工程——期思雩娄灌区。灌区位于今河南固始，是河流、陂塘的综合治理工程。孙叔敖总结前人的经验，利用源泉湖浦的地理条件，截引河水，灌溉农田。他组织乡民在史河东岸凿开石嘴头，引水向北，称为清河；又在史河下游东岸开渠，向东引水，称为堪河。利用这两条引水河渠，灌溉史河、泉河之间干旱的土地。因清河长90里，堪河长40里，共100里范围内的农田灌溉有了保障，后世称其为"百里不求天灌区"。

经过后世不断续建、扩建，灌区内有开凿的渠道、有人工陂塘。引水入渠，由渠入陂，开陂灌田，形成了一个"长藤结瓜"式的灌溉体系。这一灌区的兴建，为大面积发展水田作物提供了有利条件，使水稻的大量种植成为可能。

楚庄王在期思陂建成后不久，即破格重用了孙叔敖为令尹。自此以后，楚人推广了截引河水的工程技术，大大改善了当地的农业生产条件，提高粮食产量，满足了楚庄王开拓疆土对军粮的需求。

因此，《淮南子》称："孙叔敖决期思之水，而灌雩娄之野，庄王知其可以为令尹也。"

雩娄灌区图

楚庄王知人善任，深知水利对于治理国家的重要，任命治水专家孙叔敖担任令尹（相当于宰相）的职务。

《中国水利史稿》称，我国"堤防之设，始于楚相孙叔敖"。他主持修建的期思雩娄灌区比魏国的西门渠、秦国的都江堰，还早二三百年。期思雩娄灌区的修筑不仅促进了当时楚国的农业生产和经济发展，而且为后来的水利建设奠定了良好的基础。

云梦通渠：我国最早的人工运河

楚地地势低洼，河道纵横，水患频仍。杨水作为汉水的支流，穿行于云梦泽的湖沼之中，汛时"萦连江沔"，冬时细流涓涓，冬竭夏盈造成的夏涝春旱，影响了农业生产；而动荡不定的河道也不能保证四季通航的条件。

楚国东有云梦湖泊之饶，南有长江舟楫之利，大规模的水运船队能够航行于长江中下游的广阔水域。然而，自楚国国都荆州向北却无天然水道，北上运输困难重重。荆州北上运输，往往需顺长江而下至汉江口，再溯汉江而上至潜江、沙洋，这一水道里程约740公里左右，而由荆州至沙洋、潜江一带直线距离不到70公里，二者相差670公里，这在很大程度上滞阻了楚国水上交通运输的发展，也妨碍了楚国霸业向北的扩张。

孙叔敖墓

为了疏通河道，防洪排涝，为了弥补通江达汉的杨水天然航道的不足，公元前6世纪初，由丞相孙叔敖主持，楚人在自然水系的基础上，对部分杨水河道进行了开凿和疏通，形成了一条外接长江、上通沮漳、下达汉水的杨水人工运河。既解决了农田夏涝春旱的矛盾，又解决了北上交通难题。《史记·河渠书》载："于楚，西方则通渠汉水、云梦之野，东方则通邗沟江淮之间，……渠皆此可行舟，有余则用溉浸，百姓飨其利。"魏王象《皇览》说："孙叔敖激沮水作云梦大泽之池也。"谭其骧在《黄河与运河的变迁》中据此考证："西方一渠当为杨水，是沟通长江与汉水的一条人工运河。工程的关键是在郢都附近，拦截沮水与漳水作大泽，泽水南通大江，东北循杨水达汉水，所经过的地方正是当时所谓云梦，约当在长江沙市一带到汉水沙洋一带。"这是我国历史上第一条人工运河，史称"云梦通渠"，昭示了孙叔敖以水兴邦的雄才大略，体现了楚人非凡的创造能力。

云梦通渠，要比吴国公元前486年开挖沟通江淮的邗沟（后人认为是京杭大运河的一段）早100多年，是迄今所知我国最早的运河。

杨水在我国历史上曾有过三条不同时期的人工运河。除春秋时期孙叔敖主持开凿的人工运河——"云梦通渠"外，在西晋太康年间（280—289年），第二次系统开凿了杨水人工运河——"杨夏水道"。"杨夏水道"由江陵入杨水到达今沙洋一带入汉江，然后逆汉江经襄阳至洛阳、开封、长安等地。杨夏水道在隋朝南北大运河开凿前，是历代统治者南北漕运的重要枢纽。杨水运河的第三次系统开凿是在北宋时期，史称"荆襄漕河"。这是我国江河间第二条南北大运河，沟通长江中上游地区与京师的漕路，成为北宋一项具有重要政治经济意义的大事。

孙叔敖开人工运河之先河，是当之无愧的人工运河之鼻祖。虽然孙叔敖兴修的"云梦通渠"，从规模和效益上不如杨水后两个时期的人工运河，更无法与隋朝的南北大运河相提并论，但其意义却非寻常。南北大运河遵循的是"云梦通渠"的基本构思和流向。可以说是"云梦通渠"为其设计与构想，勾画出了最基本的运河蓝本，开拓出了丰富的想象空间。后来，隋朝的南北大运河的开凿，也无不受"云梦通渠"的启迪与影响。

芍陂：我国最早的蓄水灌溉工程

在楚庄王十七年（公元前597年）左右，孙叔敖又主持兴建了我国最早的蓄水灌溉工程——芍陂。明嘉靖《寿州志》称：安丰塘"旧有白芍亭，汩而为湖，因名芍陂"。南北朝时梁曾在寿春县南部设置安丰县，因芍陂在安丰县境内，所以又称安丰塘至今。

陂塘一般是在原来自然湖泽的基础上经过人工围筑而成的蓄水工程，其作用主要是蓄水灌溉，兼有防洪、排涝以及养殖等方面之利。陂塘多建于丘陵地区，主要是利用丘陵起伏的地形，在蓄区周围筑堤，形成一定蓄水量的人工湖，引水灌溉。被誉为"淮河水利之冠"的芍陂就是这样的陂塘蓄水工程。芍陂选址科学，工程布局合理，是中国历史上最著名的水利工程之一。

芍陂位于安徽寿县南，当时这里是楚国的东北疆。芍陂位于大别山的北麓余脉，东、南、西三面地势较高，北面地势低洼，向淮河倾斜。每逢夏秋雨季，山洪暴发，形成涝灾；雨少时又常常出现旱灾。孙叔敖根据当地的地形特点，组织当地人民修建堤堰，将东面的积石山、东南面龙池山和西面六安龙穴山流下来的溪水，汇集于堤堰围成的低洼的芍陂之中。堤堰上还修建五个水门，以石质闸门控制水量，"水涨则开门以疏之，水消则闭门以蓄之"，不仅天旱有水灌田，又避免水多洪涝成灾。后来又在西南开了一道子午渠，上通淠河，扩大芍陂的灌溉水源，使芍陂达到"灌田万顷"的规模。孙叔敖之后，芍陂历代为利，惠泽人民。

芍陂今景

据《水经·肥水注》载："陂周百二十里许，在寿春南八十里。……陂有五门，吐纳川流。"陂成之后，改变了当地无雨则旱、多雨则涝的局面，使这带成为著名的产粮区。并很快成为楚国的经济要地。楚国更加强大起来，打败了当时实力雄厚的晋国军队，楚庄王也一跃成为"春秋五霸"之一。

300多年后，楚考烈王二十二年（公元前241年），楚国被秦国打败，考烈王便把都城迁到这里，并把寿春改名为郢。楚国之所以东徙寿春，并以此与秦对抗，芍陂的修筑带来的灌田无垠、仓廪充实的丰饶景况，无疑是一个重要因素。战国后期寿春一带的繁荣与芍陂的效益也有直接的关系。

芍陂是世界最大的人工塘，塘堤周长约25公里，水面达5万多亩，是寿县古城墙内面积的近10倍，蓄水最多时能达到近1亿立方米，灌溉着约70万亩农田。鉴于安丰塘在灌溉、航运、屯田、济军等方面的重要作用，千百年来，历代统治者都十分注重对它的修治和利用。如东汉章年间，庐江太守王景主持整修芍陂，可灌田万顷，"由是垦辟倍多，境内丰给"（《后汉书·王景传》）。东晋称芍陂为"龙泉之陂，良畴万顷"，（《晋书·伏滔传》）唐代称芍陂"陂径百里，灌田万顷"。（《旧唐书·地理志》）因其良好的灌溉条件，东汉、三国、唐肃宗、元忽必烈均在此广为屯田，大获其利。

新中国成立后，政府多次对安丰塘进行了维修和加固，又沟通淠河总干渠，引来佛子岭、磨子潭、响洪甸三大水库之水，使其成为淠史杭水利工程中的一座重要的反调节水库，至今仍发挥着显著的灌溉效益。1988年1月国务院确定安丰塘（芍陂）为全国重点文物保护单位。

安丰塘：无字的丰碑

时光流逝，斯人远去，但孙叔敖的治水工程仍在造福人民。为了追思先贤的圣德，

安丰塘，位于今安徽省六安市寿县中部地区，为国家一级水源保护地

感戴孙叔敖的恩情，后人在安丰塘北堤建有孙公祠，在湖北沙市公园建有孙叔敖衣冠冢，在期思集立碑并建有楚相孙公庙。

沧海桑田，孙叔敖修建的期思雩娄灌区、云梦通渠在历史的云烟中已失去了踪迹，只有安丰塘仍旧波光潋滟，滋润着广袤的大地，成为俯卧在大地上的一座无字的丰碑。当你漫步在安丰塘，古塘的风采尽收眼底。塘西北的孙公祠，松柏掩映，古风犹存。碑石上，记载着楚国令尹孙叔敖的丰功伟业。塘东北端立着的石碑上，镌刻的"芍陂"二字，龙飞凤舞，韵味不凡。祠内存有宋代著名诗人、改革家王安石的诗——《安丰张令修芍陂》，诗中云："桐乡赈廪得周旋，芍水修陂道路传。目想僝功追往事，心知为政自当年。鲂鱼鲅鲅归城市，粳稻纷纷载酒船。楚相祠堂仍好在，胜游思为子留篇。"

西门豹：兴建引漳十二渠

翻开卷帙浩繁的史书，人们不难发现我国古代最早的多首制大型水利灌溉工程，是西门豹主持开凿的"引漳十二渠"。这是以漳水为水源的大型引水灌溉渠系，内设拦河低坝溢流堰 12 道，各堰均在上游南岸开引水口，设引水闸，共成 12 条渠道。渠道灌溉农田约 10 万亩，使盐卤之地尽为良田，邺地因此富庶起来。

天下之腰脊　河北之襟喉

战国时期，诸侯各国之间展开激烈的兼并战争，都力图一统天下。战国初期，魏国国君魏文侯任用李悝为相，实行变法。一是选贤任能，严明赏罚，改变旧的"世卿世禄"制度。二是推行"重地力"等兴农、重农之策，发展农业。三是重法纪，维护社会秩序，稳定政局。由于魏文侯励精图治大胆任用人才，大力发展农业，巩固边防，魏国迅速崛起，成为战国初期七强中最强大的国家。

其中，大胆任用人才西门豹，兴利除弊发展水利，促进了邺地的发展，对于魏国的迅速崛起起到了举足轻重的作用。西门豹担任邺令，实施的"寓兵于农，藏粮于民"的政策，使邺地民富兵强，邺成为战国时期的东北重镇。邺地的发展也促进了魏国的强盛

〔西门豹画像，"西门豹治邺，民不能欺"〕

和繁荣。

西门豹的起用，正逢李悝变法的机遇，魏文侯为了巩固、发展东北边陲，正急切地延揽人才。魏国东北边陲——邺的地理位置十分重要，它与赵国、韩国毗邻，时常受到赵、韩两国的军事威胁。邺又位于今河北临漳县和河南安阳县交接处，是中原地区进出华北平原的重要之地，有"天下之腰脊，河北之襟喉"之说，历来为兵家必争之地。为了巩固东北边防，必须选派杰出人才去治理邺。选派什么人合适，成了魏文侯颇费思量的事。这时候，魏国的重臣核璜力荐西门豹，他说西门豹精明能干，为官清廉，体恤百姓，又懂得水利，是难得的人才。贤明的魏文侯思贤若渴，立即将西门豹召到宫廷，特委以重任，任为邺令，让他担任当地的最高行政长官，希望他能将邺治理好。

西门豹，复姓西门，名豹，生卒年不详，战国时期（公元前475—前221年）魏国人，我国古代著名的政治家、水利家。

悲天灾频仍　叹人祸相逼

邺地处于漳河出山后形成的冲积扇平原上，土地肥沃，气候温和，本是一片富饶之地，但因漳河时常泛滥成灾，农业发展受到严重影响，百姓生活苦不堪言。

漳河发源于太行山脉，自西向东流淌，与卫河汇流，折向东北，注入渤海。它源远流长，衔接东西，沟通山海。现代诗人阮章竞有诗句"漳河水九十九道湾，层层树，重重山，层层绿树重重雾，重重高山云断路"，写的就是漳河在崇山峻岭间曲折穿行的情况。有高山阻挡，漳河水不得不蜿蜒前行，但当它冲出高山，进入邺地平原地带，水流就分散开来，沉淀的泥沙日积月累形成扇形冲积平原。泥沙富含有机物质，特别适宜农作物的生长。但这里时常受到洪水的威胁。每当洪水暴发，万壑奔腾，洪水如脱缰的野马冲出高山，向平原一带横冲直撞，摧毁房屋，吞没土地，邺地的百姓呼号奔突，四处逃荒。

这里除了天灾外，更可怕的是人祸。当地的"三老""廷掾"等地方官吏、土豪劣绅和一些装神弄鬼的巫婆们勾结起来，趁机造谣惑众，巧立名目榨取钱财坑害百姓。他们说漳河发洪水是"河伯显灵"，只要每年选送一位漂亮的女子给河伯送去做媳妇，就能使水灾不兴，百姓平安。

每年春天，他们就开始张罗给河伯娶媳妇的事。巫婆挨家挨户地挑选漂亮姑娘。地方官吏和土豪劣绅们则忙着搜刮为河伯娶媳妇的钱物。他们每年搜刮的钱财多达数百万钱，除去给河伯娶亲所用的二三万钱外，所余皆落入他们的口袋。

天灾人祸逼得百姓无法生存，特别是那些有女儿的人家，每到给河伯娶亲的日子，更是惶恐不安。于是百姓们纷纷背井离乡，去寻求生存之路。

以其人之道还致其人之身

魏文侯二十五年（公元前422年），西门豹来到邺地。眼前是一片荒凉景象，土地荒芜，人烟稀少。西门豹深入民间，询问百姓疾苦。当地长老们一致说：除了洪灾的威胁，最怕的是给河伯娶亲。年年的河伯娶亲闹得百姓一贫如洗，鸡犬不宁。西门豹究其缘由。百姓说："巫婆只要看上谁家的姑娘长得漂亮，便强行为河伯订婚聘娶"。他们为姑娘缝制新衣，并在漳河水边修建一所干净的新房，张挂起华丽的帷帐，让姑娘住在里面沐浴斋戒三日。等到给河伯娶亲那天，巫婆将挑选来的新娘梳洗打扮一番，抬放在一张铺垫新席的木床上，然后将木床和新娘放在水中，随水漂流而下。木床漂浮数十里，便连同新娘一起沉了下去。所以有女孩子的人家都怕自己的孩子被巫婆选中，纷纷逃往外地，所以邺地的人家越来越少，田地也就慢慢荒芜了。

西门豹知道这是巧立名目搜括民财的勾当，他沉思半晌，想出了一个"即以其人之道还治其人之身"的妙计。他不动声色地对长老们说：等到下次给河伯娶亲的时候，请你们告知我一卜，我也来给河伯送亲。

到了给河伯娶亲的日子，西门豹和当地的父老乡亲都来到河边给河伯送亲。"三老""廷掾"等地方官吏、土豪劣绅也一早赶到这里。围观的人群多达两三千人。巫婆是一个70多岁的老妇，后面站立着10多个弟子，都穿着华美的服饰。娶亲仪式开始，西门豹说："把新娘领过来让我看看。"巫婆连忙将打扮一新的新娘领到西门豹面前。西门豹看了看新娘，便说："这个新娘不漂亮，河伯一定不会满意的。麻烦巫婆去给河伯

西门豹治邺，将巫婆投入漳河，揭穿巫术迷信

说一下，本官要亲自给河伯选一个漂亮的新娘，过两天再给河伯送去。"说罢便不由分说地命令卫士抱起巫婆，将她"扑通"一声丢下河去。只见那个巫婆在水中扑腾了几下便沉入水中。众人在河边肃立了片刻，不见河中有什么动静。西门豹又说："老巫婆怎么这么久还不见回来？派个弟子去催她一下。"话刚说完，只见卫士又抱起巫婆的一个弟子投进河中。人们在河边又等了一会儿，也不见动静。西门豹说："这个弟子怎么办事也如此磨蹭，再派个弟子去催催！"就这样一连投了三个弟子仍不见动静。于是西门豹说："看来巫婆和她的弟子都是女的，不能将事情讲清楚，还是麻烦'三老'去跟河伯说说。"于是又将"三老"投入漳河之中。周围的人看到这个情况全都吓坏了，只见西门豹神色不动，依然面向漳河水严肃恭敬地立着。又过了一会儿，西门豹又要派"廷掾"和一个豪绅去给河伯送口信。他们都早已吓得面如土色，连忙跪在地上不停地磕头求饶，头都磕破了鲜血直流。西门豹沉静地说："看来河伯要长久地留客了。你们回去吧！"邺地的官吏豪绅们惊恐万状，再也不敢提给河伯娶亲的事了。

发民凿渠　引漳灌田

西门豹揭穿了巫婆及乡绅用河伯娶亲诈骗百姓的勾当后，就请来治水的能工巧匠，察看邺地的地形和水情，设计规划治理漳水的水利工程。工程建在漳河出山口，即冲积扇的上端，修建12道低堰，呈梯级层层拦截流水。再在每个低堰的上游的南岸修建一条水渠。枯水时12道低堰能拦蓄水流，供给渠道足够的水量。洪水时水流从低堰滚过，经12道低堰层层拦截，水流自然变缓，分杀了洪水的水势，保证了渠道的安全。

工程设计完毕，接着西门豹便"发民凿十二渠，引河水灌民田"。具体的作法是"二十里作十二磴，磴相去三百步，令互相灌注。一源分为十二流，皆悬水门"。就是在20里的漳河河段上，修建12道低溢流堰，每道堰的上游均开一个引水口，设闸门控制。每口开凿一条水渠，共开凿水渠12条，使邺地的农田都得到灌溉。

据历史记载和新中国成立后对工程遗址的考察，这是我国历史上最早的多首制大型引水渠系。因漳河多泥沙，泥沙淤积常使河道主流摆动迁移，多首引水可避免主流因淤塞与渠口不能对接而无法引水。多首引水也易于清淤修护。引水口均开在河流的南岸，这里地势很高，便于控制整个冲积扇灌区，形成自流灌溉。再者，这里土质坚硬，河床稳定，引水方便。每个引水口又设了闸门，可根据需要调节水量。可见整个工程的设计、施工技术达到相当高的水平。这就是历史上有名的"引漳十二渠"。

"引漳十二渠"洪水时可以分杀洪水，调节并蓄积水量，枯水时可以利用蓄水灌溉十万亩土地。"漳河十二渠"除了可以解决灌溉用水外，漳水多泥沙，泥沙中含有丰富的有机质，可淤沙肥田，排盐卤，于是邺地两岸广大的盐碱地得到改良，使昔日的盐碱荒滩成为膏腴之地，粮食亩产较修渠前提高了8倍以上。"引漳十二渠"的修建，使生灵免受水害，百姓乐业安居，当地人民将西门豹敬奉为"神"。西门豹又实施了"寓兵于农，藏粮于民"的政策，使邺地民富兵强，成为战国时期的东北重镇，后来魏文侯将邺作为魏国的"陪都"。邺地的发展也促进了魏国的强盛和繁荣。

千秋功罪　自有评说

西门豹在兴修"引漳十二渠"时征集了大量的民工，加重了百姓的负担，引起了一些怨言。特别是他刚正不阿，疾恶如仇，得罪了不少权贵。如开凿沟渠占用一些本地富豪、官宦们的土地、房产等，西门豹兴利除弊时，又断了那些土豪劣绅的财路。他们对西门豹恨之入骨，于是乘机向魏文侯大进谗言，罗织了无数罪名，千方百计陷害西门豹。

水利工程本是"前人栽树，后人乘凉"的事，开凿渠道时要付出长期艰辛而繁重的劳动，甚至付出血的代价，又要花费大量的钱物，但它的效果要"假以时日"才能体现。魏文侯见西门豹治邺未有立竿见影之效，又听信了谗言，于是决定收缴西门豹的官印。西门豹真是百口莫辩，他为治邺终日勤勉，兴利除弊，为民除害，特别是"引漳十二渠"

的修建，可谓千秋大业，没有论功行赏，反倒罢官问罪，真是天理何在？但西门豹不想为自己辩白，他相信，天长日久天下自有公论。他只是要求魏文侯再给他一年的时间，让他在邺地继续执政。魏文侯答应了他的请求。

西门豹回到邺地一年里，不再问政，闭门休养生息。不再过问百姓疾苦，富豪乡绅、官宦贵族们为非作歹，他也充耳不闻。满一年后，他去见魏文侯，没想到，却得到魏文侯的赞扬和奖赏。魏文侯将官印授予他，让他继续担任邺令。没料想，西门豹却将官印交还给魏文侯说："不为国家和人民办事的官，不如不做！"魏文侯得知了事情的原委，感到十分惭愧，也为西门豹的浩然正气所感动。他请求西门豹继续留任，西门豹答应了魏文侯的要求，继续造福于邺地的百姓。但魏文侯去世后，他儿子魏武侯继位，刚正不阿的西门豹仍然惨遭杀害，含冤而死。

西门豹祠

西门豹虽然被杀害了，但他的事迹千百年来一直为人民传颂。司马迁在《史记》中赞颂他："故西门豹为邺令，名闻天下，泽留后世，无绝已时，几可为非贤大夫哉！"

西门豹在世时，邺地的人民就曾为他建造了祠堂，将他敬奉为神。汉代起，在漳河流域的河北临漳县和河南安阳两地先后建有八座西门豹大夫庙，并建造了投巫池。2008年，临漳县文物部门发现了距今已有1600多年的后赵石虎时期的西门豹祠的奠基石，上面字迹清晰地记录"赵建武六年（340年），岁在庚子，秋八日庚寅造西门豹祠殿……"

前几年，被吵得沸沸扬扬的曹操大墓的发掘，也让河南安阳的西门豹祠火了一把。曹操的墓地一直是个谜，2009年12月27日河南省文物局宣布：曹操高陵得到确认，其位置在河南安阳县安丰乡西高穴村一带。依据是《三国志》载"建安二十三年（218年）六日令（指曹操下令）：古之葬者，必居瘠薄之地。其规西门豹祠西原上为高陵，因高为基，不封不树。"曹操的大墓位置正在西门豹祠的西原上，与文献记载一致。

西门豹治邺石刻

在南阳汉画馆时还保存有一块罕见的汉画石刻——西门豹治邺。这幅汉画石刻中，西门豹着广袖长衣，头戴冠帽，右手持剑高举，中间有两吏抬一女巫正准备将其投入河中。

女巫长发垂散,作惊惧、哀号、挣扎状。

世代人民用各种方式记载 2400 多年前这位治邺者的丰功伟绩,表达对他的崇敬和感念。

千年邺城　六朝风云

日月流转,时空变换,"引漳十二渠"在漫长的历史岁月中,依然发挥着巨大的作用。东汉末年(公元 25—220 年),曹操以邺为根据地,将"引漳十二渠"依照原形进行整修,将它改名为"天平堰"。东魏天平二年(535 年)"天平堰"改建为"天平渠",并成单一渠首,灌区扩大,后世称为"万金渠"。渠首在今安阳市北 40 里,漳河南岸。隋代(581—618 年)、唐代(618—907 年)以后这一带形成漳河、洹水(今安阳河)为源的灌区。唐代重修天平渠,并开分支,灌田 10 万亩以上。清代(1644—1911 年)、民国还有时修复使用。

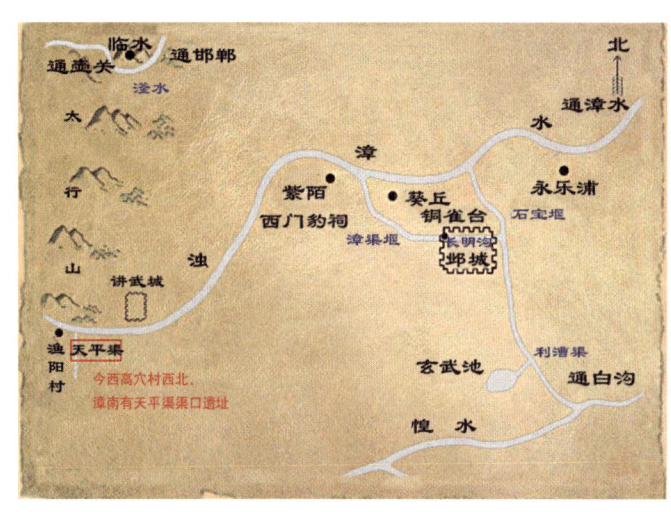

魏邺城周边图

"引漳十二渠"世代哺育着中原东北方一带的人民,也孕育了灿烂的文明。特别是紧邻漳河的邺城,临水而建,依水而兴,发展成为了中国八大古都之一,是魏晋南北朝时期中原地区富庶、繁华的大都市之一。远在战国时,魏文侯就以邺为陪都。东汉末年,邺为东汉冀州治所,为河北平原的统治中心。建安九年(204 年),曹操破踞邺城的袁氏残余势力,领冀州牧,即以邺为根据地经营河北,继而为丞相,封魏王。此后东汉名义上的都城在许昌,实际政治中心是魏都邺城。曹操除了整修"引漳十二渠"外,还先后修凿了一系列运输渠道,把许多自然河流连接起来,形成以邺城为中心,北达幽燕,南通黄河的水运交通网。当时的王粲在《从军行》一诗中描述道:"朝发邺城桥,暮济白马津。逍遥河堤上,左右望我军。连天舫逾万艘,带甲千万人。"北魏时期的崔光等人也说:"邺城平原千里,漕运四通。"曹魏之后,后赵、冉魏、前燕、东魏、北齐也先后在此建都,邺城成为我国著名的六朝古都。

西晋著名文学家左思在《魏都赋》里，用华美辞藻极力铺陈魏都邺城的繁华和富丽，其中写到引漳十二渠："西门溉其前，史起灌其后。磴流十二，同源异口。蓄为屯云，泄为行雨。水澍粳稌，陆莳稷黍。黝黝桑柘，油油麻苎。均田画畴，蕃庐错列……"真实地描绘了引漳十二渠的形胜以及在它的浇灌下流域一片丰饶、美丽的景象。

"引漳十二渠"无愧是利及千秋的丰功伟业，"饮水不忘掘井人"，西门豹的故事世代传扬，西门豹在人们心中永志不忘！

秦始皇：治水之功　统一六国

乘船从洞庭湖向西行，不久便进入湘江；再向西南折去，我们便由湖南进入了广西。这段寻常的水路，其实一点也不寻常。这是秦国吞并珠江流域的粮草补给线。在广西兴安县，秦王曾命人修了座运河，让湘江和珠江得以沟通，使秦军突破岭南，将自己的国土扩大了几乎一半。这条运河，就是赫赫神功的灵渠，现在的长度不过35公里，微波粼粼的一股小水而已。

当逼近这个伟大秦帝国的幽秘历史时，其实，我们努力想使用一种尽量温婉的笔调，来引出我们的主人公——嬴政。这个在公元前221年就把中国版图拓展到异常浩大，"西涉流沙、南尽北户、东有东海、北过大夏"的少年天子，这个以黑色为最高贵色、以6为吉祥数字、以水德为国家概念的神秘君主，这个"蜂准长目、胸似鹰鸷、声如豺狼"、每日批阅奏折以百石计数的传言中的吕氏私子。这个九年而灭六国的终结者，他怎样被历史挑中，成为天下的主宰？而这，除去他自身的个性和作为之外，也与水有关。

春秋战国时期，诸侯国在黄河沿线筑堤，恶意将灾害加诸邻国，彼此妨碍对方的安全。如此混乱的局面，亟待一个统一的政权来统筹治理。始皇帝嬴政的勃勃雄心顺应了历史的需求。始皇帝碣石颂德，自称"决通川防，夷去险阻"。其后，他又改"黄河"为"德水"，更称秦为"水德之始"。都江堰、郑国渠和灵渠等著名的工程，都是秦帝国治下的水利杰作，共同体现着嬴政的最高意志和政治逻辑。

秦始皇，嬴姓、赵氏、名政。秦庄襄王之子，统一六国，带来贵族王侯专政时代，开创新局面

战国七雄：壅防百川，各自为利

公元前651年，齐桓公在葵丘坐上了盟主的位子，与鲁、宋、卫、郑、许、曹等国订立的盟约，其中便有"无曲防"的条款。所谓"无曲防"，就是诸侯国不得随意修坝阻断水源的意思。当年的会盟台，就坐落在民权县城东37.5公里的黄河故道边。

可是，到了战国，"曲防"的事情就发生了，出现了"壅防百川，各自为利"的局面。那时候，最怕发生水灾。水灾一旦发生，大家都把邻国当成分洪区，来转嫁危机。比如当时的治水能手白圭就是使用这样的办法转移了魏国的灾难。孟子为此很忧心，他讥诮白圭道："禹以四海为壑，今吾子为邻国之壑。"此外，在本国水量不足的情况下，上游国家还截流，不让水流到下游国家去，出现了"东周欲为稻，西周不下水"的事情。更有甚者，交战国双方还以水作为战争工具。公元前455年，三家分晋，智伯瑶就曾掘坝水淹晋阳；公元前358年，楚国伐魏，决黄河水淹长垣；公元前332年，赵国与齐、魏作战，将黄河河堤掘溃，来侵淹对方；公元前281年，赵国攻魏，也使用了这个办法。甚至，在公元前225年，秦嬴政也曾引黄河及梁沟的水，淹魏都大梁。

诚如史学家黄仁宇所言，单治水一项，中国完成中央集权，实现政治统一，已经是无法回避了。秦国，一步步从西部小国而问鼎中原，结束长期的混战分裂，建立一体化的政治。事实上，都江堰、郑国渠等水利工程都为秦国农业的快速稳定发展创造了条件，大大增强了综合国力；灵渠的建成，更使得秦戎五岭的大军粮草供给得以保障。

都江堰：昭王手中承袭的最好遗产

秦昭王是嬴政的曾祖。当时，昭王的势力就已经超越陕西、甘肃的范畴，突进了蜀地。蜀地有一条不安分的江，叫岷江。它作为当地最重要的一条河流，让官员和黎民伤透了脑筋。岷江发源于岷山，河窄坡陡，水流湍急，至灌县，地势又突然平坦起来，大量泥沙淤积，抬高了河床。而灌县外的玉垒山，则挡住了岷江的向东去路。每每汛期，西岸水量暴涨，经常发生洪灾；而东岸却因为缺水，而时时遭遇干旱。

于是，昭王便派李冰任蜀守，来治理岷江的水患。李冰到任后，便邀集了许多有治

都江堰,世界文化遗产,全国重点文物保护单位

水经验的农民,对地形和水情进行勘察,制定出防洪、灌溉和航运效益兼顾的治江规划。

都江堰自上而下,由百丈堤、鱼嘴、金刚堤、飞沙堰、宝瓶口和人字堤等部分组成,其中鱼嘴、飞沙堰和宝瓶口是主体工程。

所谓鱼嘴,因其形似一个逆流而进的鱼嘴,故而得名。它建筑在岷江江心,把江水分成东西两股。这被分开的江水,西股叫做外江,是岷江的整流,承担排洪的任务;东股则叫内江,流向宝瓶口,发挥灌溉的作用。在最初修建鱼嘴的时候,几次抛石筑堤都失败了,于是李冰编制了一种"圆径三尺、长十丈"的巨型竹篮,装满卵石后,投入江心,终于战胜了湍流。鱼嘴两侧又筑有内外金刚堤,以防冲护底。

由于地形原因,岷江水进入内江的并不多。李冰就在鱼嘴上游的江心筑了一条堤堰,来解决这个进水量的问题。春耕时节,岷江主流直冲内江,进水量达六成,解决了灌溉的问题;汛期来临,岷江主流则直冲外江,比例自动颠倒,即所谓"分四六,平潦旱"是也。

宝瓶口是凿穿玉垒山的引水口,控制内江水量的咽喉,因形似宝瓶,故而得名。内江水经宝瓶口后,再分成许多大小水渠,形成一条纵横交错的扇形水网,用以灌溉成都平原的大片沃野。为了掌握宝瓶口的进水量,李冰还做一石人,立于鱼嘴分水处,作为观测水位的标尺,以"水竭不至足,盛不没肩"为准绳。

飞沙堰位于金刚堤尾部和离堆之间。当内江水超过宝瓶口所能吞入流量的上限时,多余的水便从堰顶自行溢出流入外江,如遇特大洪水,飞沙堰还会自动溃决,使洪水直泄外江,使灌区免于水患。此外,它还将上游带入内江的泥沙和卵石排出外江,以确保宝瓶口和灌区免于淤塞。

都江堰选址位于岷江由山谷进入冲积平原的地方,它充分利用当地西北高、东南低的地理条件,根据江河出山口处特殊的地形、水脉、水势,乘势利导,无坝引水,自流灌溉,使堤防、分水、泄洪、排沙、控流相互依存,共为体系。它的三项主体工程有机配合,缺一不可。"深淘滩、低作堰""乘势利导,因时制宜""遇弯截角、逢正抽心"的治水方略,至今仍发挥着重要的作用。

都江堰的修建,并不是在嬴政的时代,但却是嬴政承袭下来的最好遗产。自此,成都平原"水旱从人,不知饥馑。时无荒年,天下谓之天府",大大地增强了秦的国力,并为日后统一六国打下了良好的经济基础。

郑国渠:延韩数岁之命,建秦万世之功

吕不韦自杀、秦嬴政亲政的这一年,秦国发生了一件大事。有人说,正在修建水渠的水工郑国是奸细。

事情还要从头说起。都江堰的修建的确增强了秦的国力,但这还不够。天府固然出产丰厚,但嬴政要得更多,他要天下。然而蜀道艰难,以蜀来供给前方,物流是大问题,而战争还不知要持续多久。关中必须有自己的粮食基地。嬴政想把渭水北岸的大片荒野变成良田,但秦国却没有这样的能人。于是,他们从韩国请来一位叫做郑国的人,请他修建一条300里的灌溉水渠。

传闻并非空穴来风。郑国的确是韩国派来的奸细,在这里实施所谓的"疲秦之计"。他们想引诱秦大举修建水利设施,消耗资财,从而削减秦在军事上的投入,并最终放弃吞并六国的企图。秦王震怒了,他要杀了郑国,他还颁

郑国渠渠首

布了"逐客令",要驱逐在秦国任职的所有外国人。

幸好身为楚人的丞相李斯及时上奏,"逐客令"才被取消。而郑国的一番话也打动了秦王,他说:"始臣为间,然渠成亦秦之利也。臣为韩延数岁之命,而为秦建万世之功。"说实话,韩国未免太小觑了秦国的实力,区区一个水渠,怎么可能牵制得了秦的东征,改变兵锋的指向呢?于是,作为"逐客令"导火线的水利工程又重新开工了。

引泾灌溉工程仍由郑国主持。郑国渠总干渠西起泾水,东注洛水,沿途经过泾阳、三原、高陵、富平和蒲城等县。随着这项大型灌溉渠道和相应配套设施的完工,干旱多碱的渭北平原,终于有了河流的灌溉。

郑国渠运行几年后,其经济效益就凸显出来,出现了"溉泽卤之地四万余顷,收皆亩一钟。于是关中为沃野,无凶年,秦以富强"的场面,改变了大面积盐碱地的情形。灌水对土壤的盐分有溶解和洗涤的作用;而泾水所含的大量泥沙流入农田后,沉积在地表,又发挥了淤地压碱的作用;泥沙中的有机质,也增强了土地的肥力。民谣唱道:"田于何所,池阳谷口。郑国在前,白渠在后。举锸为云,决渠为雨。泾水一石,其泥数斗。且溉且粪,长我禾黍。衣食京师,亿万之口。"

灵渠:粤岭限南天设险,秦通舟楫凿嵯峨

秦始皇的野心并没有在吞并六国后止步,百越成了下一个目标。当年,秦军的进军路线大概就是南岭山脉的越城岭和都庞岭之间的湘桂走廊一带。那里山高林密,运输线过长,援兵和粮草都供给不上,几次攻伐都无功而返。于是,秦王下令在这里开凿一条专门的运河。这便是文章开头处,我们提到的那条日后被叫做灵渠的运河。

承担开凿任务的人叫史禄,也叫监禄。南岭山脉是长江水系和珠江水系的分水岭,但水势散乱,高低悬殊,广西兴安县便坐落在山脉的最低处。这里可以被看作是开凿水渠的最优之选。其东,湘江东北流,注入长江;其西,漓江西南流,汇入珠江。湘江上源与漓江支流始安水最近处只有1.7公里,中间仅隔着一座小小的太史庙山。

始安水比湘江水要高出五六米,但水量却不及湘江得多。如果凿开太史庙山,同时

在湘江上修建一座拦水坝,把水位壅高,湘江水就可以自流于始安水中了。只要再把上下游河道加深拓宽到足够的尺寸,就可以通航。

于是,史禄在江心横向筑起一座石堤,将湘水隔断。石堤中央做成一个前尖后宽的分水铧嘴,伸向河心。上游来水被铧嘴分成南北两股。同时,铧嘴旁边另凿南北两条水渠。北渠向北延伸两公里有余,仍与湘水接通。南渠向西北,流经兴安县城,蜿蜒33公里,与漓水相连。灵渠的长度,并非连接湘漓之间的最短距离。其选线很重要的一点是考虑了如何减少两端的落差,有效避免了修建过高的拦河坝。漓水又名灵河,所以南渠就称灵渠。从铧嘴至北渠,重入湘水之交界点,则留下了湘江故道置于一旁。

灵渠今景

分水铧嘴两侧,以大青石为堤堰,伸向北渠的为"大太平",伸向南渠的为"小太平",全长近480工尺有余,宽16.8工尺。近水低,远水高,成斜坡状。

铧嘴和大小天平除分水作用外,由于截流,还将湘水上游的水位提高,把引水入漓变得容易了许多。同时南渠故意选择了迂曲的水道,既减少了穿山越岭的工程量,又减小了水位差给航运带来的困难。大小天平还能调节水量,维持南北渠水位的平衡。如果上游的来水量过大,多余的水就会漫过小天平,流入湘水故道。

公元前214年,灵渠开凿成功。秦军长驱直入,拿下了百越之地,把秦的郡县制推行过去。这段历史,在《过秦论》中被描述为:"南取百越之地,以为桂林、象郡;百越之君,俯首系颈,委命下吏。"在京广铁路通车前,灵渠一直是南北交通的要道。现在,它以世界文化遗产的身份,来接受世人的凭吊。

诗人们这样描写灵渠,他们说:"径缘桥底入,舟向市中穿;桨脚挥波易,篷窗买酒便","江到兴安水最清,青山簇簇水中生;分明看见青山顶,船在青山顶上行"。这优美轻灵的湖光山色,已经让人彻底忘记了它曾是推行铁血政治的通路。

李冰：无坝引水都江堰

"都江堰水沃西川，人到开时涌江边。喜看枥槎频拆处，欢声雷动说耕田"（《灌阳竹枝词》），生动再现了古代百姓纪念李冰治水功绩的祭祀活动，真实记录了"清明放水节"蜀地人民清明放水喜迎春耕的盛况。

回溯中国的治水历史，大禹治水的功绩只剩下传说，古代先贤治水的壮举，只在都江堰得到最直观的感受。李冰主持修建的都江堰水利工程不仅嘉惠蜀人，而且他所追求的天人合一、道法自然的治水理念，仍然烛照着今天面对水灾频仍而疲于治水的人们。

悠远时空　谁为李冰

李冰像

人类文明史中，中华民族是一个很重视历史文献的民族，修著史书的传统开始得很早。"古之王者，世有史官，君举必书。"（班固《汉书·艺文志》）悠久的历史积累了浩如烟海的史书。奇怪的是，对都江堰这样一个将成都平原造就成"天府之国"的杰出水利工程的建造者，史书中却记之甚少。

大史学家司马迁在《史记·河渠书》中，作了最早的记述："蜀守冰，凿离堆，辟沫水之害，穿二江成都之中。"没有年代，没有形象，甚至连人物的姓氏都没有记录。

西汉时期蜀地学者扬雄，在一部名为《蜀王本纪》的地方史志中为蜀守冰作了较为详细的描述。扬雄补齐了"蜀守冰"欠缺的李姓，而且第一次把李冰记为秦人，但是有关那座经天纬地的大工程，扬雄却只字未谈。

扬雄之后的数百年间，在一些史学家的笔下，李冰一步步被衍化成了一个法术高明的神。成书于东晋的《华阳国志》对此描述最为详细，作者常璩详细记载了李冰精通变化，曾经化苍牛操刀入水，与江神的化身搏斗厮杀的神话情节。据载，李冰最终击杀了江神，平息了蜀地水患。

虽说秦始皇统一了中国，曾灭六国之书，但秦史却在保护之列。令人费解的是，在所有现今可以查阅的秦国正史当中，我们可以多次见到郑国渠、长城，却很少见到都江堰的有关记载，李冰和他的伟大工程只是零星见于少数地方史志当中。

虽然史料已经亡逸，关于李冰的生平和出生地，却仍然可以找到一点蛛丝马迹。

有学者认为，李冰是秦王派到蜀地的郡守，祖籍在楚，后来迁居陇西。他的父亲李余，曾经和秦相范雎一同拜鬼谷子为师。李冰自幼跟父亲李余学了许多天文、地理知识，公元前272年，秦王因范雎力荐，"以李冰为蜀守"，时年30岁。1974年，在都江堰外江河道的淤泥当中，修建索桥的工人们无意间挖出了一尊高约3米的石人雕像。石像的衣襟和左右袖上，分别刻着三行字，衣襟是"古蜀郡守李府君讳冰"，左右袖分别是"东汉建宁元年闰月申朔二十五日都水掾""尹龙长陈壹造三神石人治水万世焉"。石像上的刻字便是此种观点的有力证明。

然而令人质疑的是，秦人长期生活在西北地区，不善治水，只擅长放牧，被蜀人鄙夷地称为"牧犊儿"。《史记》曾记载了秦国要修一条从泾水到瓠口的水渠，一直通到洛水，用来灌溉农田，即著名的郑国渠。因无人懂得水利，不得不启用了韩国的治水能人郑国。这样说来，如果李冰真是秦国官员的话，秦国为何不启用懂得治水的本国人李冰，而用一个心怀叵测的韩国人郑国呢？特别是在得知郑国的目的是为了通过修渠消耗秦国的国力，仍不得不用他，就是因为秦人没有懂得治水的人。据此蜀地的人们更坚定地认为，李冰不是秦人，而是蜀人。

蜀人的猜测，依据的是长久以来流传在本地的历史传说与故事。《史记》的作者司马迁曾到蜀地考察，作为一个严谨的史学家来说，对蜀守冰及其治水的工程予以肯定，但对李冰的身份语焉不详。他抑或是面对蜀地长老们口口相传的传说与故事，以及关于李冰身份的莫衷一是的纷争，所做出的谨慎的取舍？

蜀地的传说中，李冰是古蜀国开明王朝的亡臣。在公元前316年，秦国灭亡了蜀国后，李冰归隐家乡章山。章山旁就有一条大禹治水时留下的禹王谷，李冰从小便受到了大禹治水的熏陶，成了一位治水能人。传说中李冰曾为开明王朝的治水官员，为蜀王鳖灵整治河道，造福人民。秦灭蜀后，蜀地在战火中变为一片焦土。蜀守张若准备重修成都城，无奈无人懂得治水。成都城几次修建，又几次被水冲毁。有人向张若推荐了开明故吏李冰。但李冰心怀开明王朝，拒绝出山。于是秦王直接下令，强迫李冰就范。李冰无奈来到成都，因不忍心看到蜀地的人民在水灾中流离失所，饥寒交迫，于是担起治水重任，组织官吏和百姓一道历经磨难修筑了都江堰水利工程。后秦王因其功业卓著，任命其为蜀国郡守。

还有学者说李冰是蜀地羌人。过去羌族有送魂返乡的习俗，而《蜀王本纪》里记载，李冰讲过自己的亡魂要经过汶山，而汶山是羌族的故乡，说明他本是羌人。

还有学者说李冰就是古蜀国开明王朝的君主鳖灵，因为按照蜀地的方言"鳖灵"二字快速连读就是一个"冰"字，而蜀地的传说中开明王朝的君主鳖灵也精通治水。

据蜀地相传李冰晚年，退隐到故乡章山。后又以年迈之躯治理连年泛滥成灾的洛水，终因劳累过度，在洛水河畔溘然长逝。后人为了纪念他，在洛水旁修建了一座李冰神祠，年年祭祀。自东汉开始，李冰又被尊为"川主"，各地设"川主祠"，年年香火不绝。

时空悠远，史料亡逸。李冰的身世已随历史的云烟悄然淡去，但他主持修建的都江堰却如一座丰碑巍然屹立在西蜀大地。

千秋功业　恩泽民生

纵观全球，人们发现，一系列世界奇观和难以解释的现象都出现在北纬30°两侧左右。如埃及金字塔、百慕大三角区、喜马拉雅山、北非大沙漠、密西西比河入海口、长江入海口……奇特的是处于此地的陆地，大都是干热少雨，甚至是无垠的沙漠，而成都平原却山清水秀，沃野千里。

要知道古代蜀地非涝即旱，有"泽国""赤盆"之称。成都平原的地势是西北高，东南低，从高山连绵的松茂峡谷中汹涌而下的浩荡岷江，一到涨水季节，总是顺地势四下漫流，常常给平原生息的远古生灵带来可怕的洪涝灾难。无奈的蜀民只有祈求神灵。

"两山对如阙，因号天彭阙，佛若见神。遂从水上立祀三所。祭用三牲，璧沈。"这是《华阳国志》中记载的古蜀时期蜀地先民祭祀水神的场面。巫师在祭祀仪式和舞蹈后，将手中的神器璧投入大漩涡之中，以表示对神明的景仰。都江堰水利工程修建成功之后，"泽国"和"赤盆"变成了"陆海"和"天府"。此后蜀地人民祭祀水神的活动逐渐演变为祭祀"川主"李冰的活动。

就在都江堰离堆一侧，赫然立着一块石碑，上书："实灌一千万亩纪念。"1000万亩，足足6660平方千米。试想，古今有哪一项水利工程能"实灌"这样大的面积？它泽被的是土地肥沃的天府"粮仓"，就是说是整个四川盆地。蜀地一句谚语"天府美自古堰来"，就是说蜀地能成为天府，都江堰可谓居其首功。

由《史记·河渠书》记载"蜀守冰凿离堆，辟沫水之害"，就是指李冰开凿宝瓶口。"崖峻险阻，不可穿凿，李冰乃积薪烧之"。在尚未发明火药，不能爆破的情况下，李冰以火烧石，使岩石爆裂，终于花费8年时间在玉垒山凿出了一个山口，因形状酷似瓶口，而取名"宝瓶口"，开凿玉垒山分离的石堆叫"离堆"。

离堆，为引岷江水灌溉川西平原所凿成的和玉垒山分离的孤堆

劈开玉垒山，凿成宝瓶口。宝瓶口不仅是进水口，而且以其狭窄的通道形成一道自动节水的水门，对内江渠系起保护作用。宝瓶口这一岩石渠道，十分坚固，千百年来在岷江激流冲击下，都未被冲毁，有效地控制了岷江水流。清宋树森《伏龙观观涨》一诗云："我闻蜀守凿离堆，两崖劈破势崔巍，岷江至此画南北，宝瓶倒泻数如雷。"便是对李冰凿成宝瓶口后形成的景观的真实描述。

宝瓶口引水工程虽然起到了分流和灌溉作用，但因江东地势较高，江水难以流入宝瓶口。李冰父子又花费4年时间迎着岷江来水方向修筑了一道坝。这就像一条头朝前的大鱼，顺在江水当中，巧妙地将江水一分为二。坝的顶头形如鱼嘴，昂头于岷江江心，岷江流经鱼嘴，被分为内外两江。西边叫外江，仍循原流，主要用于排洪。东边沿山脚的叫内江，是人工造渠，通过宝瓶口流入成都平原，主要用于灌溉、行舟和漂运。

宝瓶口，为人工凿成控制内江进水的咽喉

鱼嘴巧妙地利用地形、地势将水量按一定比例划分："分四六，平潦旱。"春天，岷

江水流量小，灌区正值春耕，需要灌溉，这时岷江主流直入内江，水量约占六成，外江约占四成；洪水季节，两者比例又自动颠倒过来，内江四成，外江六成，使灌区不受水潦灾害。

为进一步起到对岷江分洪和减灾作用，李冰父子在鱼嘴分水堤与离堆之间，修建了一条长200米的溢洪道流入外江。更为绝妙之处还在李冰运用回旋流理论将鱼嘴和宝瓶口之间一段内江河道的堤修筑成一个凹下去的缺口，通过一片开阔地与外江相通。当洪水来临时，内江江水超过堰顶，形成环流，多余的洪水连同夹带的泥石便流入到外江，不会淤塞内江和宝瓶口水道，这就是"飞沙堰"。

从此岷江水从松茂峡谷汹涌而出，经鱼嘴分流、排沙，经飞沙堰溢洪、再排沙后，汩汩清流从宝瓶口水道源源流出，进入到成都平原，使得四川"水旱从人，不知饥馑，时无荒年"，成为"天府之国"。正如李冰殿前的那副对联所题："六字炳千秋，十四县民命食天，尽是此公赐予；万流归一江，八百里青城沃野，都从太守得来。"

《华阳国志》说李冰还先后组织蜀中军民在成都市建了七座桥（称为七星桥），"直西门郫江中冲治桥；西南石牛门曰市桥，下石犀所潜渊中也；城南曰江桥；南渡流曰万里桥；西上曰夷里桥，上（亦）曰笮桥；桥从冲治桥而西出折曰长升桥；郫江上西有永平桥。"这七座桥是大干渠上的便民设施。

华阳国志

李冰任蜀守期间，打通南方的通道，疏通穿过临邛（今邛崃）的文井江，并且在今天的双流华阳设立盐井。在此之前，川盐开采处于非常原始的状态，多依赖天然咸泉、咸石。李冰创造凿井汲卤煮盐法，结束了巴蜀盐业生产的原始状况。这也是中国史籍所载最早的凿井煮盐的记录。尔后，他又修复和开通了北上的栈道。从此，蜀地与外界交通不绝。

除都江堰外，李冰还主持修建了岷江流域的其他水利工程。如"导洛通山，洛水或出瀑布，经什邡、郫，别江"；"穿石犀溪于江南"；"冰又通笮汶井江，经临邛与蒙溪分水白木江"；"自湔堤上分羊摩江"等等。上述水利工程，史籍均无专门记叙，详情多不可考。

治水理念　烛照今人

都江堰水利工程蕴涵着闪光的古代哲学思想。清朝人吴涛将它所遵循的哲学思想精辟概括为"乘势利导，因时制宜"。都江堰平实而高超的布局，都江堰岁修的六字诀"深淘滩、低作堰"，和治水八字格言"遇弯截角，逢正抽心"，以及"急流缓受，不与水敌"等治水理念，无不闪烁着"天人合一""道法自然"的文化底蕴。

都江堰水利工程充分利用当地西北高、东南低的地理条件，根据江河出山口处特殊的地形、水脉，借助岷江居高临下奔流不息之水势，乘势利导布置工程建筑体。它无坝蓄水，无闸分流，将天然地形、水流的内在规律与各建筑体有机地平顺地结合在一起，把人类活动对环境的影响融入大自然之中。它利用顺水而筑的鱼嘴分流、排沙；利用飞沙堰正面取水，侧面排沙、溢洪；利用宝瓶口，控制

鱼嘴

水量，引流入渠，自流灌溉；鱼嘴、飞沙堰、宝瓶口三者科学、巧妙地配合，使堤防、分水、泄洪、排沙、控流相互依存，共为体系，保证了防洪、灌溉、水运和社会用水综合效益的充分发挥。

其中最奇妙是都江堰治水三字经中的"分四六、平潦旱"，它指的是水量调配功能。鱼嘴并未横亘江面筑成一道拦河大坝，而是"不与水敌"地顺着河道筑起一道分水堰。鱼嘴分水后，这段河道的河床外高内低，再加上正有一个弯道，在春耕季节江水流量较小时，主流就有约六成的水进入内江，首先保证了成都平原的农业灌溉用水。洪水季节，流量急增，水位大幅度提高，水势受河床弯道的制约明显减少，再由于外江一侧江面较宽，内江一侧江面较窄，内江的流量会自动低于外江，进水约四成，这样又在很大程度上解决了成都平原的防洪难题。鱼嘴的角度是由鱼嘴分水堤、宝瓶口、飞沙堰组成的水量调配体系中的一个重要保证，两千多年前李冰没有经纬仪等工具，却将鱼嘴角度定得如此精确，实在令人称奇。

飞沙堰

从鱼嘴分进的内江水，被离堆一顶，自然旋流起来，每当夏秋之季水流量大于宝瓶口的可流量时，宝瓶口不能通过的水，主要从飞沙堰泄出，而且旋流所泛起的泥沙也就从飞沙堰一齐流出去。"飞沙"二字的意思就在于不仅溢洪还能再次排沙。在宝瓶口位置开凿离堆，决定了整个渠首工程的布局。它使内江水势经过一段流程后便于控制，水质进一步澄清，然后被迎面独立的离堆顶托江水，利用岷江和玉垒山的山形水势，创造了飞沙堰泄洪排沙的功能和宝瓶口的瓶颈效用，保证了成都平原的防洪和灌溉，展示了我国古代水利科学水平。

李冰在修建都江堰工程中，创造了竹笼装石作堤堰的施工方法。当年并无水泥等先进的建筑材料，在修筑分水堰的过程中，采用江心抛石，但石料被激流冲走，筑堰失败。李冰另辟新路，让竹工编成长三丈、宽二尺的大竹笼，装满鹅卵石，然后一个一个地沉入江底，终于战胜了急流的江水，筑成了分水大堤。唐李吉甫《元和郡县志》载："犍尾堰（都江堰唐代之名）在县西南二十五里，李冰作之以防江决。破竹为笼，圆径三尺，长十丈，以石实之。累而壅水。"此法就地取材，施工、维修都简单易行。而且，笼石层层垒筑，既可免除堤埂断裂，又可利用卵石间空隙减少洪水的直接压力，从而降低堤堰崩溃的危险。

李冰制定了都江堰岁修制度以及岁修都江堰的"六字诀"——"深淘滩、低作堰"。"深淘滩"的深度，《华阳国志·蜀志》载：李冰"作三石人，立三水中，与江神要。水竭不至足，盛不没肩"。最早水下埋的是3个石人马，以前以涨水不过肩部，水枯时不低于人的足部为标准。现今淘滩，以看到4根卧铁为标准，这4根卧铁分别是明、清和"民国"时期以及新中国成立后的九十年代埋下的，只要看见4根卧铁就行了，淘得过深，宝瓶口进水量偏大，会造成涝灾；淘得过浅，水量不足，难以灌溉。这是见于记载最早的水则。"低作堰"是说飞沙堰堰顶不可修筑太高，从卧铁到堰顶要恰巧2.15米，以免洪水季节泄洪不畅，危害成都平原。据当地老人们说，20世纪80年代，由于农田灌溉增加，川西大坝20多个县的农民争水，并出现伤人事件。为加大灌溉用水，在岁修时将飞沙堰坝用水泥加高了80公分，哪知夏天未至，春汛时成都北部的金堂等县就已成泽国，人们慌忙炸掉加高的水泥堰围，恢复古制，才保证了成都安全度汛。

李冰还制定了治理岷江和解决灌区输水及疏通排洪河道的具体方法，即"遇弯截角，逢正抽心"的八字格言，也可以说是一切治理疏浚河道的通则。是"遇弯截角"指岁修时遇河流弯道，在凸岸截去锐角，减缓冲势，使其顺直一些，减轻主流对河岸的冲刷，"逢正抽心"就是遇到顺直的河段或河道叉沟很多时，应当把河床中间部位淘深一些，达到主流集中的目的，使江水"安流顺轨"，避免泛流毁岸、淹毁农田。

八字格言

平实而高超的工程布局，以竹笼为特色的工程结构，以"深淘滩、低作堰""遇弯截角，逢正抽心"为真髓的岁修管理制度和治理河道的通则，无不贯穿了"乘势利导，因时制宜""急流缓受，不与水敌"的治水理念，它们形成千百年来都江堰水利工程的有机组成部分，共同引领这项伟大工程的独特风骚。

今天面对越来越频繁的水灾而疲于应对的人们，越来越清楚地看到：古代兴修的著名水利工程芍陂、漳水渠、郑国渠等都已先后废弃，与都江堰水利工程同时修筑的秦长城也已雄风不再，而都江堰水利工程建堰2000多年来其效益却经久不衰，而且发挥着愈来愈大的作用，其蕴含的"天人合一""道法自然"等深厚的文化底蕴的治水理念，正是其不朽的根本所在。都江堰无疑成为当今世界上最环保的水利工程的典范。

都江堰于2000年被联合国教科文组织列于"世界文化遗产名录"

郑国：疲秦终成郑国渠

"田于何所？池阳、谷口。郑国在前，白渠在后。举锸为云，决渠为雨。泾水一石，其泥数斗，且溉且粪，长我禾黍。衣食京师，亿万之口。"——汉代民谣。

郑国像

民谣真实地记载了郑国渠、白公渠将关中变为沃野，给秦汉两代的关中人民带来了丰衣足食生活的情景。但它说的仅是秦汉两代的景况，实则在后来历史的长河中，郑国渠支撑起了汉唐两个朝代的繁荣和强盛。

民谣中的郑国，是战国时期韩国著名的水利专家，郑国渠就是以他的名字命名的。可惜的是建立如此丰功伟绩的郑国，身世生卒却均无史可考。

史料仅记载，他是韩国派往秦国的一个间谍，韩桓王试图通过他游说秦王修筑一条连接泾水和洛水的运河，达疲秦之效，以阻止秦国进攻韩国的步伐。岂知事与愿违，"疲秦之计"倒成了"强国之策"，运河的修筑成功，使得一向落后的关中农业迅速发展起来。

这看起来颇像一幕经典的历史轻喜剧，在轻松幽默的情节背后，隐含着诸侯激烈纷争诡谲莫测的风云，以及兼并战争里惊心动魄的争斗与厮杀。

秦国：诸侯纷争中迅速崛起

战国春秋时期，周王室衰微，天下无主，诸侯纷争，以弱并强。在激烈的兼并战争中，各诸侯国都力图一统天下。

秦国原是一个偏居西北一隅的蛮荒小国，当时的秦人主要从事畜牧业，不懂耕作，被蜀人轻蔑地称为"牧犊儿"。但经过几代君主的励精图治奋发图强，至春秋前期，秦国的势力已扩展到渭水流域的大部分地区。秦人在东迁的过程中，逐渐学会了农耕，开始发展农业生产和水利，很快富强起来。

据《左传》记载，公元前648年，晋国大旱向秦国借粮，秦穆公派大量的船只运载万斛粮食，由秦都雍城出发，沿渭水五百里水路自西向东进发，经过一段陆路运输，渡黄河再转汾河漕运北上，直达晋国国都绛城。运粮的船只自秦都至晋都八百里水路首尾相连，络绎不绝，史称"泛舟之役"。可见当时秦国农业生产的发展状况和富足程度。

秦穆公以后的几代国君在政治上积极实行变法，特别是秦孝公任用商鞅实行变法，奖励耕战，发展生产，秦国迅速崛起。至秦惠文王、武王、昭襄王继续发扬开拓精神，南取汉中，西举巴蜀，秦国的版图逐渐扩展。据《战国策》记载，至秦庄襄王时，秦国已经据有天下三分之一的土地，五分之三的财富。因修建了都江堰，秦国已是"积粟如丘山"。

秦国农业的发展，促进了经济的繁荣，军事实力的提升，政治地位的提高。秦国先是春秋五霸之一，后又成为战国七雄之首。随着秦国国力的不断加强，秦国也加快了兼并天下的步伐。

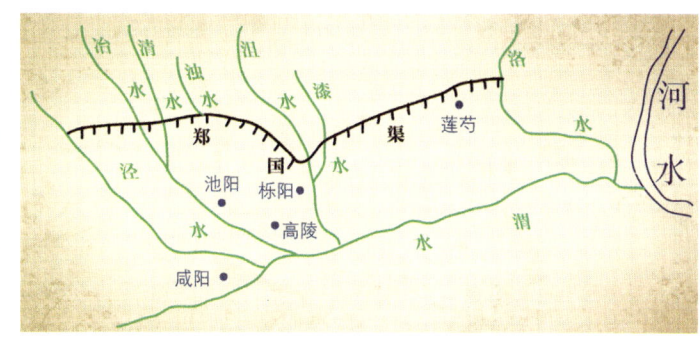

秦代郑国渠经行示意图

韩国：以疲秦之计阻秦伐韩

秦国出兵攻打邻近的魏国、赵国，夺取了上郡、太原。

韩国紧邻秦国的东边，国力比秦国弱得多，韩国的地缘位置又正在秦国东扩的交通要道上。虎视眈眈的秦国，将目光盯住了东方，首当其冲要遭其兼并的便是韩国。何况秦国的野心已昭然若揭，它先夺取了韩国的重要城池成皋、荥阳，不久又攻克了上党。面对如日中天剑指东方的秦国，韩国的形势危如累卵。

韩桓王面对亡国的危急，惶惶不可终日。如何能阻止秦国的入侵呢？硬打又打不过，联合其他诸侯国共同抗秦，而各个诸侯又各有自己的小算盘，在数次的合纵抗秦中，均被秦人的连横策略攻破。再者危急迫在眉睫，组织下一轮的合纵抗秦，没有这个能耐，时间也来不及。

韩桓王急得日不能食，夜不能寐。一日，他突然想出了一个"不战而屈人之兵"的妙招。他想利用嬴政急切想实现一统天下的梦想，设计了一个"疲秦之计"：游说秦国修建一条长300多里连接泾水和洛水的长渠。这表面上，是为了发展关中平原的农业；实则想用修建这条他认为根本不可能建成的长渠，让秦国的国力在这项劳民伤财的巨大工程中消耗殆尽，使其无力再侵犯韩国。韩桓王就将这个任务交给了韩国的著名水利专家郑国。这便是《史记·河渠书》中司马迁所说的"韩闻秦之好兴事，欲疲之，毋令东伐，乃使水工郑国间说秦"。

郑国进入秦国后，成功地打入秦始皇的身边，并很快获得了秦始皇的信任。于是他找了一个适当的时机,凭自己三寸不烂之舌游说秦始皇,修建一条连接泾水和洛水的灌溉渠道,并描绘了长渠修建成功后的光明前景:长渠浇灌下的关中平原,五谷丰登,牛羊遍野,仓满屯圆。

而此时的秦始皇,才刚刚继位,他"奋六世之余烈,振长策而御宇内",正满怀先王们的雄心与壮志,为实现一统天下筹划谋略。而发展水利,促进秦国经济、政治、军事实力的提升,正是他谋划的重要内容。郑国的这一番话正中下怀。

此时蜀地著名的都江堰已修筑成功,使得灾害频发的成都平原成了"水旱从人"、旱涝保收的"天府之国"。可惜的是蜀地离关中太远,征讨六国需要大量的粮草,而将粮草从遥远的蜀地运往东南遥远的战场,耗时费力且贻误战机。

而关中"被山带河以为固",自古有"四塞以为国"之说,是得天独厚的稳固后方。遗憾的是,关中平原灾荒连年,涝则一片汪洋,旱则满地斥卤。这里若能通过兴修水利变成粮仓,有了充足的粮草,近便的交通,不论是近取中原,远征南越,还是东伐齐鲁,南收吴楚,岂不都是胜券在握的事?

但修建连接泾水和洛水的渠道,长达300多里,这是自古以来最长的一条人工渠道,按当时的生产水平,可谓困难重重。费时耗力不说,但它首开引泾灌溉之先河,也不知要冒多少风险,也未必能够成功。

秦始皇毕竟是一个胸怀壮志描画大手笔的人,他知道发展关中水利,建设关中粮仓,是推进一统天下的迫切需要和必然选择。何况他有着雄厚的经济实力,有郑国这位著名的水利专家,又有着当时先进的冶铁锻造技术。于是秦始皇拍板兴建动工。

郑国:修郑国渠建万代之功

秦始皇从全国征集了十万劳工,准备了大量的物资,并任命郑国主持这项工程。于是一个宏伟的水利工程便大张旗鼓地上马了。这一年,正是秦始皇元年。

郑国接受任命以后,便跋山涉水,实地踏勘。他看地形,找水源,访百姓,制方案。

终日奔波，无夜安枕。

郑国虽是秦王派去的一个间谍，但他精通水工，热心水利，更是一个将水利事业看作生命的人，能修建这样一个前无古人的伟大工程，在他看来是他一生难得的机遇。况且工程成功能使关中无数百姓过上温饱的日子。再者，秦国早日统一国家，也可早日结束连年混战，百姓能过上安定的生活。于是他将韩桓王交办的任务丢在脑后，一心一意地投身到水利工程建设之中。

秦代郑国渠和汉代白渠经行略图

不料施工正在紧张进行中，韩国的"疲秦之计"却走漏了风声，郑国的间谍身份暴露无遗。秦始皇大怒，便将郑国囚禁起来。秦国的宗室贵族们早就对外来人才们极度不满，他们的到来直接影响到自己的权势，于是挑拨秦始皇，说外来客均是别有用心者，要求秦始皇驱逐这些人。盛怒之下，秦始皇便下了"逐客令"，郑国的生命危在旦夕。

臣相李斯对秦始皇的"逐客令"十分不满，他自己也是一位外来的客卿。秦国王室多少代都是因重用客卿才致富变强的，因这一件事就不分青红皂白地驱逐一切外来之客，实在是太不应该。他挥笔写就了《谏逐客书》上书给秦始皇。他从完成统一大业的高度来分析逐客的利害得失。他举例秦国十几代祖秦穆公到五代祖以下的孝公、惠文君、昭襄王，均以重用客卿而致富变强，驱逐客卿是弃贤资敌，无异于自取灭亡。

李斯的谏书鞭辟入里直中要害，秦始皇恍然大悟，于是收回了逐客令。

但他对郑国的处置却让他颇费思量。今倘杀郑国，不过举手之劳，一时之快，但又有何益？整个秦国再找不到像郑国这样精通水利的专家了，更何况工程正在进行之中，岂不是要半途而废？毕竟杀郑国为小，兴关中水利为大。

于是他命令将郑国押解上来，审讯一番。岂料郑国毫无惧色，他承认自己是韩国派来的间谍，但他说："始臣为间，然渠成亦秦之利也。臣为韩延数岁之命，而为秦建万代之功。"（《汉书·沟洫志》）

郑国渠渠首遗址立碑

郑国感叹道："自己的性命无足惜，只可惜工程要半途而废了！"秦始皇思忖到，郑国自打来到秦国，数年来不负重任，殚精竭虑日夜操劳修建水渠。他徒步踏勘关中平原周围的高山，四处寻找适合引水入渠的水源，彻夜不眠地规划水渠的蓝图，不论寒暑奔波在工地指挥施工，真心诚意地建设水利工程，劳苦功高功不可灭。这一切的确也不像间谍所为。秦始皇念其治水有功，人才难得，决定特赦了郑国，让他继续修筑水渠，为万世谋利。

郑国感激始皇不计前嫌的宽阔胸怀和爱惜人才的知遇之恩，怀着"士为知己者死"的精神拼命工作。历时十年后秦国第一条耗资巨大的连接泾、洛两大河流的宏伟工程胜利完工。

郑国渠西起仲山西麓谷口（今陕西泾阳西北三桥乡船头村西北），流经今泾阳、三原、高陵、富平和蒲城等县，最后在蒲城县晋城村南注入洛水。郑国渠全长300多里，干渠宽15～20米，高3～5米。沿途将冶水、清水、浊水、石川水拦腰截断收入渠中。

水渠建成后，在关中平原北部，泾水、洛水、渭水之间构成密如蛛网的灌溉系统，使干旱缺水的关中平原得到灌溉。《史记·河渠书》记载："渠就，用注阗之水，溉泽卤之地四万余顷，收皆亩一钟。于是关中为沃野，无凶年，秦以富强，卒并诸侯。"郑国渠将4万多顷荒地变成肥沃良田，亩产达到一钟。可解决秦国三分之一人口的粮食，或者解决一支60万大军作战的口粮。

这条长渠不仅解决了灌溉用水的问题，还用淤灌的方法肥田。关中一带位于黄土高原，有水则为膏腴，无水则为斥卤，这是黄土高原的特点。泾水是和黄河一样的多沙河流，只有处理好水和沙的关系，才能化斥卤为膏腴。郑国渠充分利用了当地的自然条件的优势，扬弃劣势，使其有利于农业的发展。他用淤灌的方法，将含有大量腐殖质和矿物质的泾河水淤盖农田，既提高土地的肥力，又压住了田地的盐碱。《史记·河渠书》中"用注填阗之水，溉泽卤之地四万余顷，收皆亩一钟"，汉代民谣中的"泾水一石，其泥数斗。且溉且粪，长我禾黍"，说的就是用泾河水淤田提高土地肥力的事。

司马迁在《史记》中，十分肯定地将郑国渠的建设，对关中平原水利的开发，视为秦国能兼并六国的重要原因。为感念郑国的功绩，秦始皇将这条长渠命名为郑国渠。

郑国渠：滋生黄河文明居其首功

今天在西安北边的关中平原上，有一条宽大的引水渠——泾惠渠。它的前身就是我国历史上四大著名水利工程之一的郑国渠。它距今已有2000多年的历史了。

这里真是一方风水宝地。秦之后，历代王朝都在这里完善并修筑水利设施。先后经历了汉代的白公渠，唐代的三白渠，宋代的丰利渠，元代的王御史渠，明代的广惠渠和通济渠，清代的龙洞渠。1932年近代著名水利专家李仪祉，又在这里修建了泾惠渠……这些水利设施使得关中平原成为黄河流域最富庶的地方，被称为"金城千里，天府之国"。司马迁评价道："关中之地，于天下三分之一，人众不过什三；然量其富，什居其六。"秦汉隋唐皆定都关中。关中为秦、汉、唐的王霸一统与文治武功提供了强有力的支撑。

郑国渠渠首

是郑国开启了引泾灌溉之先河。郑国渠为秦代以后的白公渠、丰利渠、广惠渠、通济渠，仍至近代的泾惠渠的修建奠定了坚实的基础。随着郑国渠考古勘察工作的一步步深入，郑国渠极富创造力的构思布局，独到的设计思想，高超的工程水准，都令中外水利专家们倍感震惊，并顿生敬意。

水渠的设计和布局都相当科学和巧妙，它充分利用了当地河流和地势的特点。

首先，郑国渠干线布置、设计十分得当。

郑国渠沿着北山南麓，自西向东修建在关中平原二级阶地的最高线上，从而使北山以南，渭水以北，泾水以东，洛水以西的大部分平原处于它的控制之内，最大限度地控制灌溉面积，实行了自流灌溉。

整个灌区西北高，东南低。渠口地面高程为442～443米，注入洛水的终点地面高程为370米，地面坡降为0.5760，渠线自然降坡布置，故能形成长达300多里的渠道。这要求有精准的测量技术，但当年在没有先进勘测设备的情况下，郑国究竟

郑国渠水利风景区

用什么方法测出了这个数据,成了一个谜。

再者,渠口的位置选择得当。

泾水冲出甘肃六盘山泾谷,在黄土高原向东南弯弯曲曲奔流了300余里,在仲山峡谷出山,进入平原。郑国渠的引水渠口就选择在泾水出峡处。这里水流减缓,便于引水。但又高于渭北平原,水流的高差使得渠水呈下泻之势,能浇灌整个灌区。

渠口设在泾水出峡后弯段河道的凹岸顶点。由于弯道作用,河流主槽在凹岸处,流速大,进水量就大。而弯道形成的环流,又利于侧面排沙。

考古发现,在渠首处有两个引水渠口,两处相距100米,高差相差不大。因在洪水期引浑水灌溉,极易引起泥沙淤塞,多个渠口可加大引洪量,也便于清除淤沙。

更巧妙的是在郑国渠的渠口还设有退水渠,其宽度与引水渠相当。在洪水期它可将过多的水量退入泾河,以免洪水冲毁渠道,同时退水渠还可兼排沙作用。

郑国渠采用的"横绝"技术,将干渠流经途中的几条小河流拦腰截断,将其河水纳入郑国渠,使其有了丰沛的水量灌溉关中平原大部分土地。而截断了的小河流的下游,又腾出了土地(原小河流的下游河床)变成可耕种的良田。

回望历史,数千年以来,关中平原茫茫黄土之上,渠水汤汤,绿满际涯,麦粟飘香。郑国渠所滋养的关中地区,不仅为秦统一中国提供了强有力的支持,在后来的历史长河中,它还支撑了我国历史上最强盛的两个朝代的都城——汉唐长安的繁荣和兴旺。可以说,黄河滋生了世界景仰的中华文明,而郑国渠的灌溉事业可谓居其首功。

史禄:灵渠巧连湘漓水

"千古一帝"秦始皇统一六国,把中国推向了大一统时代,奠定了中国两千余年封建政治体制的基本格局,对中国和世界历史产生了深远影响。秦帝国版图北至塞外长城,南到长江南岸,东至东海、黄海,西到巴蜀。为了使这个王朝的江山永固,消除"对中原地区存在的威胁",秦始皇北筑长城御匈奴,但殊不知,他还做了一件堪比长城之伟的大事,那就是南修灵渠征百越。极具雄才大略的秦始皇期待"六王毕,四海一",决心要将千里之外的岭南也纳入秦帝国的版图,攻打百越是秦始皇统一中国最后的收尾之战。

为了攻打百越,秦始皇派人监造了我国水利史上的一项杰作——灵渠。灵渠是世界上最古老的船闸式人工运河,比连通大西洋和太平洋的巴拿马运河早了近2000年。它是我国水利科学史上的彪炳之作,与都江堰、郑国渠一起被后人并称为秦代三大水利工程,在中国古代水利史上写下了光辉的一页。郭沫若先生称灵渠为"与长城南北相呼应,同为世界之奇观"。1986年11月,世界大坝委员会的专家到灵渠考察,看完后称赞"灵渠是世界古代水利建筑的明珠,陡门是世界船闸之父。"但是,这项伟大水利工程的指挥者,却是一位"无名英雄",人们称之为史禄。

史禄,构建灵渠,连接长江、珠江水系,在水利建筑史上写下了华美的乐章

史禄,又称监禄,(生卒不详),秦朝人,姓不详,名禄。史系官职名,即监御史。秦始皇灭六国后,派屠睢攻打越人。为运送征服岭南所需的军队和物资,便命史禄在今广西兴安县开凿河渠以沟通湘、漓二水。秦始皇三十年(公元前219年)至三十三年(公元前215年)修成,初名秦凿渠,又称零渠、澪渠,即今灵渠。沟通了长江水系和珠江水系。今灵渠公园纪念馆有史禄、马援、李渤、鱼孟威等四贤的塑像。

英雄无姓　唯留其名

公元前221年,秦始皇统一六国后,全国分设36郡,由中央委派御史担任各郡的检察官,这个官职的全称叫"监御史",简称"监"。所以,"监禄"的意思也就是"监御史禄"。眼看天下即将归安,但是,南方却一直未能归治,秦始皇为了"南取百越之地",三征岭南,于公元前219年命国尉屠睢率大军50万分五路向百越进军。每军要占领五岭的一个主要隘道,其中的一个军要抢占湘桂两省边境的山岭隘道。进军之初,秦朝军队遭到当地民众的激烈抵抗,特别是进入湖南、广西交界地时,陆路坎坷崎岖,水路湘漓又不连接,行军作战、粮饷补给出现了一系列困难,致使秦军3年兵不能进,军饷转运困难。于是,秦始皇二十八年(公元前219年),秦始皇遂"使监禄凿灵渠运粮",以深入百越。受于皇命和军需,史禄便率领十万秦军和民工在今广西兴安县境,湘江与漓

灵渠渠首

江之间,开凿了一条沟通南北水运的60里长水道——灵渠。三年后,河道修成运行,秦军开始了第二次南征,并迅速平定了百越之地,统一岭南,设置了南海、桂林、象郡三郡。

但是,关于监禄的事迹,史书极少记载,甚至他姓什么、生卒年代如何等都无法考证,也不知道他是哪里人。后来《史记》也只间接地记载了"监御史名禄",监御史是他的官职,他不姓史,也不姓监,史志习惯称他为史禄,人们便也称为史禄。通过史料可以发现,"监禄"一词最早出自公元前140年的《淮南子》。书中写到"使监禄无以辅饷,又以卒凿渠而通粮道",只称其为"禄",没有姓。50年后,司马迁《史记》中《平津侯主父列传》有"使监禄凿渠运粮"一句,也是这么称呼,没有姓。《史记》之后100年,东汉班固《汉书》的《严助传》也只一句"又使监禄凿渠通道",同样没有说姓什么。广西师范大学钟文典教授在《广西通史》及《桂林通史》中都称其为"监御史禄",阎崇年在《百家讲坛》中也解释为"监御史名叫禄的"。

史禄负责监造指挥灵渠,而具体的实施却是依靠3位石匠的接力来完成。在灵渠河畔,有个三将军墓,与河岸上的飞来石相互印证着那段艰辛的修渠传说。史禄上任后,命令石匠张为负责设计施工。张为带领民工与众石匠风餐露宿、忍饥挨饿,经过近一年的艰苦开凿,渠道终于修成了。但是开闸放水那天,渠水经过城台岭下一个叫道士田的地方时,堤坝崩溃,渠水外流,史禄怪张为修渠不力,便把他杀害了。后来,监官史禄又命令刘成负责修渠。刘石匠知道秦始皇和监官急于成渠,被迫带着民夫到20里外的石山取石料,并把建堤的石块都凿成三尺宽三尺高。冬去春来,好不容易把垮了的堤坝砌起了,这次比上次更结实。但是,放闸那天,堤坝再次崩溃。史禄见状又把刘成斩首了。再后来,监官史禄又令李义负责。李石匠带领民工到30里外的山上取石头,石块比上次凿得更大更厚。路又远,活又重,民工食不果腹,一个个饿得面黄肌瘦,奄奄一息。历经艰辛,堤坝终于修好了。李石匠望着修好的堤坝和数千个累得死去活来的民工,想着放水后，自己吉凶难测，不由得痛哭失声，数千位民工也跟着大放悲声。民工的哭声震天动地，惊动了峨眉山上云游到此的白鹤大仙。白鹤大仙送给李石匠一根五寸长的线香，把石块牢牢地捆在一起，终于保住了灵渠的堤坝，渠水欢快地流进了漓江。

在我国，有传说的地方，必有故事，有故事的地方，必有历史。

渠连湘漓　水通南北

史禄修建灵渠，是创造，是发明，更是中华民族一段古老的文明。灵渠能翻岭，能爬坡，把长江水系和珠江水系连接了起来，把中原和岭南连接了起来，广州的货船通过运河便可直达京城，在水利史上写下了浓墨重彩的华章。

奉于军命，大约在公元前219—公元前214年之间，史禄开始在湘江和漓江之间开凿运河。但是，灵渠所在的岭南地区山多平原少，素有八山一水一分田之称，毛泽东在长征诗歌中曾写道"五岭逶迤腾细浪"。形容地形地貌错落极大，在这里修建运河，直线看起来最短，但是因为相对落差巨大，从高处来的船有可能由于下冲速度过快而船毁人亡，而从低处向上的船则需要大量人力拉纤才能爬上高岭，在那个时代，这是非常不现实的。北面的湘江，发源于桂林东面的海洋山（海洋河），向北流入湖南，注入长江，属长江水系（入海口上海市）。南面的漓江，发源于兴安县的猫儿山（大溶江），往南流至司门前与黄柏江、川江汇合称大溶江，至溶江镇附近与灵河汇合，始称漓江，属珠江水系（入海口广州市）。两者本来南辕北辙，互不相干。而且，漓江水位高而湘江水位低，两条江落差32米，如何使北水翻坡，"北舟逾越"呢？自古以来都是人往高处走，水往低处流，现在要让水往高处流，这对于当时的科技水平而言，堪称是一个前沿性的尖端问题，史禄在填补着一项国内空白。那时，没有任何准确的测量仪器，没有开挖机械，没有爆炸火药，只能通过人力翻山越岭，用目测、步测的方法来决定地势的高低。但是，经过反复对比勘察，仅凭这些原始手段，史禄还是准确地找到了湘漓的连接点、分水点和分水比例，决定在湘江上游海洋河面分水村河段作为分水点。修造时艰辛无比，石料只能通过铁锥铁钻钻取获得，河泥只能用锄铲来开凿。在一次一次的探索、一次一次的

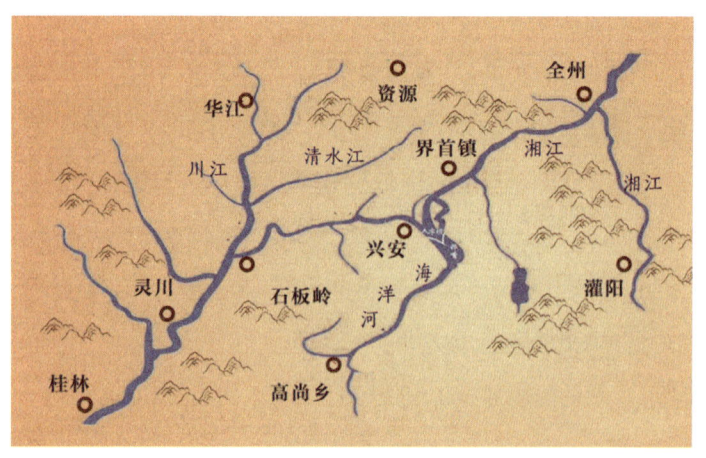

灵渠水系图

目测和一次一次的搬运中,史禄带着人用巨石砌成了一条长约半里的人字堤,堤顶部前锐后钝,形如犁头,后被人形象地被称为铧堤。堤高6米,把河水三七分流,铧堤分水后,形成了北渠和南渠。三分经南渠流入漓水,七分经北渠引入湘江。北渠在湘江故道河谷平原,迂回曲折,迤逦盘桓,呈"S"形,长约8里,比旧道长了近一倍。这样可以延长流程,减缓流速,便于通漕,又可以扩大湘江的灌溉面积,可谓一举两得。南渠经兴安城东北接灵水,经溶江镇,汇入漓江。故,灵渠又称兴安运河或湘桂运河。

人字堤修好后,工程并未就此完结,灵渠的通航功能还没有完全实现。于是,为了发挥灵渠的蓄水调运作用,史禄还在南北渠的关键位置安放石头,设置陡门以作船闸之用。据历史文献资料记载,到唐咸通九年(868年)重修时,已有陡门18座。宋嘉祐三年(1058年),达到36座,为有记载以来最多的。经过历次增建及废弃,到清光绪十一年(1885年),陡门数仍有35座。新中国成立后,据1975年调查,历史文献中先后有记载的陡门共37座,其中南渠32座,北渠5座,保存完整或大体完整的有13座,加上1977年重建的北陡,共14座。其余仅残存有几块条石,或下部尚有基石,可判断该处曾设有陡门,但多数已无遗迹。

陡门能拦渠蓄水、提高水位,便于舟楫浮渡。船只进一道陡门,便关闭下一道陡门,等水积满后,船再前进一级,这样就可以利用水力使船逐级向上坡航行,从此,船就可以翻山越岭了,灵渠便算大功告成。正如宋人所说,"每舟入一陡门,则复闸之,俟水积而舟已渐进,故能循崖而上,建瓴而下,以通南北之舟楫。"徐霞客也在他的游记中赞叹到:"渠至此细流成涓,石底嶙峋。时巨舫鳞次,以箔阻水,俟水稍厚,则去箔放舟焉。"

据史料记载,灵渠通航后,平均每天过往的船只达四五十艘。清人陈元龙在《重修灵渠石堤陡门记》中说:"陡河虽小,实三楚两广之咽喉,行师馈粮,以及商贾货物之流通,唯此一水是赖。"当时，中原、北方的金银铜器皿、陶瓷、丝绸，都要经过这里进入岭南。岭南的南珠、象牙、犀角、玳瑁、翡翠、银铜矿产以及土特产，也要通过这里远销全国各地。更让人惊喜的是，灵渠不仅沟通南北水运，而且还具有巨大的灌溉防洪效用。在枯水期，石堤可以拦截全部江水入渠；如遇山洪，水可越过堤顶，泄入湘江故道。

灵渠修好后，渠深数尺，宽约丈余，起初名为秦凿渠，因漓江上游为零水，故被称为零渠，唐代以后改名灵渠。整个灵渠从南陡口到大榕江，全长34千米。其中人工开凿的约5千米，其余则利用原有水道修整连接而成。

灵渠现状图

水浸松木　千年犹在

"咫尺江山分楚越，使君才气卷波澜"，历时五年凿通的灵渠，沟通了湘江、漓江，打通了南北水上通道，为秦王朝统一岭南提供了重要的保证，大批粮草经水路运往岭南，有了充足的物资供应，秦军在百越战场上兵锋凌厉、势如破竹。公元前214年，在灵渠凿成通航的当年，秦兵就攻克了岭南，将岭南正式纳入秦王朝的版图。加上在福建建立的闽中郡，使秦朝郡级建置达到40个，形成了中国历史上第一个大一统的中央集权制国家。

从秦汉起至隋唐，灵渠一直是沟通五岭南北地区经济文化交流的重要渠道，对岭南文明发展起着巨大作用。自秦至今，虽已两千余年，但是，灵渠河道上依然南来北往，船行如织，这条千岁河渠继续发挥着它的功用。我国古代科技智慧的突出特点就是实用性，"瓦盖千年杉，水浸万年松"是对木材特性的精妙概括。灵渠修成以来，历经2000

四贤祠,原称灵济庙,位于桂林地区兴安县灵渠畔

多年洪水的冲刷,大坝依旧巍然挺立,令人称奇。内中奥秘,直至20世纪80年代维修大坝时才发现。秦人将松木纵横交错排叉式的夯实插放在坝底,其四围再铺以用铸铁件铆住的巨型条石,形成整体。正是几根再普通不过的松木,让灵渠"通三江、贯五岭",流淌千年而不衰。

历代都十分重视灵渠的作用,有史记载的整修维护就达24次。汉代马援,唐代李渤、鱼孟威又继续主持修筑灵渠。灵渠南渠岸边的四贤祠内,至今还供奉着史禄和后续者们的塑像。灵渠里的陡门,在唐代就已建有18座,宋代发展到36座,元明清三代多次维修完善,保证了灵渠航运正常运行,对广东和广西地区的政治、经济、文化有重大影响。1936年和1941年,粤汉铁路和湘桂铁路相继通车,灵渠的航运逐渐停止。新中国成立后,对灵渠全面整修,基本保留了传统工程面貌,使其成为灌溉、城市供水和风景游览综合利用的水利工程。灵渠在向世人展示着中华民族不畏艰险、吃苦耐劳精神的同时,也展示着中华民族丰富的智慧和无穷的创造力。灵渠现在已成了一个广西著名的旅游胜地,渠两岸景色优美,古迹成群,状元桥、陡门、四贤祠、飞来石、铧嘴、大小天平、泄水天平和秦文化广场等交相辉映,景区内还建有二战美国飞虎队遗迹纪念馆,现已成为桂林的旅游胜地。

飞来石

灵渠在近代铁路公路未建设起来以前,是沟连中国南方与北方内河航运的唯一通道,见证了岭南各族人民大踏步地改变了自己生产落后的状况。昔日的岭南百越,被称为"化外夷蛮炎方",一些地方还保留着刀耕火种,猎事繁而农事少的传统。灵渠的开通,不仅使农民学到中原先进的农业技术,而且相互交流了粮食、蔬菜、水果的优良品种。清顾祖禹《读史方舆纪要》说,"史禄转饷,留家揭岭。此为中土移民入潮之始。"

虽然有人用"北有长城,南有灵渠"来阐释灵渠的历史地位,但两者的气质是不同的。

在长城的雄壮和险峻中,透露出拒敌千里的冷漠;在灵渠的柔婉与从容里,洋溢着沟通心灵的温情。如果长城会令人想到金戈铁马的征战,想到烽火连天的岁月,灵渠则会使人更加向往与自然的和谐相处,在青山绿水间守持天地,静谧安详。

陡门

湘漓分派碑亭

第二章 两汉

夫差、刘濞：扬州二王　运河始祖

大运河最早的一段河道为邗沟，它的开凿通航，比巴拿马运河早2400年，比苏伊士运河早2355年，是春秋末期崛起于长江下游的吴国国君夫差在公元前486年率先开凿的。它自邗城（今扬州）引长江水北上，连接星罗棋布的湖泊，直达淮河。这条运河成为后来陆续开凿的纵贯中国东部大平原的京杭运河的最早河段。

公元前195年—前154年，汉代吴王刘濞为了将封地东部沿海盛产的盐运到扬州，他借鉴夫差的做法，主持开凿了上官运盐河，即自扬州茱萸湾到海陵仓，再到海安如皋的运盐河，计长195里。

这两位吴王开凿的运河让扬州的繁盛延续了2000年。扬州重建"二王庙"，纪念大运河的这两位始祖。

邗沟：逐鹿中原的水上运输线

在扬州城北有一条宽不过丈许、两岸树木成荫的小河，若不是看到河旁立着一块镌刻着"邗沟"两个大字的石碑，你根本想不到这条看似平常的小河，就是大运河的起点。2500年前，正是这条运河（邗沟）的开凿，为后来京杭大运河立了首功。经过后代的不断开挖，逐渐完成了1800多公里的连接海河、黄河、淮河、长江和钱塘江五大水系的京杭大运河。

如今的邗沟虽然已听不到急流涛声，看不见船行舟楫，但从这条不起眼的小河，我们可以触摸到那段开筑古城扬州尘封的历史，探寻古运河的前世今生。

大运河诞生的故事要从春秋争霸开始说起。春秋晚期，楚、吴、越三国争夺中国南方的霸权。吴王阖闾在伍子胥的辅佐下迅速崛起，于是秣马厉兵攻打江南霸主楚国。吴国的战船沿长江顺流而下到达黄海扬帆北上，再转棹进入淮河，沿淮水干流上溯中原，最后与楚国军队在汉水对峙，终于攻下楚之国都——郢都。后吴王阖闾在与越国的征战中受伤而死，其子夫差继先王之余威，南下攻越，报了杀父之仇，扫清了南方的侵扰，壮大了实力，决定北上伐齐，称霸中原。

古邗沟遗址碑亭

夫差北上伐齐，劳师以袭远，军粮和辎重的运输都十分困难。而吴人生长于水乡泽国，"以船为家，以楫为马"，擅长水上运输和水战。如何打通长江与淮河间的水路交通，不再像过去父王阖闾远征楚国那样让船队绕道海上？夫差将目光投向长江北岸这片芦荻萧瑟的大地。何不连接长江和淮河间的多个湖泊，开出一条便捷的水上通道？于是在公元前486年，夫差筑邗城于长江北岸的蜀冈之上。并于蜀冈之下开凿邗沟。夫差征调了大批民夫开工凿沟，史上用"举锸如云"形容当初数万人奋战的场面，其壮阔热烈可想而知。就这样，邗城成为吴王夫差北上逐鹿中原的跳板，而邗沟成了北上征战的水上运输线。

邗沟，是联系长江和淮河的古运河，南起扬州以南的长江北至淮安以北的淮河

据《汉书·艺文志》及郦道元的《水经注》记载，邗沟的路线大致是：南引长江水，再从如今观音山旁的邗城西南角，绕至铁佛寺稍南的城东南角，经螺丝湾、黄金坝北上，穿过今高邮南30里的武广湖（后名武安湖）与陆阳湖（又名渌洋湖）之间，进入距今高邮西北50里的樊良湖（又称樊梁湖，即池光湖）；再向东北入今宝应东南60里的博芝湖（即广洋湖）、宝应东北60里的射阳湖；出湖西北至山阳（今淮安楚州）以北的末口，汇入淮水。因为利用天然湖泊以减少人工，所以邗沟线路曲折迂回，全长约400余里。

《春秋左传》有一段话记载了这一历史："哀公九年秋，吴城邗，沟通江、淮。"从此，中国历史上第一条以军事为目的的人工运河开凿成功。这也是中国及世界有确切纪年的第一条大型运河。

夫差开通邗沟的第二年，吴军便沿着新开的运河北伐。借助便捷的水上通道，吴军驾船如飞，势如破竹，陷陈国，败齐师，退楚兵，终于凯旋。

邗沟：碧波跃动着的璀璨星光

古邗沟变迁图

吴人在开凿邗沟的艰难治水工程中，迸发出的炫目的生命之花，它们如运河碧波中跃动的星光，吸引着后人的目光。在当时的生产力条件下，开凿这样巨大的水利工程，该是怎样一番艰辛的景象？从某种意义上讲，不亚于今天的三峡水利工程。要完成这样的水利盛事，必须进行一系列探索创新，使得水工、冶炼铸造、造船等方面的科技水平上一个新台阶。

开挖运河促进了水工技术的发展。运河是靠长江淮河其他湖泊的水来补给。船只在邗沟航行，需要有足够的水深和航道宽度，以及符合航行要求的水流比降，否则就会搁浅或发生事故。长江与淮河之间有31米的水位差。这样大的落差，运河的水肯定容留不住，只会势不可挡地一泻而空。如何解决这一难题呢？于是人们就在沿途筑起一个个水坝，保持两坝之间的水位，这些坝叫"堰"或"埭"。

但筑起的堰或埭，就形成了一道道横亘河上的拦河坝，重载船只越过埭堰需要卸下货物，将船只拖过坝去，然后再将货物装上船只。船只过坝是"起若凌空，投若堕井"，险象环生。解决办法是在堰或埭上撒上水草，减少摩擦，然后通过绞关，将船用牛或人力拖过去。后来的人们想出更好的法子来代替埭堰，于是在运河上出现了用来节制水流的水工设施——斗门，这就是最原始的船闸。有了斗门，船只不需要翻坝，用两斗门的开闭控制水流的升降，上下航行的船只就可以顺利通过了。就在今淮安楚州北的末口有座"北神堰"，至今仍保存着一座最原始的埭堰，是吴王夫差当年筑邗沟的见证。

开挖邗沟很重要的就是工具。当时青铜冶炼的技术已相当成熟，但铁器还没有广泛采用。由于铜器坚硬度不够，迫切需要有更坚硬的材质制造工具。吴王夫差召集了一批能工巧匠来炼铁。经过一次次攻关，吴人不仅掌握了生铁的冶炼技术，还能将生铁变成熟铁，并通过锻造技术打造出锄刀等各种工具。20世纪60年代，在六合陈桥挖掘出两件春秋时代的铁器，一件是铁条，一件是铁球。铁球经鉴定是球墨铸铁，铁条是熟铁。这是中国出土的最早的铁器文物。铁的应用促进了铁矿的开采和铁矿的冶炼。吴王夫差开挖运河除了把黄河流域的农耕文明带到了江淮地区外，同时还把黄河流域的冶炼技术带到了江淮，并且发展成了钢铁的冶炼和铸造。

邗沟的开挖还促进了造船技术的发展。因为人工开挖的运河比较浅，工匠们造出了一种新型的船。这种船船底平，吃水浅，载重量大，适应在浅水区域行走。此外，平底船适合翻越堰和埭。但这种船经不起风浪，于是人们又采用了"分割舱"的办法，将底舱中间隔成一个个小舱。一个舱进水，整个船不会沉没。后来这种船成为中国四大基本船型之一。

大运河的开凿，经历了一个由短到长，由局部到整体，不断完善，不断扩大的过程，虽说大运河最初的开凿是以军事为主要目的，但它对交通和经济的发展所起的作用也不可低估。

我国的地势西高东低，决定了我国的河流大都是东西走向。古代交通运输不发达，借助河水运输成了最便当的方法。但东西向的河流只能解决东西向的交通，南北向交通成了最大难题。邗沟将长江、淮河连在了一起，是南北向人工大运河的滥觞，隋朝开凿的大运河更将海河、黄河、淮河、长江和钱塘江五大水系连在一起，最终成为我国南北交通的大动脉。

千年运河，"至今千里赖通波"。运河除了军运、漕运、盐运、货运等运输的基本功能，又在防洪、排涝、灌溉等方面发挥了不可替代的重要作用。隋唐以降，大运河逐渐成为国家的经济命脉，一座座运河古城、一个个漕运码头、一座座闸坝、一座座古镇应运而生，逐波千帆，枕河人家，烟柳画桥，风帘翠幕，千里运河流淌着几多繁华。

上官运盐河：载来一座富庶的盐城

在扬州，除了有春秋时期开凿的邗沟，还有西汉时期吴王开凿的另一条运河——上官运盐河。上官运盐河西通扬泰，东达海滨，沟通了江淮东部，连接江海平原，是跨地

两淮盐运司

区的水上通道。它以扬州为起点自西向东连接了江都、泰州、姜堰、海安、如皋、南通。

扬州地处江淮要冲，历史上曾为"淮盐总汇"，素以"多富商大贾、珠翠珍怪之产""号天下繁侈"而闻名。有了这条运河，扬州才得以成为两淮盐业的中心，说老扬州是古运河载来的一座"盐城"一点也不为过。

在扬州国庆北路西侧，有一个近年刚刚整治一新的盐运司衙门，这便是当年盐政机关——两淮都转运使司司衙署的旧址，它是扬州盐业兴隆的见证。盐运使始置于元代，设于主要产盐地区。从元朝至民国，都在扬州设立两淮盐运衙署机构，负责两淮地区盐的生产、运销和缉私等事务，可见盐业在扬州经济中的重要地位。

要知道，最早在扬州发展盐业生产的是汉代的吴王刘濞，而载来这座富庶的盐城的，是吴王刘濞开凿的上官运盐河。这是一条以扬州为中心向江淮东部沿海地区开凿的人工运河。

吴王刘濞是汉高祖刘邦二哥刘仲之子，因为平定英布有功，被封为吴王。他的封国在边远的东南，当时属蛮荒之区。吴国领"三郡五十三城"，以广陵（即扬州）为都，包括豫章郡与会稽郡，差不多囊括了今日华东的主要疆域。刘濞不仅骁勇善战，而且极富经济头脑。刘濞主政吴国40余年，将一片蛮荒之地治理得殷实富强。

当年的吴地，虽然萧瑟蛮荒，但有着丰富的自然资源。《史记》中记载，"煎矿得钱，煮水得盐"。刘濞正是就地取材，开矿铸钱，煮海水为盐，使吴地富裕起来。他还致力发展农业，制定了许多有利于农业发展的优惠政策，其中最著名的是免去了百姓的农业税，成为我国古代历史上免除农业税的第一人。那时的广陵（即扬州）被辞赋家鲍照在《芜城赋》中形容为"当昔全盛之时，车挂轊，人驾肩，廛閈扑地，歌吹沸天"。

中国古代盐、铁生产关系着国计民生。著名的《盐铁论》就是西汉昭帝时召开的盐铁会议的记录，它对汉代乃至以后的漫长岁月的经济发展产生了深远的影响。刘濞封地的滨海平原大量产盐，刘濞以他的经济敏感，看到食盐的经营可以赚取巨大利益。由于汉初帝王忙于平定天下，尚未看到盐业经营的巨大利润空间，允许私自煮盐并且无须上税。刘濞借机就地取材，大量开发盐业。

盐场分散在江淮东部沿海地区，要把东部沿海的各盐场的盐运到扬州，再转售全国各地，迫切需要开辟水上通道。于是刘濞借鉴夫差的做法，于公元前195年发起开凿上官运盐河，即自扬州茱萸湾到海陵仓、再到海安如皋的运盐河。《海安县志》上记载为"自扬州湾头经海安至三十里墩，计长一百九十五里"。这是上官运盐河之始，它极大地促进了盐业的发展。历史上两淮盐场所产的盐，均经此河运往扬州府，于是扬州商贾云集，备受渔盐之利，非常兴盛。两淮盐场，也成为两千多年来海内产量最丰富的盐场。

大运河，贯穿南北，见证中国2000多年的兴与衰

刘濞开山铸钱，广开财源。江淮之地多"铜山"。《史记》记载，吴地最大的"铜山"在豫章郡。刘濞在此开山挖矿，冶铜造币，使其成为我国古代著名的造币之所。现代人私造货币属犯罪行为，但刘濞时代情形不同。战国以来，币制紊乱。加之受铜矿开采的限制，西汉初年货币的需求量大，但朝廷造币能力不足，于是允许地方自铸。刘濞得地方矿藏丰富之利，利用政策，大量开山造钱，国库储备充足。再者，铜又是当时生产工具原料与兵器制作原料，利用境内资源大量采铜，兴盛农业，加强兵备，吴国迅速致富致强。

上官运盐河还起到疏理水道的作用。《扬州画舫录》云，今日扬州通往海边河流，当年均为运盐河，开河运盐，有舟楫之便，同时利于灌溉，功及后代，使日后苏中地区迅速成为鱼米之乡。

江淮东部地区地理状况是：高宝以东，泰州海安以北，兴化、盐城两县和东台、富安等中下十场地势凹下"形若釜底，众水所归，汪洋停汇为下河"，上河较下河则高出许多上官运盐河排泄洪水担负着非常杰出的功能。《泰州志》记载："金湾河水势七份入芒稻河，三份入运盐河，东流经宜陵镇抵泰州城，又东流经姜堰、海安，由力乏桥下海。"显示上官运盐河排泄洪水入海的功能。

在上官运盐河北岸，当时仅泰县境内就设有涵洞72处，宣泄下河以利农田，"淮水小、江水大则开岸南各坝引江水调节之"。这充分显示了上官运盐河选址开凿的奇妙之处——运河以北大抵上是地势低洼的里下河，而运河以南，则是滨江的冲积平原，也正因为如此，上官运盐河才能在具备水运功能的同时兼具排灌功能。在没有勘测仪器的汉代，古人能这样科学合理地确定上官运盐河的走向，实在令人叹服。

最令人赞叹的是，正是在江海平原不断向东向南滋长延伸的过程中，在盐场卤灶东移南迁之后，正是长江和淮河这种"调节"引来的江水浇灌了江海大地，使江海平原变成了膏腴之地，这就是当年吴王刘濞开凿上官运盐河给江淮东部地区世世代代的人民带来的水利实惠。

重建二王庙：呼唤王者归来

在扬州新近恢复重建了一座财神庙，名为二王庙，但庙里供奉的既不是财神爷赵公元帅，也不是关公关云长，而是扬州历史上的两位吴王——夫差和刘濞。门上的对联更是稀奇："一殿两王天下无，庙门正北世间少。"

这座历史上有名的二王庙，正位上供奉的是春秋战国时的吴王夫差，副位上供奉的是西汉时期的吴王刘濞。他们给这里的人们带来了财富和富庶，人们称他们为财神爷。一般寺庙庙门朝南，而这庙的庙门却朝北。因为吴王的事业在北方，那里有夫差开凿的邗沟和他逐鹿中原的壮志豪情。

遗憾的是，夫差最终被卧薪尝胆的越王勾践所擒，刘濞因联合诸王反叛被汉文帝所杀，两位吴王均为历史上有名的败君。传统的价值观是成王败寇，但扬州的老百姓并不势利看人，他们心中有杆秤——只以功过评是非，不以胜败论英雄。历史上有多少胜者，虽尊为君王，却被历史长河所湮没，但也有一些败者，用他们手中的权力成就了利及千秋的功业，而被历史所铭记。夫差与刘濞对古代扬州交通的发达与经济的繁荣做出了如此巨大的历史性功绩，扬州百姓感念这两位最早开发扬州的人，自汉代始，扬州人民就在邗沟旁建了二王庙，世代供奉祭祀他们。

回望历史，没有这两位吴王，就没有古代扬州三次经济繁荣。西汉初期是刘濞致力发展经济，使吴国成为西汉初期各诸侯国中最富强的一个，使扬州进入历史上的第一个经济繁荣期。隋炀帝就是在吴王夫差开凿的邗沟的基础上，开筑了沟通南北的古运河，为古代扬州进入隋唐第二个经济繁荣期和清康乾第三个经济繁荣期奠定了最重要的物质基础。自唐朝始，扬州迅速发展成为全国的经济中心，翻开唐朝的经济排行榜：扬一益二。天府之国的四川，也屈尊扬州之后。此言不虚，据《唐书》所载："国之赋税，十之七八仰仗于江淮。"可以这样说，是这两位吴王开凿的运河让扬州延续了近2000年的繁荣。

二王庙，一殿两王
天下无，庙门正北
世间少

原来的二王庙，早已在1953年被拆除。按照《中华人民共和国文物保护法》，破坏不存的古文物不得重建，只能实行遗址保护。邗沟是世界上最早的运河，是大运河的发端，扬州则是世界上最早的，也是中国唯一与古运河同龄的运河城。今天的人们重修二王庙，呼唤王者归来，是为了让我们的后人不忘运河的始祖，感念他们留给扬州、留给世界一个至今还发挥着作用的古代奇迹。

汉武帝：白马沉河　瓠子悲歌

电视片《汉武大帝》说："他建立了一个国家前所未有的尊严；他给了一个族群以挺立千秋的自信；他的国号成了一个民族永远的名字。"《秦汉史》说："实际上，汉武帝是一位较活泼、较天真、重感情的人物。他除了喜欢穷兵黩武以外，还喜欢游历，喜欢音乐，喜欢文学，喜欢神仙。汉武帝，是军队最英明的统帅，又是海上最经常的游客，皇家乐队最初的创立人，文学家最亲切的朋友，方士们最忠实的信徒，特别是他的李夫

汉武帝所开拓的汉武盛世为中国历史上三大盛世之一

人最好的丈夫。他绝不是除了好战以外，一无所知的一个莽汉。"对这位文治武功的杰出皇帝，我们此次选取的着眼点是水。

公元前207—前206年，历史完成了一个江山易主、朝代更替的跨越。

从秦到汉，不过才一年。但我们发现，这里改换的不止是一个国号，更是一个民族的性情；改换的不止是一个皇宫的位置，更是一个民族的气质和习惯。这个新王朝全然不同于上一个，它把疆域扩张到更大，但是它一点也不像秦帝国那样傲慢神秘，也不像秦帝国那样不得人心。甚至，直到汉武帝，汉朝才有个比秦更骄矜、更高贵的姿势。

汉武帝（公元前156—前87年）刘彻，幼名刘彘，是汉朝的第五代皇帝，也是景帝刘启的第十个儿子，文帝刘恒的孙子和高祖刘邦的曾孙。他在7岁时被册立为太子，16岁登基。《谥法》说："威强睿德曰武。"在位54年，汉武帝时代的汉朝成为当时世界上最强大的政权，汉武帝亦是当时最伟大的君主。

如果说，秦顺应了历史的需要，终结了以邻为壑的国际事端，建立中央统一调度的水务模式，那么它的继任者——汉不仅延续了这个局面，而且还做了更为广泛和细致的水利工作。当始皇帝称呼自己的王朝"水德之始"的时候，他的确开启了新的治水传统。

天意干封　治理黄河

治理黄河是汉武帝最著名的水利工程。在汉的最初60余年里，黄河是比较稳定的，只是在文帝十二年（公元前168年），黄河在酸枣（今河南延津西南）决口，这令东郡一带受灾严重。文帝征发了大批民夫，将决口堵住。

但是武帝元光三年（公元前132年），黄河在瓠子（今河南濮阳南）决口。这次洪水来势汹汹，流过了东南的巨野泽，并且波及到淮、泗等地，受灾地区达16郡之多，特别是梁、楚，受害尤甚。武帝委派汲黯、郑当时等大臣调发十万兵卒去堵口，但是堵上没多久，旋即又被冲毁了。而此刻丞相田蚡却对武帝说："江河之决皆天事，未易以人力强塞，强塞之未必应天。"一些望气用数的方士也附和他，于是武帝竟不再作为，任凭黄河泛滥东南二十多年。

司马迁在《史记·河渠书》中不无讽刺地说道:"是时武安侯田蚡为丞相,其奉邑食鄃。鄃居河北,河决而南则鄃无水菑,邑收多。"这句话译成白话是,丞相田蚡的封地位于清河郡鄃县,在黄河的北面,如果堵口成功,洪水就会流往他的食邑,势必给他造成损失。也正是出于这个原因,武安候竟然昧心地欺骗皇帝,把决口说成是天意。一方面是大臣的一己私利,一方面是皇帝的失察寡恩,两者之和就是黄河沿岸黎民二十年的颠沛动荡、流离失所。

元封二年(公元前109年),武帝东巡,经过东莱、泰山等地,亲眼看到了黄河泛滥造成的灾害。他深感若不堵决口,齐鲁西南、豫东、苏北等地,将祸患不绝。封禅刚过,第二年天旱少雨,武帝以为这是天意干封。于是,他再下决心,委派汲仁、郭昌二人,带领数万兵民堵塞瓠子决口。

在祭祀泰山、万里沙神祠完毕返回途中,汉武帝又特别亲临堵口现场。他在岸边举行了祭祀水神的仪式,将名贵的白马玉璧沉入黄河,祈求平安,以示诚敬。他还命将军以下的随行官员到工地参加劳动,每人都要背负木料和柴草等堵口材料。当时担任史官的司马迁,也是这负薪堵口队伍中的一员。因为缺少木头,很多竹子也被利用起来。

武帝还做了两首《瓠子歌》,至今读来依旧苍凉。

瓠子决兮将奈何? 皓皓旴旴兮间殚为河。殚为河兮地不得宁,功无已时兮吾山平。吾山平兮巨野溢,鱼沸郁兮柏冬日。正道驰兮离常流,蛟龙骋兮放远游。归旧川兮神哉沛,不封禅兮安知外! 为我谓河伯兮何不仁? 泛滥不止兮愁吾人! 啮桑浮兮淮泗满,久不反兮水维缓。

河汤汤兮激潺湲,北渡迁兮浚流难。搴长茭兮沉美玉,河伯许兮薪不属。薪不属兮卫罪人,烧萧条兮噫乎何以御水! 颓林竹兮楗石菑,宣防塞兮万福来。

决口堵毕,武帝修建宣房宫,以志纪念。同时,为了减缓洪水暴涨时对瓠子口压力,

汉武帝沉白马玉璧

又挖掘两条渠道,将黄河向北引导,使之流入大禹治水时的旧道。从此以后,80年间,黄河再未发生过大洪水。这种由政府组织、皇帝亲临工地直接指挥的治理黄河工程,是历史上的第一次。

修渠建漕　治水弭灾

在传统中国,水利是关乎"国之利害"的首要民政。汉武帝时期的水利工程,主要是两个方面,一是治理黄河,最著名的就是前面提到的瓠子堵口;二是修渠建漕,修建了如漕渠、龙首渠、六辅渠、白渠、成国渠、灵轵渠、漳渠等著名的河渠。

武帝兴修水利有着明确的经济目的。一是方便漕运,损漕省卒;二是灌溉民田,增加肥力;三是备旱防灾。此三者,皆为劝民勉农。水渠纵横,形成一个庞大的灌溉网,促进了关中农业的发展。

在汉以前,黄河流域下游是向首都贡纳谷物的补济地区。在汉初,那里每年贡纳谷物十几万石,而到了公元前110年,则增加到600万石左右。于是,关中地区农业生产和黄渭的运力之间产生了深刻的问题。至武帝时期,更为严重。

元光六年(公元前129年),大司农郑当时提出了一项建议:"异时关东漕粟从渭中上,度六月而罢,而漕水道九百余里,时有难处。引渭穿渠起长安,并南山下,至三百余里,径,易漕,度可令三月罢;而渠下民田万余顷,又可得以溉田:以损漕省卒,而益肥关中之地,得谷。"

武帝批准大司农的奏报,令水工徐伯主持修建漕渠,3年乃成。漕渠凿成后,西起长安,东通黄河,流经今临潼、渭南、华县、华阴等地,全长300余里,不仅缩短了三分之二的漕运距离,还节省了近一半漕运的时间,并且可以灌溉农田1万余顷。

在开凿漕渠的同时,元狩至元鼎年间(公元前?—前111年),武帝采纳了严熊的建议,开凿龙首渠,开凿这条渠竟花去了10年。水渠从征县(今陕西澄城西南)始,

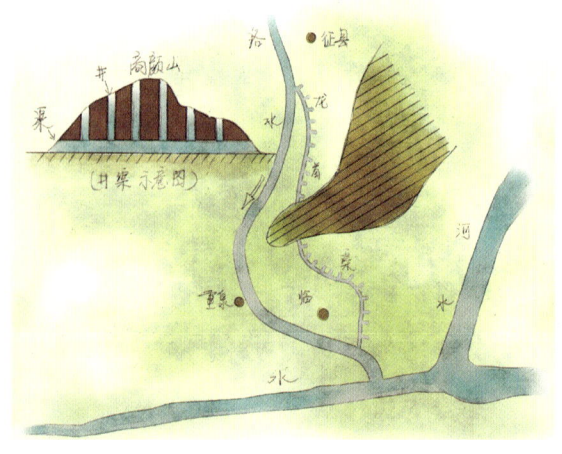

龙首渠修建示意图

引洛水至商颜山(今陕西大荔县北)。商颜山地带土质疏松，渠岸易于崩塌，于是水工便采用了隧洞方案，在地面每隔一段距离开凿一井，深者40余丈，使井下渠道相通、形成一条长达10余里的井渠。由于在这里挖到了龙骨化石，故称龙首渠。

龙首渠

龙首渠的以井通渠，是我国古代水利工程中的一大创举，它引洛水灌溉重泉（今陕西蒲城县东南）以东的田地，改变了此地缺水低产的情形，使每亩产谷10石。在北周保定二年（562年），龙首渠曾经重开，唐朝也在这一带引洛水溉田，1950年这里建成洛惠渠灌区，灌溉面积50万亩。

约在同一时间，河东（今山西省）太守番系，提议建造一条引汾水灌溉皮氏（今山西河津）和汾阴（今山西荣河），同时还引黄河水灌溉汾阴与蒲坂（山西永济）的渠道。太守说："漕从山东西，岁百余万石，更砥柱之限，败亡甚多，而亦烦费……度可得五千顷。五千顷顾尽河壖弃地，民茭牧其中耳，今溉田之，度可得谷二百万石以上。谷从渭上，与关中无异，而砥柱之东可无复漕。"武帝采纳了这个计划。几年后，河道变迁，渠道废弃，已开拓的全部土地只好重归荒秽。

元鼎六年（公元前111年），武帝批准左内史儿宽的奏请，开凿六辅渠。六辅渠在秦代所修的郑国渠旁边，以解决郑国渠南岸的农田因地势高而得不到灌溉的问题。因为这六条渠道是那种辅助性质的小渠，故称"六辅渠"。

武帝不把精力放在到黄河堵口上，而是优先准许开凿六辅渠，这激怒了一位清代的史评家康基田。康先生怒气冲冲地批评武帝热衷"一隅之利"，但武帝有武帝的道理。

六辅渠修成后，武帝下诏表彰儿宽："农为天下之本，有泉流灌溉，才能生育五谷。左右内史所辖的地区，名山川原众多，应当予以充分利用，在这里通沟渠，蓄水源，可以预防旱灾。今内史辖区内的水稻田租太重，要酌量减轻。官吏百姓应当努力务农，发挥土地的潜力，公平地使用共同的水源，千万不要贻误了农时。"

为了加强关中的经济地位，武帝还开通了连接相距约100里的褒水与斜水的褒斜道。按照原来的意图，是想将漕粮由汉水流域的南阳，经沔水运到褒水，然后再由褒斜道路转到斜水，最后经渭水运至首都。路倒是修成了，但河道中大量的漂石发生碍航，路的作用也就发挥不了多少。

除了对汉水流域的开发遭到失败之外，龙首渠的效益也非常有限，远未达到武帝的心理预期。武帝说："作之十余岁，渠颇通，犹未得其饶。"此后，武帝才把视线转到了瓠子堵口上面。

武帝时期，最成功的水利工程当属白渠。太始二年（公元前95年），武帝批准赵中大夫白公的奏请，从仲山口（今陕西泾阳西北）引泾河至栎阳（陕西临潼栎阳镇）。这条渠是在已被淤塞的郑国渠的基础上开挖的。为疲秦而建的郑国渠，远未实现其"延韩数岁之命，建秦万世之功"的目标。而脱胎于郑国渠的白渠长200里，修成后灌溉田地4500余顷。有歌谣唱道：

田于何所？池阳谷口。郑国在前，白渠起后。举臿为云，决渠为雨。泾水一石，其泥数斗，且灌且粪，长我禾黍，衣食京师，亿万之口。

白渠与郑国渠对关中农业意义深远。班固在《西都赋》中说道："郑白之沃，衣食之源。"此外，关中地区的水利工程还有灵轵渠（今陕西兴平西）、成国渠（今陕西武功北）、湋渠（今陕西扶风西）等等。

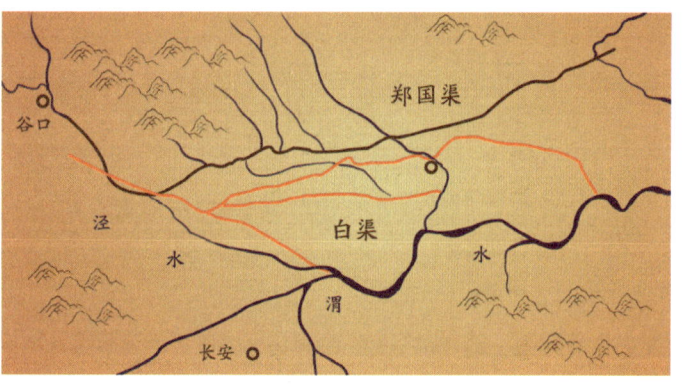

汉白渠位置示意图

在武帝的诏令下，除关中外，其他郡国也积极开凿水渠，灌溉农田。西北地区的朔方、西河、酒泉、河西等郡都开凿黄河之水或川谷之水灌田；中原地区的汝南、九江等郡，引淮河之水灌田；泰山引汶水灌田。其他地区新开的水渠、陂塘也很多，灌溉农田各在数千公顷或者万顷以上。

司马迁还在《史记·平准书》中记载了连接首都长安与华阴的直渠以及朔方的由"数万人"开凿的大型渠道。这两个工程耗资糜费，"功未就，费亦各巨万十数"。事实上，汉武帝时期河渠的建设，或在同时，或前后相继，这给中央财政造成了极大的负担。太史公还把白鹿皮货币的通行归因与此。

自武帝后，汉朝的治水工程规模明显缩小。鉴于中央没有能力提供较大的公共治水资金，关中的灌溉事业也日益荒废。

黄河探源　自武帝始

武帝是个与水有缘的皇帝。这不仅在于他治理黄河、兴修水利，还在于他对黄河源头的探索。

汉武帝曾委派张骞去寻找黄河源头。《史记》记载："汉使穷河源，河源出于？其山多玉石，采来，天子案古图书，名河所出山曰昆仑云。"

张骞出使西域，回来向汉武帝汇报，说于阗河"东流注盐泽，盐泽潜行地下，其南则河源出焉"。其后，班固更进一步加以引申说："蒲昌海，一名盐泽者也。去玉门、阳关三百余里，广袤三百里。其水亭居，冬夏不增减，皆以为潜行地下，南出于积石，为中国河云。"这即是说，塔里木河的水注入罗布泊后，潜入地下流动，至南边再涌出地面成为黄河。这一来，塔里木河便成了黄河的上源，而塔里木河的水则来自葱岭，这样帕米尔高原成了黄河源了。这种说法一直到清朝都还有很多人相信，但却并非事实。

司马迁在《大宛列传·六十三》的篇末说："太史公曰：《禹本纪》言'河出昆仑。昆仑其高二千五百余里，日月所相避隐为光明也。其上有醴泉、瑶池'。今自张骞使大夏之后也，穷河源，恶睹《本纪》所谓昆仑者乎？故言九州山川，《尚书》近之矣。至《禹本纪》《山海经》所有怪物，余不敢言之也。"

不管张骞是否真的去实地探索了黄河的源头，还是只是听凭道听途说，武帝下了这样的命令。他想知道在他治下的这条著名的害河，到底来自哪里。每一个好奇都是力量。正是武帝的这个好奇，把汉族人踏向世界的足印又往前推进了一步。

司马迁：悲《瓠子歌》　作《河渠书》

"甚哉，水之为利害也！"在清华大学水利系新生入学第一堂课上，水利界泰斗张

司马迁,公元前145—前90年,夏阳(今陕西韩城南)人,司马谈之子

光斗先生,总要引用司马迁《史记·河渠书》中的这一句话告诫莘莘学子,得水之利与避水之害对于国计民生和社会发展关系重大。

2000多年前,我国著名史学家司马迁,就以超前的经济意识,从社会发展的角度,深刻地论述了水既可为利又可为害的两面性认知。

史学史上的皇皇巨著——《史记》,被鲁迅先生称为"史家之绝唱,无韵之《离骚》",这点明了其在中国史学史和传记文学史上的重要地位,然而《史记》在我国水利史上的重大作用,许多人却知之甚少。

《史记》记载了华夏民族与洪水奋战的珍贵史实,刻画了许多治水英雄的不朽功绩和光辉形象。其中《河渠书》更是我国第一部水利专史,它论述了自大禹治水至西汉两千多年的水利建设的史实,是系统介绍古代中国水利及其对国计民生影响的权威性记录。由此,水利作为社会发展的重要方面载入史册,为后世历史专著所效法,正统史书所遵循,成为中国通史的重要组成部分。

"水利"一词是司马迁最早创造的。他在《河渠书》中写道:"自是(指瓠子堵口)之后,用事者争言水利",首次提出"水利"一词,并明确赋予"水利"一词以治水、导河、修渠、漕运、灌溉等专业内容。此后,"水利"一词约定成俗,沿袭至今,为我国水利工程的命名奠定了科学基础。

"究天人之际,通古今之变,成一家之言"

司马迁主张"究天人之际,通古今之变,成一家之言"。其中第一个字就是"究"。他是把历史作为研究对象,将史学作为一种创造性的科学实践活动。他为撰写《史记》曾广泛收集原始材料。他所征收的古代典籍,仅标明书目的就达80余种,还参阅了大量的宫廷档案。司马迁把浩繁芜杂的古今文献作了一番通盘清理,将它们纳入《史记》精心构思的五种体例中。

此外,司马迁还注重实地考察,详细勘辨真伪。20岁时他便壮游天下。司马迁自述"二十而南游江淮,上会稽,探禹穴,窥九疑,浮于沅、湘;北涉汶、泗,讲业齐、鲁之都,观孔子之遗风，乡射邹、峄；厄困鄱、薛、彭城，过梁、楚以归"。从这段话可看出，司马迁不满足于"天下遗文古事，靡不毕集太史公"的书本知识，而且还有目的有计划地到广阔的社会中去作实地考察，接触伟大祖国的壮丽河山和四方之民的生活习俗，了解和搜求古代、近代、现代的历史传说故事及各种史料。

除了读书交游考察之外，司马迁还参与了当时一些重大的历史事件。如司马迁亲自参加了黄河决口的堵口工程，从中他深刻认识到水利对国家兴衰成败的重要作用。

民间祭祀司马迁活动

汉武帝元光三年（公元前132年），黄河在瓠子（今河南省濮阳县西南）决口，"东南注巨野，通于淮泗"，洪灾遍布16郡，灾情极为严重。元封二年（公元前109年），黄河泛滥23年后，汉武帝主持了规模宏大的瓠子堵口。这是我国历史上少有的治水场面：汉武帝亲临黄河岸边指挥堵口工程。他首先举行了祭河仪式，将白马玉璧沉于河中。为了激励治河将士与民夫，汉武帝还作歌二首，令万众呼唱，史称《瓠子之歌》。

塞河工程先在决口处以竹为桩密密地夯入地基，然后填塞柴草、土石，堵住黄河决口处的滚滚洪流。汉武帝命令扈从自将军以下官员与士卒，每人背负柴薪支援塞河工程。司马迁也背负柴薪参加到这一伟大的治河行列之中。史载，治河工地，10余万大军，群情昂扬，歌声慷慨悲壮，经过几番争斗终于堵住了瓠子决口。塞河工程，一是堵塞黄河之南的决口，二是疏导黄河之北行二渠，既防又宣，使黄河水顺利宣泄。武帝又在河堤上筑宫纪念，取名宣房宫。于是梁、楚之地（当今河南、皖北、苏北地区）消除了水患，重新获得安宁。

司马迁对这次黄河堵口作了高度评价，把这次水利建设的功业与大禹治水相提并论。《太史公自序》说："维禹浚川，九州攸宁；爰及宣房，决渎通沟。作《河渠书》第七。"

瓠子堵口时司马迁37岁，正是盛壮之年，西汉也正当盛强之时，而负薪塞河，千载难逢。他亲眼目睹了黄河决口给百姓带来的苦痛，切身体察了堵口工程变害为利的事实，深切认识到治水对于强邦的重大意义。在亲身经历了这场人与自然斗争的伟大壮举后，追想大禹治水的功业，回顾自汉文帝以来三代治水的经验以及种种业绩，司马迁感奋异常，决心修《河渠书》——这个我国历史上前所未有的水利通史。他感叹道："甚哉，水之为利害也！余从负薪塞宣房，悲《瓠子》之诗而作《河渠书》。"

司马迁为写《河渠书》更是做了大量、长期的有关河川和水利工程的实际考察和研究，他考察的足迹遍布华夏的山山水水。他说："余南登庐山，观禹疏九江，遂至于会稽太湟，上姑苏，望五湖；东窥洛汭、大邳、迎河，行淮、泗、济、漯、洛渠；西瞻蜀之岷山及离碓；北自龙门至于朔方。"

由于作了众多细致的实地考察，所以有关各条水域的水利工程，《河渠书》都记载得异常科学与周密。也正是由于重视这种实地考察，重视向当地百姓和水务官员访问请教，所以，他的叙述与评说真实性强，三言两语直中肯綮。如写井渠的开凿，是由于"岸善崩"；褒斜道的失败是由于"水湍石"等，都正确反映了该地区的地质、地形特征。为写禹迹，他曾沿江、淮、河三大河流最易出事的地段实地踏勘，而后悟出禹为何不迳挽黄河东行入海，反而使它东北流入渤海湾的原因。他说这是由于自朔方至龙门一段，地势高，水流急，孟津以东地势渐低，落差太大，易生水灾。所以把它引入鲁西北的高地，以减小水势。这是一个很少有人提出的问题，司马迁不但提出来，而且还给了正确的解释。

秉笔直书　尽载治水之事

《河渠书》汇总了古代两千多年的水事记载。

《河渠书》从大禹治水的著名传说开始，一直记述到汉武帝时代黄河瓠子堵口共两千年间我国重要的江河水利建设史实。对各地兴建的灌溉工程和大江、大河防洪体系建设等都有系统的记载。按河名（或地名）可考的约为25事；依工程技术分类，计有防洪6事、漕运3事、灌溉13事、漕运兼灌溉3事。大事如大禹治水、鸿沟运河的开凿、李冰修筑都江堰、西门豹引漳水治邺、郑国兴修郑国渠、郑当兴修关中漕渠、番系兴修晋南水利、张汤言奏开凿褒斜运河、庄熊罴开凿龙首渠以及关中开凿六辅渠、灵轵渠等，还记述了黄河泛滥堵口抢险等。所涉及的河流有黄河、长江、淮河、济水、淄水、漳水、岷江、汉水、泾河、洛河、渭河、汾水、汶水等。

对秦以前的水事活动，司马迁在《河渠书》中主要记载了大禹治水，鸿沟、邗沟等运河开凿，李冰凿离堆而建成都江堰及西门豹引漳水灌农田等水事。对都江堰的记载是："蜀守冰凿离堆，辟沫水之害，穿二江成都中。此渠皆可行舟，有余则用灌侵，百姓飨其利。至于所过，往往引其水益用溉田畴之渠，以万亿计，然莫足数也。"李冰这"功昭蜀道"的奇功，一是除沫水洪水之害，二是可以行舟水运，三是灌溉农田。

《史记·河渠书》关于汉武帝瓠子堵口记载

《河渠书》详细记述了郑国渠的修建过程。其中郑国渠"用注填淤之水，溉泽卤之地"，即淤灌技术。填淤之水即富含有机质的多沙量河水，泽卤之地即盐碱地。郑国渠引泾水灌溉，实际上超出了一般灌水的意义，而具有改良盐碱地、施肥和灌水三重功效，使盐碱地一变而成为沃野，这无疑是适用于我国河流多泥沙特点的重要经验。这是我国有史以来，黄河流域最早的淤灌工程的记载。据考证，郑国渠还"横绝"河川，即接纳北山诸流，扩大水源，解决了供水不足的矛盾。该工程穿越山原、精确测量，居高临下，最大限度地控制和扩大了灌溉面积，其规划布局、引水方案科学合理，为后人争相步尘。

《河渠书》最早记载了黄河决口及堵口。书中详尽记载了汉武帝元封二年（公元前109年）瓠子决口及堵口工程。特别是堵口断流所采用的打桩填草塞石的技术，为后世的治河堵决提供了实战样板，在现代堵口中仍发挥着重要作用。在1998年长江抗洪斗争的电视画面中，我们仍能清楚看到，在溃口抗洪军民冒着生命危险夯砸木桩，填塞沙袋的场景。

黄河堵口后，负责河渠事的官员争相向武帝建议修筑水利，出现了"用事者争言水利"的局面。于是水利大兴，出现了不少灌田万余顷的农田水利工程，而小型水利工程遍及各地：朔方、西河、河西、酒泉等地都引黄河以及川谷中的水灌溉农田；而关中的辅渠、灵轵渠引诸川中的水；汝南、九江地区引淮河水；东海郡引钜定泽水；泰山周围地区引汶水。各自所开渠都能灌溉农田万余顷。其他小渠以及劈山通水道的,不可尽言。

汉武帝时,龙首渠的开掘首次采用井渠施工法,开创了后代隧洞竖井施工法的先河。《河渠书》记载了井渠施工的技术要领:"凿井,深四十余丈。往往为井,井下相通行水,水颓以绝商颜,东至山岭十余里间。井渠之生自此始。"即连续挖很多井,井下相通以使水流过商颜山。龙首渠隧洞施工在两端不通视的情况下,准确地确定渠线方位和竖井位置,这是难能可贵的。龙首渠建成后,并未达到预期的灌溉农田的目的,但创造的竖井法进行长隧洞施工,标志着我国当时测量和施工技术均达到较高的水平。

此项井下相通引水的输水技术,后来随着丝绸之路的开通和内地人民的大量迁徙到西域从事屯垦而传入西域。至今,在我国新疆的吐鲁番地区使用的"坎儿井",仍然使用的是这一独特的地下水利灌溉系统。既解决了沙地开渠"岸善崩"的问题,又避免了因吐鲁番地区天气炎热引起的河水大量蒸发。

为满足当时军事用粮和关中地区人口增长的需要,汉代不仅大兴灌溉工程,还大力发展漕运。在龙首渠之前,利用三年时间兴建了渭水至黄河长达300里的漕渠。齐人徐伯"表"漕渠,在我国水利测量史上是一重大贡献,说明汉武帝时水准测量已具相当的准确度。漕渠的开通,极大地增加了向关中漕运数量,且灌溉农田万余顷。

由于漕运代价太大,河东郡太守番系为了增加今山西河津、万荣、永济一带粮食产量,曾引黄河、汾河水灌溉该地农田,渠道建成不几年黄河主流摆离引水口而无法引水灌溉。这是史书中对黄河小北干流游荡性特点的第一次记载。

司马迁不但通过河道的开凿、治理过程,阐述人们变水害为水利的伟大斗争,以极大的热情和兴趣对许多成功的事实和经验做了详细记述,同时他还怀着满腔郁愤,对于豪门为了一己的私利阻挠治水均做了揭露,从而对汉代弊政进行了无情的鞭挞。

汉武帝元光三年(公元前132年),黄河又在瓠子决口。武帝舅父田蚡因其封地在黄河北岸,黄河决口南流,北岸便可避免水患的威胁,故对皇帝说:"江河决口都是上天的事,不易用人力强加堵塞,即便将决口堵塞了,也未必符合天意。"此外,以望云气和术数占卜的人也都纷纷附和。堵塞决口的工程被迫叫停,致使黄河溃口长达23年。

田蚡身为丞相，以个人的私利，不顾人民死活，反对堵塞黄河缺口，还妄称"天道""气数"以蛊惑汉武帝的治河决心。他的这一丑恶行径，暴露了分封制度的弊端。司马迁秉笔直书，给予了无情的鞭挞。

持正而志　勾画治水之人

《河渠书》以大禹治水开篇。他治水十三年间，"三过家门而不入"。行陆路时乘车，水路乘船，泥路乘橇，山路坐轿，走遍了华夏的山山水水，并度量了九州山势，筑起了九州的泽岸，开通了九州的道路，划分了九州边界。他随山势地形，疏浚了淤积的大河川，根据土地物产确定了赋税等级。

黄河泛滥成灾，给百姓造成很大危害。他便集中力量治理黄河，引导河水自积石山经过龙门，南行到华阴县，东下经砥柱山和孟津、雒汭，到达大邳山。禹认为大邳以上黄河流经的地区地势高，水流湍急，难以在大邳以东的平地经过，否则会时常败堤破岸，造成水灾，于是将黄河分流成两条河以减小水势，并引水北行，从地势较高的冀州地区流过，经降水，到大陆泽，以下开九条大河，共同迎受黄河之水，流入渤海。他不畏艰险，开山辟路，疏河治水，终于完成了"以别九川，随山浚川，任土作贡"的伟大事业，华夏诸国得到治理而安定，其功绩使夏、商、周三代受益不绝。

司马迁墓碑

大禹治水的传说经司马迁描写，成为有声有色的历史故事。大禹顽强斗争的精神，成为人们宝贵的精神财富。大禹的公而忘私的精神成为了中华民族崇高精神的一部分。而他治水中遵循的"以水为师""道法自然"的理念，熔铸了人们实际治河的经验，至今仍是治水的圭臬。

《史记·滑稽列传》中，司马迁还精心勾勒了另一个治水英雄——西门豹。战国时期，魏国邺地（今河北省临漳县西）的漳河经常发水灾。年复一年的水灾冲毁房屋，吞没庄稼，当地老百姓深受其害。后来，邺地的一些地方官吏、地主豪绅与装神弄鬼的巫婆串通一气，造谣惑众。他们说漳河闹灾是"河伯显圣"，只要每年挑选一个美女，给"河伯"做媳妇，就可以使水灾平息，民众安宁。就这样，在官吏豪绅的操纵下，年年驱使老百姓给河伯

司马迁祠,位于陕西省韩城市南十公里芝川镇东南,面积4.5万平方米

婆妻,把年轻姑娘扔进漳河。他们还乘机向老百姓索取大量钱物,进行分赃。天灾人祸,使邺地人民贫困交加,无法生活下去。特别是那些家里有年轻女子的平民百姓,担心自己的女儿被选中,只得背井离乡,四处逃亡。

西门豹奉魏文侯之命,担任邺令,西门豹经过深入调查访问,终于弄清了当地官吏地主为河伯娶妻、坑害百姓的真相。西门豹将计就计,利用为河伯娶妻的机会,以挑选的女子告知"河伯"为由,将作恶多端的巫婆和三老扔进河里,严厉惩罚了欺压百姓的官吏。

尽管西门豹只是两千多年前的一个邺令,官职不大,史料对其生平记载也少之又少,司马迁却对其倾注了满腔热忱,他以寥寥数笔将其特有的机智和魄力刻画得栩栩如生。特别是西门豹"即以其人之道还治其人之身"的高超谋略,以及祭河伯时"簪笔磐折,向河立待良久"的绝妙的表演,令人拍案叫绝。河伯娶妻的阴谋败露后,官吏豪绅"叩头且破,额血流地,色如死灰"的描述,更是入木三分,大快人心。

此后,西门豹"即发民凿十二渠,引河水灌民田,田皆溉",助使魏文侯"称誉于诸侯"。为感念西门豹修筑漳水十二渠给人们带来的富足生活,当地流传这样的民歌:"决漳水,灌邺旁,终古斥卤,生成稻粱。"

司马迁对西门豹以高度评价,他在《史记》中说:"故西门豹为邺令,名闻天下,泽流后世,无绝已时,几可谓非贤大夫哉!"他还意味深长地引用了古书上这么一段话:"子产治理郑国,百姓不能欺骗他;子贱治理单父,百姓不忍欺骗他;西门豹治理邺县,百姓不敢欺骗他。"并发问说,他们三个人的才能谁更高超呢?

此外,司马迁还热情讴歌了组织规模宏大、成就卓著的黄河瓠子堵口工程的汉武帝、兴修郑国渠的郑国、兴修关中漕渠的郑当、兴修晋南水利的番系、开凿褒斜运河的张汤等一批致力于治水的伟人。其中,有的治水工程获得巨大成功,福泽百姓;而有的工程因当时科技水平所限却未能如愿。但治水的失败,也为后世留下了许多宝贵的水利资料,提供了许多可供借鉴的反面经验。

人类的文明史就是水文化的发展史。中华民族水文化的历史源远流长。史载，早在鲧禹时代，我们的先人就已经在与水害进行顽强拼搏。但在西汉之前，虽然已开始取水之利，如灌溉、漕运、捕捞等，但史学家还未看到水利在社会发展中所占的重要地位，虽有人言水利事，却无人写专史。司马迁以超前意识和高远的目光，看到了水利对于社会发展、国家的兴衰的重大意义，开创水利史之先河，并将其作为正史的一个重要组成部分。

贾让、王景：双子星座　光耀两汉

白马玉璧的交易，并没有带给黄河更持久的安全；宣房宫的建筑，也并没有带给黄河更有力的威慑；水利方面的巨额投资，几乎要拖累到整个国民经济，其他公共投入都难以为继。自汉武帝后，汉朝的水利工程规模明显缩小，政府也不再那么热心治水，甚至，连关中的灌溉事业都日益荒废了。

此间，黄河仍然时不时地搞些恶作剧。西汉中期，黄河的灾害就日益加剧；到了西汉后期，已经发展到每7年就要决溢一次的地步。

决溢不绝：黄河怎么了

虽然在先秦，黄河也时有泛滥，但是远不及汉代来得厉害和频繁。

先秦时期，黄土高原的侵蚀相对较轻，上面覆盖着大片的森林，是个人迹罕至的地方。因此，黄河输沙量相对较少，洪枯水位也变化较小。在西周，支流泾河的水鸟很多；春秋时期，支流泾河的水还可以饮用，黄河和其他几条重要支流，如汾河、泾河、渭河都还可以通航。

但侵蚀较轻只是个相对的概念，这里可以拿先秦的史料文献佐证。

《左传》写道："俟河之清，人寿几何？"等黄河清了，不知道要活上多少岁？难怪后世偶然的"黄河清"会被当成祥瑞，因为确实难得。

泥沙俱下、波涛汹涌的黄河

《管子·水地》写道:"秦之水泔而稽,淤滞而杂。"秦国境内的黄河支流都跟淘米水似的了,也真是够浑浊的了。

《战国策·燕策》写道:"吾闻清济浊河以为固。"浊河说的就是黄河。

《尔雅》写道:"河出昆仑虚,色白,所渠并千七百条,色黄。"挟带着黄土高原的沙粒,黄河的颜色也由清澈变为浑浊了。

到秦汉时期,黄河输沙量增大了,河患增多了。也是在这个时候,黄河开始姓黄,被冠以黄的姓氏。

《汉书·沟洫志》写道:"泾水一石,其泥数斗。""河水重浊,号为一石水而六斗泥。"前面还是饮用水,到此时已经成为烂泥塘了。而且,更为严重的是,"哀帝初,平当始领河堤,奏言:九河今皆填灭"。所谓九河,即是《禹贡》中常提到的九河,它们的淤塞使得下游河道的泄洪能力大大地下降了。

《史记·河渠书》也提到:经过几个时代的演变,渭河"漕水道九百余里,时有难处"前面还是通畅的航道,现在已经淤塞不堪了。也正是因为航运条件发生了变化,当时的大司农郑才向汉武帝呈递了开凿漕渠的奏折。

黄河到底怎么了?原来,西汉时期的河道已是发展到晚期的平原河道。河道弯曲,河床淤浅,宣泄洪水的能力很差。

从史料来看,原因仍然不外乎天灾与人祸。在这一历史时期,留下了大量的降水记录。同时,人口增加和土地开垦也加剧了黄土高原的土壤侵蚀程度。秦汉以来,尤其是西汉,农业人口向黄土高原迁移,使得陕北、晋西北、鄂尔多斯高原东部等地人口密度,达到每平方千米 10~13 人的程度。

治河三策：贾让横空出世

哀帝初年（公元前5年—前6年），要求地方官向朝廷举荐治河人才。绥和二年，贾让上诏，提供了三种可供选择的治河方案，史称"治河三策"。

治河三策以"宽河行洪"为核心思想，上策主张滞洪改河，中策提出筑渠分流，下策则为缮完故堤，贾让还对此进行了对比选优和评估。

贾让在上书前，曾经深入研究治河历史，并在黄河下游东郡一带勘察。

贾让说，在古代，河道与人居，各不相干，"大川无防，小水得入，陂障卑下以为汗泽，使秋水多得有所休息，左右游波，宽缓而不迫"。洪水灾害并不多。但是，到了战国，诸侯国"各以自利"，开始筑堤约束河水。"齐与赵、魏以河为境。赵、魏濒山，齐地卑下，作堤去河二十五里。河水东抵齐堤，则西泛赵、魏，赵、魏亦为堤去河二十五里。"不过，这时候"虽非其正，水尚有所游荡"。

但是到了西汉，沿河居民不断与河争地，"堤防狭者去水数百步，远者数里"，而且"河从河内北至黎阳为石堤，激使东抵东郡平刚；又为石堤，使西北抵黎阳、观下；又为石堤，使东北抵东郡津北；又为石堤，使西北抵魏郡昭阳；又为石堤，激使东北。百余里间，河再西三东，迫厄如此，不得安息"。那时从黎阳堤上北望，"河高出民屋"，十分令人担忧。

贾让提出，让黄河人工改道是解决黄河问题的上策。办法就是，"徙冀州之民当水冲者，决黎阳遮害亭，放河使北入海。河西薄大山，东薄金堤，势不能远泛滥。"这即是设想在遮害亭（今河南滑县西南）挖开河堤，让黄河向北流（实际上是偏东北）入大海。由于西面有太行山及其余脉在地形上的制约，加之东边有金堤的阻挡，黄河不会过度泛滥，不出一个月，自然会形成一个新的河道。

当然，形成一个新河道是要付出代价的。代价便是，数量巨大的移民，以及由此牵连到的社会稳定问题。具体做法是，迁出太行山至黄河北堤之间的百姓，为黄河让出行洪通道，使河水得以从容下行。不过，贾让认为与其每年花费巨资在沿河十个郡修筑河堤，不如将几年的修筑费集中起来，用于安置移民，彻底解决黄河河患的问题。虽然有人认为此举会"败坏城郭、田庐、冢墓以万数"，招致"百姓怨恨"，但是贾让不以为然，

贾让，西汉时期筹划黄河的代表人物

他说"濒河十郡治堤岁费且万万，及其大决，所残无数。"

贾让在上策结尾写道："大汉方制万里，岂其与水争咫尺之地哉？此功一立，河定民安，千载无患，故谓之上策。"

但是，迁移众多冀州人口，难以为朝廷上下所接受，代价也非常高昂，因此，贾让提出了治河的中策。

贾让的中策，就是在黄河下游多开支渠，让这些支渠兼有灌溉和分洪的作用。所谓，"多穿漕渠于冀州地，使民得以溉田，分杀水怒"。

具体的规划则是："淇口以东为石堤，多张水门"，"但为东方一堤，北行三百余里，入漳水中，其西因山足高地，诸渠皆往往股引取之。旱则开东方下水门溉冀州，水则开西方高门分河流。"

这即是设想在遮害亭一带，沿着今天的京广铁路东侧向北修筑一条堤渠，引黄河入漳水河道。然后，再用石料加固黄河自淇口至遮害亭的堤防，并且在这段堤上建造若干水门。同时，在新筑的渠道东堤上也开若干水门。这样，在黄河干道和新渠之间，就组成了许多分水渠。如遇干旱，则开东面的门引水灌溉；如遇大水，则开西面的门分洪。

以此，就可以实现避三害、兴三利："民常罢于救水，半失作业；水行地上，凑润上彻，民则病湿气，木皆立枯，卤不生谷；决溢有败，为鱼鳖食：此三害也。""若有渠溉，则盐卤下湿，增淤加肥；故种禾麦，更为稻，高田五倍，下田十倍；转漕舟船之便：此三利也。"如此一来，既可以分洪防汛，减轻河防费用，又可以改善两岸农业生产条件，放淤灌溉，提高农业产量，同时还可以发展水运交通。

当然，修渠要花钱，造水门也要花钱。钱从哪里来？贾让算了一笔账：当时守护堤防的官兵每郡都有数千人，采购护河材料的资费每年也有几千万，假使能够采用这样的人力物力，修建渠道和水门是不在话下的，"足以通渠成水门"。又由于"民利其灌溉，相率治渠，虽劳不罢。民田适治，河堤亦成"，真可谓一举两得。

贾让认为，这种治河方法虽然不是古代圣人所提倡的方法，但也可以"富国安民，兴利除害，支数百岁，故谓之中策"。

由此看来，治河的上策和中策都是不错的方案。

那么，被称为下策的第三策是什么呢？

所谓第三策，就是沿用既有的方法，不断地加高加固河堤。贾让认为，如不采取前两策，只是在狭窄弯曲的河道上"缮完故堤，增卑倍薄"，其后果必然是"劳费无已，数逢其害，此最下策也"。

"治河三策"是中国最早对黄河下游兴利除害的治河文献，对后世产生了重大影响。

对于三策的评价，历来评价不一，明清争论尤多。明代邱浚认为："古今言治河者，皆莫出贾让三策。"（《大学衍义补》）而刘天和则认为贾让的上策和中策，都不可行，并指出邱的评价"非定论也"。（《问水集》）清代夏骃称赞贾让："虽使大禹复出于此时，亦未有不徙民而放河北流者，安得不以为上策哉！"（《经世文编》）而靳辅则说："有言之甚可听而行之必不能者，贾让之论治河是也。"（《治河方略》）不过，靳辅同时也指出："（贾让）所云疆理土田，必遗川泽之分，使秋水多得有所休息，左右游波，宽缓而不迫，数语，皆善矣。"从治河的角度肯定了贾让的人与自然和谐相处，社会发展与河流洪水规律相适应的自然观。

王景：令黄河安澜八百年

与贾让同时代，还有很多有意思的治河理念被提了出来：长水校尉（主持防洪的河官）关并提出应当将黄河下游经常泛滥地区的居民搬迁出来，开辟为"水猥"，即蓄滞洪区；大司马（主管工程的官员）张戎主张放弃沿岸灌溉引水，任全河下流，河道水流流速增加，河道刷深，便不会泛滥；清河都尉（当时黄河流经清河县）冯逡、韩牧另外提出疏浚黄河下游故道，分由两条河道入海；孙禁和许商则认为黄河决堤、频繁泛滥的关键是河道已经淤高，因而提出重新在黄河下游开挖新河，使黄河人为改道。

东汉初，建武十年（公元34年），阳武县令上书建议改修黄河堤防，安定百姓。光武帝刘秀遂调集了兵士，准备动工。但浚仪县令提出，现在刚刚打完打仗，应该与民休息，不能大兴劳役。于是，黄河修缮的计划就搁置下来。这样以后，汴水不断向东泛滥，

王景，少时好学，广览群书，又好天文术数

灾区面积日益扩大，原来水门一带的堤防全都淹没在水中，兖、豫两州民怨沸腾。

明帝即位后，黄河堤防修缮的工作又重新被提上日程。但有大臣们认为，黄河南流改道入汴对北方的冀州和幽州有益，所谓："故曰左堤强则右堤伤，左右俱强则下方伤，宜任水势所之，使人随高而外，公家息壅塞之费，百姓无陷溺之患。"（《后汉书·明帝纪》）

直到永平十二年（公元69年）召见王景后，明帝才最后下定决心治河。

王景，字仲通，乐浪邯人。祖先居琅琊不其，西汉初迁居到朝鲜半岛。王景从小学习周易，爱好天文和数学，熟谙工程技术，做事冷静果决。他是东汉最著名的治河专家，主持过封建时代规模最大的治河活动，使黄河安澜八百年，人称："王景治河，千载无患。"

王景受到明帝的重用，得益于他在修浚仪渠时的杰出表现。明帝召见王景，询问他跟治水相关的问题，王景对答如流。明帝非常满意，赐给他《山海经》《河渠书》和《禹贡图》，为他调配10万兵士，令他在夏天展开治河工作。

王景治河工程历时约1年。他为黄河选了一条新的河道。这在某种意义上，跟贾让的上策有着不谋而合之处。同时，他采用"十里立一水门"的方法，"令更相洄注，无复溃漏之患"。

开水门的目的，即是为了调节和控制黄河流势，保证正常引水。人们通常认为，这是指在济水（即汴水）与黄河相交的地方，在原来引水口（荥口）之外，令辟一个引水口（济口）。这样，济水和黄河之间便有了两个引水口和两条引水道，都设置了水门，两个水门距离十里。

对于王景治理的黄河新道的经流所在，历史语焉不详。通常，水利史家认为，大致起于长寿津（今河南濮阳县南），与西汉大河分流，东经范县南、山东阳谷县西、莘县东、茌平县南、东阿县北，又东北流经今黄河和马颊河之间，至今利津县境内入海。新河道是在泰山北麓的低地上通过的，比旧河道短，也比旧河道顺直。在相当长的一段时间，黄河恢复了宁静。

今天看来，王景治河的方法虽然对平息河患起了重大作用，但黄河安澜的最重要原因似乎跟中游地区的生态环境发生改变更有联系。当时中游地区水土流失减少，黄河含沙量降低，这才是黄河息怒的原因所在。不然，即使王景的新河道再好，仍不免被重新淤积抬高的可能。同时，这一根本时期，黄河下游的人口较少，这也为其开辟新河道而减少了很多阻力。

更有人从地理学的角度提出，当时的海平面较低，黄河下游有多个湖泊也是黄河安澜的原因之一。

通航条件的改善，也被记录在史册上。巧合的是，"黄河清复清"的民间歌谣也在这一时期流行，似乎也可以作为一个佐证。

同时，也有人从气候学角度出发，将黄河安澜归结在中游地区的大暴雨减少上。当时，黄河中游地区的大暴雨记录较少，大暴雨的减少，必然导致输沙量降低，从而降低了黄河水患。

中长尺度气候变化的影响，也被推断是可能的动因之一。春秋战国时期"关中种稻"，"八水绕长安"，降雨量相对较多。通过郑国渠等灌溉工程的兴建，秦国农业兴而国力强，为"卒并诸侯"奠定了基础。秦汉时期，伴随着气候变冷的过程，情况发生了显著的变化。西汉时修河东渠，动用了数万劳力，却"河移徙、渠不利，田者不得尝种"。西汉后期，我国古代著名农业家氾胜之到关中指导农业，不得不"大力推广种麦"。东汉之后，大批耕地又由农转牧，可见我们的祖先早就尝试了通过生产方式的调整来求得与自然条件的平衡。又或者，黄河的多次小泛滥避免了大泛滥的发生。

有怀疑论者这样推断"安澜八百年"的"真相"：王景治河至隋朝，历经魏晋五胡十六国的战乱，长期的动乱使得黄河下游几近无人区，即便有黄河泛滥的事实发生，也不可能有文学历史的佐证。

从西汉到东汉，从贾让到王景，两位水利专家探索黄河的运动规律，在实战中发展自己的治河思想。他们恍若双子星座，照亮了两汉的天空。

马臻：功也鉴湖，泪也鉴湖

"我欲因之梦吴越，一夜飞度镜湖月。湖月照我影，送我至剡溪。"

马臻（公元88—141），扶风茂陵（今陕西兴平）人，东汉水利专家

镜湖，即鉴湖。李白的《梦游天姥吟留别》描绘的就是浙东会稽平原的瑰丽、诡奇的景色。这片浙东山水是李白多年向往的地方。

"东南山水越为首"（白居易）、"天下风光数会稽"（元稹）。鉴湖山水不仅是李白，也是唐宋诗人们向往的地方。在唐代，经济的繁荣，文化的兴起，使浙东成为了唐诗之路的起点。

是鉴湖成就了浙东绍兴平原的丰饶和美丽，而主持修建这个我国江南最古老的大型蓄水工程的人，是东汉时期的会稽郡太守——马臻。人们称他为"鉴湖之父"。

鉴湖不但是蓄水灌溉湖泊，还具有蓄洪、防止咸潮内侵和内河航行等综合功能，是平原丘陵地区之大型水利枢纽，为国内外所罕见。

鉴湖以其堤岸之长、水域之宽、水利设施之先进，成为当时世界第一的水利工程。这是我国古代继都江堰工程之后又一个伟大的水利奇迹。在鉴湖水利建设中，首次使用木桩与沉排技术，加固软土地基，修建堰闸，使得鉴湖在中国水利史乃至世界水利史中，占有其独特的地位。

史载，唐宋年间，鉴湖福荫一方，使得绍兴境内"无凶年，无饿殍"，"古越晏安，户口殷实"，盛世绵延，俨然是浙东平原上的又一个"天府之国"。史书上故有"境绝利博，莫如鉴湖"之评说。

为官济世 治水救民

人说，绍兴的历史就是一部《山海经》。

早先，连绵起伏的会稽山与大海相依。后来海水退落，加之会稽山上流下的多条河水带来的泥沙沉淀下来，日积月累形成了一片冲积扇平原，这就是今日的绍兴平原。因此，绍兴平原被称为"从海底捞上来的土地"。

绍兴，古为会稽郡。会稽一带北临沧海，南傍群山，平原多沼泽。每当山洪暴发，平原即成茫茫泽国；而干旱之时却无水用于溉田。加之杭州湾时有怒潮上溯，农田常被海水淹渍，导致颗粒无收。在这样的水环境下，百姓贫困，生计维艰。

当年东汉会稽郡郡守马臻走马上任，正逢大雨瓢泼，山洪暴发，当地百姓的农田、房屋被大水冲毁，百姓悲号声震天。马臻为此忧心忡忡。如何治理水患，使当地百姓能够安居乐业，成了他苦苦追求的梦。

他想到了年轻时游历蜀地，在四川都江堰，亲眼见到都江堰的雄伟壮丽和巨大效益，他深深为此倾倒，追思李冰创建都江堰的丰功伟绩，不禁产生以之为楷模的念头，慨然叹道："壮哉，大丈夫为官当如此！"仰慕大禹、李冰业绩的马臻，带着服官济世的强烈愿望，立志要兴修一座大型陂塘水利工程，以期一劳永逸，嘉惠于千秋万代百姓。

经过详细查勘，马臻提出了修建鉴湖工程的规划设计方案：把历代修筑的湖堤加高培厚，并增筑新堤，使之连成一座共长127里的大堤。这条大堤以会稽郡城为中心，又分为东西两大堤段，东段起五云门至曹娥江，堤长72里；西段起常禧门到浦阳江，堤防55里。这条人工大堤拦截了会稽、山阴两县36溪之水，形成了周长310里、宽约5里的狭长形大湖，这便是号称800里的鉴湖，又名长湖、镜湖。

鉴湖包围了原来众多的大小湖泊。由于东部地形略高于西部，马臻在湖中间又修了一条六里长的驿道作湖堤，把鉴湖分成东湖和西湖两部分。东湖87.63平方公里，西湖85.09平方公里。在堤坝上，还设有泄洪放水设施：斗门、闸、堰、涵管等，其初期数量已不可考。北魏郦道元《水经注》记有"沿湖开水门六十九所"。曾巩《鉴湖图序》及徐次铎《复鉴湖议》记有"斗门八所、闸七处、堰二十八处、阴沟三十三处"。此外，尚在会稽五云门外小凌桥以东，及山阴常禧门跨湖桥以南，设有水则牌（相似于今日的水位尺）两处。

鉴湖，位于浙江省绍兴城西南，俗话有"鉴湖八百里"

由于湖水面高出堤外农田丈余，而农田又高出杭州湾海面丈余，于是形成了三级台阶，形成自流灌溉的态势，加上斗门、闸、堰与涵管等一整套设施，就使得鉴湖发挥出了既能灌溉、又能排水的效益。天干时，打开放水设施，使湖水灌田。山洪到来时，关闭放水设施，把洪水蓄入湖中。鉴湖蓄不了时，又可打开

鉴湖古纤道

下泄斗门，将水泄入杭州湾。

鉴湖水利工程在当时就是一项震惊世人的大型工程，它功在当代，利及千秋，当代人必然要为此付出辛劳和牺牲。因此从筹划到施工，反对声不绝于耳。筑湖，要淹没各湖泊间的土地、房屋和坟冢等，而其中大部分土地属于当地豪强大户。于是，筑湖工程遭到豪强大户们的激烈反对。他们施展了许多阴谋诡计，企图阻止鉴湖的修筑。马臻的一些亲朋好友和忠诚幕僚，也深感此事关系重大，弄不好会引火烧身，便劝太守"重举事而乐因循"。面对众多的反对之声，有着远见卓识的马臻全然不为所动。他力排众议，义无反顾。

东汉永和五年（140年），马臻毅然发动15万当地民众筑堤挖湖。

施工过程中首先面对的是工程技术难题。会稽平原原为退海沼泽之地，从地表到几十米深处淤泥堆积，新筑的湖堤常常数日后便沉陷坍塌。马臻没有被眼前的困难所吓倒，他走访当地老农，寻求解决的途径，创造出了用松桩强基固本，并填塞以泥土、柴竹的办法，加强了湖堤基础的整体性和柔韧性，保证了湖堤的坚固稳定。他还总结借鉴了历代治水的经验，独具匠心地在湖堤上设置了斗门、闸、堰、涵管和水牌（水位尺），从而形成了科学的鉴湖排灌体系。

由于筑湖工程浩大，修筑中途出现了人力、财力匮乏的局面。马臻清楚，开弓没有回头箭，决不能半途而废。办法只有一个：不顾杀身之祸，动用当年的赋税和皇粮。这显然是挑战皇权的行为。他已作好了准备，以牺牲自己的生命，来换取鉴湖工程这一千秋功业。岁月荏苒，鉴湖在风风雨雨中终于修筑成功。

据史料记载，鉴湖修成以后，整个会稽山北部平原从此免遭洪水之苦，曹娥江以西约9000顷土地平畴千里，稻香阵阵。《宋书》描述这一带的情况是："会土带海傍湖，良畴亦数十万顷，膏腴土地，亩值一金，鄠、杜之间为关中膏腴土地不能比也。"除了千里平畴旱涝保收800里，鉴湖亦是鱼肥藕白。史载，湖中"芰、荷、菱、芡之实不可胜用；鱼、鳖、虾、蟹之类不可胜食"。

杜牧曰："越州机杼耕稼衣食半天下。"即越州每年上缴的赋税可以养活半个天下。宋人王十朋称赞："杭之有西湖，犹人之有眉目；越之有鉴湖，犹人之有肠胃。"正是因为有了健壮的肠胃，鉴湖建成后的绍兴平原日臻繁华，成为著名的鱼米之乡。

千古奇冤　江南一马

马臻筑湖淹没了豪门大户的田地、房屋和坟茔，遭到豪强大户们的极力反对和憎恨。修湖时由于人力、财力的匮乏，马臻私自动用了当年的赋税和皇粮，又给反对派们留下了编织罪名的把柄和口实。

几个豪强联合起来，以马臻无视朝庭，耗用国库，毁坏庐墓，淹没良田，溺死百姓罪具状控告。无奈豪强人数太少，又不敢签上真实姓名，为了制造民怨沸腾的假象，于是搬来家谱，填上1000多个死人的名字。

不知是"天高皇帝远"实情难察，还是连年忙于征战顾及无暇，抑或是侵犯皇权触怒龙颜，昏聩的朝廷最终将马臻判处极刑——车裂。

真可谓"事修而谤兴，德高而毁来"，千秋功臣竟成为千秋罪人。但马臻自信："俯仰无愧天地，褒贬自有春秋。"临刑时马臻不作任何辩解，大义凛然，从容就义。

"公道自在人心"，越中百姓愤愤不平，他们冒着生命危险，偷偷将遗骸运回会稽。万人哭祭，立祠祭祀，礼葬于郡城偏门外鉴湖之畔。"太守功德在，人虽远益彰"，世世代代的绍兴人心中总是高树着马臻的丰碑。

唐元和九年，重修马臻墓，又建马太守庙。北宋嘉祐元年（1056年），宋仁宗赐封"利济王"。马臻墓前矗立起四柱三间石牌坊，石质望柱上镌刻着："作牧会稽，八百里堰曲阶深，永固鉴湖保障；奠灵窆穸，十万家春祈秋报，长留汉代衣冠。"

鉴湖石桥

马臻墓

烟雨江南，清明又至。人们迈着沉重的步伐去祭奠马臻，马臻墓坐北朝南，前临沃野，仰对亭山。墓前石栏挺立，四周以青石砌垒，顶上青草离离，正中横置墓碑一块，上刻有"敕封利济王东汉会稽太守马公之墓"，系清康熙五十六年二月，郡守俞卿修墓时所立。墓碑边框浮雕双龙抢珠，卷云海水图案，两侧为狮头方石柱，设盘龙纹抱鼓石。两侧为狮头方石柱，前设青石长方形祭桌。

墓旁有马太守庙，始建于唐开元年间。元和十年扩建，历代增修不绝。正殿柱上有两副楹联，一副是佚名联，联曰："轰天大业，纳众水而定千秋，何屑当年谤读；盖世鸿猷，润平畴以安百姓，岂图日后声名。"另一副联是清绍兴知府霍顺武所撰，上联为："继夏王疏凿之功，泽沛越州，长使是邦占乐利。"下联是："作汉室循良之吏，湖开鉴曲，允宜此地荐馨香"。大殿东西两壁，绘有32幅彩图，以连环画形式，再现了马臻从自幼求学直至车裂身死的壮烈人生。

几百年前的旧物，栩栩如生地展现了马臻"为官一任，造福一方"的治水功绩，记录了越中父老对马臻的缅怀和崇敬。大禹庙中也树起了他的雕像，像前横幅大书"鉴湖之父"，与以治水得天下的大禹同享千载膜拜。

马臻于鉴湖，犹如李冰之于都江堰。但马臻的身前身后却远比不上李冰的幸运和风光。同为郡守，都主持修建了福泽千秋百姓的大型水利工程，李冰善终，但马臻被戮。李冰死后被奉"川父"，名扬巴蜀乃至华夏；马臻却正史无传，名声只限于绍兴一隅和水利史界，特别是今日知马臻者又有几人？

只有民心不可欺，岁月抹不去先贤的功绩，时光掩不住后人的爱戴，马臻的故事才长留天地间。

浩渺鉴湖　于今安在

杜甫诗云："越女天下白，鉴湖五月凉。"

美女与鉴湖，为越地"两绝"。如今越中依然美女如云，肤若凝脂，而鉴湖却已然风光不再。同中国历史上不少有名的陂塘灌溉工程一样，鉴湖也没有摆脱逐渐萎缩、湮废为田的悲剧性宿命。原先号称800里的浩渺鉴湖,到今天只萎缩、湮废得只剩下30里。

"鉴湖湮废谁之过也？"其中有自然的原因,也有人为的因素。其中人为因素占主要成分,尤其是围湖造田。

鉴湖周围原有自然环境是"湖高于田丈余,田又高海丈余。水少,则泄湖溉田；水多,则田中水入海"。围湖造田以后,改变了这一自然态势,使湖与田之间失去了天然调节功能。

围湖造田从宋朝开始,越州一带由于人口的急剧增加,绍兴平原上已经无田可耕,人们便向山要田,向湖要田。向山要田,砍伐了大片的树林,造成水土流失,大量泥土入湖,造成淤塞。向湖要田,便是围湖造田：在湖中修筑围堰,圈出一片一片水面,然后填土成田。最后,湖区泥沙越积越厚,造田区域越辟越多,整个鉴湖"废几尽矣",完全丧失了蓄水溉田的功能。

宋朝大散文家曾巩,曾任越州通判,是绍兴地区的父母官。他十分重视水利建设,在《越州鉴湖图序》一文中,他愤然将这种围湖造田的行为斥为"盗湖"。

文中曰："宋兴,民始有盗湖为田者,祥符之间,二十七户,庆历之间二户,为田四顷。当是时,三司转运司犹下书切责州县,使复田为湖。然自此吏益慢法而奸民浸起,至于治平之间,盗湖为田者凡八千余户,为田七百余顷而湖废几尽矣。"当时的官员还是颇有头脑,文中写的"当是时,三司转运司犹下书切责州县,使复田为湖。""复田为湖"就是我们今天所说的"退耕还湖"。

在《越州鉴湖图序》中我们可以看到,当时为惩罚"盗湖"定下的法令：围湖造田者"罚有自钱三百至于千,又至于五万,刑有杖百至于徒二年。"然而,当时农民对生态问题认识模糊,官员也抓得不紧,有令不行,有法不依,盗湖为田者大增,鉴湖被大量蚕食。于是曾巩出来大声疾呼,严办盗湖者。他激动地说："令言必行,法必举,则何功之不可成,何利之不可复哉！"在曾巩主管越州之时,"盗湖者减,鉴湖水清。"

但是好景不长,曾巩去世,盗湖抬头,鉴湖于是越来越小。这即是曾巩所预料到的情况："夫湖未尽废,则湖下之田旱,此方今之害,而众人之所睹也。使湖尽废,则湖之为田亦旱矣，此将来之害，而众人之所未睹也。"

果不出曾巩所料，宋室南渡以后，宁绍平原人口猛增，垦湖为田成为不可逆转之势。在群起围垦之下，鉴湖拼死挣扎了数年之后，终于失去了浩荡的湖光水色——据后人考证，完全湮废的时间，当在宋乾道元年（1165年）前后。鉴湖湮废的直接后果，便是"水旱灾伤之患，无岁无之矣"。有人统计，今绍兴地区，北宋时发生水旱灾8次，南宋时增为54次。

如今的鉴湖，旧堤还依稀可见，原先浩荡的湖面只余下许多零碎的小湖。其中最精彩的部分，是号称"十里湖塘"的那一长溜水域，其宽处约4千米光景。它完全不像是湖，更像是一条河。这里是鉴湖湮废中最为醒目的遗剩，它还残留着一个古老鉴湖的模样，它虽然较原先小了许多，但却是鉴湖的"化石"，是鉴湖浓缩了的内核。它坚守着鉴湖的所有信息和全部意义，包括一千多年前那场改天换地的水利盛事，那个华夏儿女，特别是越中儿女心中永远不朽的名字！

第三章 三国两晋南北朝

刘馥一家　三代治水

刘馥像

陈寿在《三国志》里，专门给六位刺史立了一传。其中有一位被立为标杆的扬州刺史，名叫刘馥，因匹马赴合肥造空城，屯田兴教修水利，深得百姓爱戴和曹操赏识。但是，这样一位颇有文治武功的名守，却因建言曹操的一首《短歌行》而冤死。刘馥死后，曹操后悔不已，命以三公厚礼葬之。但是，悔恨终究唤不回消逝的生命。

刘馥（？—208），字元颖，沛国相县（今安徽濉溪县西北）人。东汉末年曹操的部下，扬州刺史。他在治理扬州期间兴修水利，并修造城垒以加强城池的守备，颇有功绩。

刘馥修建的芍陂、茄陂、七门、吴塘等水利工程，滋养了江淮一方儿女，有的沿用至今。他的儿子刘靖虽贵为王侯，但仍承继父志，修筑了京城地区有史以来最早、最大的水利工程：戾陵堰和车箱渠。孙子刘弘为镇北将军，接续祖业，"亲临山川，指授规略"，派兵为工，召亡为民，大修水利，失荒废的设施重新恢复了效益。刘门三杰，献身水利，泽被一方。

威恩兼著肃万里

"精达事机，威恩兼著，故能肃齐万里"，这是陈寿在《三国志》里对刘馥的评价。短短几句话，十分恰当地概括出了刘馥的远见卓识。东汉末年，刘馥曾到扬州避乱，后在建安初年劝服袁术的手下戚寄和秦翊投奔曹操。曹操十分高兴，便任命刘馥为司徒府掾。但是，此时的曹操正南北双忧，北面与袁绍在官渡对垒，而南面孙策攻杀了辖区的扬州刺史，并与当地武装限人僵持。分身乏术的曹操问计于刘馥，刘馥提出了三点意见，获曹操肯定，随后刘馥被任命为扬州刺史。

上任后的刘馥单枪匹马来到残破的空城合肥，新建了扬州的官衙。同时，在当地兴办学校，进行大规模屯田，蓄水灌溉稻田，并招安了地方武装势力，民心归聚，数万名逃难的江淮人又都回到原居地。刘馥在任的数年期间，社会稳定，经济繁荣，人口迅速增长，名人雅士汇聚，深得民心。

刘馥虽为名守，但最让人称道、最留名史册的还是他对水利事业所做出的突出贡献。我国古代受条件所限，人工灌溉的水源主要来自地下和地表，而以江河湖沼等地表水居多。地表水虽然易于获取，但水量受季节和气候影响较大，水量往往不能便捷地满足农业灌溉需求。于是，古人就想方设法建造了很多类似于水库的人工陂塘，用以存储水分，调节江河流量。正是这种看似再普通不过的陂塘，使百姓一次次地免于洪荒。

据史料记载，我国最早的陂塘是位于安徽寿县的芍陂，春秋时期楚国名将孙叔敖所建。至魏时，芍陂荒废，建安五年，刘馥在淮南屯田，"兴治芍陂以溉稻田"，实现了"官民有蓄"。同时，刘馥看到了陂塘的巨大效用，引以为用，在河南固始县和安徽怀宁县分别修建了茹陂和吴陂，使沿河陂塘呈串珠状，一个接着另一个，颇似长藤结瓜。

在刘馥所修的水利工程中，工程量最大、影响也最长远的当属"七门三堰"。"七门三堰"位于安徽舒城县，包含七门堰、乌羊堰和槽牍堰，它充分利用大然的陂、荡、塘、沟，因势利导，加以修造后形成自流灌溉网。两千余年来，灌溉江淮腹地十余万亩田地，是我国古代著名的系统性水利工程。后人感于"三堰余泽"，在七门堰堰口，立起了一座"三刘祠"，用以纪念刘信、刘馥和刘显三位为古代著名灌溉工程做出贡献的官员。

淠史杭灌区

七门堰始建于刘信,其建筑历史颇为曲折。汉高祖七年(公元前200年),刘信为羹颉侯,食邑于舒。他见"舒城水源出于西山之峻岭,势若建瓴",便"于七门岭下,阻河筑堰,曰七门"。到了东汉末年,七门堰因为年久失修,水利设施颓废,曹操实行屯田,扬州刺史刘馥便"守淮南,大开稻田",决定重修七门堰。他在"兴利莫先于七门、曹责诸堰,浅者睿之,塞者疏之,倒灌者闸之,泛滥者堤之,则利兴矣"的思想认识下,"循羹颉侯故迹,断龙舒水",疏浚了淤废的七门堰故道,同时,在周瑜城左侧的龙舒水右岸增建乌羊堰,在县治附近的龙舒水左侧增修槽牍堰,形成后世所称的"七门三堰"。这大大恢复了七门堰的灌溉效能,而且还把引水灌溉与防洪排涝结合起来,使灌溉面积扩大到"千余顷"。到了明代,县令刘显再次对"七门三堰"进行大规模疏浚,扩大灌溉面积的同时,制定了"上五荡用忙水"、"下十荡用闲水"的用水办法,和"正夫水"、"挂夫水"的管理制度。

2000多年来,七门三堰时兴时废,历经沧桑。新中国成立后,党和政府十分重视水利事业的发展,七门三堰灌区纳入杭沛干渠,成为淠史杭灌区的一个组成部分,效益双倍发挥。

一门三杰献水利

刘馥之子刘靖虽然也官至将军,但他秉父遗风,守地修渠治水。有人说,刘靖的一生可以概括为名守的儿子如何炼成名守,这话并非没有道理。他开拓边守,屯据险要,兴修水利,使百姓获益,去世后被追赠为征北将军,进封建成乡侯,谥曰景侯。

黄初年间,刘靖由黄门侍郎升任庐江太守,所在的合肥地区正是当年父亲刘馥的治所。踏上父亲抛头颅洒热血的故土,物是人非,刘靖感慨万千。耳濡目染间,刘靖在治水上沿用其父的富民之术、为政之道。由于任上有功,刘靖后来迁为镇北将军,假节都督河北诸军事,成为封疆大吏,一代名守。其中,最为人称道的是在永定河上兴建了京城地区有史以来最大的农田水利灌溉工程:戾陵堰和车箱渠。

戾陵堰始建于嘉平二年(250年),距今已1700多年。这项水利工程由两部分组成:

其一在灅水（即今永定河）上修一道水坝，高约 2.5 米，长约 70 余米，宽约 90 米。坝不高但很宽。枯水季节可以蓄水，提高水位，洪水季节又能顺利行洪。设计者充分考虑了永定河不同年份、不同季节水量差别大的特点。这条坝以石景山为依托，东西走向，在四平山和石景山之间形成了一个小水库。工程之二，在石景山和黑头山之间的地形缺口处，凿穿小山梁修通一条渠道称为车箱渠。渠道和高梁河沟通，经昌平、密云、通县一带，绵延四五百里，灌溉二十多万亩土地。

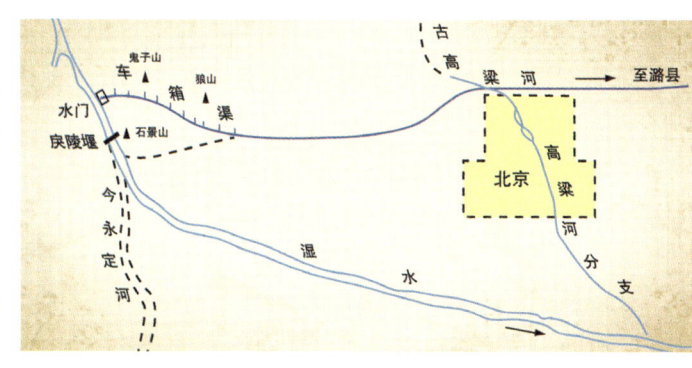

戾陵堰及渠道示意图

据史料记载，刘靖在戾陵堰的修建过程中，"登梁山以观源流，相湿水以度形式"，观察地形，勘察漯水。在北地的朔风声中，他选定的地址上修筑了戾陵主堰，取水口位于上游北岸。此堰因在戾陵附近，故而得名。在戾陵水门，下接一条引水干渠，因形似车箱，故名车箱渠。通过车箱渠分出一部分河水，平地导流，注入蓟城西北的高梁河。再沿高梁河西岸开支渠，以达到灌溉农田，发展水稻生产的目的。这是一项巨大的水利工程，也可以说是一件功在千秋的政绩。它在山洪爆发的时候可以用来防洪，山洪乘堨东下，免遭山洪侵害。渠堰修好后，在平时则用以灌溉稻田，"灌田岁二千顷，凡所封地百余万亩"，取得巨大的经济收益，同时由于水利条件的改善，提高了水稻的产量，致使"水溉灌蓟南北，三更种稻，边民利之"。

时间到了西晋初年，虽然刘靖兴建的戾陵堰和车箱渠仍然发挥着灌溉农田的作用。但是到了元康四年（294 年），幽州地区先后发生两次地震，严重破坏了戾陵堰的结构，工程基本被毁。元康五年（295 年）六月，洪水暴发，冲毁戾陵堰四分之三的建筑，北崖及水门也被冲垮七十多丈，造成车箱渠漫溢。戾陵堰被冲毁后，渠堰几乎淤塞废弃。刘靖的儿子刘弘见此情景，决意修复，便亲自带人翻山越岭，查勘地形，规划方案。但是，由于战乱和疫病流行，当地的青壮年流失严重，一时难以找到足够的劳工。刘弘就给附近的驻军将领关内侯逄恽去信，请他派兵前来援助治水工程。没想到，逄恽十分重视，自己亲自带领两千多名将士，不带长刀带长镐，奔赴而来。更让人意外的是，附近的王

《重修净土寺添置田亩碑记》

侯贵族听到这个消息后,主动带人前来帮忙,甚至连乌丸、鲜卑等少数民族的骑兵也纷纷下马修堰。经过四万多军民近半年时间的共同努力,他们起长岸,立石渠,修主遏,治水门。经过艰苦奋战,最终让堰坝门广四丈,立水遏五尺,兴复载利,通塞之宜,准遵旧制。戾陵堰和车箱渠旧貌焕新颜,再次滋润一方百姓。戾陵堰和车箱渠不仅见证了一段军民治水的佳话,而且还见证了我国各族人民为着一个共同的治水理想而同甘共苦的历史。

刘弘通过这次对戾陵堰和车箱渠的重建,筑起长岸,修复了水门和主坝,在北岸还建有护岸的堤防,并抬高了水门,减少了流量,加强了该项工程的稳固性以及对水势的控制,进一步扩大了灌溉面积。

在中国水利史上,一门三代献身于同一个水利工程的例子非常罕见。刘氏三代即为如此,蔡东藩在《两晋演义》中评价到"弘父子以保境成名",而孙盛在《晋阳秋》中评价到"自靖至弘,世不旷名,而有政事才"。后来,在石景山南麓发现的明代《重修净土寺添置田亩碑记》中,开头就说"且夫净土寺,古刘师堰石记云",这充分说明了该堰及其修筑者在人们心目中的地位,也可以从另一个角度看出,在北京古代的水利发展史上,刘靖父子所作出的不朽贡献。

神秘堰坝难觅踪

刘氏父子所修筑的戾陵堰与车箱渠几度兴复,为京城周围的农业发展做出了突出贡献,对北京地区的开发产生了久远的影响,在北京城市发展史上具有开创性的意义,其历史功绩不亚于元朝郭守敬对元大都水系的改造。因此,许多水利方面的研究都把它与四川岷江上的都江堰相比较,视为古代水利工程的重要代表。在1000多年的时间里,永定河水通过戾陵堰、车箱渠哺育了这里的人民,繁荣了农业经济,为北京成为全国的政治、经济、文化中心准备了必要的物质条件。

但是,戾陵堰修成以后,曾多次毁于洪水。它巨大的灌溉效益吸引许多有识之士不畏艰难多次重修:北魏幽州刺史裴延儁于公元519年也重修过戾陵堰。《魏书》裴延俊传有："转北平将军幽州刺史，范阳有旧督亢渠、经五十里，渔阳燕郡有故戾陵诸堰，广袤三十里，皆废毁多时，莫能修复。时水旱不调，民多饥馁，延儁谓疏通旧遗迹势必可成，乃表求营造……未几而就，溉田百万余亩、为利十倍，百姓至今赖之。"从这段记载中我们注意到两个问题，其一，"渔阳燕郡有故戾陵诸堰"，说明从刘弘到裴延儁的200余年间，戾陵堰被长期使用过，以至在裴延重新修复戾陵堰时，河道中还有几条废堰体的遗迹。其二，修复后的戾陵堰、车箱渠又达到相当的规模，它和督亢渠两处水利工程灌溉面积之和又达到了100多万亩，为利十倍，取得了非常好的经济效益。

永定河，为北京地区最大河流，海河五大支流之一

北齐斛律羡也维修、利用、扩展了这个水利工程。《北齐书·斛律金传》："天统元年斜律羡官出幽州刺史，导高梁水北合于易京，东会于潞，因以灌田，边储岁积，转漕用省，公私获利焉。"

隋、唐有引永定河水广开稻田的记载。辽史有"狼山神、戾陵陂"的记述。金、元在开运河的同时，充分考虑了继续发挥这项水利工程的灌溉作用。

但是，由于年代久远，有关戾陵堰、车箱渠的史料非常稀少。以郦道元《水经注》卷十四《鲍丘水》中著录的"刘靖碑"及其"遏表"记载，是目前我们追溯、研究其具体情形和水利贡献的最详细线索。《水经注》里写道："鲍丘水入潞，通得鲍丘之称矣。高梁水注之，首受㶟水于戾陵堰。"鲍丘水即今温榆河，㶟水即今永定河，它勾画了这一水利工程的走向：经戾陵堰拦截的永定河水，从车箱渠进入高梁河后汇入温榆河，再流入通县境内的潞水。

《中国水利史》　《北京古运河与城市供水研究》

从20世纪三四十年代至90年代初，郑肇经的《中国水利史》、侯仁之的《北京历代城市建设中的河湖水系及其利用》和蔡蕃的《北京古运河和城市供水研究》等多部论著都有对戾陵堰、车箱渠的介绍或研究。近年来，被视作珍贵历史文化遗产的戾陵堰、车箱渠的定位问题再次引起人们的关注。借助于考古发现的深入和现代勘探技术的进步，

重新确认戾陵堰、车箱渠的位置、形状和走向似乎也有了更充分的条件。2011年，北京水利史研究会和永定河管理处联合发起的"寻迹戾陵堰、车箱渠"系列科考活动，将这一古老命题再次推向人们的视野。

郦道元：注《水经》的"酷吏"

如果可以用全球化的眼光打量那个时代，欧罗巴正处于中世纪的茫茫黑暗，墨洛温王朝联合罗马教廷占据了高卢在罗马的全部领土；教廷一方则牢牢钳制着教育和文化，还将著名的古罗马图书馆付之一炬。而当时的中国则是处于南北朝的分裂期，游牧民族越过长城的藩篱，演出着一场"变夷为夏"自身嬗变，在思想上则伟大的神灭论已经诞生。

这就是郦道元生活的时代——国家尚不统一，人生充满变数，民族冲突没有止息。但即使用最挑剔的眼光看，那个时代的郦道元是非常了不起的，而那个时代的郦道元同样具有鲜明的先进性。横向比较，在全球范围内看，他是中世纪最伟大的地理学家；而纵观本国的历史，也鲜有人能够望其项背，遑论与之比肩？

郦道元像，字善长，范阳涿州（今河北涿州）人，可为中国游记文学的开创者

家世煊赫　皇恩日隆

拓跋氏建立了北魏。北魏既没有搞种族灭绝，也没有搞文化歧视，甚至到了拓跋宏这一代君主，还号令全民汉化，从语言到服饰，甚至姓氏统统要改。这若给今天力倡文化多样性的学者看到，无疑要斥责拓跋宏的专制，而拓跋宏确实也听到了很多不同的声音。

那时的北魏是个比较宽容的、充满进取心和激情的朝廷。贡献卓越的汉族人，完全可以同鲜卑贵族平起平坐的。郦道元的父亲郦范更是几经升迁，由小小的给事东宫，官至尚书右丞、青州刺史，贵为范阳公，是朝堂上爵位最高的异姓大臣。而郦道元正是这个家世煊赫、皇恩日隆的家庭的长子，日后世袭爵位、出将入相似乎是顺理成章的事。事实也正是如此。郦道元的入仕阶段，几乎是和北魏的黄金时期同步的。甚至在拓跋宏33岁驾崩之后，虽然国家发展戛然而止，国势日渐衰微，朝廷奸臣当道，皇室奢靡淫乱，但这一切似乎没有影响到郦道元的仕途。

郦道元真可以说是个含着汤匙出生的孩子。令人惊奇的是，即使郦道元的名字，与皇族的姓氏同音同字（拓跋氏改汉姓元），也并没有出于避讳之礼，需要改成其他。也许这在当时根本不成问题，没人会把这看作是僭越或者欺君，这不过是一个合情合理的巧合而已。

有趣的是，这"不合规矩"的事儿，还有一桩。即是：郦道元在《水经注》里面，举凡北方河流即用北朝年号，而南方河流则有南朝年号，比如《江水注》中宋刘裕的"元嘉"年号就出现了三次，《温水注》中这个年号也出现了四次。身为北朝的重臣，郦道元为什么要这么做呢？他不怕朝廷来问责，为他的不谨慎付出昂贵的代价吗？又或者他是来挑战皇权的底线，根本无视官员的戒律？抑或是，鲜卑皇族本就是洒脱得很，并未全盘受到汉族文化习惯的影响，就像郦道元根本不用改名字一样。无论如何，当清朝的学者发现这个问题时，他们大惊失色。

拒马河畔的少年

即使是丰水期，今天的拒马河也不过是一条涓涓细流，很多旅行者在其中跣足嬉戏。野三坡的青山绿树、小桥人家间，旅行者既不知道，也无从想象，在郦道元的时代，这条河流曾经怎样的波澜壮阔。

拒马河，北魏时称巨马河。《水经注》载："巨马河出代郡广昌县涞山，即涞水也，有二源，俱发涞山。"容城北临拒马河，郦家世代居住在拒马河畔。公元467年，2岁的郦道元随母亲回到故乡容城郦亭。谁会知道这个尚在襁褓中的孩子，将来会有什么样的作为呢？

拒马河，为北京五大水系之一，大清河支流

虽然遍览天下，童年时期的那条拒马河，仍旧是郦道元唯一的精神家园。多年之后，这条流淌在他心中的河，没有变得模糊，而是更加一往情深。他在《水经注》里写道："西带巨川,东翼兹水,枝流津通,缠络墟圃,匪直田渔之赡可怀,信为游神之胜处也。"又说:"其水东南流,又名之为郦亭沟。其水又西南转,历大利亭南入巨马水。又东径容城县故城北。又东,督亢沟水注之,水上承涞水于涞谷,引之则长津委注,遏之则微川辍流,水德含和,变通在我。"

拒马河一带的名人也很多,很多都是激励人争相效尤的英雄。《水经注》载:"又东径涿县郦亭楼桑里南,即刘备之旧里也。""孙畅之《述画》有《督亢地图》,言燕太子丹使荆轲赍入秦,秦王杀轲,图亦绝灭。"

比《水经》更伟大的《水经注》

西晋末年,地理著作颇多,荀绰撰写《九州记》,稍后乐资亦撰写《九州志》。东晋初年,王隐撰写《晋地道记》。不久,北方阚骃的《十三州志》,佚名的《大魏诸州记》,陆恭之的《后魏舆地图风土记》纷纷问世;而南方刘宋何承天和徐爰,不约而同地撰写了《州郡志》,此外齐刘澄之的《永初山水记》,梁吴均的《十三州记》,陈顾野王的《舆地志》也诞生了。除了这些全国地理著作,为数众多的区域地理著作也非常盛产。

地理学者们"访读搜渠,缉而缀之",终使当时的地理著作摆脱了先秦作者漫无节制的想象,创造了中国历史上盛况空前的地理著作盛宴。《水经注》更是其中的佼佼者,达到了独步天下、无出其右的程度。《水经注》是一部带有自传性质的地理著作。成书于郦道元的后期,正是灵太后临朝,国家颓势不可挽回之际。后来,关于《水经注》的研究,形成一门学问,是为郦学。

《水经》有两部,一部为桑钦所著,一部则是无名氏所著。郦道元选择做注的这一部,就是无名氏的那部。在《水经注序》中,郦道元写道:"昔《大禹记》著山海,周而不备;《地理志》其所录,简而不周;《尚书》《本纪》与《职方》俱略;都赋所述,裁不宣意;《水经》虽粗缀津绪,又阙旁通。所谓各言其志,而罕能备其宣导者矣。"应该说,郦道元这番略带狷狂的言语是极有见地的。他毫不客气地指陈前辈地理著作的缺陷,决定写作一部更好的书。

郦道元把水放在至高的位置。他在《水经注序》引《玄中记》道："天下之多者,水也,浮天载地,高下无所不至,万物无所不润。"《水经注》是一部以水道为纲的区域地理著作,共载水道 137 条,而《水经注》则将支流等补充发展为 1252 条。全书记载了大量的农田水利工程和河渠水利工程。此外,还记录了许多水灾和以水代兵的战事。

值得一提的是,郦道元的《江水》虽被收入中学乃至高校的语文教材,被无数人学习和背诵,但是郦道元本人却从来没有到过三峡。他当时依据的蓝本是南朝袁山松作品《宜都山川记》。袁文中载:"江北多连山,登之望江南诸山,数十百重,莫识其名,高者千仞,多奇形异势,自非烟褰雨霁,不辨见此远山矣。余尝往返十许过,正可再见远峰耳。"对照"两岸连山,略无阙处","停午夜分,不见曦月"等,不难看出加工的痕迹。

郦道元终其一生,也没有等到国家由分裂走向统一,没能亲赴南朝统治之下的三峡。不过,"天下大势,分久必合",统一倒也真的不远了。

名垂《酷吏传》

二十四史中,魏收执笔修编的正史《魏书》,因为"党齐伐魏"的嫌疑,被称为"秽史"。在这部赫赫有名的烂书里,郦道元被写入了《酷吏传》。

对照事迹,则不难发现,郦道元只是"秉法清勤""威猛为治","素有严猛之称",并未作奸犯科。

在太和年间,郦道元任尚书主客郎,是跟随皇帝左右的近臣。在郦道元成为东荆州刺史、领辅国将军的时候,执法手段过于严厉,惹上了官司。但朝廷也只是为了暂时平息"民怨",罢了他的官。不久,郦道元又当上了河南尹,不降反升了。肃宗年间,中央要将沃野、怀朔、薄骨律、武川、抚冥、柔玄、怀荒、御夷等地,并镇改州,郦道元也奉召担任黄门侍郎,与都督李崇"筹宜置立,裁减去留,储兵积粟,以为边备",权倾一时。

《魏书》中证明郦道元"严猛"的例子,竟然是个痛击权贵、维持正义的故事。司州牧、汝南王元悦宠信嬖近丘念,而丘念也恃宠而骄,干预选州官的政事。郦道元找了个机会,

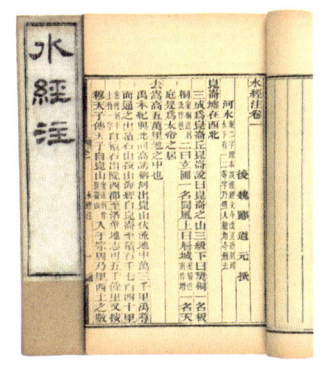

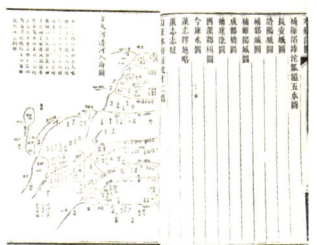

《水经注》

《北史》

《魏书》

拘捕丘念。汝南王元悦是灵太后的儿子,为了丘念,他去托请母亲的路子。郦道元则趁敕令尚未下达的当口,处死丘念,以绝后患。

唐朝李延寿的《北史》则要公允得多。《北史》称:"御史中尉李彪以道元执法清刻,自太傅掾引为书侍御史。彪为仆射李冲所奏,道元以属官坐免。景明中,为冀州镇东府长史。"这里"执法清刻"被引为一种正直的为官品格。郦道元担任冀州镇东府长史之时,由于刺史于劲忙于西讨关中,他代理了三年的职责。《北史》称他在任期间,"为政严酷,吏人畏之,奸盗逃于他境"。后来,郦道元试守鲁阳郡,为当地的原住民开办学校,进行启蒙。这无疑也是义举一桩。《北史》称:"道元在郡,山蛮伏其威名,不敢为寇。"郦道元还表现了杰出的军事才华,所谓:"道元追讨,多有斩获。"

阴盘亭的生死时刻

郦道元刚正不阿,不徇私情,处死丘念,跟汝南王元悦结下了梁子。灵太后执掌的北魏,纲纪混乱,民怨沸腾。雍州刺史萧宝夤有意谋反。元悦想出了一条借刀杀人的妙计。他向朝廷举荐郦道元担任关右大使,去探听萧宝夤的虚实。郦道元明知是计,但不好反驳,只好带着兄弟和儿子,踏上了去雍州的路。

朝廷的这个举动,将在反与不反之间举棋不定的萧宝夤推了一下。萧宝夤命手下郭子帙伏击郦道元。深谙兵法的郦道元见形势不妙,选择了高处的阴盘驿亭作为据点。战斗很快陷入了僵持。但不久,郦道元即发现自己的劣势——阴盘亭在冈上,取水却是在冈下,他们只好在就地凿井,但挖了十余丈,还是没有挖到水。郭子帙似乎也明白郦道元的困境,他不再发动进攻,而是以逸待劳,层层地围住阴盘亭,不给郦道元突围的机会。最后,趁郦道元一行水尽力屈之际,杀将上来。郦道元瞋目叱贼,厉声而死。郦家几口,也被杀害,令人扼腕。

一切总有终结的时候。名满天下的郦道元,因水得名,也因水而死。

第四章 隋唐

宇文恺：依水而盛建新都

动画片《龙脉传奇》中，宇文恺占去了足足两集的戏份。片中添加了不少桥段，颇有戏说的意味。

历史上，宇文恺"多技艺，有巧思"，是杰出的建筑学家、城市规划家、水利学家和天文学家，同时也是隋长城的设计者和世界上最早的移动房屋的建设者。他建造的新都大兴城、东都洛阳城，充分地考虑了地形、地势与水源地的关系，以及城市内部水景观的布局。此外，他设计开凿了著名的广通渠，便利了漕运和灌溉，被誉为"富民渠"。

《龙脉传奇》中，目光阴险的大臣尚对皇帝说："真正的设计者是陛下，我们不过把它形之于图上而已。"其实想想，这话也并非无理。若非隋朝的经济实力，若非杨坚、杨广两位帝王的政治支持，宇文恺纵是天才，却也没有施展的平台。

宇文恺，中国隋代城市规划和建筑工程专家

双泉伯的煊赫家世

宇文恺，字安乐，鲜卑贵族世家，生于西魏恭帝二年（557年），3岁为双泉伯，7岁为安平郡公，食邑两千户。11岁时累迁至御正中大夫、仪同三司，26岁时被加开府中大夫，后历任营建宗庙副监、营建新都副监、检校将作大匠、仁寿宫监、将作少监、营造东都副监、将作大匠，期间还一度担任莱州刺史。

即使平顺如此的仕途，也充满危机。宇文恺一生遇到过两次性命攸关的劫难。581年，杨坚代周称帝，大肆诛杀北周宗室——宇文氏。宇文恺原本也在诛杀之列，但因其二兄宇文忻拥戴隋文帝有功，加之他本人的才华，才幸免一死。不久，杨坚"修宗庙"，宇文恺被起用,任营宗庙副监、太子左庶子,负责宗庙事务。宗庙建成后,宇文恺被加封为甄山县公,邑千户。

但杨坚不会永远地放过宇文氏。开皇六年(586年)闰八月,拥戴过杨坚的杞国公宇文忻因谋反获罪被诛,宇文恺受株连解职,"除名于家,久不得调"。开皇十二年(592年),因"鲁班故道久绝不行,令恺修复之",朝廷不得不再次起用宇文恺。开皇十三年(593年)二月,隋文帝令杨素营造仁寿宫皇家避暑圣地。杨素请求用宇文恺担任检校将作大匠。开皇十五年(595年)三月,仁寿宫建成,宇文恺被任命为仁寿宫监,授仪同三司,接着又被任命为将作少监。仁寿二年(602年)闰十月,杨素和宇文恺受命营造皇陵太陵。独孤皇后葬后,宇文恺复爵安平郡公,邑千户。

政治的血腥,权力的争夺,士族的火并,朝代的更迭,上苍并没有选择让这个失势的贵族成为流血的祭品,而是让他侥幸地逃过。宇文恺,除了才华,身无长物;然而正是这些东西,竟成了他的护身符,让他名垂青史,在《隋书》中占据了2000多字的篇幅。

大兴城与八水有关

日本飞鸟、奈良时代的都城藤原京、平城京,我国宋代的开封城,明清时期的北京城,渤海国上京龙泉府,都是仿效长安城的布局建造的。然而,人们经常忽略的一个事实是:唐代的长安城,即是隋建的大兴城。宇文恺乃是这座城市的真正设计者。所谓大兴城,因隋文帝杨坚最初受封大兴公而得名。

从汉到隋,历经兵祸,800年的长安古城已是另一番面目。城内规模过于狭小,宫室又多朽蠹,加之供水、排水严重不畅,污水往往聚而不泄,生活用水受到严重污染;此外,城外泾、渭、泸、灞、沣、滴、涝、涌等八条水患不绝也时时威胁着帝都的安全。这时,庾季才上奏:"汉营

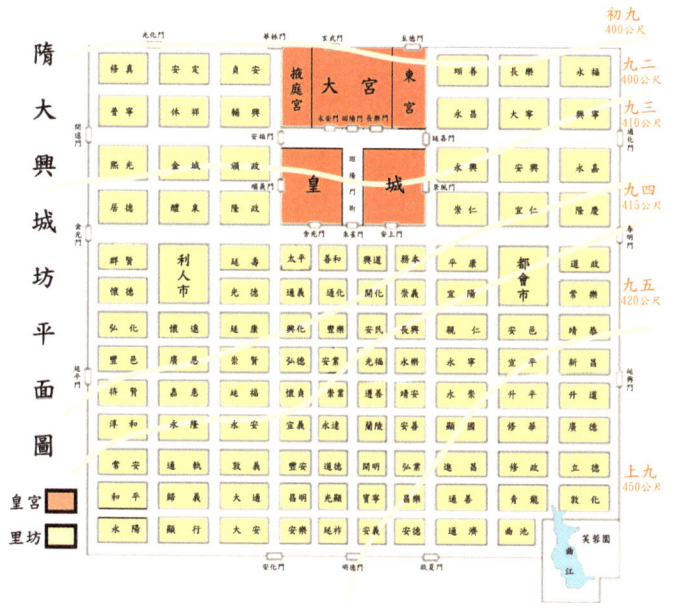

大兴城城区平面示意图

今大唐芙蓉园

此城，经今将八百岁，水皆咸卤，不甚宜人。"于是，营建新都被提上了日程。

开皇二年（582年）六月，隋文帝下诏："今区宇宁一，阴阳顺序，安安以迁，勿怀旧怨。龙首山川原秀丽，卉物滋阜，卜食相土，宜建都邑，定鼎之基永固，无穷之业在斯。公私府宅，规模远近，营构资费，随事条奏。"大兴城的营建，由左仆射高颎担任正监，宇文恺担任副监，史称"高颎虽总大纲，凡所规画，皆出于恺"。宇文恺设计时，参考了北魏洛阳、北齐邺都等城市的建设经验，以《周易》的乾卦理论作指导思想，在短短一年半时间内建成了大兴城。

宇文恺规划新城时，充分地考虑了地形与水源的关系。他将"八水绕长安"的劣势变为优势。整个城址位于渭水南岸，西傍沣河，东依灞水、浐水，南对终南山。根据其地理环境和河道情况，宇文恺开凿了三条水渠，分别引沪水、涌水、泾水入城。城南为永安渠和清明渠，城东为龙首渠，龙首渠又分出两条支渠。三条水渠都分别流经宫苑，再注入渭水，不但解决了排水问题，而且方便了生活物资的运输。大兴城又有东西两市，西市外更有漕运通航。渠水所到之处，萦来绕去，水波潋滟，"渠柳条条水面齐"，为新都的庄严威仪，平添一分飘逸的美感。

大兴城城区有六道高坡，地势高下错落。宇文恺因地制宜，将皇宫和百官府署建在最高的龙首山，城墙四角则建于城区高地，控制制高点，帝王气度毕现。东南方因为地势较高，居人不便，辟为风景区，建皇家园林，芙蓉园。所谓芙蓉园，即曲江，隋文帝恶其"曲"，大臣高颎见池中红莲正艳，遂荐名芙蓉园。到炀帝时，黄衮在曲江池中雕刻各种水饰，臣君坐饮曲池畔享受流觞，别有风度。

开皇四年（584年）六月，因东南至长安运粮困难，据记载："隋主以渭水多沙，深浅不常，漕者苦之"，宇文恺受命凿渠引渭水，开通了从大兴城东至潼关300余里的广通渠。这一河渠通航以后，既改善了漕运，又使两岸农田获得了灌溉，史称"转运通利，关内赖之"。广通渠的修筑,夺大运河开凿先声。

大兴城气象宏伟。南北中轴线纵贯全城,东西左右对称,坊里排列入棋局。街道宽直,整齐划一,南北向大街和东西向大街纵横交错,形成网格布局。全城分宫城、皇城和外廓城三部分。宫城北面的广大地区是禁苑。新城实行分区设计,宫殿、衙署、住宅、商业各有不同的区域,宫城紧靠外城北墙中央,雄踞龙首原顶。宫城之南是皇城,是军政机关和宗庙所在。宫城和皇城集中布置在中轴线的北端,南半部是皇帝处理政务和六省、九寺、一台、四监、十八卫等百官衙署的所在地,北半部供皇帝和皇室成员居住,形成了"前朝后寝"的布局。

大兴城是宇文恺最高的建筑成就。人们是那样敬仰他的才华,甚至在唐朝,长安仍设有纪念他的"安平公庙"。当年,太平公主下嫁薛绍,在万年县大摆婚宴,嫌县门狭小,不便通行,想要拆毁,唐高宗还特意下诏说:"宇文恺所造,制作多奇,不须毁拆也。"

但是即使这样完美的大兴城亦有不完美的地方。城市规模过大,似乎跑到了时代的前头,城南四列里坊,始终住户不多,异常荒凉。漕运方面虽较前朝有很大改进,但仍有不足,常常造成粮食供应匮乏。大兴城虽然道路宽阔,但多为土路,遇雨雪天气,更泥泞不堪,甚至阻碍了朝臣上朝。而且城中排水系统仍不够完善,暴雨后常有坊墙倒塌,居民溺死。倘若你读过王小波《青铜时代·红拂夜奔》中虚构的长安雨景,便可推论,这种泥泞的局面即使到了唐朝也没有改善多少。

这一切,终于导致了都城的东迁。

东都是怎样炼成的

东都,也称新都。

仁寿四年七月,杨广即位。由于大兴城水陆交通不便,为了加强对河北、山东以及江淮地区的控制,杨广决定在洛阳故都附近建造新城,是为东都。十一月癸丑,炀帝下诏说,洛阳的地理位置"控以三河,固以四塞,水陆通,贡赋等","今可于伊、洛营建东京,便即设官分职,以为民极也"。由是观之,这东都的起因,也与水有关。盛名之

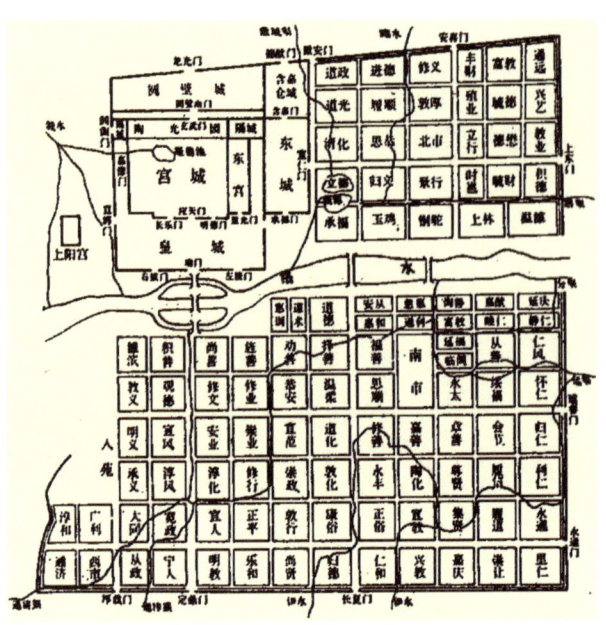

东都城区平面示意图

下的宇文恺，便成为了新都设计师的不二人选。

东都位于汉魏洛阳城之西约 10 公里，北依邙山，南对龙门。由于水陆便利，自隋而宋，洛阳一直都是不可或缺的陪都。东都规模略小于大兴城，规划也与大兴城相仿，但布局上则区别于都城。受地形影响，东都并不强调南北中轴线和完全对称，洛水由西而东穿城而过，把城直分成南北两半。诚如李吉甫所说："洛水贯之，有河汉之象。"

东都全城亦是由宫城、皇城、郭城所构成。宫城称紫禁城。"宫室台殿，皆宇文恺所创也。恺巧思绝伦，因此制造颇穷奢丽，前代都邑莫之比焉。"宫城正门则天门，因其太过奢华，武德四年（621 年）唐高祖李渊曾命人焚毁另建。宫城西面是上林西苑，苑内引涧河汇水成海，方圆十余里，内造蓬莱、方丈、瀛洲三座神山，高出水面百余尺。缘渠作十六院，门皆临渠。为了引洛水入苑，宇文恺修筑月陂。宫城的东北面为含嘉城，城里为含嘉仓，是一座大型国家粮仓。由于漕运方便，含嘉城内又大量屯粮，可避免大兴城饥荒。皇城称太微城，分列省、府、寺、卫、社、庙等建筑。郭城称罗郭城，仅筑有短垣。

据《资治通鉴》记载，东都的营建，"每月，役丁二百万人。徙洛州郭内居民，及诸州富商大贾数万户以实之"。宇文恺又"揣帝心在宏侈，于是东京制度穷极壮丽"，且"发大江之南、五岭以北奇材异石，输之洛阳；又求海内嘉木异草，珍禽奇兽，以实园苑"。大业二年春正月辛酉，东都竣工。

东都的营建仅花了 10 个月，正如一个婴儿在母腹中的时间。然而这呱呱坠地的新都，却首开了役使民力苛酷的先河，种下了官逼民反的祸根。

洛阳龙门

工部尚书的晚年

大业四年（608年），宇文恺拜工部尚书。

在此前一年，即大业三年（607年）的六至八月间，宇文恺隋炀帝北巡。此间，他奉命修筑长城，并且创制活动性的建筑物：大帐、行城和观风行殿。所谓大帐，即活动的大型帐篷；又建行城，"周二千步，以板为干，衣之以布，饰以丹青，楼橹悉备。胡人惊以为神"。最风光无限的乃是观风行殿，每次展示都令人艳羡不已。"上容侍卫者数百人，离合为之，下施轮轴，推移倏忽，有若神功。戎狄见之，莫不惊骇""御观风行殿，盛陈文物，奏九部乐，设鱼龙曼延，宴高昌王、吐屯设于殿上，以宠异之。其蛮夷陪列者三十余国"。

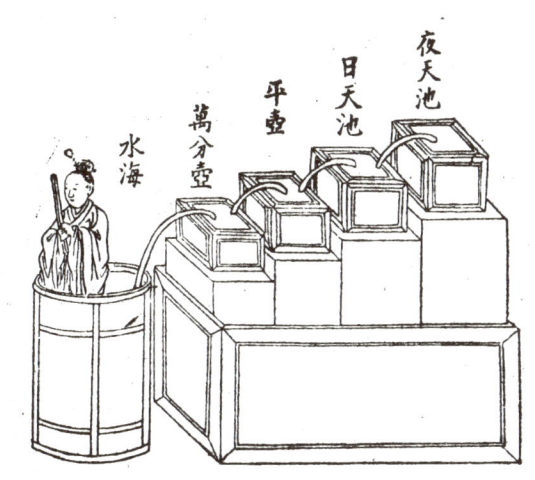

漏刻

大业八年（612年）三月，宇文恺随驾征伐辽东。为渡辽水，隋炀帝命宇文恺"造浮桥三道于辽水西岸，既成，引桥趣东岸，桥短不及岸丈余……更命少府监何稠接桥，二日而成"。不久，宇文恺以渡辽之功，晋位金紫光禄大夫。

除了建筑学著述《东都图记》20卷，《明堂图议》2卷，《释疑》1卷外，宇文恺对天文学亦有造诣，设计过"称水漏器""候影分箭上水方器""马上漏刻"等多种计时器。

在工程技术多被视为"奇技淫巧"的中原，宇文恺的出现无疑是一个异数。但偶然之中，必有必然。陈寅恪推论，宇文恺"世居夏州，其地较近西北，与西域交通亦易发生联系，故其技术之养成，推原于家世所出及地理环境，则不难解释"。宇文恺托身胡人血统，又长期濡染中原文化，其建筑原则取法中国的经典，而装饰美学兼取西域宏丽精巧，博采众长，终成集大成者。

五十七岁，宇文恺卒于工部尚书之位，谥曰康。

隋炀帝：饮马长城窟　情悲大运河

唐人魏征撰写的《隋书》里，隋炀帝的形象多少是有些丑陋的。他声名狼藉，嗜杀

隋炀帝像

好色，伪善残暴。何谓炀者？"好内远礼曰炀，去礼远众曰炀。"历史是一出闹剧，这个最初由他赐给陈后主的谥号，14年后，又被他的表弟李渊赐给了他。

写作隋炀帝的传记，事实上是非常困难的。对这个题目下过工夫的 Arthur Wright 说过："他既被视为典型的亡国昏君，在一大团歪曲的历史记载和传奇性道听途说之下，令人即想窥测此人的真实性格，至多也只能瞥见其一二。"

杨广是中国历史人物中的异数。当我们屏蔽掉历史的偏见，检视他的政治生涯，却不禁为他扼腕叹息。他的国家想象极为宏阔，拓展疆土的雄心也极为博大。在他作为皇帝的年代，他修建了京杭大运河，沟通了南北的经济文化；他远征西域，令诸国臣服，开辟了新的丝绸之路；他营造东都洛阳，意在控扼山东，强化中央政府的控制能力；他创设进士科，正式确立科举制度，打破士族大户一统天下的局面，为平民进入上层提供了机会。

大业五年，隋朝国家图书馆藏书达37万卷，创中国历代之最。隋朝疆域共有590个郡、1255个县，全国统计出的人口4603万人。东西9300里，南北14815里。《资治通鉴》说："隋氏之盛，极于此矣。"

有人说，隋炀帝的作为，可谓："罪在当代，利及千秋。"设想，如此宏伟的志向，若有个百年计划，而不是放在有限的十年内完成，那么历史对杨广的评价或许会换一个说法吧？他的谥号至少也该是武帝或明帝吧！治国如治水也——隋朝终于被它的第二任主人，用超限的政治理想拖垮了。

天降大任

隋炀帝原名杨英，后改名杨广，小名阿㦀，在诸兄弟中，排行老二，自幼在庵中抚养，与佛家关系笃厚。他的母亲独孤氏是鲜卑族人，与唐高祖李渊的母亲为同胞姐妹，她是历史上出名的妒妇，不仅限制自己的丈夫与其他女子有染，甚至连儿子的婚姻生活都要干涉，杨门的五个儿子皆为她一人所生。

他的父亲杨坚，代周称帝，生性节俭，痛恨奢侈，一直做布衣粗食的皇帝。杨广年少时，以父亲为榜样。在一次事先并未声张的突击检查中，隋文帝发现杨广的奴婢并无姿色，吃穿用度也极其朴素，而府中的乐器也积了厚厚的灰尘。这被当作是他不好声色的证据，为他的品行加分不少；而另一方面，太子杨勇却非常讲究排场，他不仅爱好奏乐，专宠小妾，更让父亲气愤的是，他令工匠把一副本来就极其精致的盔甲，打造得更加繁复漂亮。

《隋书》说，这是因为杨广"好矫饰"，而杨勇却比他的弟弟活得真诚。不管真相如何，杨广在当时，的的确确达到了"天下皆称广以为贤"的地步。这个 13 岁即被立为晋王的漂亮男孩，会写诗骑马的并州总管，不久又立下了赫赫战功。

隋文帝八年（589 年），未满 20 岁，杨广即拿到了伐陈的帅印。51.8 万人组成的隋师，东接沧海，西距巴蜀，不出月余，即平定江南。分裂 800 余年的中国，终于恢复了统一。进驻建康后，隋师军纪严明，对百姓秋毫无犯。杨广下令封存府库，斩杀奸臣。灭陈后，杨广进封太尉之职。590 年，他被任命为江都总管。江南的悠悠水韵和吴侬软语中，留着他最美好的十年光阴。

杨广的战功是其他皇子所没有的。但是，这一役，"固然增长其威望，也纵养其骄骞，使他以为天下事，俱是如此容易"。他又舍我其谁，拒绝臣下的纳谏，不体恤人民的耐受力，"他以后筑长城，造运河，派刘方击败林邑，听裴矩设计破吐谷浑，羁縻突厥，西巡燕之山都是以中国人力物力，随意摆布，只居顺境，未受挫折。以后他一处逆境，即意懒心灰，逃避现实，所以他的悲剧情结，也有长期积养的前因后果"（黄仁宇语）。

杨勇大概不会觉察不到自己地位在缓慢地失落，他大概也不会觉察不到他优秀的弟弟声望日隆，他的支持者未必不在他面前告诫他东宫的危机，甚至他的岳父重臣高颎也出面在圣上面前摆明态度，长幼有序，太子不可废。然而，杨勇所最不该做的一件事，是占卜他父亲的大限。这不仅为皇帝所忌讳，为大臣所诟病，更为此时羽翼丰满、觊觎其位的杨广所利用。不久，杨勇被贬为庶民，杨广被立为太子。这一年，是公元 600 年。

储君之争大概是帝王家最残酷的战争。无论是这场战争失败的一方，抑或是这场战争胜利的一方，他们未尝撕裂人格，对亲人施以毒手，根绝异己力量，终结心腹后患。

这是皇室的魔咒。无怪乎南朝刘宋废帝刘准会说出"愿生生世世莫再生在帝王家",并为相似命运的人物所征引。

会成为储君的人,绝不是一个人在战斗。由重臣、幕僚、外戚、宦官、王室其他成员,甚至有时还有帝王自己参与的利益集团,共同把一个人推到前台。这个能成为太子的人,有的时候只是傀儡和筹码,比如秦朝的胡亥;有的时候却是真正的核心和首脑,比如杨广。

在杨广的这场夺储战争中,走上祭坛的杨勇只是第一个牺牲;据《隋书》的说法,杨广担心父亲在重病之下改立新储,参与或者至少默许了杨素、杨约等臣子对沉疴中父亲的谋杀;不久,杨广又镇压了兄弟杨谅、杨秀和杨俊的叛乱。

604 年,杨广即位,开启了著名的大业时代。这一年,他 35 岁。

大业时代

节俭的隋文帝为儿子留了一份庞大厚实的家业和一批充满才干的朝臣。挡路的兄弟叛乱业已剿灭,共谋的朝臣又口风极紧,横在杨广与成功之间的一切障碍全部被扫除了。他已经是这个版图辽阔、经济富足的国家的主宰了。这个受命运眷顾的宠儿该怎样开启他的帝王之旅,迎接大业时代的第一缕曙光呢?他该怎样建立自己的功勋,履行自己对人民的责任,告慰九泉之下的父亲,让杨的种姓继续发扬光大呢?

天子杨广有自己的计划。在据说那道伪造的遗诏里,他借文帝之口说出了自己的远大抱负:"但令内外群臣,同心戮力,以此共治天下。"在随后的一道诏书,他又说:"天下者,先皇之天下也,所以兢兢业业,弗敢失坠,况复神器之重,生民之大哉?"最初的隋炀帝,厘定制度,大兴土木,力图建设世界上最安全、最富庶、最威风的国家。

大运河今景

604 年,杨广征发丁男,在洛阳周围挖掘长堑。这是比后来大运河更早的水利工程,但它的用途全在军事。此长堑,西起龙门,东到汲郡,南下跨黄河,至浚仪后折向西,经洛阳正南方向的襄城,直抵上洛。这道长达近千公里的 U 形防御工事，与京师周围的关山大河合龙，能实现拱卫长安和洛阳的目的。

但这个浩大的工程还只是一个起点。杨广不久就开始营建东都洛阳，以其"控以三河，固以四塞"的优越地理位置，实现"水陆通，贡赋等"的政治经济目的。隋炀帝颇为自豪地说，其实历代帝王也是想在这里建都的，但是由于"九州未定""困其府库"等原因没办法实行，但是隋朝不一样，它是统一的国家，有的是钱，它想建，便可以建。

隋炀帝末年（605 年），洛阳立起了一座奢华的城。隋炀帝赏赐了督建的官员，但他永远也不会知道，这城的代价，"每月役丁二百万人""东都役使促迫，僵仆而倒者，十四五焉"。来自民间的敌意大概是从那个时候开始的吧。

洛阳开工的同时，大运河的首期工程也随即破土。它的起点在洛阳西苑。

大运河的寿命远比隋朝更加久远。这个水利史在春秋时代埋下的伏笔，到隋朝突然达到了鼎盛。而它的渊源却可以追溯到公元前 485 年。吴王夫差利用长江三角洲的天然河湖港汊，疏通了古故水道，开凿邗沟。邗沟自扬州到江水，东北通过射阳湖，再向西北至淮安入淮河。后来秦、汉、魏、晋和南北朝的历代帝王都在此基础上，继续施工延伸河道。这些河道，日后几乎都成了未来京杭大运河的组成部分。

大业元年，杨广命尚书右丞皇甫议，征发河南、河北民夫开通济渠，自西苑引谷水、洛水注入黄河，再从板渚引黄河水，穿过荥泽，注入汴河。在大梁东面入泗水而进淮河。这便是京杭大运河的第一段——通济渠。通济渠亦可作为东都的辅助工程来看待。号令天下的洛阳若要更好地发挥优势，则必须开通一条南北交通的大运河。其时，江南的富庶程度早已胜过中原，良好的漕运无疑有助于京师财富的积累。四通八达的水陆，更可以便于派遣军队，运送军粮，扑灭叛乱。在军事效率和政治统治上都有先机可占。

与此同时，杨广又诏令淮南民夫开凿邗沟。这项工程主要把伐陈时疏通开凿的山阳渎拓宽，改道不绕射阳湖，而直奔长江。《大业杂记》说，这段运河水面"阔四十步，通龙舟；两岸为大道，种榆柳，自东都至江都二千余里，树荫相交。"171 天后，隋炀帝已经从显仁宫出发，沿河巡察去了。至此，长安到江都实现直航。隋炀帝又命沿岸修建 40 余座离宫。如此的速度，可见使用民力的苛酷程度。

按理说，此时杨广应放缓脚步，与民休息，但是他没有。他一刻也不曾放松建设的步伐。仅仅才过去两年半——大业四年，河北民夫又被诏令去开凿永济渠。很多天然的河道被巧妙地连缀。永济渠在板渚与通济渠相连，引板渚对岸的沁水南入黄河，北至涿郡。全长 2000 余里。永济渠的军事功能非常明显。

又是两年后，隋炀帝下令开凿江南运河。从京口到余杭入钱塘江，全长 800 余里。至此，在中国的版图上，便有了一条北起北京、南达杭州的水路大动脉。在科技尚不发达的年代，全赖民力完成。成为世界奇迹的同时，未始不埋下"失去民心"的祸根。

当隋的继任者——唐朝纳这份遗产的时候，他们真的捡了一个大便宜。杜佑在《通典》中就到：大运河通航，"天下利于运输"。它改变了当时靠人力、蓄力的陆路运输方式，创造了大宗笨重货物长距离运输的可能，催生了楚州、魏州、润州、泗州等运河城市。在统合利用水资源方面，它对沿岸灌溉、排涝、泄洪以及生活用水都提供了保证。

无怪乎唐朝诗人皮日休要说："尽道隋亡因此河，至今千里赖通波。若无水殿龙舟事，共禹论功不较多。"

隋之龙舟

隋炀帝的龙舟高 45 尺，长 200 尺，有四层，上层为正殿、内殿、东西朝堂；中间两层有 120 个房间，"饰以丹粉，装以金碧珠翠，雕镂奇丽"；下层是内侍居住之所。皇后的龙舟叫"翔螭"，比皇帝的稍小。船队中亦有被称为"浮景"的水殿，高三层。此外，还有称为漾彩、朱鸟、苍螭、白虎、玄武、飞羽、青凫、凌波、五楼、道场、玄坛、板、黄篾等的大船数千艘，奴侍、诸王、公主、百官、僧尼、道士、蕃客按品位乘坐。挽船士 8 万余人。身着锦绣，称"殿脚"。十二卫士兵的乘船数千艘，名平乘、青龙、艨艟、

隋炀帝所造龙舟金碧辉煌、巨大无比

艒，自挽而行。船只首尾相接。骑兵夹岸护送，旌旗连绵。所过州县，百姓皆来"献食"。随船的启民可汗，为精湛的造船术所折服。

事实上，隋文帝时，已营建各种战舰。从技术上看，杨广的大龙舟高数层，船体多用大木料。而木料长度有限，则需把许多较短的木料拼接。同时，船体骨架与板之间，船体与上层建筑物之间的连接技术很高，一般采用榫接，结合铁钉钉连。

大业九年，杨玄感起兵反隋，大龙舟全部烧毁。大业十一年杨广再造龙舟数千艘，规格要超过旧船。大业十二年，杨广第三次踏上去江都的水路。

在江都，杨广被部下骁果首领逼迫自缢。他以体察民意的名义三游江都，最后终于被民意抛弃了。

隋炀帝陵墓

炀帝武功

大业元年，隋将韦云起率突厥兵大败契丹。大业四年，杨广派军灭了吐谷浑，开拓疆域数千里。大业五年，杨广西巡，率大军从京都赴甘肃，西上青海，横穿祁连山，经大斗拔谷，北上至河西走廊张掖郡。大漠边关，暴雪连袭，冻馁交加。杨广做《饮马长城窟行》，成千古名篇：

肃肃秋风起，悠悠行万里。万里何所行，横漠筑长城。岂合小子智，先圣之所营。树兹万世策，安此亿兆生。讵敢惮焦思，高枕于上京。北河见武节，千里卷戎旌。山川互出没，原野穷超忽。撞金止行阵，鸣鼓兴士卒。千乘万旗动，饮马长城窟。秋昏塞外云，雾暗关山月。缘严驿马上，乘空烽火发。借问长城侯，单于入朝谒。浊气静天山，晨光照高阙。释兵仍振旅，要荒事万举。饮至告言旋，功归清庙前。

西巡过程中，杨广置西海、河源、鄯善、且末四郡。到达张掖之后，西域27国君来朝，表示臣服。

但是在一连串的胜利后，杨广在亲征高丽时首次打了败仗。这当然不是因为敌人过分强大，而是因为杨广对军事首脑的过分钳制。他告诫将领，他们的行动不是为了打击高丽，而是为了拯救那里的黎民，让他们感受到中原的恩泽。须以震慑为主，不得采用恐怖手段。

四征高丽，杨广把他的国家推向了深渊。民怨沸腾。反抗与平乱在朝野之间冉冉不绝。

杨广之死

杨玄感起兵反抗时说："我身为上柱国，家累巨万金，至于富贵，无所求也。今者不顾破家灭族者，但为天下解倒悬之急，救黎元之命耳。"

司马德勘杀死杨广前说："本杀昏主，苦其毒害。推立足下，而又甚之。逼于物情，不获已也。"

退居江都一年，杨广一直没有想出拯救国家的办法。无奈之下，对着镜子说出"好头颈谁将砍之"的丧气话，可见已将生死置之度外了。

当杨广处死诗人薛道衡的时候，他说安能复吟"空梁落燕泥"乎；当杨广处死诗人王胄时，他说安能复吟"庭草无人随意绿"乎。当他自己死去，是否轻轻地说过，安能复吟"千乘万旗动，饮马长城窟"乎？

黄仁宇说，炀帝即位时，国家相当富裕，只是这样的富裕倒也成为国家的赘累。因为，当日政治思想要防止兼并，农村的劳动力向何处去成了大问题。杨广耗用中国人力、物力，完成基础设施建设，有其历史上的合理性；即他集天下鹰师于长安，聚乐工于洛阳，也还是受客观环境的诱导。炀帝的其他作为很多都是延续文帝的步骤，初时也有百官的支持，否则隋炀帝杨广纵是独夫，也不可能以一人之力强夺民意如此之久。

在扬州市郊北面十余里，有个叫雷塘的地方。杨广死后，先葬吴公台，后移墓至此。罗隐诗云："君王忍将平陈业，换得雷塘数亩田。"

姜师度：盛唐繁华背后的治水良吏

作为我国封建社会最鼎盛时期的唐朝，"河清海晏，物殷俗阜"，其经济实力、科技文化水平在当时可谓独步天下。而支撑这繁华盛世的正是唐朝发达的农业。因为"以农立国"是封建社会的根本，而水利是农业的命脉，"治国先治水，有土才有邦"。只因为有了初唐时期大规模的农田水利工程建设，才有了玄宗开元、天宝年间（713—756年）的鼎盛。史料记载告诉我们：唐朝十分之七的农田水利工程兴建在天宝（742—756年）以前。

奇怪的是，翻开史册，初唐的水利专家及其业绩却少有记载。抑或是这些史籍在漫长的历史长河中遗失殆尽，还是他们的业绩被看作"奇技淫巧"不被重视，根本就没有记载？不得而知。但我们相信，在盛唐繁华的背后一定有着水利专家们坚实的身影。

在史籍散落的零星记载中，我们寻觅到了初唐时一位热心于水利活动而颇具传奇色彩的官员姜师度，因当时"太史令傅孝忠善占星纬，时人为之语曰：'傅孝忠两眼看天，姜师度一心穿地'。传之以为口实"。

姜师度像

姜师度，这位非常热衷于水利工程的官员，每到一地都要想方设法地兴修水利工程。据统计，自他任职以来，由他主持和新建的水利工程就有13项之多，约占唐前期(618—755年)北方所有水利工程的十分之一，为唐代水利事业的兴盛做出了巨大的贡献，可算是初唐时期兴修水利的杰出的代表人物。

千古之后，我们在翻捡两唐书中极为简略的《姜师度传》，掇拾散见他书的一些资料，可以依稀看见姜师度这位不惮辛劳的水利专家的身影及其辉煌业绩。

创业潮头造就治水雄才

世势造雄才。姜师度生活在革故鼎新的初唐时期。这是一个创大业的时代，也是一个人才辈出的时代。在这个时代，盛世初创者将"以农立国"作为治国的根本，大力发展水利事业。他们清楚地知道，农业的盛衰，与当时的水利兴废息息相关。

从唐朝的政令法规上我们就可以看出，唐朝对水利事业的重视。当时在中央尚书省下专门设有水部，"掌天下川渎坡池之政令，以导达沟洫，堰决河渠。凡舟楫灌溉之利，咸总而举之。"还颁布了全国统一的水利法律《水部式》，将发展水利作为考核地方官吏政绩的标准。

姜师度顺应了时代潮流，在初唐浩大的兴修水利大潮中，成就了许多卓有成效的水利工程，成为了一位成绩卓著的治水良吏。姜师度（653—723年），唐代魏州魏县人。曾任县尉、县令、刺史、御史中丞、在理寺卿、司农卿、河中尹等职，最后官至将作大匠。

史载姜师度"勤于为政，又有巧思，颇知沟洫之利""喜渠漕""知相地"，是一位既热心水利，又颇懂水利专业的官员。姜师度在地方所任许多官职都与水利有关。如唐代刺史的一个职责之一就是掌管地方水利，即"诸州堤堰，刺史、县令以时检行，而莅其决筑"。

姜师度又任过司农卿一职，而司农卿所掌的部门的职责，几乎都涉及水利的内容。至于他"为河北道监察兼支度营田使"，则更直接承担起负责水利的工作。最后官至将作大匠，亦是负责土木工程营造的官员。

唐朝统治者对水利建设的重视，为"勤于为政，又有巧思，颇知沟洫之利"的姜师度创造了施展才华的有利环境，加之他"明于川途""知相地"，即通过实地考察，掌握所要开发的水利工程的实际情况，如河流的走向、地势等，以及对水利事业的热爱和精通，不辞辛劳的苦干精神，促进了他的水利实践，成就他在水利方面的丰功伟绩。姜师度在今天的河北、河南、山西、陕西一带任职期间，所到之处都有他主持兴建的防洪、排涝、灌溉、船运等水利工程。

蓟州北涨水拒敌　太原仓凿地运粮

神龙（705—707年）初年，姜师度迁任易州（治今河北易县）刺史河北道巡察兼支度营田使。蓟州渔阳一带属重要的北部边防，防御和漕运任务艰巨。姜师度上任时，他遇到的最头痛问题是北方游牧民族的不断入侵，骚扰百姓，当地人民苦不堪言。北方游牧民族奚人和契丹擅长骑射，他们的铁骑入侵往往是长驱直入，难以抵挡。姜师度在蓟北（今居庸关）一带拦截水流，涨水为沟，使之成为了一道军事设施，成功阻止了奚、契丹铁蹄的入侵。

为了解决中原至北部前线的漕运任务，姜师度重修了曹操兴建的平虏渠。东汉末年，曹操北征乌桓时，为便利军运曾在今沧州市东北开凿过一条渠道，起自津泒，下入孤水，号为平房渠。平房渠因战乱和年代久远早已废弃当时向北方运送军粮仍然绕道海上。

姜师度为避免海运漕粮的艰险，循曹操兴修的平房渠旧道，用一年时间傍海穿凿，将年久失修的旧渠修整一新，使中原腹地至北疆前线的粮运畅通无阻，该项水利工程后来成为大运河最北端连接海河的重要河段，直至唐朝以后仍在发挥着良好的经济效益。

姜师度治水

神龙三年（707年），河北威县一带洪涝灾害严重，姜师度"废渠新用"，在今河北威县附近利用大河故渎开浚张甲河排除洪涝。这条河道在西汉时曾是屯氏河的分支，起到分排黄河洪水的作用，后黄河改道由利津入海，张甲河主要作用是排泄当地的洪涝水。此外，他还在清池县今沧州市东南开了两条渠道：一条下注毛氏河，另一条下注漳水，用来引水灌溉农田。

值得注意的是，姜师度担任河北道监督兼支度营田使之职不过四五年，在辖境各州兴修的水利工程可考的就有7处，由此可见他投身水利事业的热情和勤奋精神。

玄宗开元初年，姜师度迁任陕州刺史，在这里他改造了太原仓的运输通道。在州城西面的太原仓，是江、淮粮草、物资运往长安、洛阳的水陆交通的中转点。常年有粮草、物资自仓库装车运至河边，然后转载船上。因岸边地势较高，粮车爬坡而上，又要人背粮下船十分辛苦又很费时间。于是姜师度巧妙地在坡上凿出地道，然后安装木滑槽，粮包自坡上顺滑槽一溜而下，便至水边，节省了数万计的运输经费。

开元六年（718年），姜师度年近古稀，迁任蒲州河中府河中尹。在蒲州境内有一个安邑县盛产盐，是辖区内重要的财政来源。但由于盐池地势太低，洪水来时常遭浸渍，而天旱时又干涸无水，影响盐的产出，盐池渐渐遭到废弃。

姜师度到任后调发民卒开渠引水，疏决水道，设置盐屯，"公私大收其利"。史载姜师度在陕州和蒲州的这两项工程的经济效益极其明显，颇值得称道。

通灵陂引水屯田　长安城仓满廪实

姜师度主持修建的最有成效、影响最大的水利工程当数古通灵陂工程。开元七年（719年）姜师度转任同州（在今陕西大荔）刺史，在这里他完成了他一生中改水造田的最大手笔，圆了汉武帝引洛水灌溉重泉万亩荒原的美梦。

在这一地区，汉代曾开过一条引洛水的龙首渠。龙首渠是用井渠法开凿的我国历史上第一条地下河流。当年庄熊罴向汉武帝上书，建议开挖一条引洛水的渠道以灌溉重泉（今蒲城县东南）以东的土地。如果渠道修成了，就可以使1万多顷的盐碱地得以灌溉，收到亩产10石的效益。汉武帝采纳庄熊罴的建议，调遣万余人，耗时10余年水渠才得以修成。

由于当地土质疏松，渠道易于垮塌，于是用竖井法开了一条地下河流，开创了后代隧洞竖井施工法的先河。可惜因渠壁未加衬砌，通水后不久，渠土就遭崩塌，加之黄河主流摆离渠口，渠口无法取水而失效了。

姜师度重修通灵陂获得成功，他不仅引洛水，而且在黄河上作堰导水，引黄河水入渠，增加了渠水的水量，大大提高了通灵陂的灌溉能力。姜师度遂"收弃田2000顷为上田，置10余屯"，当年即大获丰收。通灵陂就是洛惠渠的前身。此后引洛灌溉相沿不断，新中国成立后洛惠渠进一步扩展，灌溉面积增长至60余万亩。

通灵陂的修复在当时意义重大。据史料记载，盛唐时期，当时同样繁华的古罗马城仅有居民5万人，而长安居民已是城内100万人，城外100万人，韩愈在《论今年权停选举状》中称："今京师之人，不啻百万。"可见长安城粮食的需求量很大，而丰饶的关中平原却无法满足长安城的粮食供应。

史载唐前期关中的税粮不敷长安中央财政的需求，只得从山东、河南漕运税粮。因路途遥远、道路艰难等原因，造成巨大的财政耗损。民间传言"用斗钱运斗米"，可见当时运粮的成本之高、财政负担之重。因此，唐高宗和武则天不得不长期移居东都洛阳。移居的原因固然复杂，但显然与长安粮食供应不充裕有关。玄宗即位后，虽不情愿，有时仍不免要当"逐粮天子"，而移居洛阳，因此对长安地区的缺粮状况深有感触。

不想姜师度修复通灵陂后，大兴屯田，重泉（今蒲城县东南）以东的土地已不再是一片盐碱滩。当玄宗于开元八年巡视朝邑屯田区，看到的景色竟是"原田弥望，畎浍连属，由来棒棘之所，遍为杭稻之川，仓庾有京坻之饶，关辅致珠金之润"，惊喜之余，当即下诏褒奖姜师度。"师度以功特加金光禄大夫，赐帛三百匹"，同时下令把一部分官屯熟田还给逃亡复归的原主或分给贫穷的欠地之户。可见，姜师度修复通灵陂以及利用该项水利兴置屯田，不但大大增加了唐朝京城的仓储，而且对维护已遭严重破坏的均田制有所裨益，直接造福于当时当地的农民。

此外，姜师度还在长安城中修渠开河，使得长安城中绿水绕朝堂坊市，舟楫往来不绝。他还在华州华阴郡华阴西部开凿排水渠——敷水渠，有效阻止了水害。后来又在郑县疏导了两条旧渠——利俗渠和罗文渠，支分溉田，既可排涝，又用于灌田。这三条水渠的开凿与修整，使关中农田水利系统向渭南地区扩展，在古代关中农田水利开发史上具有积极的意义。

撑起盛世大唐繁华的脊梁

开元十一年（723年），姜师度病逝，终年70余岁。姜师度最初在蓟州兴修水利工程时已是年届六十，却不顾年高积极热情地开渠治水。此后的16年里，他老骥伏枥，依然四处奔波修建水利工程以兴利除弊，可谓为政一地，造福一方。

史书上对姜师度业绩的记载不仅寥落零碎，而且还颇有微辞。《新唐书·姜师度传》评论说："师度喜渠潜，所至徭役纷纭，不能皆便，然所就必为后世利。"诚然，姜师度多修水利，不免要役使民力，自然会纷扰一方。当时有不少人批评他不惜民力。兴修水利从短期利益看，当时的人们必然要付出辛劳，作出牺牲，然而从长期效益看，却促进了唐朝的繁荣，造福人类、泽被后代。

《旧唐书·姜师度传》也说"师度既好沟洫，所在必发众穿凿，虽时有不利，而成功亦多"。他主持兴修的水利工程，虽偶尔也有失败的工程，如在长安城内开渠，曾造成"水涨则奔突，水缩则竭洞"的不良结局，但史书也不得不承认，他兴修的工程大多为各地留下长久之利。总体评价是肯定的。鉴于当时主客观条件的局限,偶有失败也属于情理中事,毋须掩饰。但,功过相校,应属瑕不掩瑜。遗憾的是,当时流传"姜师度一心穿地"这句话并非是颂扬他的丰功伟绩,而是用它作为批评姜师度的依据。

繁华落尽,锦灰成堆。在安史之乱及后世无数征战的浩浩狼烟中,焚烧成灰的不仅是亭台楼阁、风帘翠幕,还有大量的史籍珍藏。幸存下来唐朝的水利记忆虽则廖廖,已足以令世人惊叹。如被称为"我国现代水法先驱"的《水部式》,是唐代关于水利设施的使用、维修管理、水道运输和桥梁津渡的管理维修等的法律。

其严密的管理制度、先进的调节用水和分水方式、有效的水利设施的维护管理等,无不令今人折服。只可惜因年代久远,原件早已亡佚。直到清末1899年,才在甘肃敦煌县鸣沙山千佛洞所藏文献中发现了《水部式》的一个残本,后来却被法国人伯希和掠去。我们只有在近代学者罗振玉搜集整理敦煌遗书中,才能看见《水部式》残卷影印件。

站在时间长河的此岸,遥望光阴彼岸盛世大唐逝去的远影,依然令人无限神往。我们在为《水部式》被掳去而撕心裂肺的哀痛之余,更为那些苦心孤诣制定这样完备的水法的官员,还有那些像姜师度一样一生辛劳奔波兴利除弊修建水利工程的官员们,以及无数默默无闻地的劳工们,表达由衷的敬佩,是他们用自己的脊梁撑起了唐朝的富庶与繁华,为中华儿女赢得了尊重和荣光。

白居易:唯留一湖水 与汝救凶年

白居易,一位在中国文学史上享有盛名并影响深远的中唐诗人。白居易生于河南新郑一个小官僚家庭。青年时期家境贫困,使他有机会深入地了解和体恤到百姓的疾苦。他生于安史之乱后藩镇割据的动乱时代,离乱使他较早地成熟。

少年成名 志在兼济

白居易16岁时,就以"野火烧不尽,春风吹又生"的诗句而一举成名。其后,他的《长恨歌》《琵琶行》风靡全国,并远播到新罗和日本,成为唐朝一位偶像级的人物。他的诗文在长安城被争相传抄,有的"粉丝"将他的诗歌直接抄写在衣衫上招摇过市,以示

白居易,字乐天,号香山居士,出生乱世,但聪颖过人,刻苦努力

对他的无比敬慕。

他诗歌的影响力不仅在文化圈子里流传，同时也风靡娱乐界。他的《长恨歌》《琵琶行》等流传之广，连小孩及边远地区的少数民族都在传唱，青楼女子也因会背诵白居易的《长恨歌》而身价倍增。

白居易无法像豪门贵族的后裔那样，可以借赖祖上的荫庇，过上富足的生活，只能靠勤学苦读去博取功名。

他来到京城长安，这里文化隆盛，人才荟萃，他希望他的才学能得到达官显贵的赏识，能被举荐而取得一官半职，以实现其"兼济天下"的远大抱负。16岁的白居易在这里遇到了一位有知遇之恩的贵人——大诗人顾况。

顾况擅长诗文，但生性狂傲，后辈的诗文他没有看得上眼的。当他看到眼前是一个年轻人，又听说他的名字，便笑着拿他的名字打趣道："年轻人，长安米贵，居大不易。"白居易的名字取自于《礼记》"君子居易以俟命，小人行险以徼幸。"顾况并非不知其姓名的出处，仅仅是和这个年轻人开一个玩笑。白居易将自己的诗篇呈送给顾况，当顾况看到《赋得古原草送别》中"野火烧不尽，春风吹又生"的诗句后，不觉一震，接着大加赞赏，说"有句如此，居亦何难？"于是不觉迎门礼遇曰："吾谓斯文遂绝，复得吾子矣。"白居易遂得到了顾况的大力举荐。

但仅有文名还不够，尚须获得功名。贞元十六年（801年），中书舍人高郢主持进士考试，选拔英才，白居易考中，被朝廷授任为校书郎。元和二年（808年）十一月，白居易被征召到翰林做学士。三年五月又授予他左拾遗的官职。白居易自认为遇到了开明君主，因此要用平生所学得的知识，上报君主的恩遇。左拾遗为皇帝跟前的谏官，他屡次上书请革除弊政。为了反对宦官吐突承璀做掌握兵权的"招讨宣慰使"，当面指责唐宪宗李纯的错误，由此惹怒了皇帝，幸亏有李绛的救护，才免于获罪。白居易写出了许多令"权豪贵近者相目而变色"，使"执政者扼腕"，令"握军要者切齿"的讽喻诗。

元和十年（816年）六月，两河的藩镇联合叛唐，派人刺杀了当时力主讨伐藩镇的宰相武元衡。时年四十四岁的白居易，第一个做出快速反应，他上疏请求限期严缉凶手。

白居易故居内的白居易像

《钱塘湖石记》碑

不料，当朝宰相韦贯之等以白居易身为东宫官，却先于台谏"越职言事"，不免嫌恶。一些素来对白居易没有好感的人又趁机诬告说，白居易的母亲是因为看花坠井而死，他还作《赏花》及《新井》诗，其行为有伤名教。于是，当年八月，奏贬白居易为江州刺史。中书舍人王涯又落井下石，说白居易不宜任地方长官，于是又追贬为江州司马。

元和十五年（821年）唐穆宗李恒即位，白居易被召回长安。但眼看到皇帝荒于酒色，不管朝政，大官僚内部争权夺利互相倾轧，他不愿卷入斗争漩涡。加之他论河北三镇的奏疏不被采纳，于是主动请求外调，被任命为杭州刺史。

这次放外任，对白居易来说是不得已的选择，但对杭州百姓来说，却是一件幸事。因为他在这里治理了西湖，使得在咸潮、江潮、干旱之患威胁下艰难生存的百姓，得以度过一个个"凶年"。

六井的修建和西湖的整治，为城市的发展创造了条件，杭州经济日渐繁荣，人口也迅速增加。据《乾道临安志》记载："自陈置钱唐郡，隋废郡为杭州，户一万五千三百八十；唐贞观中，户三万五百七十一，口一十六五万三千七百二十九；开元中，户八万六千二百五十八"。在100多年间，杭州户口增加了近5倍。

当时，杭州城北武林门一带，由于大运河的通航，成为重要的货物集散地；城东南的江干一带，成为海外贸易的码头。江中海舶云集，市区内商铺众多，所谓"骈樯二十里，开肆三万室"，俨然成为东南一大都市。到宪宗时期（806—820年），杭州已是"户十万，税钱五十万缗"，占全国财政收入一千二百万缗的二十四分之一。他在杭州写下的大量脍炙人口的诗篇，也为以后的西湖开创了一个诗意的范本。

唐文宗即位后，下诏升任白居易为刑部侍郎。会昌初年辞职回家，最后在家中病逝。

外任杭州　治湖疏井

有关白居易的评说很多。很多学者认为，在政治上，左迁江州司马对他的打击最为沉重，这一事件，成为白居易一生的重要分界线。从此他由"志在兼济"，迅速而全面地转为"独善其身"，决心做到"宦途自此心长别，世事从今口不言"（《重题》）。

实际上，这个认识将白居易的思想简单化了。白居易一生的思想带有浓厚的儒、释、道三家杂糅的色彩，但主导思想则是儒家的。他常言："仆志在兼济，行在独善，奉而始终之则为道，言而发明之则为诗，谓之讽喻诗，兼济之志也；谓之闲适诗，独善之义也"（《与元九书》）。

"口不言"，是险恶环境下不得已的选择；而"重享受"是忧国忧民的"苦中作乐"。即使在逆境之中和避祸时期，"兼济天下"是他深植心底始终不渝的理想，兴利惠民仍然是他内心执着的坚持。

他在宦海几经沉浮，待环境宽松，少有羁绊之时，他便开始着手恤民济世的事业。白居易在知天命之年治理西湖和 73 岁高龄凿通伊河水利工程便是明证。

唐穆宗长庆二年（822 年）白居易受命出任杭州刺史，他从长安绕道襄阳南下时，乘船行经无边浩渺的洞庭湖，当见"洞庭与青草，大小两相敌。混合万丈深，森茫千里白。每岁秋夏时，浩大吞七泽。水族窟穴多，农人土地窄"时，油然而生治水以供民生的宏愿，写下《自蜀江至洞庭湖口有感而作》诗，中有"安得禹复生，为唐水官伯？手提倚天剑，重来亲指画，疏流如剪纸，决壅如裂帛"之句。他如是说，也是如是做的。

白居易来到杭州，这里是他熟悉的地方。幼年时因避战乱，他曾随父母来过江南，江南宜人的气候和四时美景令他难忘。这次来杭州做父母官，身份的改变使他别有一番滋味在心头。杭州因水而美，历史上也常常因水而患，江潮之患，湖水之患。因此，治水历来是杭州人的一个情结。做这里的父母官，能治水者必是好官。

杭州的形成是一部"山海经"。钱塘江从上游挟带的大量泥沙在漫长岁月中堆积下来，在钱塘湾大潮的顶托下逐渐形成了冲积平原。但在上古时，这里还是一片汪洋，而西湖为江海间一湾，群山环其三面如块形。秦汉时，由海湾变成泻湖，渐成湖泊。直到距今六七千年前，杭州一带有一宽度足以和现今的杭州湾相比拟的河口，大约距今 2000 年前左右才湮废，西湖正是此河口湮废的结果。

钱塘江今景

史载当年秦始皇初到钱塘,但见江面辽阔,欲达会稽而不可渡,只得解缆西行120里至富春江横渡而去。汉代以前的西湖仍有海潮出没,处于若有若无之间,汉晋时才有相对固定的湖泊。因地处武林山麓当时称武林水。唐代又因地处钱塘县境而称钱塘湖。特殊的地理位置,使得杭州既面临大海咸潮的侵袭,又常遭江潮水患和旱魔的威胁,百姓的生活苦不堪言。

白居易来到杭州正逢大旱。天旱无雨,禾苗枯黄,人畜饮水困难。摆在他面前最要紧的事就是解决缺水的问题。筑堤蓄水,灌溉农田,成了他的头等大事。当时的西湖被称作钱塘湖,也叫上湖。这是因为,它的北部还连接着一个湖泊,水位比它低,称为下湖。但那时的西湖年久不治,淤泥堵塞成患。当时西湖湖岸虽有旧堤,但太低矮,又年久失修,下大雨时,湖水横流,难于蓄存;到了天旱时,湖水又不足,难于灌溉。加之豪强占湖为田或擅自泄湖以溉私田,农人的日子更加苦不堪言。

了解到钱塘湖水利情况和民情后,为了增加西湖的蓄水量,白居易调集民伕清挖了西湖的淤泥,在上下湖的连接处修筑了一条拦湖大堤。他还颁行水量调蓄措施,使千顷良田有充足的水得到灌溉,顺利度过了荒年。为了确保用水的充足与公平,他选定二位"公勤军吏"专管西湖之水,严禁破坏堤坝和盗泄湖水的行为。并在设圣塘闸等三闸。闸门每日定时开启和关闭。使湖水循环往复,也让下游的农田得以灌溉。

白居易的这一举措,使西湖的性质从此改变,它从一个天然湖泊演变成了一个人工湖泊。这项治湖工程确保了千年来,西湖灌溉的功能,泽被万代百姓。

此外,白居易还疏浚了杭州城区内的六口老井,并广辟水源,解决民生用水问题。

杭州濒临钱塘江,由于受钱塘江咸潮的长期侵蚀,淤积成的陆地盐碱性很重,地下水咸苦不堪饮用。这座在隋代就已设为郡治的江南名城,依井取水的城中居民却只能饮咸苦的井水,到西湖取水还有一段距离,到四周山中溪涧取水,路途更远。自唐宋至明清,解决饮用水的来源，都是事关城内居民日常生活的重大问题。

第一位全面着手解决杭州居民汲井取水问题的官员当推李泌。李泌于唐德宗建中二年（781年）至兴元元年（784年）任杭州刺史期间，开治六井。南宋《乾道临安志》说李泌"为杭州刺史，引湖水入城。为六井以利民，为政有风绩"。

李泌始建的六井，不是从地表向下深挖而取地下水的井，而是引西湖水通过管道到一定位置而蓄水的井，类似于蓄水池。建造六井的工程包括入水口、地下引水管道、出水处与蓄水井等部分。先在西湖东侧地下挖入水口，并设水闸，再在入水口与城内出水口之间的地下开掘深沟作为引水渠道，沟底低于西湖水底，沟内砌石槽，槽内安装竹管为输水管。又在出水处开挖大池，池壁池底砌以砖石，用以蓄积饮用水。这样，只要西湖不干涸，城内井中就淡水不竭。

白居易到杭州做刺史，距李泌建造六井已经40年。这时，地下引水管道已被淤塞，水流不畅，影响了城内六井的供水。白居易继续李泌这一利民业绩，彻底治理西湖，疏通六井。他在《钱塘湖石记》中写道："其郭中六井，李泌相公典郡日所作，甚利于人，与湖相通，中有阴窦，往往堙塞，宜数察而通理之。"

白居易疏浚六井的工程并不顺利，当时有些人出于自身利益，找出种种理由加以反对。有的人认为，放湖水灌田、抗旱救灾与疏井蓄水供民用两者有矛盾，湖水用于灌田，则会造成"六井无水"；有的认为，湖水浅了，水源不足，影响流量，也会使六井缺水。

对于这些意见，白居易翻查了西湖水域的历史资料，又进行了实地考察，作了合理的分析。他认为灌田与蓄井水供居民饮用，两者完全可以兼顾。西湖的湖堤加高了，蓄水量也增大了，湖水"不啻足矣"，何况"湖中又有泉数十眼，湖耗则泉涌，虽尽竭湖水，则泉用有余"，担心湖中无水是大可不必的。而且"湖底高，井管低"，那种以为水浅会影响管道流量的疑虑也是多余的。

白居易经过细致周密的准备工作，开始在李泌建井的基础上，全面着手进行引湖疏井的工程，耗时约半年左右，完成了这一利民业绩。

永远的西湖　永远的白居易

今天在杭州西湖的东北角，圣塘路的北头，有一个圣塘闸，是西湖最早的水闸"石函三闸"之一。年代久远，石函三闸的另两闸都已无迹可寻，只有"圣塘闸"，至今仍在发挥作用。

不过，今天人们记得"圣塘闸"，却不是因为"闸"，而是因为"圣塘闸亭"亭壁上的那篇《钱塘湖石记》的作者——白居易。

圣塘闸是白居易当年治理西湖的遗剩。他撰写的《钱塘湖石记》，留记着他治水惠民的拳拳之心。人们说，阅读西湖要从"圣塘闸"开始。

在这篇不足千字的《钱塘湖石记》中，他述说了治湖疏井、引水灌田的必要性与可能性，并谆谆告示后来者要合理地管理与利用西湖水。灌溉农田在当时是件大事，他计算出，放湖水灌溉农田，湖水"每减一寸，可溉十五余顷；每一复时（即一昼夜），可溉五十余顷"。对湖水有专门机构管理，放水时有专人负责看守，定时间，量水位，"节限而放之"。

文中规定在遇到大旱时，减少百姓申请放水的程序，百姓可直接报告给州里，由州里通知管水所直接取水。他严禁破坏堤坝和盗泄湖水的行为，对违反规定者设了一个今天看来十分环保的惩罚的条例：如果穷人破坏了西湖的堤岸，就罚他去种树；如果富人破坏了堤岸，就要到水里面去捞水草。

据说白居易离开杭州时，把官俸留在州库，作为公家缓急之需。在白居易以后，不少杭州官员仍遵循白居易在那篇《湖石记》中的叮嘱，注意修治六井与两湖，使得西湖的水利工程得以泽被千秋。

公元825年，白居易任满离杭。面对西湖，他一往情深："未能抛得杭州去，一半勾留是此湖。"因为这是白居易"志在兼济"思想的真实体现，是他一生最大的慰藉。他走的那天，杭州10万百姓扶老携幼夹道送行。人们提着酒浆，相送十里，以表达对他的敬意和感念之情。

看着这位父母官渐行渐远，风中传来诗人的告别："耆老遮旧路，壶浆满别筵。甘

圣塘闸始建于南宋咸淳六年，原为人力启动，1984年改为电力启动

棠无一树,哪得泪潸然。税重多贫户,农饥足旱田。惟留一湖水,与汝救凶年。"可见他念兹在兹的,永远是人民的福祉。

读到到这里,你或许会问:阅读西湖为什么要从圣塘闸开始?那个充满诗意画意的白堤呢?那不是白居易当年治理西湖的遗剩吗?但史学家们却无情告白:白堤原称"白沙堤",并非白居易所筑。白居易修筑的长堤名曰白公堤,在沧海桑田的巨变中早已湮没得不见踪迹。现如今的白堤早在白居易筑堤之前就存在了,而白沙堤是何人所筑?这条堤又有些什么样的故事?已无从知晓。

西湖白堤

一条白堤是无迹可寻,而另一条白堤是无史可寻,而杭州人却愿意将这两条堤合二为一,并指着白沙堤言之凿凿:这就是白公所筑之堤,这就是白堤。

其实,这又有何不可?杭州人喜欢这么说,这是民间的认定。要知道"杭州若无白与苏,风光一半减西湖"。杭州最著名的两位治水者,也是我国历史上最著名的两位大诗人:白居易和苏东坡。因为有了大诗人白居易,有了充满诗意的白堤,西湖才情意绵绵了千余年。

白居易墓

史载白居易主持的水利工程并非仅有西湖,在白居易73岁高龄时,还凿通了伊河险滩。当时他眼见洛阳附近的伊河船民,在冬季时,须涉水背纤拉船过险滩,十分辛苦,兴利恤民之心又激发他"誓开险路作通津",于是抛散家财,领导疏浚,凿通了龙门潭以南的八节滩和九峭石,航道遂大为改观。

在白居易凿通伊河险滩后的两年,唐武宗会昌六年(846年)八月,白居易75岁,病殁于洛阳家中。唐宣宗追赠谥号"文",并亲自作诗以悼祭:"缀玉联珠六十年,谁教冥路作诗仙。浮云不系名居易,造化无为字乐天。童子解吟长恨曲,胡儿能唱琵琶篇。文章已满行人耳,一度思乡一怆然。"

大诗人李商隐为其撰墓志铭,立于龙门东山香山寺东北约一华里的琵琶峰上。相传往来洛阳龙门的行旅,以及专程来悼念白居易的人们,络绎不绝在他墓前洒酒祭奠,致使他墓前的方丈之土,常成泥泞。今日龙门东山北麓公路东侧有石碑一通,有楷书曰"唐太子少傅香山白文公墓",再往上即为白居易墓园,是今日洛阳的名胜。

王元㻪:县令兴建它山堰

在我国古代的四大著名水利工程——都江堰、郑国渠、灵渠和它山堰中,成就天府之国的都江堰、浇灌秦川的郑国渠以及沟通南北的灵渠,都是由一方大员出于军事目的而建成,唯独地处我国最东部、滋养了东南文化的它山堰,是唐朝的一名小县令纯粹为民生所建。论伟不以官,它山堰以其独思妙想,称颂千年,留名史册。

王元㻪(生卒年未详),山东琅琊人。唐大和七年(833年)任鄮县令,关心农事,于今鄞江镇西创建它山堰,蓄淡、阻咸、引流。后人感其恩德,它山堰旁建祠以祀,南宋乾道间赐额"遗德",宝庆间追封为善政侯。它山堰历千余年仍存,今为全国重点文物保护单位。

为官一任 造福千年

它山堰地处浙江省第二大城市宁波,宁波名称取自"海定则波宁"。宁波历史悠久,是一座濒水而居、因水而兴的城市。早在7000年前,先民们就在这里繁衍生息,创造了灿烂的河姆渡文化。

它山堰因它山得名,是我国甬江支流鄞江上修建的御咸蓄淡引水灌溉枢纽工程,始建于唐太和七年(833年),已有1180余年历史,至今堰身稳固,风貌依然,堪称水利历上的奇迹。神秘的堰体倾斜线,独具特色的黏土碎石夹层,精妙的堰身木石构建,以及十兄弟以身定桩的传说故事,都给后世留下了无尽的遐思。堰坝在鄞州鄞江桥镇西边的它山旁樟溪出口处,它注重乘势利导和因地制宜,巧妙地借助了水势,在两山间垒石为堰。它山堰修成后,充分发挥了蓄淡、阻咸、引流的功用,涝时七分水入江,三分水入溪,以利泄洪;旱时七分水入溪,三分水入江,以供灌溉。使当地20余万亩农田得到灌溉,民食之所资，官赋之所出，家饮清泉，舟通物伙，公私所赖，为利无穷。

宁波的县官王元暐原是京官，祖籍山东琅琊。开始时仕途十分顺畅，一举中科后，初任翰林院书记，翌年任翰林院编修，两年后升任八郎之首的朝议郎，四年里连升三级，可谓春风得意。但也就在那时，争议也随之而来，告状、诬陷的信不断，结果，这位意气风发的朝议郎被贬了。先是降任金华府同知，后调任鄞县县令。由天子脚下的大京官，下放至偏远的海边小县城，命运跟王元暐开了一个玩笑。但是，王元暐并没有屈服于命运的安排，在这片叫鄞县的小县城里，他干出了一番惊天动地的大事。

它山堰碑

王元暐任职鄞县时，境内已有一个堰坝叫仲夏堰，是上级长官当地刺史于季友所建。仲夏堰的目的是开凿河渠引山水入城，在当时曾"灌田数千顷"，为当地发展发挥了重要的作用。但是，王元暐到任时发现，由于仲夏堰选址不当，暴露出了种种问题：蓄水不足，咸潮倒溯，沙土堆积。于是，王元暐决定另起炉灶，在仲夏堰的上游造起了另一座拦水大坝，把失去作用的仲夏堰废弃了。这个小小的县令，竟然如此不顾长官颜面，由此，我们不得不推测，在王元暐的心里，水利是其最高的事业追求，甚或是信仰。

不过，同在这个地方，王元暐顶撞了一位上司，却赢得了后世另一位县官的钦佩。南宋绍兴年间，曾举荐陆游的参知政事史浩任县尉期间，十分崇敬王元暐，认为王元暐建它山堰大大有功浙东水利，且有圣上封号，祷祈甚灵，再加上海岛人对水的特别敬畏和对水治功德的崇拜，就奉王元暐为"海山保护神"，并在城东鳌山麓建它山庙奉供王元暐以镇水患。

其实，官场失意的王元暐绝没想到后人会如此尊崇他，他以朝议郎出任鄞县县令后，为官清廉刚正，以勤俭诫游惰，以诚实崇孝慈，使境内贪暴者敛迹，孤独者有依。但是，千百年来，当地的民众都深受水害煎熬，鄞县西部的四明山，每到春秋之际，大雨如注，洪水肆虐，奉化江咸潮上溯到平水潭，鄞江江水"与海潮接，咸不可溉田"，江潮上涨时，"民不能饮，禾不能灌"。百姓在洪水面前，仍然束手无策。上任后，王元暐志存君国，心

它山堰

悬黎民，度山川之险，察地理之宜，终于发现了"两山夹流，铃锁两岸"的它山，是个修筑堰坝的不二之地。随后，王元暐就着手整治鄞江，阻咸和引流，建筑它山堰，为民造福。

但是，在中国水利史上，恐怕没有任何一个水利工程的开工和竣工日具有如此戏剧性。它山堰的开工和竣工日期，竟然是主建者王元暐和夫人的生日。唐太和七年十月初十，地方官员和士绅百姓按例向父母官贺寿，寿宴时，王元暐向大家道出了自己想修堰的心事，贺寿的人们一致赞同，遂选定十月初十王元暐33岁生日作为开工奠基日。开工两年后，在夫人程氏30岁寿诞时，堰坝主体便基本造成。王元暐便在地方各官员士绅按惯例向夫人贺寿时，当众宣告它山堰竣工。一个县官，一项工程，两个生日，从中可以看出，王元暐把堰坝当作了自己生命中的最重要的事情，与生日同祝。虽然他的生日可数，寿命可量，但是他所修建的堰坝，却历经1000多年，仍然滋养着鄞西七乡数千顷田地。

王元暐的到来，让鄞江流经的明州和鄞县心腹之地小溪镇，成为了宁波文化的发源地。曾经的困顿之地，最终演变成一座繁华之城，而这一切，无不得益于今天看来十分普通平常的堰坝。

修堰三议　精妙绝伦

去过它山堰的人都知道，那里有一条王元暐路，此路名便是为了纪念它山堰的建造官王元暐。当年王元暐如何建造这个堰坝，现在已无法复见了，但从零星史料中可以发现，王元暐在修堰前，竟然还开"听证会"，虚心听取民意。王元暐当时向百姓和官员"三议"修堰之事，让大家讨论如何治水蓄水。一时议论纷纷，有人认为工程量大，损耗过多，王元暐则说，虽然一时耗资大，也会影响正常生活，但是我们得为子孙后代着想，为千秋事业考虑，如果修好了堰坝，就能达到一劳永逸的效果。"三议"之后，大家终于同意了建造它山堰。

王元暐路碑

于是，在这个小小县域里，它山之麓、鄞江桥旁，4年时间，数万民众，开始了一项伟大的工程。在这个长134.4米、宽4.8米、高10米，全部以2米多长、1米多宽、20、30厘米厚的条石砌筑而成的堰坝中，处处体现着我国古代水利科技水平的高超卓越。为了使堰体坚固，王元暐以十分珍贵的铁汁灌入，把渠与江一裁为二。为了增强堰的泄洪能力，作为它山堰的辅助设施，在堰东的南塘河上，分别建造了乌金、积渎、行春三座矸闸，以使江河分流，

它山堰排涝

形成了一个以它山堰为总枢纽的引泄完整、滞蓄可靠的水利系统。在它山堰的西面及北面，建有一个配套的工程——洪水湾，以发挥阻咸、蓄淡、排涝的作用；在关键位置配有官池墩、回沙闸等，用来抬高水位、沉淀泥沙、防止淤塞；在河道里，还装设了测水尺、分水龙舌尖等组件。堰体向下游有五度的倾斜，提高了水平抗滑能力；堰内筑有黏土夹砂层，提高了堰坝的防渗性；纵截面采用梯形设计，更能抵抗江水的冲刷……堰坝构思精妙，1000多年前的工艺与现代力学原理在许多地方不谋而合，我们不得不为先人的智慧而叹服。

近几年来，结合它山堰整修，研究者对堰体结构进行科学勘探后，发现了许多惊人的独创。根据水利专家分析，它山堰有四大奇迹：一是石堰堰底倾向上游，其倾角为5度，与大多数堰坝的水平底相比，它可以有效增加堰体的抗滑稳定性；二是条石下面的黏土夹碎石层，用作水平防渗铺盖，可以减少堰体下面沙砾石河床的渗漏，并能增加土的强度，加速其固结性；三是横跨河床的堰体，是略带向上游鼓出的弧形，当溢流时，水流将向游河床中心集中，能减少河床两岸的冲刷；四是堰体采用变厚布置，使沉陷均匀，增大了河床中央堰体的刚度。这四大奇迹完全能用现代水工建筑物及力学的原理测算，为华夏文明再次增色，独放异彩。

它山堰自唐代建成以来，经过宋、元、明、清和民国时的多次修理、疏浚、增筑和配套，工程更臻完善。离它山堰西北约50米处，存有南宋淳祐二年（1242年）郡守陈垲建造的

回沙闸。该闸当时为防流沙阻塞河道而筑,今尚存石柱四根,镌有"则水尺"和"回沙闸"六个大字,边上刻有水位尺度。另外两个重要的附属工程:一是南宋宝祐年间(1255年前后)制置使吴潜建造的洪水湾石塘,二是明代嘉靖三年(1524年)建造的角尺形的石塘——官池塘,既能泄洪,又能阻沙入江,抬高水位引水入小溪。

新中国建立后,于1975年在都江源头的樟溪上游兴建了一座大型水库,用以滞洪、灌溉,与它山堰水利工程上下配套,为当地的生产、生活服务。四明山区集雨面积达350多平方公里。堰下水位落差很大,每逢大雨之后,上游山洪猛泄,洪水漫过堰面,气象万千。古人看见后惊叹道,"十里犹闻震地雷,海神惊惧勒潮回","它山堰头足奇观,百万雷霆声不断",足见泄洪景象之壮观。1967年,宁波大旱,海水倒灌入甬江、奉化江、鄞江,正是它山堰将咸潮挡在了堰外。2009年,莫拉克台风席卷宁波,四明大地暴雨如注,山洪从四明山奔腾而泻,它山堰水利系统工程及时泄洪,保住了鄞西的农田。

功成身退　片石留香

它山堰建成之时,唐朝已经走向衰败,这是不是王元㙔虽建奇功却没有在政治上获得更大发展的原因,我们不得而知。王元㙔不但没有受到朝廷的重用,相反,却屡被参奏弹劾,他的仕途一直未见通达。唐宣宗大中元年(847年),做了15年鄮县县令的王元㙔辞官归隐,告老还乡。在外人看来,他似乎是功成身退,但其实,那时的王元㙔并不老,只有四十多岁。究竟有什么样的隐情,我们无从得知。王元㙔留下这个泽被万世的水利建筑奇迹而默默离开,从此隐没在历史中,而古堰也变为平常,成为一道寻常风景,沉寂于生活之中。

它山堰建成后一直被朝廷所忽略,从建成的833年至大唐衰亡的百多年间,它山堰没有受到来自官方的任何嘉勉。有关王元㙔的记载也很少,只有县志以"备勤俭,尚敦朴,戒游惰,惩贪暴,数年境内大治"等文字潦草略过。直至300多年后的南宋乾道年间,它山堰才被赐"遗德"功额,算是有了官方的认可。

虽然被正史所简略,但这么一个似乎形象模糊的县令,民间对他的记忆却丰富多彩。

在宁波的老百姓口间，至今相传着关于王元暐的很多故事，而这些故事都与他的治水事迹相联系，从侧面反映出这位治水县令的丰功伟绩。其中有一个是王元暐"放木鹅"的故事：据说，在河沟建成后，王元暐为选定与它山堰配套的三个水闸位置，便从上游放下三只木鹅，木鹅自动停下的地方就被他选作闸址。千百年来，"王令当年放木鹅，身营三碶隔江河"的美谈不绝于耳。当地百姓感恩于王元暐，还在它山的山坡上，建了一座庙，庙堂正中便是王元暐的坐像。而在王元暐的坐像旁，还立有十位建堰民工的雕像。官民同居一庙的背后，有一个悲惨的传说故事。建堰之初，遇到了一个大难题，春雨绵绵，河水湍急，河桩一直无法钉立，眼看汛期将至，十位出身不同行业的建堰民工主动站了出来，跳入水中，用他们的身躯，做出了中国古代工程中的壮举：以己为殉，以身定桩。为了纪念筑堰殉身的十位民工，就建了这个"舍身祠"。据说一开始，王元暐只允许在庙里立舍身桩的民工，后来，百姓也把王元暐请进来。

它山遗德庙

后人思王元暐治水有功，在它山之巅立祠，每年祭奉。大约在五代至宋初，当地群众就在它山堰旁立庙纪念。南宋乾道年间，朝廷赐号它山遗德庙，后又封王元暐为善政侯、善政灵德侯。现在庙宇为清末民国初复造，庙内楹联充分展现了民众对王元暐的颂扬和怀念之情。大殿檐柱上书："万顷黍苗治惠泽，千秋蕉荔报神功""功德在民万家社稷，江山如画千古英灵"，殿内金柱刻："倚鄞江而立庙春风三月瓣香还当曲江游，筑它堰以蓄流恩泽千秋挽粟不闻高堰患""筑堰置湖仍食太和旧德，立祠崇祀尚传鄮县遗民""太和间实施惠政底须辨作开元，越郡中共奉神灵讵特祀隆鄮县"。迈进新建的山门，穿过天井，前大殿的台阶旁蹲立着清代石狮一对，后大殿的庙宇前尚存"片石留香"碑亭。亭中树有清代嘉庆十一年的建碑散记碑刻，碑面镌有"善政侯孚惠王土公碑记"，记录了王元暐的不朽功德。

王元暐以卑微的县令身份，跻王侯之列，居庙堂之高，实在是历史所罕见。至今，当地百姓将它山堰开工和完工的日子，每逢农历三月三、十月十，附近群众均自发前来祭仰，群情踊跃、香烟缭绕，千余年盛况不绝。

现在，它山庙改建为水利陈列馆，全面、系统地介绍宁波乃至浙江的古代水利建设。

第五章 宋元

范仲淹：治水者的忧乐

范仲淹，谥号文正。他的一生跌宕起伏，曾经处江湖之远，被贬谪到偏远地区；也曾经居庙堂之高，位极人臣。在中国人的情感里，范仲淹的意义已经不只是名臣良将，而是知识分子坚持操守的精神象征。

透过《苏幕遮》的忧伤和《岳阳楼记》的悲悯，我们来认识一个不一样的范仲淹，一个治水如治国的范仲淹。在苏北，他主持修建了被后世称为"范公堤"的海堰；在苏南，他支持疏浚了太湖地区的港浦，提出了"修围、浚河、置闸，三者如鼎足"的治水主张。

我本北人　北人敦厚

范仲淹像

元人脱脱的《宋史》在官修历史中是评价很低的一部，但关于范仲淹的记载大体是完备的。范仲淹的父亲范墉是徐州武宁军节度掌书记。但这位父亲还没来得及给稚子更多的庇护就撒手人寰。贫困无依的谢氏只好改嫁山东，范仲淹也改从其姓，取名朱说，时年2岁。

真相被掩盖了很多年，直到朱氏族人的一次争执，范仲淹的身世之谜才浮出水面。羞愤之下的范仲淹脱离朱家，赴应天府求学。面对贫苦的学习环境，范仲淹始终不堕其志。五年南都学舍，他"未尝解衣就枕，或昏怠，以水沃面。往往粥不充，日昃始食"。

大中祥符年间，范仲淹中进士，任广德军司理参军，后又调任为集庆军节度推官。此时他正式恢复范姓，改名仲淹。

天圣六年（1029年），范仲淹任秘阁校理，有了更多接触朝廷秘密的机会。如果范仲淹世故圆通一点,他本来可以过上那种花团锦簇的生活,但他恰恰具有相反的品格。他自况:"我本北人,北人敦厚。"有趣的是,我们在史料中看到不但苏轼、陆游这样的良臣激赏他,就连秦桧这样的权奸也对他赞不绝口。

面对纷繁复杂的宦海生态,范仲淹"宁鸣而死,不默而生",正直到有点笨拙,勇敢到有点鲁莽,道道奏疏都直指时弊。他批评太后不宜在朝堂之上接受百官的参拜,被流放;他卷入与奸相吕夷简的政治斗争,被流放;他坦言皇帝的立储问题,被流放,所谓"谏则必黜,黜出益谏"。但正如范公同僚所言,每一次放逐,都是一次荣耀。

范仲淹堪称国器。在政治上,他是皇帝的智库,提出《答手诏条陈十事》,创立了著名的庆历新政;在军事上,他是可挡百万甲兵的名将,有"边上自有龙图公为长城,吾属何忧"的美誉;在文学上,他以《岳阳楼记》等名篇开创了他的时代;在音乐上,他擅操《履霜》,著有乐论《今乐犹古乐赋》。而在治水方面,他竟也完美地胜任了一个总工程师的角色。

尽我心力　复捍海堤

天圣元年(1023年),范仲淹出任泰州西溪盐官,负责监督淮盐贮运转销。那时的范仲淹还只是个平头小吏,谁也无法想象他日后将成为帝国的宰相,把握着权力的中枢,深刻影响着北宋的政局。

西溪濒临黄海,地势低洼,捍海堤年久失修,坍圮不堪,县境常常"风潮泛滥,淹没田产,毁坏亭灶"。于是范仲淹提出了修复捍海堤的建议,这得到了转运副使张纶的认同。时年北宋边患不断,大量资金流入国防,朝廷疲于应付,对范仲淹的建议也并不怎么支持,甚至一些官吏还提出"堰虽挡潮,亦会造成内涝"的相左意见。

张纶据理力争,将范仲淹的建议上奏朝廷,并在奏疏上附带一把灾民充饥的野草,称:

西溪,曾是历史上盐税的主要征集地

阜宁范公堤遗址

"获多亡少,岂不可耶!"那把野草触动了皇帝,仁宗准奏,张纶遂调范仲淹任兴化令,全面负责治堰。

天圣二年秋,兴化令范仲淹率通、泰、楚、海四州的四万民夫,奔赴海滨。但不久,"风雪大至,潮汹惊人,夫役散走,旋泞而死者百余人",而此时谣言也空穴来风,所谓"道路蜚语,谓死者数千"。于是反对之声又起,称"堰不可成"。而朝廷也遣中使来追究责任,并令暂时停工。修复捍海堰的工程一度陷入了困境。

不久淮南转运使胡全仪实地勘察,认为修复海堰"必成之"。于是,被搁置的捍海堰的事情又重新提上了日程,捍海治堰全面复工。

天圣四年(1026年),谢氏去世,范仲淹回籍丁忧。临行前,他惦记海堰之事,留书张纶,言复堰之利。张纶上表朝廷,自请兼知泰州,以总其役。天圣五年秋再次兴工,次年竣工。绵延数百里的长堤,凝然横亘在黄海滩头。受灾流亡的民户,又重新返回家园。盐城、兴化、海陵等县田土皆可耕种,生产得到恢复,政府的盐利收入明显增加。

因为建议修复捍海堤的是范仲淹,奏请朝廷复工的是胡全仪,亲临其役直至竣工的是张纶,后人修建了三贤祠以示敬意。三贤祠又称范公祠。这条悠长的捍海堤,也被称作范公堤。

二十年后,海门知县沈起又新筑捍海堤百里,与范公堤首尾相接。后世范公堤又屡次修固和延展,逐渐形成了起自阜宁,经盐城、东台、海安、如东、南通,直抵启东吕四的长堤,号称八百里,发挥着"有束内水不致伤盐,隔外潮不致伤稼"的功用。其名仍旧还是范公堤。

观太湖患 不忍自安

北宋景祐元年(1034年),范仲淹任苏州知州,开始了对太湖的治理。

太湖平原中部地势低洼,湖汊纵横,河港错落,一遇洪水,田庐时常被毁。这个地方原有娄江、东江和吴淞江三条泄洪通道,所谓"三江既入,震泽底定"。后来随着潮汐进退带入大量泥沙,到唐五代时,娄江和东江已经淤塞,仅吴淞江还能发挥泄洪的职能,这令太湖平原的防洪压力大大增加。

北宋中期,通江入海的港浦大都淤塞,泄水不畅。范仲淹赴任的时候,正值太湖大水,"沦稼穑,坏室庐""观民患,不忍自安"。于是,他亲自实地考察,提出了以疏导为主的治水主张,所谓:"水之为物,蓄而停之,何为而不害?决而流之,何为而不利?""今疏导者,不唯使东南入于淞江,又使东北入于扬子江与海。"

范公堤十三闸之一草堰古闸

在呈递给宰相吕夷简的上疏中,范仲淹提出太湖一带的苏州、常州、湖州和秀州(今浙江嘉兴)是国家的仓廪,举凡浙省漕官守令都要把疏浚河道,争执维护水利作为要点,以使国家不失东南之利。他还陈述了具体的治河过程:"昨开五河,泄去积水。今岁和平,秋望七八,积而未去者,犹有二三,未能播殖。复请赠理数道以分其流,使不停壅,纵遇大水,其去必速,而未来岁之患矣。"

在这份上疏中,范仲淹驳斥了人们对太湖治理问题的非议。针对"江水已高,不纳其流",他认为水有"善下之"的天然属性,只要正确疏浚河道,积水是可以排泄到江海的;针对"日有潮至,水安得下",他认为涨退潮具有时间差,泄多塞少,江河之水必能归流入海;针对"沙因潮至,数年复塞",他提出"新导之河必设闸",用闸来调控泥沙淤积的问题;针对"重劳民力""大费军食",他提出如果维持现状,太湖地区就没有抵御洪水的能力,农业生产时时面临着威胁,如果疏浚成功,则可以化解危机,令庄稼有收,百姓免于冻馁流离。

太湖,位于长江三角洲的南缘,古称震泽,具区,又名五湖

在具体的太湖治理工程中,范仲淹以工代赈,每日给粮五升,招募饥民兴修水利,"部役开决积水"。他主持疏浚了白茆、福山、黄泗、许浦、奚浦、三丈浦、茜溪、下张、七丫等港浦,并"以山麓为固",修建了"节宣由人"的一系列闸门,遇到大旱,即可引水灌溉,遇到洪涝,又能宣泄洪水,同时还能规避海潮侵袭时的泥沙淤塞问题,一举三得。后来这些闸门被称为范公闸。

是年八月，疏河工程尚未收官，朝廷又委派范仲淹赴明州（今浙江宁波）任职。转运使上疏朝廷，以"治水有绪"相挽留。九月，朝廷同意范仲淹留任苏州，继续承担东北诸港浦的疏浚治理工作。功成后，农业连年丰产。

有疾必去　有灾必防

离开太湖后，范仲淹一路宦海沉浮，但是却从未忘记与百姓生死攸关的水利。

庆历三年（1043年），范仲淹官拜参知政事。在著名的《答手诏条陈十事》的《厚农桑》部分中，他建议朝廷降下诏令，要求各级政府讲究农田利害，兴修水利，大兴农利，并制定一套奖励人民、考核官员的制度长期实行。

范仲淹条陈江南、浙西的水利："江南旧有圩田""每一圩方数十里，如大城，中有河渠"，形成了广阔的圩田水网。而因为"外有闸门"，可调控蓄洪，"旱则开闸，引江水之利；潦则闭闸，拒江水之害"，能够做到"旱涝不及，为农美利"。

范仲淹回顾了历史，说早在五代时期吴越钱氏就设立了专门的水利部队，称为营田军，"七八千人，专为田事，导河筑堤，以减水患"。而在本朝早年间，则"慢于农政，不复修举"，致使"江南圩田，浙西河塘，大半隳废"。他继而建议，"每岁秋，要敕下转运司，令辖下州军民各言农桑利害，或合开河渠，或驻堤堰陂塘之类"，在每年二月开始兴役，耗时半月，然后将水利成绩报上级考核。

范仲淹认真研究江南的圩田古制，结合自己的治水经验，提出了"修围、浚河、置闸，三者如鼎足，缺一不可"的治水实践。这种治水思想一直影响到后世。北宋政和年间的赵霖和元大德年间的任仁都曾采用范仲淹的办法治理圩区的水利。

后人赞扬范仲淹："实心为民，行而宜之，必至尽善然后已，此先忧后乐之功。"

王安石：立法兴水资天下

作为一位孤独的改革家，在中国历史上，可能没有比王安石更具争议的人了。古往今来对于他的评价有天壤之别，在变法、学问、人格各个侧面均有所抵牾。

近代社会活动家梁启超说："作为百年不遇的杰出人士，却生前被世人责难，死后数代都不能洗刷骂名，在西方有英国之克伦威尔，在中国则有宋代王安石。千百年来，王安石被骂做集一切乱臣贼子之大成的元凶。其实，他才真是数千年中华文明史上少见的完人。其德量汪然若千顷之陂，其气节岳然若万仞之壁，其学术集九流之粹，其文章起八代之衰，其所施之事功，适应于时代之要求而救其弊，其良法美意，往往传诸之日莫之能废。"

改革势在必行

王安石之所以引起如此大的争议，关键就在于他领导了那场 11 世纪中国历史上著名的"变法"。

王安石像

商鞅变法和王安石变法，是我国古代历史上影响最深远的两次改革。前者成功，而后者失败。王安石变法虽以失败告终，但他在新法中，通过信用贷款的手段来刺激经济，企图通过以金融管制的办法操纵国事，其范围与深度在此前及当时世界上少有。列宁称他是"中国 11 世纪最伟大的改革家"并不为过。

宋朝真宗、仁宗、英宗时期，其"守内虚外"的国策，外则"斥地与敌"饱受外族搜刮之凌辱，内则承受"冗官、冗兵、冗费"弊政之重压。面对内外交困，积贫积弱的时弊，头脑清醒者不乏其人。

先是范仲淹、韩琦等人领导并实施了以"整顿吏治"为主要目标的"庆历新政"。但很快遭到以吕夷简为代表的大官僚大地主的反对，他们看准了仁宗皇帝的"软肋"，给改革者扣上"朋党"的帽子，宋仁宗怕"朋党"威胁到宋王朝的"家天下"，便匆匆"叫停"了仅仅实施了一年的新政。庆历新政失败以后，宋朝积贫积弱的局面仍在向前发展，统治集团感到危机四伏，因而要求改革的呼声在一度沉寂之后，很快又高涨起来，终于掀起一次更大的变法活动。这次改革的重任落在"负天下大名三十余年"的王安石身上。

天降大任于斯人

王安石（1021—1086），字介甫，江西临川（今江西抚州）人。其父王益做过几任州县长吏。王安石家因"无田园以托一日之命"，一家老小全靠父亲一个人的俸禄生活，日子过得并不富裕。王安石在青少年时期随父亲到过许多地方，对宋朝的社会问题有一些感性认识。

王安石故里

庆历四年（1044年）王安石以进士第四名及第，其后在扬州、鄞县、舒州、常州等地任地方官，颇有政绩，声扬于外。多年的地方官经历，不仅使王安石深刻地认识到宋朝社会贫困的普遍性，而且也使王安石认识到社会贫困的根源在于兼并。

他与好友诗人王令曾就如何改变北宋积贫积弱的局面，进行了深入的探讨。王安石受的虽是儒家的正统教育，但两人都一致地推崇商鞅。认为当今天下，积贫积弱，唯有耕战才能治标治本。耕而富，战而强，积贫积弱则可彻底改观。

于是王安石于嘉祐三年（1058年）上呈长达万言的《上仁宗皇帝言事书》，分析了宋朝内忧外患交织，财政日益困穷，风俗日益败坏的形势，提出了变更天下弊法及培养大批适应变法革新需要的人才的迫切性。要求宋仁宗以汉、唐两代王朝的覆亡为前车之鉴，果断实行变法。他还提出了"因天下之力以生天下之财，取天下之财以供天下之费"的理财思想。这封言事书受到了一般官僚士大夫的称赞，却没有从最高统治集团中得到任何反应。

治平四年（1067年）正月，宋神宗赵顼即位。宋神宗励精图治，锐意改革。他曾向元老重臣富弼等人征询富国强兵和制胜辽与西夏之策，不想他们竟然连一条治国之策都提不出，反而规劝神宗在20年内不要提及"用兵"二字。

宋神宗大失所望，从此不再倚靠这班元老重臣。熙宁元年（1068年）四月，他召王安石入京，用为参知政事，倚靠他来变法立制，富国强兵。当时王安石已成为众望所归的人物，士大夫们大都以为只要王安石登台执政，太平可立致，生民咸被其泽。

为了推动变法，熙宁二年（1069年）二月，王安石建立一个指导变法的新机构——制置三司条例司，并与吕惠卿、曾布等人一道草拟新法，各路设提举常平官，督促州县推行新法。

王安石的变法与以往的改革从主张到路线都有根本的不同。司马光、文彦博所主张的，只是局限于财用的节省和官兵的裁减升降，而较为激进的范仲淹，也还是着重于官僚机构的整顿。王安石提出的路线则是从根本"大法"上着眼来变革法度：即以加强法制来整顿吏治，以"理财"来增加国用。改革的方向也不仅限于官兵，而且指向社会上的大地主、大商人那些兼并之家。于是以王安石为首的变法派和以司马光为首的保守派展开了长期的反复的搏斗。

王安石以"天变不足畏，祖宗不足法，人言不足恤"的精神推行新法。从1069年至1085年，历时约16年。自熙宁二年推行均输法、青苗法、农田水利法始，后又颁布实施了募役法、市易法、免行法、均税法、将兵法、保甲法、保马法等新法。新法以"富国强兵"为目标。一面遵循"民不加赋而国用足"的方针，为宋王朝增加国用；另一方面强化国家军队，同时也对教育、科举作了改革。

在王安石执政期间内政修明，武功赫赫。平吐蕃，建西河郡；平川荆之蛮，驱交趾之寇；攻打西夏，夺取五十二砦；朝鲜归附入贡……

改革者的孤独与悲凉

这毕竟是一场"伤筋动骨"的变革，涉及各方面利害冲突，施政者又缺乏适当的调节平衡手段，改革遭到了空前未有的阻力，以致非议沸天，谤声汹涌。

新法抑制兼并，矛头直指以司马光等人。司马光他们认为，新法有三宗罪：变乱了祖宗的法度；新学为异端邪说；新法为"聚敛害民"。连原先支持新法的官员们也埋怨新法推行太过"峻急"而加以反对。苏轼有言："法相因而事有成，事有渐而民不惊。"

江西抚州王安石纪念馆

改革者凭一腔热血和任事的勇敢走上了改革之路。反对者则因循守旧，惧怕更张，使变法者动辄得咎。王安石一针见血地指出反对派的主张实则是"今日当一切不事事，守前所为而已"。

然而在势力强大的反对派的激烈反对下，宋神宗动摇了，加之神宗的过早去世、变法派内部分裂，新法终于在王安石两次罢相之后走向失败。

王安石一生不好声色、不爱官职、不殖货利，一心兼济天下而勇于任事，只可惜其超前的思想，大刀阔斧改革的"拗劲"，不被世人的理解而饱受诬谤。

罢相后他急流勇退，万缘放下。他在诗中写道"千古纷争共一毛，可怜身世两徒劳。无人语与刘玄德，问舍求田意最高！"写出了一个改革者"前不见古人，后不见来者"的孤独和悲凉。

改革者在古代中国都是悲剧性的：不幸生前身首异处者如商鞅，死后挫骨扬灰者如张居正。王安石是幸运的，虽一生遭人谤毁，因有宋太祖赵匡胤立下"不得杀士大夫及上书言事人"的祖训，新旧两派即便政见上党同伐异，但没有置人于死地而后快。王安石罢相后十年，一路孤寂，直至抱恨晚年，终老异乡，但相对于那些求法而舍身者，又多了一种苍凉的幸运。

鄞县：新法诞生的摇篮

回顾王安石变法的历程，他在基层任地方官的经历，对新法的诞生产生了深远的影响。王安石22岁即任县知事，先后在扬州、鄞县、舒州、常州等地任地方官多年，他深入下层"农夫女工无所不问"，对社会弊病了然于心，对治理办法也颇有创见，并且勇于探索和实践，已初显一位卓越政治家的锋芒。

他在任鄞县的知县期内，明确提出自己的主张："尝以谓方今之所以穷空，不独费出之无节，又失所以生财之道故也。富其家者资之国，富其国者资之天下，欲富天下则资之天地。"

"欲富天下则资之天地"就是发展农业。在鄞县任地方官时，他还跑遍了当地东西十四乡，进行实地考察，并督促百姓兴修水利，"起堤堰，决陂塘，为水陆之利"。通过蓄水灌溉，解除了湖区周围及鄞县镇海七乡农民的水旱之苦，使300多平方公里的土地喜变良田。为了阻挡海潮对农田的侵袭，他还带领百姓修筑海塘。取得了"限湖水之出，捍海潮之入"的效果。史载，他总结海塘修筑的经验，改进工作了海塘断面形式，实行了"陂陀法"（即斜坡石阶式），增进了海塘的稳定性和抗冲性，提高了海塘工程的使用寿命。

鄞县成了王安石变法的试验田，并且成效显著。用信用贷款的手段来刺激经济的"青苗法""均税法"等新法，也是他在基层任地方官时的成功尝试。

当年在鄞县，他看到春季该播种时，农民却无钱买种子，不得不借高利贷。辛苦一年，即使秋季丰收了，农民还清借贷后，依然衣食无着。于是他便在春季将官仓谷种低息贷给贫户，让他们秋季偿还，这样一方面解决了农民的具体困难，又能使官仓的存粮新陈相易，不致腐烂变质，利农、兴农成效十分显著。

"青苗法"和今日的农业银行相似。农民无钱无种子时，可向政府借贷。年利二分，分春秋两季归还本利。每逢粮涨价时，政府就贱价出卖；粮价低时，政府就高价收购，以平抑粮价。行青苗法是为了抑制富户的高利贷，以利息较低的国家贷款取而代之，减少剥削，方便贫民。

他在任地方官时，看到农村土地兼并严重，大地主、豪强及官僚还隐瞒土地逃避赋税。行"均税法"就是要重新丈量天下田亩，重定税额，严惩逃税。在王安石推行"均税法"期间，先后丈量出豪强地主、富商等隐瞒的土地290多万亩，迫使他们不得不按田亩多寡交纳赋税。

"市易法"和"青苗法"相似，只不过是以小工商业者为对象。是为了稳定物价，

王安石公园，位于江西省抚州市

抑制富商大贾的垄断，防止他们欺行霸市，保证小商小贩和消费者的利益。"青苗法"和"市易法"被当今一些历史学家称为"近代'文明国家'的银行雏形"，而"免役法"堪称"与今世各文明国收所得税之法正同"。

对于王安石变法，评说见仁见智，无可厚非。但王安石变法的本意不是也不可能颠覆当时的官僚体制。其"富国强兵"的主张，今日应更多地用经济的视角来考量其得失曲直。王安石曾对宋神宗论述"不加税而国用足"的观点，已经认识到了"理财"不能仅仅依靠"聚财""敛财"，而要采取"钱生钱"的办法，并可以通过信用贷款的手段来刺激经济。这足以显示他比一般的官僚阶层眼光深远。

变法的历史意义在于，距今 900 余年前，当时的欧洲尚正处于游牧经济向农耕经济转型时期，资本主义经济尚未萌芽，而这场变法就企图通过以金融管制的办法操纵国事，其范围与深度在此前及当时世界上少有。

农田水利法为天下"理财"

王安石的政治改革规模宏阔，所涉及的范围既广且深，但其最为核心的问题却在于"理财"。"国人重节流，而西人重开源。"这是 100 多年前严复谈到的中西理财之不同。岂不知早在 11 世纪王安石便提出了"开源"理财的主张。

王安石自推行改革始，便驳斥司马光天下财富是有"定数"，只有"节流"才能富国的主张。在当时众口一词谈"省费节用"时，王安石把变革的急务和重心放在理财开源上。他认为"理财，以农事为急"，"欲富天下则资之天地"，农耕是致富的源泉。

以农立国是封建社会的根本。富国与强兵，二者都重要，但前者是后者的基础。农业生产发展了，税源自然充畅，军、政等项的开支就自然不会再成问题。正是"农事"对"理财"的重要，王安石变法首先从改革农业入手。而水利又是农业发展的保证，所以说最能体现王安石"为天下理财"主张的是"农田水利法"。

"农田水利法"是我国历朝出台的水利法律中较为完整而成熟的一项水利革新措施。唐朝制定的水法《水部式》虽则被称为"现代水法的先驱"，但它侧重于河流、航运、水利设施的使用和管理。但王安石的"农田水利法"却包含水利建设、管理、投资、奖惩制度等诸多内容，并较之以往水利方面的法律，多有创见，且讲求实用。

"农田水利法"为广开言路说水利开了历史先河。首先规定，无论官员平民，只要熟悉农业耕作技术或水利建设，针对水事问题，均可向有司或当局陈述己见。工程完工后，对"言事人"按功利大小酬奖。"其兴利至大者，当议量材录用。"

"农田水利法"规定的水利工程事务上报制度，具备了现代称之为"规划"的雏形。各县对管辖范围内修复"干荒废田土"及浚导"大川沟渎"、兴修"陂塘堰棣"、修筑"圩埠堤防或开导沟洫"，均须作详细调查，"各述所见，具为图籍，申送本州，本州看样"。即便一州一县不能解决的各项问题，也要陈述己见，听候处理。

"农田水利法"还对水利建设划分事权。根据各地上报项目，委派官员负责建设，明确职责。一般"事状"或"事体较大"者，由本县督办；"一县不能独了"者，则由州委派官员督办；"计工浩大"或"事关数州"者，就"即奏取旨"，等候朝廷处置。"本县事务烦剧，兼所兴功浩大"者，则向上请派官员协办。

"农田水利法"还规定用多种渠道筹措水利工程的资金。规定各地兴修水利既可以贷请官钱，也可以向富裕人户借贷。元丰元年四月，再次规定："开废田兴水利建立隄防修贴圩埠之类，民力不能给役者，听受利民户具应用之类贷常平钱谷，限二年两料输足，岁出息一分"，以保障兴修水利所需资金。水利工程特别是比较大型的水利工程，所需的资金较大，民间难以解决，允许借贷官钱，且收息低，这无疑促进了水利工程的兴修。

"农田水利法"的颁布和实施，调动了全民兴修水利的积极性，形成了"四方争言农田水利，古堰陂塘，悉务兴复"的喜人景象。各地兴修了大量水利工程，扩大了垦田面积。随着水利工程的兴建和修复，垦田数也在不断增加。史载，全国兴修了水利工程1.7万余处，灌溉田地共36万多亩。

此间大规模的淤田活动蓬勃展开。淤田增加了土地的肥力，提高了产量，受到广大农户的欢迎。淤田还改良了大片盐碱地、沙荒地、低洼地，增加了垦田的数量。元丰元年十二月，神宗赞扬淤田之利曰："大河源深流长，皆山川膏腴渗漉，故灌溉民田，可以变斥卤而为肥沃。朕取淤土亲尝，极为润腻。"

此时出现了水利著作和新的治水工具，促进了水利技术提高。程师孟提点河东刑狱总结淤田的经验，撰成《水利图经》二卷。河北沿边安抚司撰写出《制置沿边浚陂塘筑堤道条式图》。在治水工具方面，李公义发明了铁龙爪和浚川杷。

"农田水利法"促进河流得到治理。史载"荆公所开水利,不可悉数,其大者曰浚黄河,清汴河"。熙丰时期，政府修浚各种河流的次数达42次，平均每年2.33次，无论是总数还是平均数都是北宋各代最高的。由于多次对各大河流进行疏浚，河流的治理也取得了巨大成绩，尤以黄河的治理成就最大。

王安石推行的"农田水利法"有力地推动了我国水利事业的发展，从有关史料中也可以证实，此法是诸法中实施较为彻底、较见成效的。历来不论对其评价如何抵牾，但王安石在我国治水史上的重要地位是无法抹煞的。

钱四娘：只问工程谁倡首　莫将成败论前身

我国古代大型的水利工程都是官家兴办的，而她却自己出资治水造陂；我国历史上治水英雄几乎都是清一色的男性，她却是其中唯一的女性。她修筑的陂塘在建成后被洪水冲毁，但当地人却世世代代记住她的名字。她即是钱四娘。

试看海滨邹鲁妈祖家乡：紫霄怪石，三紫凌云；石室藏烟，壶山致雨；智泉珠瀑，碧濑飞泉；钟潭噌响，草堂夹漈；西湖水镜，木兰春涨；湄屿潮音，好一派锦江春色。

遥赏文献名邦梅妃故里：柳桥春晓，九华叠翠；白塘醉月，绶溪钓艇；宁海初阳，东山晓旭；古囊峋献，天马晴岚；梅寺晨钟，西岩晚眺；谷城梅雪，更几株秀木南山。

钱四娘像

这对仗工整的一副对联概括出了福建莆田妇孺皆知的传统景观二十四景。其中最有名的一景为"木兰春涨"。每逢春水初涨，木兰陂上水面宽广，波光潋滟。两岸青山绿树倒映水中，水中有山，山中有树，构成一幅美妙的风景画。特别是堰闸式滚水坝的33座陂墩，宛如一架巨型钢琴上的一排琴键，横亘在木兰陂上。涨起的溪水越堰而下，汇成一排大瀑布，发出轰雷巨响。堰下滚滚波涛翻卷着雪白的浪花奔腾入海，场面蔚为壮观。由此"木兰春涨"成为当地的一大胜景。正是这个关键性的景观，改变了900多年前此地"只长蒲草，不长禾苗"的蛮荒，使得兴化平原的万顷良田变成沃土，呈现出"好一派锦江春色"。

木兰陂，是全国五大古陂之一，建成于宋元丰六年（1083年），位于福建省莆田市郊南门外约5千米的木兰山下，木兰溪与兴化湾海潮汇流处。这是古人为了保证沿海垦田耕稼而兴建的一座具有内截溪流、外捍海潮、排洪蓄水、灌溉通航等多功能的大型水利工程。木兰陂建成后，莆田的经济得以迅速发展，并造福千载。从建成至今日的近千年中，木兰陂虽历遭风、雨、洪、潮的侵袭，依然巍然屹立，泽被百姓，为当地的经济发挥着作用。木兰陂，使得灾难频仍的兴化平原变成沃野千里的鱼米之乡、花果之乡，因此被誉为"福建的都江堰"。

治水造陂建首功

很久以前，兴化平原是一片汪洋大海。后来由于海岸上升，加之千万年来众多溪流挟带大量的泥沙进入海湾。泥沙受大海潮水的顶托沉积下来，日积月累形成一片冲积平原。但最初这片平原因受旱涝灾害及咸潮的侵害无法耕种，"只生蒲草，不长禾苗"，后来人们围垦造田尝试虎口夺粮。

兴化平原上有条重要的河流——木兰溪。它发源于德化戴云山，汇合德化、永春、仙游三县360余条溪涧之水，流入莆田，从三江口入海。它在莆田境内全长42公里，流域面积1830平方公里。木兰陂未建之前，春天溪水暴涨，淹没农田庄稼。一泻无余的洪水甚至冲毁房屋，威胁乡民和牲畜的生命。夏日干旱少雨时节，溪水断流，池塘见底，禾苗枯黄，庄稼绝收。台风来临，咸潮又常常沿着海边直涌至仙游县境。

木兰溪流域由于旱、涝、潮等灾害持续不断，四周百姓终年辛劳，却常常是颗粒无收。他们梦中都盼望能在木兰溪上筑陂，以达蓄水阻潮之效。但在木兰溪上筑陂并非易

木兰陂，位于今福建省莆田市区西南5公里的木兰山下。为世界灌溉工程遗产

事。木兰溪水量变化大，流程短，流速快，有史记载的最大洪峰流量达每秒3710立方米。陂塘除了蓄水功效外，还要抵御台风、暴雨和大潮。所以要在这么一条自然条件极其复杂的溪流上筑成蓄水阻潮的陂塘，历来只是一种幻想。

最早主持兴建木兰陂的人是一位年轻的女性——钱四娘。她早年丧母，父亲在广东为官，她为父亲操持家务，父女俩相依为命。其父一生勤政为官，后积劳成疾，病故任上。年仅16岁的钱四娘扶父亲灵柩自广东归福建长乐故里安葬。途经莆田时，不巧遇到木兰溪上溪涧春水暴涨，洪水泛滥成灾，房屋被淹，良田、道路被冲毁，钱四娘一行也被困在途中无法前行。当地生民涂炭的惨境，呼天抢地的呼喊，令这位花季少女揪心不已。父亲一生勤政为民的精神感召着她，于是四娘萌发起在莆田修建陂塘的心愿。

修建大型水利工程历来是官家应做的事，一个民间女子要担当这个重责谈何容易？俗话说："一寸堤坝，一寸金。"光是修筑经费就不是一个小数。更何况组织劳力、勘探设计等繁重的工作，不靠官方的力量，实在困难重重。但钱四娘不为所惧，她回到长乐家乡，把父亲安葬完毕后，便变卖了家产，又募捐了些钱财，凑齐十万缗准备来莆田木兰溪上建陂。对此，《闽书》记载："宋治平初，莆人告病。长乐有钱媪者，提金九撒如斗大，来将军滩前，催民陂焉。"

一个未婚女子不将家产用于安排自己的未来，也未用来造福乡梓，而是带到几百里之外的莆田去修建陂塘，家人反对，乡人不解。她不知花费了多少口舌才说服了家人，安抚了乡亲，带着巨资离家来到莆田，发起筑陂壮举。

莆田人看到钱四娘一个单身弱女子来到这里，为他们家乡治水造陂，深受感动。他们纷纷自动投工出力。钱四娘来莆田后，便与工匠们一起长途跋涉，察看地形地势，最后选择了木兰溪水刚刚出山的将军岩为堰址。她与民工一起风餐露宿在将军岩前"堰溪为陂"，并从鼓角山西南开出引水渠，打算用陂塘蓄积的水来灌溉兴化平原。经过三年的辛苦奋战，建陂工程终于告竣。钱四娘与众乡亲欢喜之极。

将军岩右岸是鼓角山麓，岩盘裸露，直趋河中，对岸为河谷农地，基础不相一致，且水势右急左缓。加之溪面狭窄，坡陡流急，堰址又处于地高流急之处，"与水争势"。

当陂塘刚刚修好，一场洪水便不期而至，咆哮的洪水将几年辛苦筑起的陂塘冲得石崩堤溃。

一腔热血，万缗家资，众民希望，霎时尽付东流。19 岁的钱四娘痛心不已。因不堪受此打击，含悲带恨投水而死。人们闻讯纷纷前往祭吊，相传悲哭之声震动天地，历七昼夜不绝。

造陂自有后来人

钱四娘的故事感天动地，引得有仁有义之士唏嘘不已，他们决定将钱四娘未竟的事业进行到底。

最受震动的是钱四娘的同邑人林从世。他想：钱四娘小小女子，有那么大志向，我一个堂堂男子汉，难道还不如她？于是，林从世携带十万缗家资，从长乐前往莆田木兰溪筑陂。他吸取教训，将堰址下移至温泉口。但这里虽然溪水流速较缓，但离大海太近。当工程完工后，汹涌的海潮又将大堰冲毁，筑陂工程又告失败。对此，《闽书》记载：木兰陂"既成又决"，其原因"隙扼两旁，堤岸突高，涛怒流悍，是以再坏。"

熙宁八年（1075 年），在王安石推行《农田水利法》的促进下，侯官（今属闽侯县）人李宏挟资七万缗来莆田第三次修筑木兰陂。长乐僧人冯智日也前来辅助。他们吸取前两次筑陂失败的教训，细心勘定了沿溪的地质和水情，涉水插竹为记，选择在钱、林两陂故址之间的木兰山麓作为陂址。这里溪面宽阔，水势较缓；离海较远，海潮涌来时已是强弩之末，加上溪床岩石结构基础坚实，是个理想的陂址。他们细心设计，缜密施工，在广大民工的大力支持下，经过 8 年的艰苦奋战，木兰陂终于在元丰六年（1083 年）

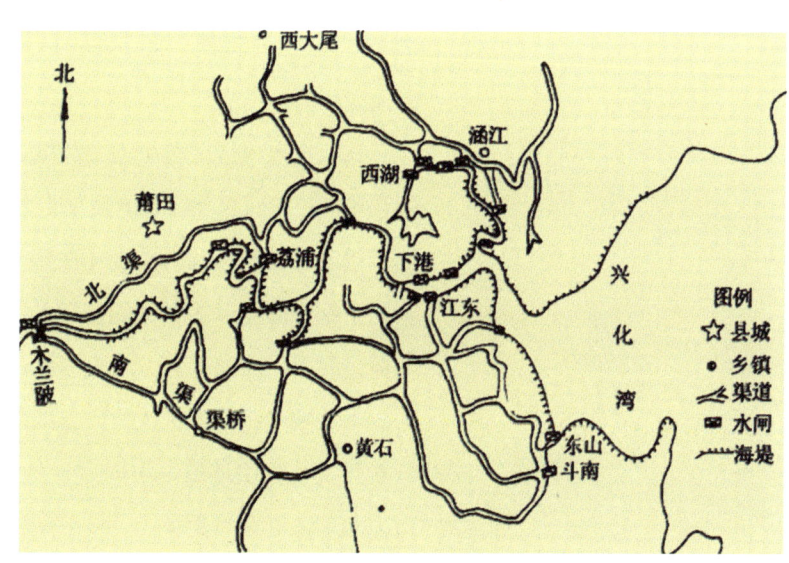

木兰陂灌区示意图

筑成。

木兰陂工程，向上可以阻挡溪流，向下可以防御海潮。在整个陂坝的结构上，正对着溪流主道的北段，为重力坝型；南段缓流，则采用堰闸坝型，并设冲沙闸。这种设计，北可以消杀激流，南利于冲排淤泥，又能适应多雨和干旱季节洪枯流量差异较大等特点。

枢纽工程为陂身，由溢流堰、进水闸、冲沙闸、导流堤等组成。溢流堰为堰闸滚水式，长 219 米，高 7.5 米，阔 35 丈，深 2 丈 5 尺，设陂门 32 个，有陂墩 29 座，旱闭涝启。堰坝用数万块千斤重的花岗石钩锁叠砌而成。溪底填以横石，其上布以石柱，犬牙交错，互相钩锁极为牢固，900 多年来，经受无数次山洪的猛烈冲击，至今仍然完好无损。在陂的堰坝下数里的地方，又彻以长石，筑有海堤，阻遏浪潮。

配套工程有大小沟渠数百条，总长 400 多公里，其中南干渠长约 110 公里，北干渠长约 200 公里，沿线建有涵洞和"水则关"等建筑物 300 多处，形成一个完整的水利工程体系。陂内的溪水分别经过陂首南北端的"回澜桥闸"和"万金陡门"注入总长约 120 公里的大小沟渠，灌溉莆田的南北洋平原，最后由沿线 300 多处涝，经陡门和涵洞汇入兴化湾。

我国古人建造了多个人工陂塘，用以存蓄水分，调节江河流量，其中最著名的为芍陂和鉴湖，它们的规模和效益都是其他陂塘无法比肩的，但最终都未能逃脱湮没的命运。而木兰陂虽在规模和效益上无法望其项背，却历经宋、元、明、清四代，经过 900 多年来的不断维修和保护，经受住了无数次的风雨考验，战胜了无数次的旱涝灾害，至今仍然横卧中流，造福世人，成为福建古代水利综合工程技术史上一个划时代的里程碑。

木兰陂的建筑在古代是一个艰巨而伟大的创举，它的建成利国利民。宋林大鼐在《李长者传》一文中述道：陂成后，"后人海而耕，皆仰余波，计其所溉，殆及万顷，变泻卤为上腴，更旱为膏泽……自是南洋之田，天不能旱，水不能涝"。

《闽侯县志》亦载，"陂成溉南洋田万余顷，岁输军储三万七千斛，遂废五塘（即横塘、新塘、陈塘、唐坑塘、许塘）为田，令民耕种，岁可得谷二千六百五十余石"，木兰陂大大促进了莆田农业生产的发展和农村经济的繁荣。

清清溪水木兰陂　千载流传颂美诗

莆田人清楚地知道，钱四娘修筑的陂塘，早已在洪水中灰飞烟灭，如今木兰陂的一砖一石均与钱四娘无关。但对这位失败的英雄，人们却给予无限的尊崇。不少莆田人不知道林从世、李宏，却没人不知道钱四娘。

因为他们记得：在莆田的历代官吏无视人民的死活，面对灾难却漠然处之之时，是一个外乡的花季少女义无反顾地自觉承担起治水造陂的重责，其侠肝义胆真可谓惊天地泣鬼神。所以当地的人们说：没有钱四娘，就没有后来人林从世、李宏；没有将军滩的失败，也就没有木兰陂的成功。

民间关于钱四娘的故事书

"有德于民民祀之。"老百姓把对钱四娘的思念，化为一个众口流传的故事：她的尸体漂至下游溪畔的一座山丘旁，飘香七日，当地群众感德不已，把她就地安葬并建庙纪念。庙名取为"香山宫"。人们又在木兰陂旁修了两座庙，一为纪念钱四娘的"贞惠庙"，一为纪念李宏、林从世等人的"义庙"。

对于钱四娘，莆田人敬若神明而顶礼膜拜。他们坚信，钱四娘虽早已投水殉难，但她的那一缕香魂，近千年来盘郁流荡在木兰陂山水间，保护着木兰陂的堰堤渠闸，护佑着一方的平安。

历代名人高士，也把钱四娘比作女娲、大禹、李冰来歌颂。历史上有许多诗篇歌颂他们创建木兰陂的功绩。如宋代名人徐铎《木兰谣》、陈俊卿《过木兰陂》、龚茂良《题木兰陂》、吴叔告《吊钱四娘》、刘克庄《协应钱夫人庙祀辞》；元代朱德善《木兰陂》；明代余琦《过李长者祠》、彭韶《游木兰》；清代宋际春《木兰陂》，均以动人的的诗篇歌颂钱四娘的义行壮举。清人徐清来作诗《钱姬庙》云："莫云巾帼少奇人，愿溺甘饥诣水滨。只问工程谁倡首，莫将成败论前身。"1962年冬，郭沫若参观木兰陂后，也欣然命笔写下《咏木兰陂》诗六首，其中一首云："清清溪水木兰陂，千载流传颂美诗。公而忘私谁创始，至今人道是钱妃。"

钱四娘的义行壮举感动着世代的莆田百姓，并将她的精神深植心底。至今莆田民间还流传着钱四娘建陂的两个很感人的小故事，以此可体察他们对钱四娘的感念之情。

第一个故事是"抓也十八，捧也十八"。说的是钱四娘建木兰陂时，招募了很多民工，每天发放工钱要花费好多时间。四娘就干脆用篓装着钱放在工地上，规定每人每天十八枚，让民工自己抓取。百姓对四娘很崇敬，不敢多取。

据说有个年轻人，因家中老母亲得病没钱医治，想多取些钱给母亲买药。有一次领工钱时，他趁别人不注意，双手捧了一大把，装入怀里。回家后，母亲知道了大骂儿子昧了良心，并拒绝服药和吃饭。左邻右舍也纷纷谴责他，他很惭愧，决定把多拿的钱放回钱篓。但是，当他取出钱点数时，感到十分奇怪，因为数来数去也只有十八枚。

这事很快传开了。从此，"抓十八，捧也十八"就成了莆田人民的一句口头语。虽则意思似乎是说，人的财运有数，该多少就只有多少；实则也表达了莆田人对不知恩感恩者的谴责，对钱四娘义举的尊崇。

另一个故事说的是钱四娘在建陂期间，白天带领民工劳动，晚上总是提着双灯，在陂上巡视。那年中秋夜，陂塘已经建成，当洪水突然来到。四娘还是提着双灯，在陂上来回跑动，指挥民工护陂。后来，陂被洪水冲垮，四娘提着双灯，纵身投入木兰溪中。

莆田人说：钱四娘死后仍然惦念着木兰陂。到现在，每当风雨交加的夜晚，在浓黑的夜幕中，人们会看到隐隐有双灯从香山慢慢移向木兰陂。当地人说：这是钱四娘的香魂回到她魂牵梦绕的陂塘，正提着双灯在巡陂呢！

一个花季少女的义举，能产生如此久远的影响，就在于她至善至纯的襟怀，急公好义的精神，以及百折不回的意志，这些都如木兰陂的韵山灵水淘漉浸瀹着莆田人民的心，使木兰陂成为一种精神的载体，激励着莆田人追求远大理想，鼓舞他们走出家门，以"敢拼才能赢"的精神去创造未来。

苏轼：治水地图

谈到苏轼，林语堂说：他"是个秉性难改的乐天派，是悲天悯人的道德家，是黎民百姓的好朋友，是散文作家，是新派的画家，是伟大的书法家，是酿酒的实验者，是工程师，是假道学的反对派，是瑜伽术的修炼者，是佛教徒，是士大夫，是皇帝的秘书，是饮酒成癖者，是心肠慈悲的法官，是政治上的坚持己见者，是月下的漫步者，是诗人，是生性诙谐爱开玩笑的人"。

此外，苏轼还是个治水者。林语堂戏说苏轼大概是天生的火命，为官时日，不是在治水，便是在抗旱。在苏轼一生不断的变迁、流放之间，他"见缝插针"地完成了不少可圈可点的水利大事。

从徐州的黄楼，到浙江的西湖，苏轼从来不曾是一个庸吏。他改变，创新，做能力范围内最出色的事。

苏轼是与范仲淹、欧阳修、王安石、司马光、曾巩、富弼同时代的人，他却丝毫不为这些北宋夜空中的熠熠星芒所遮掩。

徐州：太守安澜事　平地起黄楼

即使才华横溢如苏东坡，他真正的政治生涯也是从 40 岁开始的。这是距离嘉祐元年科举中第、皇帝欣喜地说为自己的儿子储备下了两个宰相之时，过去将近 20 年的时光。苏轼从懵懂热情而又桀骜不驯的少年，到 40 岁的老成持重但尤不改赤子之心，时光的刻刀显得尤其锋利。

正如林语堂所说，这是苏轼"人生中首次以行动为人所知，做事，兴建工程，忙于公众活动"，他再不是一个无法施展拳脚的陪衬小吏了。

熙宁十年（1077 年），政局呈现云谲波诡的势态。王安石、吕惠卿、曾布已经先后去势，王安石复相又罢相，没有人能预知朝廷的未来。这一年，苏轼被委派任徐州太守。徐州位于河畔，南部高山耸立，下有深水激流。苏轼到任后的第三个月，黄河决口。"泛于梁山泊，溢于南清河"，黄河夺泗入淮，很快抵达了徐州城。

过去，王安石曾经派人疏浚黄河河道，耗资五百万缗，却无功而返，工程负责人也畏罪自杀。现在，黄河在徐州北约五十里的澶州曹村决口，水势蔓延几百公里，到徐州时为城边的高山所阻，继续上涨。到九月，水深高出城中平地丈余。城中人惊恐万状，富商巨贾都想逃离。苏轼在城门口晓以大义，安定民心："吾在是，水决不能败城！"

苏轼，(1037—1101)，字子瞻，其贡献并不局限在文学方面，对医药、水利亦有重要贡献

黄楼,故址在江苏省徐州市,今重修,位于徐州市黄河南路

古城墙日久年深,到处渗水。苏轼几十天住在工棚里,监督城池的修复。他一边组织百姓堵柴草,一边加固城防。苏轼亲自参与了防堵工程的数字计算,"自城中附城为长堤,壮其趾,长九百八十丈,高一丈,阔倍;公私船数百以风浪不敢行,分缆城下,以杀河之怒",而完成这项工程,则需要数千人。无奈之下,苏轼连夜涉水赶往武卫营禁军,征得援手。在北宋,禁军为皇帝直接指挥,州官无权征调。卒长为苏轼的奋不顾身所打动,慨然领命:"太守尤不避涂潦,吾侪小人,当效命。"

洪水威胁徐州四十五天退去。黄河重归故道。百姓欢天喜地,感谢全城得救。水退后,苏轼对临时的堤防顾虑重重,为徐州日后的万全,他立即赴城东北查勘荆山下的沟河,尽力筹划改造,兴建一座石头大堤。

在给朝廷的奏章上,他附了详细的数字说明,请求拨款,却什么都没等到。于是,苏轼继续变通、妥协,修改原定计划,以木堤代替石堤。次年二月,朝廷给苏轼下拨3万贯钱,1800石米粮,7200名员工,在城东完成他的木堤计划。

这一年,戏马台的危房霸王厅被拆除,木料用于黄楼防洪工程的建设。皇帝也对苏轼的成就颁圣旨嘉许。在外围城墙,苏轼建了一座100尺的楼,以志纪念。因中国五行中黄代表土,土能克水,故名黄楼。黄楼一词后来成为苏轼在徐州所做的诗歌总集的名字,正如他在密州所建的超然台成为他在密州所著诗歌总集的名字。后人为了缅怀苏轼,把他带领民众抢筑的长堤称为苏堤。

杭州:坐陈三策本人谋　唯留一诺待我画

因乌台诗案,苏轼成为囚徒。政敌极想制他于死地,绝不给翻身的机会,所以牵连的人也特别的多。

这是苏轼一生最灰暗的日子。之后他脱离冤狱,以贬官的身份被流放,也因为躬耕于东坡，而自号东坡居士。后来，他重新回到权力的中心，受到太后的信任，成为君主的老师。那时，司马光也重回朝廷。虽然与苏轼的政见不合，但司马光是个极其正直的人。司马光去世后，朝堂的苏轼被目为蜀党的领袖，不免会遭遇来自它党的嫉恨。甚至，苏轼的皇帝学生在亲政之后，也很快同自己昔日的老师翻了脸，送他到更遥远的流放地。这是后话。总之，当时那些阴险的谣言中伤，使人几乎没有自卫的能力。于是，苏轼请求辞职或者外放。

元祐四年，朝廷任命苏轼以龙图阁学士的身份出任杭州太守，领军浙西，时年52岁。元祐六年，期届满，苏轼请求续任。

杭州是故地。苏轼34岁时，曾任杭州通判。那时候王安石变法正在如火如荼地推行，他目睹百姓在丰收年月仍需逃徙，便对这新政产生了根本的质疑，并在自己辖区内做起了公然的对抗。

这些冒失的行动，后来让他吃尽苦头，却临时地保全了人民。面对这些流离的场景，苏轼是痛苦的，他无奈地游走于山林、庙宇和衙门之间，与歌妓、僧尼和诗歌为伴。也是在此时，他进行了杭州水利和城市建设的发展调查，并确定了疏浚六井以疏浚西湖的工程方案。18年后，他将重新回到这里，继续他未完的工程。

南湖边关于苏轼的石碑

杭州太守苏轼在他的任期完成了六井的修复、茅山河与盐桥河的疏浚、西湖的整治。而因为调任，钱塘江石门未能实施。此即所谓，"坐陈三策本人谋，唯留一诺待我画"。

杭州建于隋朝，是京杭大运河的终点。由于毗邻大海，"其水苦恶"。唐大历年间，杭州刺史李泌曾开凿六井，引西湖水饮用。后历代疏浚。在宋仁宗时，还增凿沈公井。苏轼任通判时，沈公井已不能用，"六井亦几于废"，他便和太守陈襄重修六井。次年大旱，百姓却无缺水之虞，"汲水皆颂佛"。

18年后，苏轼发现这西湖底有一种水生植物，根在泥里纠缠生长，令湖床上升，湖水变迁，竹筒引水管极易损坏，要经常更换，且不易维修，于是使用瓦筒代替，为以石槽围裹，使"底盖坚厚，锢捍周密，水既足用，永无坏埋"。同时，又开辟新井，扩大供水范围，使得"西湖甘水殆遍全城"。

苏堤今景

杭州城内有两条大河,即茅山河与盐桥河。因江河相混,江潮挟带的大量泥沙倒灌淤积到河内,令"房廊居舍,作践狼藉,苑囿隙地,例成丘阜"。苏轼亲自勘察了两河淤塞的情况,测量运河的高度。他调集江兵和厢兵,耗时半年,疏浚河道。又在串联两河的支流上加修一闸,使江潮先入茅山河,待潮平水清后,再开闸放清水,汇入盐桥河。则此举可保证主航道不被淤塞。茅山河作为沉沙池,定时开浚。

从此,"江潮不复入市"。加之,涌金门设堰引西湖水补给,杭州城水利系统逐步完善。

西湖是杭州的眉目,观光者必往的胜地。但北宋时期,西湖年久失修,密布葑草。在苏轼任太守时期,"湖田葑田积二十五万丈,而水无几"。百姓叹道:"十年以来,水浅葑生,如云翳空,倏忽便满,更二十年,无西湖矣!"苏轼乃向哲宗上奏,从饮用水、灌溉、航运、酿酒增加税收等理由说明了西湖的不可废弃。而他的第一个理由,却是一个佛教的理由,即如不治理,则湖中的鱼类必要遭殃。

苏轼取淤泥、葑草直线堆在湖中,然后筑起一座南北贯通的长堤,堤上植芙蓉、杨柳,筑六桥、九亭。但这样善良的意图也会遭到政敌的攻讦,说他"虐使捍江厢卒,为长堤于湖,以事游观","于公于私,两无利益"。这条堤,也被称为苏堤。与相传三百年前的白居易所筑白堤相映生辉。

黄仁宇提到西湖,把他们两个相提并论,说:"中国传统政府以具有美术观念的人才为官僚,有其用心设计之奥妙,虽说两人同在西湖出名也算事出偶然,但其注重环境之保养与生态学则已胜过一般官吏。"

苏轼还设"开湖司",负责西湖的整治和疏浚事务。为了让湖中不再生葑草,苏轼把沿岸部分开垦出让出来给农民种菱角。农民则必须在自己的地段按时除草。苏轼向中书省上书,请求务必将这项税收专用于湖堤和湖的保养上。

苏轼又试验更庞大的水利工程计划，要扩展江苏的运河系统。这是苏州城外的一项拖船驳运计划。这些计划因为被召还京未能实现，但是附有地图的详细说明，足见其工程方面的想象力。

在钱塘江入杭州湾的江口，有一座浮山岛。江流与海水受阻于此岛，而形成极其危险的漩涡。这里沙洲时隐时现，航行者难以辨识水道何处，每年都会发生船毁人亡的事件。苏轼则想将钱塘江引入一条新水道，水深足供航行，筑 4.25 里的一座石堤，在山下钻 611 尺的隧道。此计划预计投资 15 万贯，用工 3 千，耗时 2 年。

但苏轼必须离开杭州了。他的下一站，在颍州。

颍州：到官十日来 九日河之湄

元祐六年（1092 年）八月，苏轼以龙图阁学士，知制诰兼侍读，外任颍州。在为期半年的时间内，苏轼在颍州水利上做了三件大事。

苏轼初来颍州，当地官员正计划在陈州境内修一条八丈沟来缓解本地的水患。苏轼看出这项计划的设计缺陷和预算漏洞，迅速在两个月之内取得了确定的水文资料：淮河泛涨的水位，高于八丈沟上游 8 尺 5 寸，"其势必须从八丈沟内逆流而上，行三百里与地面平而后止"。

如此说来，则八丈沟的开挖非但不能缓解陈州水患，上下游来水势必还会在颍州横流，从而加重颍州的困境。苏轼还重新核算了开挖八丈沟的经费，发现 37 万贯石钱米及 18 万民夫，"全未是实数"，乃上报哲宗，叫停项目，避免了劳民伤财的错误举措。

阻止了八丈沟的开挖之后，苏轼便转向了清河的疏浚。

他沿河修筑了三座水闸，又在上游开了一条清沟，修建了一座名曰清波塘的小水库。工程告竣后，颍州西南地表水大可泄，小可蓄，通航之外，还能灌溉沿河两岸 60 里的农田。

今颍州西湖，位于阜阳市区西 0 公里处，为安徽省级湿地保护区，国家湿地公园

清河工程乃罢，苏轼又疏浚了颍州西湖。

苏轼自己在诗歌《泛颍》里面唱道："我性喜临水，得颍意甚奇。到官十日来，九日河之湄。吏民笑相语，使君老而痴。使君实不痴，流水有令姿。绕郡十余里，不驶亦不迟。上流直而清，下流曲而漪。"

岭南：罗浮山下四时春　卢橘杨梅次第新

元祐八年，皇太后去世。绍圣元年，幼主亲政，章惇拜相。这个恶名昭彰的权臣玩弄一个18岁的懵懂少年，该是多么简单不过的一件事。

一时间，罢黜、监禁、贬谪的圣旨稠如密雨。司马光和吕公著两任宰相在坟墓里削位降级，家产被抄没，子孙的官位俸禄被取消，甚至牌坊被拆除，碑文被磨平，甚至还有人建议要焚毁《资治通鉴》（幸而这部通史因是皇帝父亲的作序被挽救了）。范仲淹之子范纯仁被流放，刘安世被流放，苏门四学士被流放，苏辙被罢黜，苏轼被贬谪……这个名单还很长，史称"元祐党人"。

苏轼是被贬谪到岭南的第一人。

惠州很美，亚热带的风物自然与中原不同；惠州人民风淳朴，吏民都与他为善。邻家娘子爱家酿，还常常赊酒于他。苏轼在垂钓、沽酒的闲逸中，却无法忽视政府的恶行和人世间的种种不平。

他现在没有官职了，但他甚至在这看似无法施展的位置上，为惠州的水利做了两件事。他协同几位惠州的首脑为惠州建了两座桥，一座在河上，一座在惠州湖上，为此他慷慨的弟妇还捐出了很多的钱。

惠州城只有一座好井，供官家使用。因此，惠州人的城市饮用水很成问题，造成了疫病流行。苏轼便约了一位相知的道士，设计了一套引山泉进惠州的系统。

这股山泉位于广州七里的蒲涧山，水质良好。苏轼向太守王古提出了详细的建议。在山泉处建一座石头水库，用五根引水管将水引入惠州的另一座石头水库。引水管可采用惠州盛产的大竹管，接口处用麻绳敷紧，外涂厚漆防水。每一段竹管开一小孔，用竹撅堵上，以方便水流不通的时候检视。这样的大竹管大约需要一万根，并定期更新维护，还要做好专人管理和竹管的资源储备。但这位亲厚苏轼的王太守后来却因"妄赈饥民"被革职了。

宰相章惇还是不想放过苏轼，如今又要把苏轼流放到遥远的琼州。在乡间，苏轼看见当地百姓多取池塘中水饮用，不少人因此染病。于是，他说服乡民一同掘一口井，将井水作为饮用水。此后，人们便少患疫病了。消息传开，百姓争相效仿，掘井蔚然成风。而苏轼亲手开挖的第一口井，也被百姓称为"东坡井"。我们今天仍然可以在海南儋县的东坡书院看到这口井的遗迹。

东坡井，位于惠州市东区白鹤峰上，为苏轼寓惠州的重要遗址

元符三年，哲宗去世，24岁。他御宇的6年，戕害了无数的良臣，无视冻馁的百姓，留下一个混乱的国家。这个王朝的寿数将尽。

徽宗即位，苏轼被特赦。他上路北返，但是他再也赶不回他的京都。他死去了。

赛典赤："为陂池，以备水旱"

赛典赤·赡思丁，回回贵族，全名赛典赤·赡思丁·乌马儿。在阿拉伯语中，"赛典赤"，指荣耀的圣裔；"赡思丁"，指宗教的太阳；"乌马儿"则指长寿。如果你从未听说过赛典赤的名字，那么你一定听说过郑和的名字。威名赫赫的三宝太监，即是赛典赤的六世孙。

青年时代，赛典赤即以侍卫的职守，在成吉思汗帐前效力。至元十一年（1274年），63岁的赛典赤以暮年之躯，任云南行省平章政事，用生命中最后的六年，为云南革弊政、兴水利，留给后世不朽的事迹。

云南僻远　临危受命

云南僻远。元取云南后，只在那里设置军事统治机构，而没有设置行政机构，当时

赛典赤像

的最高长官是都元帅，下设万户、千户等军职。一切民政事务皆由武官兼理，加之少数民族地区的土司统治，当地的局势异常混乱。元四年，忽必烈五子忽哥赤封云南王。元八年，都元帅宝合丁与六部尚书阔阔带合谋毒死云南王。

赛典赤是元代开设云南行省的第一任平章政事。忽必烈对赛典赤说："云南朕尝亲临，比因委任失宜，使远人不安，欲选谨厚者抚治之，无如卿者。"至元十二年，赛典赤奏请朝廷取消军管民政，节制军人势力。至元十三年，赛典赤改万户、千户、百户的军管格局为路、府、州、县等行政格局，并明确王府只是对行省的监督机构，而行省才是执行中央政令的权力机构。行省的治所，也由大理迁至鄯阐（即今昆明），从此云南脱离军事管理，与内地体制相同。赛典赤清查户田，整顿赋税，整理币制，修建驿站，屯田垦荒，设立学堂……这一系列的行政改革，为云南迎来一个相对稳定的政治时期，也使云南本地的水利兴修成为可能。

推广农桑　经划水利

在当时，云南的不少地方还是刀耕火种，不事农桑，只有大理和鄯阐的耕作技术相对先进，但仍然不能与内地同日而语。赛典赤一边推广北方的耕种技术，一边"经划水利"。他以开发滇池为突破口，设计并兴建了鄯阐地区农田水利灌溉的巨大工程。作为行政治所，鄯阐需要畅通的水路；作为屯田要区，鄯阐必须具备灌溉之便。因此，治理好滇池，成了维系和持续屯田垦荒的大计。

滇池北、东、南三面地势平坦，土地肥沃，雨量丰沛，滇池的水来自城东群山下"邵甸九十九泉"和每年雨季从四周山上下来的山洪。但滇池只有一个宣泄口，即城西南八十余里处的海口。只有及时疏浚海口至鸡心滩一带的河床，才能防止河沙淤积，保证宣泄畅通。

长期以来，滇池水患严重。唐《括地志》里面说，滇池水源广深，往下逐渐变得浅窄，好似倒流，滇（颠）池也由此得名。政局稳定的时代还好，南诏国和大理段氏都曾在这里"捍御蓄洪，灌溉滋益"，并设有专门的机构。但若是遇到乱世，滇池则无人过问，

12 世纪末到 13 世纪初，段氏对东南地区失去了控制，致使滇池水利失修，水患频仍，一片泽国。

元十三年，修治滇池的工作正式启动。赛典赤有着在燕京和川陕地区积累下的丰富的治水经验，他现在缺的只是时间。他已经是 65 岁的老人，是应该安享晚年的年纪了。但现在，他远离家乡，远离熟悉的北方。没人知道，他离自己的大限也只有区区的不到 4 年时间了。他要做的事情还那么多。

今流经昆明市区的盘龙江

赛典赤带领随员和工程技术人员勘察滇池，寻找段氏时代的水利遗迹。方案很快就确定下来了。赛典赤将全部工程分为上下两段，上段在昆明城的东北地区，以蓄水分流，结合灌溉、防止潦水为目的，重点清理水源，疏浚盘龙江。下段工程则是清除海口、石龙坝到龙王庙一带的积沙和淤泥，疏浚 20 余里的"正途壅底"的河道，并把海口河在安定境内的鸡心、螺壳几个险滩挖开，使水流畅通无阻。

赛典赤调汉族官员、劝农使张立道来鄯阐，共同实施方案。他自己负责上段工程，张立道和他的三子忽辛负责下段工程。

上段工程也称源头工程，始于金马河以北的盘龙江上游江段。这里水流湍急，大量沙石入坝子后，流速减缓，沙石沉降。旧日河床又年久失修，泥沙淤积，以致江流改道，分支乱流，堤岸崩塌，所以，首要是加固堤岸，固定河床。然后修引水渠，引邵甸坝泉水入江。这样，汛期河水不至于成灾；冬季河水不至于干涸；附近的沼泽会逐渐变为良田。

继而，赛典赤命在金马山下筑一座大型分水坝——松花坝，抬高盘龙江水位，截流分洪，开凿长达百里的金汁河，再分盘龙江水入金汁河。河

元代松花坝位置

堤宽一丈二尺到一丈六尺,沿堤配小闸10座,涵洞360个,以利"轮序放水,自上润下"。又开凿宝象、马料、海源、银汁等六条人工河,采用闸座蓄洪,灌溉八万亩良田。

为了减轻洪患的威胁,赛典赤还因势利导,建设了一系列辅助设施,命在"六河"上组织开挖6座下坝,以备水位低时提高水位;12道分水支河,以备水位过高时提高水位;72条底下暗沟,使山水通过时不影响水流本身的涨落;开挖涵洞,作为河道放水入沟渠的门户。此外,在坝南两河间分段修堰筑坝,用以减缓水势,免除洪患对鄯阐及其东南地区的威胁。上述工程竣工后,城东八里处又筑燕尾闸,用以分减金汁、西溢等几条河流的水势。河岸加筑石堤,以保证这些河流皆能入滇池,安全度汛。旱季则封闸蓄水,以供灌溉。

施工中,赛典赤命"额立三百六十四快马,三百六十四看水余丁",进行工程巡视,要求"倘遇崩倒水浸,即时飞报上司,挑补修竣,不容怠慢"。这也首开云南水利工程管理的先河。

功成身死　英雄沾襟

至元十五年,历时三年的上段工程竣工。下段工程也如原计划按时竣工。从此,滇池面貌为之一新,四围香稻,万顷晴沙,史官说这里,"其俗殷富,墟落之间,牛马成群,仕宦者稻秣驹,割鲜饲犬。滇池之鱼,人饫不食,取以肥田"。元吏郭松年在从鄯阐到大理的路上,经弥渡时写道"居民凑集,禾麻蔽野",经凤仪又写道"百姓富庶,少旱虐之灾"。昆明也一跃而成为云南的政治、经济和文化中心。并且,这个地位延续至今,再也没有被撼动过。

松花坝库区

至元十六年,马可波罗游历云南,在游记中写道:"城大而名贵,商人和工匠很多,人有数种,有回教徒,偶像教徒及若干聂思脱里派之基督教徒。""有一座大湖,广有百里,湖里鱼类很多,是世界上最好的鱼。"这座大湖,即是经赛典赤治理过的滇池。

也是在这一年,赛典赤去世,享年68岁,葬于昆明城北20里的松花坝马耳山。忽必烈感念他的功勋，追封咸阳王，谥号忠惠，并谕令云南全境依赛典赤成规，不得擅改。至今，我们仍可以去凭吊赛典赤的衣冠冢。在昆明五里多小学内，是他的青石墓穴，为1917年唐继尧题，袁嘉谷书。琅琅书声中，春去秋来，时光荏苒……

郭守敬：古代科技巨星

郭守敬（1231—1316），我国古代科技的旷世奇才，和祖冲之等人同为古代卓有成就的科技大家。在他一生的科技成就中，有二十几项遥遥领先当时世界水平，为人类科学事业的发展作出了巨大贡献。

20世纪70年代，国际天文学组织把月球背面的一座环形山和太空中编号为2012号的小行星分别以郭守敬的名字命名，以纪念他在天文学上的伟大贡献。他在天文学及天文仪器制造中成绩斐然，在水利方面的成就也同样令世人惊叹。

世界上里程最长、工程最大、最古老的运河——京杭大运河，经历了三个很重要时期：一是春秋时期大运河的肇始阶段；二是于隋代开凿形成，并于唐宋得以发展；三是在元代成为沟通海河、黄河、淮河、长江、钱塘江五大水系、纵贯南北的水上交通要道。正是元代大科学家郭守敬，成就了大运河发展的第三个高峰。

郭守敬像

旷世奇才是这样炼成的

我国古代能工巧匠和奇人异士不少，但翻开我国浩如烟海的史书，能像郭守敬那样在有生之年实现自己的理想，并能写进正史的人并不多。很幸运，他生长于在一个世势造英才的大环境里，有一个师生提携、精英协作的团队，加之其本人有浓厚的家学渊源以及不满足于前人所积累的科技成果，不拘泥于已有科技手段，学而笃于行。大胆创新、勇于突破的精神，使郭守敬脱颖而出，成为我国古代历史上杰出的科技巨星。

郭守敬，河北邢台人，出生于元代初期。由于多年的战乱，特别是北方金人与蒙古人之间连年不断的战争与野蛮的掠夺，以及后来元朝与南宋政权之间多年的征战，使得农业遭到极大的破坏，百业凋敝，民不聊生。

元世祖在统一中国初期，为了巩固自己的统治，不能不采取措施发展农桑。发展农业离不了水利建设，耕田播种更要顺应天时。于是元世祖任用了一批人才，重新制定历法，修筑和修复了一批水利工程。在这批人才中，就有郭守敬的老师刘秉忠、张文谦，在他们的推荐下郭守敬和他的同窗王恂也先后进入元朝的朝廷。这批精英后来都在国家政务及科技方面做出了突出贡献。

郭守敬自幼在祖父郭荣的教诲下成长。郭荣精通五经，熟知天文、算学、尤其擅长水利。郭守敬在祖父的严格教育下，小小年纪就显露出了罕有的科学才能和动手能力。他十五六岁就能根据一幅"莲花漏"图，制作出北宋科学家燕肃创制的漏壶——一种结构较复杂、原理较深奥的计时工具——莲花漏。20岁时经过察勘和计算，他在邢台附近，准确判断出一座被冲毁并掩埋在河中多年的石桥桥基的方位，为家乡人们重新修桥立下了奇功。

为了使"巧思绝人"的孙儿能开阔眼界，继续深造，郭荣将郭守敬送到自己的好友刘秉忠门下去学习。刘秉忠是当时有名的大学问家，届时正在家中服丧。他深通天文、算法、地理、音律等。

宋末元初，我国北方民间讲学之风兴盛，志同道合的人们集聚在一起研讨各种学问。刘秉忠利用三年服丧时间，在邢台家乡附近的紫金山读书讲学，其中有他的好友张文谦等人，均是一些杰出人物。在那里郭守敬有幸结识了同窗王恂，一位数学、天文方面的天才少年。

刘秉忠、张文谦先后被召进宫廷，担负起国家政务以及天文、水利方面的要职，他们向元世祖推荐了自己的得意门生郭守敬和王恂。从此这两位同窗便携手步入元朝最高科研机构，他们密切合作，互相协作，成就了天文历法方面的多项成果。

俯望长空　吐纳星河　制定《授时历》

在河南省登封市东南15公里的地方，有一座观星台。这是我国保存下来的古代观测天文的为数不多的一座砖石建筑，已有700多年的历史。它由台身和石圭组成，台身形如覆斗，台上放有观天象的石圭。这是元

观星台

代大科学家郭守敬观测和制定《授时历》的地方,《授时历》代表了我国元代在世界天文学上的最高水平。

中国古代天文学在世界上一直较为领先,至元朝达到世界高峰。农业生产与天文历法密切相关。历法准确,农业生产作业方式才能更加精细。因为播种和收获均有极强的季节性,早晚相差几天,收成便大不相同。我国自古就重视天文历法,《尚书·尧典》上就记载了尧任命专门官员观测天文来制定历法的事。

仰仪

元朝初期沿用的是金朝旧的历法,由于旧历极不准确,已严重影响到农业生产。1276年元世祖迁都大都,决定采纳已故刘秉忠的建议重修历法,于是成立历局,由张文谦负责。张文谦将历局的事务和具体工作交给了精通天文、数学的王恂,王恂又请郭守敬负责天文仪器的制作和测量。两人从此一生携手同攀我国古代天文历法新高峰。

简仪

工作之初,郭守敬就将天文实测放在最重要的位置。他提出"历之本在于测验,而测验之器,莫先于仪表"的新主张。他创制和改进了简仪、高表、候极仪、浑天象、仰仪、立运仪、景符、窥几等十几件天文仪器仪表,为以后的观测创造了良好的条件。

为了准确编历,他建议元世祖开始一次史无前例的天文测量。元世祖接受了他的建议,派了14位天文学家,在国内27个地点,进行了大规模的"四海测量",测量的中心站点便是登封的观星台。观测从北纬15°的南海起,每隔10°设一个点,直至纬度65°。最南至西沙群岛,最北至北极圈内。测出的北极出地高度平均误差只有0.35;新测二十八宿距度平均误差还不到5′;测定了黄赤交角新值,误差仅1′多。法国大科学家拉普拉斯称其具有"卓绝的精度"。

高表

经过郭守敬、王恂等人四年的观测和计算,1280年春,一部新的历法——《授时历》终于完成。新历法《授时历》定一年为365.2425天,即365天5时49分20秒,与地球绕太阳公转的实际时间,只差26秒钟。与现今通行的《格里高利历》(即俗称的阳历)的周期值完全一致。但现今通用的公历是从1582年开始使用的,《授时历》比它整整早了300多年,可见元朝时我国天文学上的水平是当时任何一个国家都难以望其项背的。

元大都及周围水系图示

俯瞰大地 经纬山河 重整大运河

郭守敬一生在水利方面成就卓著。他的大半生都献身于水利工程的建设，他的足迹踏遍了大半个中国，先后治理了大小河流上百条。

1262年春，在他的老师张文谦的推举下，31岁的郭守敬第一次觐见了元世祖忽必烈，便力陈其水利建设的六项大计。他以高远的目光，预见到元朝定都大都后，面临的最大问题是如何开发和利用大都的水资源，因此在六条大计中第一条便是开通通州至大都的漕运河道。

他的建议得到了元世祖的大力赞扬，当下就任命他为提举诸路河渠掌管各地河渠的整修和管理等工作，下一年又升他为银符副河渠使。

他面临的第一个大的水利工程是治理宁夏一带的黄河灌渠。公元1264年，郭守敬以河渠副使身份，随同西夏中兴等路行省（今宁夏、甘肃、青海一带）长官张文谦巡视宁夏，负责修浚因长期战乱被破坏淤塞的渠道。

当时，宁夏两条最长的干渠——汉延渠、唐徕渠均都淤废，不能发挥原有的灌溉作用。郭守敬实地考察地形水情之后，结合实际提出了"固旧图新"的办法，疏浚了旧渠道，开挖了新渠道，建立了水闸，筑起了水坝。不到两年时间，宁夏引黄灌区灌溉农业重现生机。原来四处逃荒的农民又纷纷返回家园，开荒种地，大兴农桑，塞上江南的面貌重现在黄河两岸。宁夏的老百姓以最高礼仪——为他建立祠堂，来纪念他的功绩。今天，宁夏唐徕公园还立有郭守敬塑像一尊，以纪念他不可磨灭的功绩。

从隋唐至宋，大运河都是以洛阳为中心的一条南北运输线，到金元建都大都（北京）后，南北大运河已无法满足时代的需要。元大都，从统治半个中国的金朝的都城中都，一跃成为元朝政治、经济的中心，对于水资源的需求更显重要。

作为都城，要满足日益增长的人口的日常用水、宫廷林园浇灌的需要，更要完成每年从南方往都城调运几百万石粮食的任务。

但元朝初期，南方几百万石粮食和大量物资的运输，主要依靠隋朝开凿的南北大运河和华北的几条河流。老的大运河从洛阳至杭州走了一条"弓形"，且最北端只达通州，从通州至元大都还要依靠陆地运输。

为了缩短从元大都至杭州要绕道洛阳的航运路线，元世祖先下令开凿临清至济州之间的运河。工程分两期进行：先开济州河，再开会通河。济州河南起济州（今济宁市）南的鲁桥镇，北至须城（今东平县）的安山，长150里。会通河南起安山，接济州河，凿渠向北，经聊城，到临清接卫河，长250里。这两段运河开凿成功后，南方来的粮船可经此段运河到达通州。

但从通州至元大都的运输，仍要靠车拉马驮，费时费力，且耗费巨大。每至雨天道路泥泞，山陡路滑，车马倒毙，役夫苦不堪言。解决通州至元大都的漕运，是关系到国计民生的大事，是从金朝到元代的统治者最纠结的问题。

金朝大定年间，曾开凿过一条京都至通州的运河：自浑河（今永定河）引水东下，过京都向东，注入通州城东的白河。由于永定河水泥沙过多，常常淤积，洪水来时，河水泛滥成灾。一次发大水，几乎将京城淹没，于是当局不得不将其上游堵塞。漕运的问题便以失败告终。

至元朝后，漕运的问题几经波折，最终还是在郭守敬手中得到解决。

郭守敬先是引元大都附近玉泉山的清泉，利用金朝时旧运河的河道，引水至通州。可惜一条泉水的水量有限，难以承载巨大的漕运量。

接着郭守敬又改用水量充沛的浑河的水流。为了解决泥沙问题，他在上游修了分水闸，遇到洪水时，可将一部分水流从分水河分出，以减少运河下游的水量，避免了河水的泛滥。

但因上下游水流的落差太大，要控制水流的流速，必须修筑闸门。而河流的泥沙过多，容易将闸门淤死。最终运河修成以后，因无闸门控制水流，运河的流速过大，漕运的船只难以航行，漕运又一次宣告失败。

如何将泥沙、水量、河道的坡度，这三个问题统筹考虑妥善解决，成了困扰郭守敬的最大问题。

郭守敬又一次踏勘元大都周围山区的泉流和水道。经过其认真勘察和精密测量，发现大都城西北30公里外的神山（今凤凰山）下有一眼白浮泉，水量充沛，而且海拔高于大都城10米，离都城的直线距离仅为60多华里。问题是引水直线向东，要经过沙河和清河的两大河谷，而两河谷的地势均低于大都。

今白浮泉，位于北京城昌平区化庄村，为北京市文物保护单位

郭守敬大胆决策，先将白浮泉水背离大都方向引向西行，沿着西山山麓开渠转向东南，绕开两个河谷，沿平缓的山坡一路汇集西山上流下的众多泉水，导入瓮山泊（昆明湖的前身）。虽说运河增加了里程，却增加了水量，又减缓了河道的坡度，而沿途接纳的清泉含泥沙少，又避免了泥沙淤积，便于修筑闸门，利于漕运船只航行。

元世祖对郭守敬的新方案极为重视，命郭守敬兼职领导，并且调动几万军民，在至元二十九年（1292年）春天动工。这条从神山到通州高丽庄，全长160多华里的运河，连同全部闸坝工程在内，只用了一年半的时间，到1293年秋天就全部完工了。

当时南方来的船舶可以一直驶进大都城中的积水潭（包括现今的什刹海、后海一带）。史载，当年元世祖忽必烈从上都归来，"过积水潭，见舳舻蔽水，大悦"，于是命名这条河为通惠河。

通惠河是南北大运河最北端的一段，自通惠河开凿成功后，新的南北大运河全线开通。新的大运河全长1700多公里，它由隋朝的"弓形"，改为南北纵向的"直弦"，航程缩短了900多公里。大运河将海河、黄河、淮河、长江、钱塘江五大水系连接起来，密切了元大都与最富庶的江南的联系，促进了元朝经济的发展。

南北大运河自元代起使用，至明、清均得到维护，并一直沿用至20世纪初叶。

科技巨星　世代景仰

在北京什刹海西海的西北角有一个闹中取静的去处，那里假山叠石，树林葱郁。

从曲折的小径,沿清流前行,在一小丘之巅有一座"汇通祠",这里便是郭守敬纪念馆。

汇通祠建于元代,是当时的"北水关",通惠河的河水当年便是从这里的一个喷水的大石螭流出,然后进入北京城的。当年郭守敬就曾长期在此主持全国水系的水利建设设计。

从纪念馆内的"什刹海与元大都缩略图"、元代水关模型、元代粮船铁锚等,可以想见通惠河开凿成功后,漕运终点——元大都当年千帆聚泊、万船竞渡的热闹、繁盛的场面。

通惠河的开通,给北京城带来了富庶、繁华,它无疑成了北京城建史上重要的里程碑。

郭守敬纪念馆

著名科学家侯仁之指出,通惠河修建中,郭守敬在世界上首次运用了以海平面为基准点的测量方法,显示了当年郭守敬在勘测设计施工的高超水平。

郭守敬还是以科学考察为目的探寻黄河源头的第一人,只是他的考察结果未能保存下来。

遗憾的是,在郭守敬晚年,元代统治者迅速腐败,他们忙于享受和争权夺利,早已失去了当初积极进取的精神,郭守敬也因此失去了潜心科研的政治和社会环境,合作伙伴王恂也在制定出《授时历》不久病逝,合作团队离散,郭守敬也再没有什么重大的科研创制。但不甘寂寞的他,又开始埋头著书立说,完成了《推步》《月离考》等105卷科学著作。

1316年,郭守敬这位元代的科技巨星陨落了,享年86岁。

贾鲁:白茅堵口挽清流

他指挥了我国古代规模最大,风险极高的白茅堵口,将改道长达七年之久的黄河挽回故道。他运用的"石船堤"之法,以27艘大船载满石块捆扎在一起,左右与两岸系牢,以斧凿穿船底,使船沉入水中,阻塞决口迫使黄河主流回归故道。这是水利技术上的一大创造，代表了 14 世纪中国水利科技成就与水平。他便是贾鲁。

改革时政　力挽危局

贾鲁像

贾鲁（1297—1353）字友恒，元朝河东高平（今山西省高平县）人。贾鲁少年时聪明好学，胸有大志，长大后敏达干练，谋略过人。元代延祐至治年间（1314—1323 年），贾鲁曾两次以明经领乡贡。泰定初年（1324 年），贾鲁 28 岁，授东平路儒学教授，后改任潞城县尹，屡升至户部主事。至正三年（1343 年）诏修辽、金、宋三史，召贾鲁为宋史局官。书成后，选任鲁燕南山东道路，奉使宣抚幕官官员考绩中名列第一。后历任中书省检校、检察御史、山北廉访副史、工部郎中等职。

贾鲁身处元朝末年，当时政治腐败，纪纲废弛，社会矛盾激化，加之中原一带水旱灾害频繁，劳苦大众生活在水深火热之中。元朝末年民间流行的一阕《醉天平小令》写道："堂堂大元，奸佞当权，开河变钞祸根源，惹红巾万千。官法滥，刑法重，黎民怨。人吃人，钞买钞，何曾见？贼做官，官做贼，混愚贤，哀哉可怜！"

面对纷乱的世事和黑暗的政治，贾鲁不计个人得失，大胆直言，要求改革时政，力挽危局。他任中书省检校时，上奏改革时政的"万言书"，一针见血地指出，严重的土地兼并等社会问题，是造成农民流徙、土地荒芜的根本原因，其结果便是国家赋税的大量流失。在右司任职期间，他对时政改革提出 21 条措施。调任都漕运使时，又提出改革漕事的 20 条建议。这些切中时弊的政改措施，大都未被昏庸、专制的当政者所重视和采纳。

黄河决口　史不绝书

黄河中游以下土地平旷，黄河流速减慢，沉沙大量淤积，形成"悬河"。每逢汛期涨水，两岸百姓便恐慌不安。一旦黄河决口，浊流奔泻几百公里，甚至"夺淮入海"。多少年来，黄河就在南北多条河道上摇摆不定。元朝末年，中原一带水旱灾害十分频繁。元顺帝至正年间（1341—1367 年），黄河多次决口、泛滥，短短二十多年中，有明确记载的就达十三次。

特别是至正四年（1344年）五月，黄河下流一带连遭二十多天大雨的侵袭，水位猛涨，年久失修的黄河大堤接连决堤。河南境内的曹州决堤，很快又决汴梁。河水在山东曹县向北冲决北岸白茅堤（今河南兰考东北）。六月又在北岸冲决金堤（今山东梁山县的古堤）。黄河决河改道北移，洪水淹没河间、曹、濮、兖各州，冲入大运河会通河河段。豫东、鲁西、皖北，即今日河南、山东、安徽交界地区，千里泽国，一片汪洋。农田冲毁，村庄淹没，

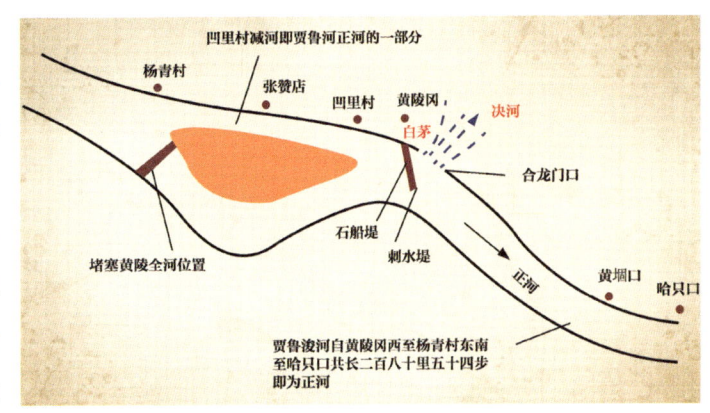

黄河白茅口决口图

死人无数。史载"民老弱昏垫，壮者流离四方"。洪水冲入大运河，严重影响了漕运，"南粮北运"通道受阻，山东省、河北沿海地区的盐场被冲毁，黄泛区民情激愤，揭竿而起，这些都严重威胁到元朝经济基础和社会稳定，动摇了元朝的政治统治。元顺帝被迫在山东、河南等地设立了防汛机构，不得不大规模地治理黄河。

至正八年（1348年）二月，元政府在济宁郓城立行都水监，任命贾鲁为都水使者，次年五月，立山东省、河南省等处行都水监，专治水患。此间，贾鲁循行河道，往返数千里，考察地形，掌握了河患的要害所在，并绘制了《治河图》。面对当时"黄河决溢，千里蒙害，浸城郭，飘室庐，坏庄稼，百姓已其毒"的现状，他多次建议彻底治理黄河，拯救民众于水深火热之中。此时，丞相脱脱召大臣研讨"治河方略"。贾鲁主张"河必当治"，并根据自己考察绘制的《治河图》，提出了两种治河方案：一是修筑北堤，以治横溃。二是疏塞并举，挽河东行，以复故道。

两套方案均遭到工部尚书成遵和大司农秃鲁等大臣的否定。他们的理由是工程大，费用多，收效慢。结论是"勘察再议"。成遵率领一千人马自京城出发，到山东、河南一带考察去了。不久，丞相脱脱下台，贾鲁被调离行都水监，治河的事朝廷不再提及，贾鲁治河的愿望又成泡影。但泛黄区百姓遭洪水袭击，"人相食""死无算"等可怕而又悲惨的景象，在贾鲁的脑海中一直挥之不去，他虽已离开治河岗位，但治河的主张并未

改变，治河的决心也从未动摇。

朝廷激辩　临危授命

至正八年（1348年）五月，黄河再次在济阴决口，洪水冲陷济宁路，淹没河北，东经沛县冲入大运河，威胁南北经济大动脉——运河的漕运和沿海盐场。元大都的粮食和物资供应，要靠漕运。而盐业由国家控制，每年为国库赚取大量银两。这都是关系到政权稳定的重大事项。元顺帝认识到河患的利害，再也坐不住了。想想过去的治水工程，没有任用一个有能力、敢担当的治水能人，结果是屡治屡溃，水患无穷。这次他决心"非用通知古今水利之人，专事其事"。

至正九年（1349年）脱脱再次出任右丞相，此时他"慨然有志于事功"。他奉元顺帝诏召集大臣研讨"治河方略"。贾鲁以都漕运使的身份参加会议。他认为，黄河多年未彻底整治，加之多次溃决，河道散乱，河堤已是千疮百孔，靠小补小修来治理水患是不可能奏效的，他再次提出"河必当治，役必大兴"，并又重提两个治河方案。成遵以实地考察者自居，坚持采取多支分流的方法治理水患。贾鲁认为多支分流，水流减缓淤塞加重，只会重复改道频繁的局面。但工部尚书成遵和大司农秃鲁固执己见，蛮横地反对贾鲁的方案，他们坚持："河之故道，断不可复。贾鲁之议，断不可行。"贾鲁据理力争，坚持"必疏南河，塞北河，使复故道"。双方各持一说，均不退让。会议自辰时开至午时，争论仍然未决。散座就餐后，复行开议。双方唇枪舌剑各不相让，气氛十分紧张。

丞相脱脱问成遵："贾友恒方案实可一劳永逸，公何固执若是？"成遵强辩道："国库日虚，断难支付兴工大役，而山东一线连岁饥馑，民不聊生，若聚二十万众于此地，恐他日之忧又重于河患者。"脱脱问："汝谓百姓将反吗？"成遵道："恐防难免。"脱脱怒不可遏，他认为黄泛不治，国终至命，于是忿然对众官说："黄河为中国大病，皇上欲将它治愈，偏有人硬来阻拦，奈何？"众官亟请丞相钧裁。

脱脱当面对贾鲁说："此事非子不可。"遂将研讨的结果上告元顺帝，并明确表态："河当速治，贾鲁才可大用。计可施行，工可大兴。成遵胆怯无能，玩忽职守，狂阻治河，不宜久留。"元顺帝也以"不惜重费，不吝高爵"的决心，发诏书调用国库银两，采购治水物资等，做治河的筹备工作。并免去成遵官职，派往山东河间盐运使。

勇挑重负　竭诚治河

至正十一年（1351年），治河工程经过两年的筹备，正式开始动工。元顺帝任命贾鲁为工部尚书，充总治河防使，进秩二品，特授以银印，主持治河大工。发动汴梁、大名十三路民工15万人及庐州等地军士2万人，于4月初兴役治河。这就是黄河治理历史上著名的"贾鲁治河"。时年贾鲁55岁。

由于贾鲁事先为治河做了大量的勘察、研究工作，掌握了河患的要害，并绘制了《治河图》，对治河工程胸有成竹。但这是一项关乎朝廷存亡和亿万百姓生死的水利工程，只能成功，不许失败。治河中，敏达干练的贾鲁丝毫不敢有半点懈怠，他始终奔波在300余里的治黄工地上，日夜操劳，竭诚行事。他亲自指挥，督人巡察。对施工人员，要求做到纪律严明，赏罚分明，极大地调动了大家的施工积极性。

施工中，他采取了"疏、浚、塞"并举的方略。疏，即分流减涨，因势利导。浚，即故道河槽清淤除障。塞，即拦截决水堵塞决口。疏浚中，凡生地新开，凿之以通；故道高低，取之以平；河身广狭，导之以直；淤塞之道，浚之以深；泽水之地，开渠以排洪。堵塞中，凡薄垒之堤，增之以固；决河之口，筑堤坝以塞其流。在贾鲁的指挥监督下，工程因势利导。因地制宜，做到宜疏则疏，宜塞则塞，需防则防，需泄则泄，使河槽高不壅，低不潴，淤不塞，狂不溢。

施工按照先易后难的原则，先疏浚，后堵决。疏浚工程量大，但易见成效，乘汛期到来以前进行，可控制工期。于是将工程分为三步走：一是治旧河道，疏浚减水；二是筑塞小口，培修堤防。三是堵塞白茅堤决口，挽河回归故道。

首先疏浚从黄陵岗到哈只口的黄河故道。共疏浚河道280多里。在疏浚中，由于故道弯曲，为了裁弯取直，又新开了两条各长10里的新渠。在地势凹的凹里村，为防止堵口后河水漫溢，又新开和疏浚了一条长达98里的减水河。

接着堵塞缺口，培修堤防。黄河自白茅决口，已长达7年，由于多次决口，黄河大堤已是千疮百孔，为使河回故道后不致决溢，组织人力堵塞缺口107处。修筑新堤坝254里，加上增培旧堤，共修筑堤防770多里。特别是北岸堤防因地势低洼，加之堤岸的高低、宽窄不等，修筑护岸堤防的工程量非常繁重，贾鲁将工程分段进行。从白茅河口至曹州板城，再至砀山、徐州，共修筑培补北岸堤防339里。

石船堵决　千古未见

今贾鲁河，发源于新密市，经郑州、中牟、开封等城市汇入淮河

最后是堵塞白茅决口，挽黄河回故道。这是治河工程成败的关键一役。

这次堵口，最后合龙虽然是在初冬，但障水、挑溜却正值秋汛大水时期。当时口门"南北广四百余步，中流深三丈"，加之适值涨水，决河之水"多故河十之八"，堵口工程面临着极大的风险。

贾鲁胸有成竹，指挥若定。8月疏浚任务完成后，他便着手堵口的各项准备工作。他决定将工程分成四个步骤进行：一是在决口上游修堤挑溜，减弱口门水势。二是在两岸修大堤约拦水势，挽河归故道。三作石船堤障水。四是合龙。

首先在决口上游向河心修筑两道挑流堤，总长26里多，推脱溜势外移，减弱口门的水势。然后在决河的两岸修筑进占大堤。先修筑埽台，系龙尾埽（埽是古代中国用以堵口、筑坝、护岸的水工建筑构件，用梢苇、薪材、竹木，夹以土石，卷制而成。埽的形状、大小、长短各异。根据护岸、堵口、筑堤的需要制作并使用），直抵龙口。贾鲁堵决时，用埽的规格更大，更多。有上万人参与扎捆、运埽、叠埽工作。埽高者达二丈，低者不下丈余。用推卷工具和大小推梯制作和运输埽捆。

堵塞决口时，随着两岸大坝的逐渐推进，水势越来越猛。只见一个个大埽推下决口，又很快被冲断。决口水流"喧豗猛疾，势撼埽基，陷裂欹倾，俄还故所"。人们见到这种情况，都认为堵口难以成功。但贾鲁丝毫不气馁，也不畏惧。他竭尽心智想办法，要抵挡决口急流，只用埽捆显然不行，只能用更大的重物去堵塞，然而什么重物能进入水中呢？他想出了一个主意，用载重船只去堵塞决口，这就是"石船堤"之法。

经过一番准备工作，9月7日堵决口正式开始。贾鲁先对施工人员做战前动员，他"日加奖谕，辞旨恳切，众皆感激赴工"。接着下令逆流排27条大船，用大麻绳、竹梗绑扎在一起，做连成一个方舟。将方舟固定在两岸的大木桩上。船舱内装满碎石，用板盖封住，再用大埽覆盖。选水性好的精壮水工，每船两人，执斧凿立在船工的头尾。等到岸上击鼓声起，震荡长空，水工们便凿穿船底，让大船沉入河底。这时只见水势激荡，浊浪排空，河水怒吼咆哮，地动山摇。河堤上众多"观者股栗，众议腾沸"，认为决口难以合龙。贾鲁神色不动，指挥若定。由于战前动员极大地调动了众人的战斗激情，水工们个个毫不畏惧，奋勇争先。真是有志者，事竟成。经过一番搏斗，终于截流成功。

治河工程自4月22日兴工，至7月，总计疏浚河道280多里，修筑新堤防254里，增培旧堤85里。从白茅河口至曹州板城，至砀山、徐州修补北岸堤防339里，修好决口107处。9月将黄河从决河挽回故道，并通行舟楫。11月11日，全线完工。北河挽回故道，南流合淮入海。此后多年，黄河不再泛滥。

百年千载后　恩在怨消磨

贾鲁得胜归朝，献上《河平图》。元顺帝授予贾鲁荣禄大夫，集贤大学士。并命翰林学士欧阳玄撰《河平碑文》，以表彰其治河劳绩。碑文写到"鲁能竭其心思智计之巧，乘其精神胆气之壮，不惜卒，不畏讥评"，"鲁习知河事，故其功所就如此"。

清代徐乾曾说"古之善言河者，莫如汉之贾让，元之贾鲁。"清代水利专家靳辅对贾鲁所创的石船堵塞决口的方法十分赞赏，说"贾鲁巧慧绝伦，奏历神速，前古所未有"。

至正十三年（1353年）五月，身为中书左丞的贾鲁突然病卒，时年57岁。此时距离元朝灭亡仅有十五年。

有人将元朝的灭亡归咎于贾鲁治河，认为工程规模浩大，耗费了巨大的人力、物力、财力。据《至正河防记》载，治河工程耗材：用去木桩约27000余根，榆柳杂梢666000根，蒲苇杂草7335000余束，竹竿625000根，碎石2000船，绳索57000根，所沉大小船只127艘。其余苇席、竹篾、铁锚等不计其数。加之其他各项费用，总共花费银锭1845630锭。

人们回想起贾鲁在治河时，在黄陵岗的工地上，一天民工意外地挖出一尊石头的人像，奇怪的是这个人像只有一只眼。这个人像暗合了当时民谣"石人一只眼，挑动黄河天下反"。贾鲁不禁倒吸了一口气，连忙命人挥

河南焦作武陟县嘉应观

锄将石像砸碎。这可能是怨恨治河者杜撰出来故事，我们且不说它的真假，但贾鲁治河的是非功过，世人自有评说。贾鲁治河的功绩是无法抹杀的。

历史事实证明，贾鲁治河是我国古代历史上比较彻底的一次治黄工程，使黄河下游河槽获得较长时间的相对稳定，并为明清治河提供了借鉴。明代宋濂修的《元史》给以公正评说："议者往往以为天下之乱，皆由贾鲁治河之役，劳民动众所致。殊不知元之所以亡者，纪纲废驰，风俗尤薄，其治乱之阶，非一朝一夕之故。故鲁不兴是役，天下之乱讵无从而起乎？"

青山依旧在，几度夕阳红。虽说朝代更迭，但黄河安流。贾鲁治河后，多少年来黄河安澜，使得生灵免于水害，百姓乐业安居，功不可没。人们世代感念着贾鲁的恩泽，在山东、河南当年贾鲁治理的两条河流，至今仍称为贾鲁河。今天在河南焦作的武陟县，距离黄河不远处，有一座规模宏大的古建筑群，名为嘉应观，专门祭祀黄河之神。观中供奉着十位历代的治河功臣，其中一位就是贾鲁。

难怪后人评价贾鲁的治河工程说："贾鲁修黄河，恩多怨亦多。百年千载后，恩在怨消磨。"

第六章 明

白英：构想"运河都江堰"的汶上老人

白英石雕像

大运河上的南旺分水工程被称为大运河的"都江堰"，而构想这项工程的是明朝的一位普通的农民，他就是被称为"汶上老人"的白英。

由于流量不足以及黄河泛滥，元朝修筑的南北大运河的会通河段被淤塞，漕运中断。明成祖命工部尚书宋礼带领16.5万征夫，疏浚会通河。工程历经一年零六个月顺利完工，但因河道无水而漕运仍然不通。汶上县的农民白英提出建"戴村坝"，引汶水至大运河"水脊"南旺，设南北闸口实现分流。正是白英的"借水行舟，引汶济运"构想的实施，使得大运河畅通了近500年。

南旺分水工程——大运河的"都江堰"

但凡想了解南北大运河的人，都一定要去大运河的"水脊"——南旺镇分水工程去看看。南旺镇分水工程位于山东省汶上县城西南19公里的南旺镇北。

它之所以有名，是因为那里是京杭大运河的制高点，扼运河咽喉，为漕运的关键，是大运河修筑中科技含量最高的一段工程，被誉为"运河都江堰"，也是大运河申遗标志性的重要节点。日月更迭，沧海桑田。自清光绪二十七年（1902年）清廷宣布漕粮折银，运河停运，分水工程弃用，至今时光已走过了100多个年头，运河故道早已经淤成平地，当年的南旺镇分水工程也早已湮没于历史的尘埃之中。但人们却仍一遍遍地寻访这里，因为这里积淀了太浓厚的历史文化底蕴，承载着国人太多的感触和太深的情感。

这里有当年的龙王庙，曾是一个占地 55000 平方米规模宏伟、壮观的建筑群，为明朝永乐年间为纪念白英等人创建大运河分水工程而建。当年这龙王庙里，雄伟的大殿红墙绿瓦，飞檐高挑；庙门前四对石雕水兽威风凛凛；庙门外宽阔的石砌路面直通河岸，岸边挽缆停泊船只的巨型石柱成排树立，蔚为壮观。

据说在大运河畅通之时，这里是观赏分水景观的绝佳处。自龙王庙向远处眺望，只见小汶河自东北向西南滚滚而来，与大运河成"丁"字形交汇，在分水口形成"七分朝天子，三分下江南"的分流壮观景象。当年，凡过往商贾游船、达官显贵、文人墨客，无不在此停棹流连，就连康熙、乾隆皇帝也曾多次在此停留观赏。

遗憾与些许的凄怆

说起南旺分水工程，它之所以有名，跟它的地理位置有关。因为大运河之难，难在淮河以北，关键是因为那里缺水。秦岭—淮河一线是中国地理的南北分界线，这条分界线与运河在淮安交汇。在淮安以南，降水充沛，年降雨量在 700 毫米至 1400 毫米。而淮安以北降雨量逐渐减少，不足 700 毫米。在南方，特别是在长江三角洲，由于水量充足，地形较平坦，大运河的修筑和维护，相对也较容易，并且迄今仍在发挥作用。但在北方由于水量不足，加之地形起伏较大，大运河的修筑十分艰难。因此山东境内的会通河和河北境内的惠通河就成了大运河修筑中难度最大，科技含量最高的水利工程。

元代郭守敬修筑惠通河，引白浮泉水进京，解决了大运河通州至元大都（北京）的漕运问题。会通河在元代虽已修筑，但大运河 3000 余里的行程中，地势三起三伏，最高处正是会通河段的南旺镇。虽然元代郭守敬也曾引汶水

今南旺分水遗址

济运，但分水地点并未选在运河最高处的南旺，以致南旺河段水量不足，成了大运河中的"卡脖子"河段。到元代末期，这里实际上已经不能通航。如何将充沛的水量引向南旺镇，将漕船送上大运河制高点，是最令明代修筑者和维修者们头痛的大问题。明代的农民水利专家白英提出在汶水上修筑戴村坝，引汶河水上"水脊"南旺，实现南北分水，即"借水行舟，引汶济运"建议，化解了这个难题，确保了大运河的长年畅通。其科学性和技巧性，可与古代的灵渠和都江堰水利工程相媲美，其建坝设闸的原理，与世界上著名的巴拿马运河和我国长江葛洲坝工程都有相似之处，其历史评价是"真令唐人有遗算，而元人无全功"。民国初年美国水利专家方维赞叹："此种工作，当十四五世纪工程学胚胎时期必视为绝大事业，被古人之综其事、主其谋而遂如许完善之结果者，今我后人见之，焉得不敬而且崇也。"可以说，在中国2300多年运河的发展史上，南旺水脊分水工程可称为世界第一流的水利构思，是矗立在3000余里南北大运河上的一座丰碑。

"功莫大于治河，政莫重于漕运"

南北大运河在我国水利史上占有十分重要的地位，自它建成起，在历代历朝一直是漕运的重要通道，而漕运与国计民生息息相关，是稳定政权的重要因素。史称"功莫大于治河，政莫重于漕运"。

元代建都北京后，忽必烈将治理运河作为稳定政权的首要任务，他命令郭守敬重整运河，以利漕运。郭守敬将自洛阳至杭州的运河由"弓背形"，改变为北京至杭州的"直弦形"，形成了南北大运河。其中最重要的两个工程，一个是河北境内的惠通河，一个是山东境内的会通河。会通河自通航之日起就存在先天不足的问题，山东境内的漕运成了大运河航运的老大难。会通河于元朝至元二十六年（1289年）开通。于汶河上做堽城坝，分引汶水水量的2/3经光水至济宁，入会通河南北分水，使航运成为可能。但济宁不是运河最高点，最高点在济宁北边的南旺。从济宁往南旺方向分水，实则是让"水向高处走"，结果分水情况是：向南分水多，而向北分水少。南旺段水流不畅，"常患浅涩"。史载，当年会通河上常年是小船可以航行，而过大的船只则经常搁浅，造成堵塞。

于是管理者在南旺闸南北端皆设置了宽 9 尺的隘闸,限制 150 料以上(料为古代计量单位。或以一石粮食为一料;或以两端截面方一尺、长七尺的木材为一料)的大船进入。此令颁发不久,一些商船忽然变得狭长起来,宽度虽没有超标,长度却达百尺。超长的船只入闸后难以回旋,造成了更为严重的堵塞。官府只好在隘闸下加了两把相距 65 尺的标尺,限制长度。有时,即使船只符合所有规定,若会通河水不够深,仍然不能开闸放行。

由于会通河分水枢纽的选址不当,元代会通河的效率非常低下,管理和维护都相当困难。因此会通河的漕运在元代后期已是名存实亡。明洪武二十四年(1391 年)黄河在原阳决口,会通河淤塞,漕运中断。明成祖时,明朝虽然已经迁都北京,但经济基础仍在江南,宫廷百府之需、官俸军食之用都由南方供给,再加上当时营建北京所需大量木材均由南方采办,所以"太宗文皇帝定鼎北京首务漕运"。

由于会通河淤塞,元末明初的漕运是靠水陆兼用。据《明史·河渠志》载:"明成祖肇建北京,转漕东南,水陆兼輓,仍元人之旧,参用海运。"

永乐四年(1406 年)成祖命平江伯陈瑄督办漕运,他采取"陆海兼运"的方式,一是由海上水路运输;一是由淮河入黄河,至阳武(原武)卸船装车,陆行 170 余里,到卫辉(汲县),再卸车装船经卫河(御河)运往北京。海运则因为海贼倭寇猖獗,又兼风浪之害,致使粮船屡有亡失。"海运多险,陆运亦艰"(《明史·河渠志》)。此时的漕运费工费时,艰苦万状,明成祖于是下决心恢复元朝运河渠道,以利漕运。永乐九年(1411 年),明成祖采纳济宁州同知潘叔正"浚通会通河"河道的谏言,命工部尚书宋礼等人主持疏浚会通河。同年,宋礼调发青州、兖州、济宁等民工 20 余万人疏浚会通河,历"二十旬而工成"。会通河虽然重新开通了,但河道缺水的问题并未解决,漕运成了泡影。

宋礼担忧有杀头之罪,日不能食,夜不能寐,微服寻访良策。这时他遇到了汶上县的一位普通农民白英。不想这位普通的农民,却是解开会通河缺水这道难题的真人。

七分朝天子 三分下江南

白英,字节之,生于元至正二十三年(1363 年)的山西洪洞县。初随父迁于汶上马

今戴村坝

村社颜子村（今康驿乡颜珠），后又迁居于汶上城东北昙彩山下的白家店村，以种地为业，教过蒙学。

明代编赋役黄册，以邻近的110户为十里，推人口多、粮食多的10户为里长，每年轮流一户；同时，再推出一位年德高望重、见多识广的人为"老人"，负责调解民间事务、处理民间争讼，就是由乡村百姓公举出来、协助地方政府进行行政管理的长者。白英，就是这样的一位德高望重的"老人"。因为他是汶上县人，故称"汶上老人"。

白英虽身居山野，却心忧天下，关心民生。他博古通今，精通地理，因他"博学有守，不求闻达"，被当地人称为"隐人君子"。他走遍家乡的山山水水，时刻牵挂着治理运河造福民生的大事。正是他长期的反复测算和研究，测出了大运河南北的最高点为南旺，踏勘出南旺之西的汶水地势高于南旺，可以"引汶济运"，破解会通河缺水的难题。

就在宋礼向他询问治理运河良策的时候，白英胸有成竹地提出了84个字的"白英策"："南旺者，南北之水脊也，自左而南，距济宁九十里，合沂、泗以济；自右而北，距临清三百余里，无他水，独赖汶水。筑塪城及戴村坝，遏汶水使西，尽出南旺，分流三分往南，接济徐、吕；七分往北，以达临清。南北置闸三十八处。"

白英指出，会通河疏通无水，其关键在于南旺的地势处于大运河的最高处，称为"水脊"，新开运河到这里自然是无水通过。黄水漫淤，河道沧桑，地势已变，元朝引汶、泗入济已不足所有，必须另辟蹊径。因此，可以借助位于南旺西边的汶水河水，它高于南旺三百余尺，仰仗汶上东北高而西南低的地形，在汶水上筑坝成居高临下之势，引汶水直接进入南旺脊顶，再于南旺南北设闸分水而下，实现"借水行舟，引汶济运"的目的。

1412年，在宋礼的支持下，白英亲绘蓝图，在现场指导施工，于是一个伟大的水利工程的施工拉开了序幕。

工程分三大部分施行：一是在汶水上修筑戴村坝；二是开挖小汶河引水至南旺；三

是建南旺分水工程。

首先在汶上与东平交界的戴村，筑起戴村坝。大坝横亘"五里十三步"（实437.5米），腰斩汶水。它的坝址比南旺高，简单地讲，就是拦住下泄的汶河，逼汶水进入人工开凿的小汶河，转向西南流，直达南旺以满足运河的漕运。

戴村坝调节汶河水，依靠的是不同坝段的不同高程和长度。戴村坝自南向北分为三段。三坝中间高，北端次之，南端最低，各段间有衔接段，大汶河的水根据大小自选其道，正如戴村坝碑文所述，"水高于坝，漫而西出，漕无溢也；水卑于坝，顺流而南，漕无涸也"。

不过，即使根据现代流体动力学等水利科学来设计戴村坝的不同坝段，也是一件非常复杂的事情。白英是如何计算出来的，并无史料记载。在流量每秒钟上千立方米的大汶河主河道上，修筑高于河槽4米、全长437.5米的戴村坝，也是一项巨大的工程。

修筑戴村坝所用的建材主要是方石和三合土。为了防止大坝渗漏，白英大胆采用了"勾缝剂"，就是用糯米浆和石灰混合勾缝，起到"灌浆治漏"的效果。

第二项工程是宋礼按白英的建议，利用汶上东北高西南低的有利地势，又在大汶河南岸开凿了一条引水渠——小汶河，将滔滔东流的汶河水在戴家坝拦截下来一部分引向西南，最终流至南旺，即"遏汶至南旺"。

第三项主体工程是在南旺设闸分流。

为了控制南北水量的分流，白英在南旺制高点建造了一个科学而合理的分水口，被后人称之为"龙王分水"。该分水口的建造和鱼嘴相似，在小汶河与运河的交汇处，设一300米长的石坝，石坝的中间是梭形的鱼嘴石，又称为"石拨"。改变鱼嘴石的形状、方向和位置，即可调整运河南北分流比例。相传"七分朝天子，三分下江南"（实测为南六北四）便是当时分流的比例。即将水量的十分之三分向南流，经由济宁注入徐州一带的运河；十分之七分

南旺分水龙王庙遗址

向北流，流向天子所在的元大都方向，即注入会通河，再入御河进入京城。后来又创造

性地将南旺、安山、马场、昭阳等湖改造成蓄放自如的"水柜"。又挖兖州、青州、济州三州泉水 300 眼,分五脉水系补充运河水源,确保了运河长年畅通无阻。

经过 8 年艰苦劳作,南旺水利枢纽工程终于顺利完成。分水工程开通后,运河上樯帆如林,万船竞渡,呈现出从未有过的繁忙景象。史载,南旺分水工程开通首年,运河漕粮的运输量高达 646 万石以上。

"七分朝天子,三分下江南",顺利地解决了会通河的水源不足和穿越黄河的水位差问题,大大地改善了会通河的漕运能力,有统计数据说,漕运量"10 倍于元代",迎来了京杭大运河有史以来的鼎盛时期。1504 年,南旺分水完全取代了济宁的天井闸分水,而后成功地运行了近 500 年。白英的治运良策,堪称世界第一流的水利构思;这一绝妙的设计,堪称中国水利建设史上的又一经典力作。

身处岩穴而心在天下,行在一时而及万世

1419 年,南旺分水工程正式告竣,白英随宋礼进京复命授勋,但因劳累过度,不幸在途中呕血去世。

为了纪念他的盖世伟业,人们在南旺龙王庙修建了他的祠堂。三楹殿内塑有白英像,祠堂被称"白老人祠"。因他还被敕封为"永济神""白大王",所以"白老人祠"又称"永济神祠"和"白大王庙"。祠堂内有颂扬他的诗句,"身处岩穴而心在天下,行在一时而及万世",颂扬他身居山野却心怀天下,赞颂其伟大的创举功在当代而利及千秋。

清乾隆年间山东巡抚李靖时,曾将白英功绩总结为:开河、建坝、治泉、修闸、创诸湖、引泗水等。白英与宋礼的治运,虽循元代故道,济运工程则是独创之业。"筑坝戴村,分水南旺,自袁家口左徙至寿张,由安山湖下接张秋沙湾,则非元人所知也。至其经营闸坝、设置水柜,无不尽善尽美"。真可谓之:神妙绝技,巧夺天工。尤其是白英分水南旺,置闸蓄泄,"此等胆识后人断断不敢,实亦不能得水平如斯之准",真是"创无前而建非常也"。

就连精通水利的清朝康熙皇帝也说:"朕屡次南巡,经过汶上分水口观遏汶分流处,

深服白英相度开复之妙。"乾隆皇帝曾经六次来到南旺，每次都不忘恭敬地礼祭白英这位汶上老人。毛泽东称白英为"农民水利家"，并满怀敬意挥笔写下了"七分朝天子，三分下江南"的千古赞叹。

历史是不容忘记的。大运河从公元前486年始凿，至20世纪初全线断航，前后持续了2000多年。它促进了南北方经济文化的交流和发展，泽被了运河两岸的人民，积淀了浓厚独特的历史文化底蕴。人们看到运河，就会想起白英、郭守敬等为大运河的畅通创造了奇迹，立下了盖世奇功的功臣们。

好在南旺枢纽工程大遗址的保护与申遗工作正在紧张进行，南旺枢纽工程的发掘和修复工作已开始进行，南旺枢纽工程考古遗址公园已被列入第一批国家考古遗址公园立项名单。不久的将来，人们将拂去历史尘埃，看到南旺枢纽工程及龙王庙气势恢弘的真容。

海瑞：以工代赈治吴淞

他是与宋朝包拯齐名的清官，人称"海青天"。他一生宦海沉浮，但始终忧国忧民。他一生清贫，但为官清廉，严治贪腐，体恤百姓，深得民众爱戴。在他任都察院右佥都御史期间，面对太湖一带严重水灾，百姓背井离乡四处逃荒的悲惨景象，他以工代赈，带领灾民疏通河道，兴修水利。当地百姓将他治水成功，看成是海龙王再世。

海瑞像

海母教子　儒学为本

海瑞（1514—1587），回族，字汝贤，自号刚峰，海南琼山人，明朝著名清官。

海瑞四岁丧父，母亲谢氏出生书香门第，她深明大义，刚强正直，勤俭简朴。她自海瑞幼年时，就严格督导他熟读孔孟等圣贤之书，树立匡世济民之志，对海瑞一生影响颇深。

海瑞历任知县、州判官、尚书丞、右佥都要御史等职。他遵循母训，为官清廉，克己奉公，"自身饭粗粝羹藿"，"俸薪之外无所取"。

他一生抵制豪强，安抚穷困百姓，打击奸臣污吏，深得民众拥戴。他为人正直刚毅，即便职位低下时,亦敢不畏权贵。他忠心耿耿,直言敢谏。明世宗长期不上朝,不理朝政,整日设坛求福。海瑞买好棺材,告别妻子,冒死上疏。劝诫世宗不要相信方士的骗术,应振理朝政。因此激怒世宗,诏命下狱论死。后经首辅徐阶等人大力相救,才免于一死,被押东厂禁锢。直至世宗去世,海瑞才得以出狱官复原职。

巡抚江南　为民太息

嘉靖四十一年(1569年)六月,海瑞擢升都察院右佥都御史,总理储粮,提督军务巡抚应天(南京)十府(应天、苏州、镇江、常州、安庆、松江、徽州、太平、宁国、池州),还兼理浙西杭、嘉、湖三府税粮。地理位置包括太湖平原、皖南和今南京地区。

海瑞故居

明王朝自永乐年间(1403—1424年)迁都北京,政治中心北迁,但其经济中心却仍在江南,明王朝皇家所需的钱粮、物资,军队大量的军粮、给养也大都由江南供给。海瑞管辖的地区正是明朝重要的财赋源地,尤其是太湖平原,是著名的鱼米之乡,在全国粮赋中所占的比例更大。据《万历会典》统计,成化八年(1472年)定全国漕运总数为400万石,其中江苏、浙江地区漕粮为196.5万石,几乎占了一半。天顺时期全国税粮总数为2656万石,其中苏、松、常、镇、杭、嘉、湖,即应天府所属七府税粮为586.3万石。七府中,苏、松两府所取漕粮和税粮最多。苏、松取粮约占全国总额的13%,但两府的额田仅占全国耕地面积的1.7%。可见太湖地区在全国所占据的经济地位多么重要,其承受的压力之大也不言而喻。史载,"苏州府七县在元代只上缴税粮36万石,而到明代却要上缴270余万石"。明人慨叹:"今日粮额之重莫甚于苏矣!"

太湖地区成为全国的富庶之地,与它发达的农田水利密不可分。尤其是太湖地区经历史上长期开发和经营,其农田水利建设在全国屈指可数。松江徐献忠说:太湖地区"衣食之源,实由水利。""禹贡称扬州之田下下,今吴中赋入几半九州。良由三江五湖之利,经历代脉分缕刻,使通灌溉,遂号上腴"(《江南通志》)。志书也说"天下财富独重于三吴,以天下水利独在于三吴也。"由于农田水利较为发达,虽说当地田赋很重,但在正常年份,个体小农仍能扩大再生产,为国家提供大量的物质财富。但在荒年,情况就大不相同。

海瑞上任之时,正值其治下遭遇严重的水灾。黄河决堤于沛县,而太湖地区夏雨猛烈,继而又是秋雨连绵,太湖水涨无处宣泄,于是山东、江苏、浙江一带大水横溢,一片汪洋。霜降之后,太湖平原大水仍然不退,一直到冬至,仍有一半以上的麦田淹在水里,无法补种。粮食颗粒无收,冬天挨不过去,明春的种籽更无着落。于是粮价暴涨,大批的灾民流离失所四处逃荒,聚众抢劫的暴乱也相继发生。

海瑞到任后看到"水灾之后,无从取米,饥民汹汹"的惨状,他心痛万分,感慨道:"生至地方,始知富饶全是虚名,而苦楚特甚。其间可为百姓痛哭,可为百姓太息者,难以一言尽也!"

惩治贪官　退田还民

如何消除太湖平原的水灾,如何让百姓在自己的土地安居乐业,成了萦绕在海瑞脑海中的一个大问题。

明中叶以后,政治黑暗,吏治腐败,朝纲废弛,豪强兼并土地,皇庄、田庄迅速发展,大量农民失去土地成为流民,阶级矛盾日趋尖锐,社会矛盾日趋严重。太湖平原原本就人口繁多,人均土地占有量稀少,但一些皇亲国戚和贪官污吏却贪赃枉法,大肆侵占民田,百姓民不聊生。海瑞人尚未到任,应天十府的官员已是谈瑞色变。一些贪赃枉法的官吏,晓得难逃海瑞的法眼,纷纷挂印离去。各豪门大户也纷纷将自己的朱漆大门漆成黑色,以免过于惹眼。出任朝廷织造的太监,也自动减去车马随从,以免其豪华阵容被海瑞撞见。

海瑞上任后一如既往,惩治贪官,打击豪强,疏通水道,修筑水利工程。他清理并重新丈量土地,平抑赋税,推行"一条鞭法",强令贪官污吏将吞并的农田,退还给农民。原宰相徐阶罢相位后回乡居住,其儿子徐瑛横行乡里,仗势欺人,抢占民田,草菅人命。

海瑞到任后，徐阶自恃在海瑞犯颜强谏世宗时，曾力救海瑞，于是代子求情，提出交田赎罪。但海瑞不念私情，明确指出：占田应退，犯法当诛。并毫不留情地将徐瑛斩首。

史载"南都（南京）人途传巷涌，一时遍在人口也。自大僚至丞郎，无不凛凛奉法。无以片纸取市中物者，其市物必以价，无敢剧饮为大宴乐。雨花、牛首、燕矶诸处，官舫游屐顿绝。"

躬历山川　相度水情

海瑞深入太湖湖区实地考察，与当地官员、乡野父老、老河工深入访谈，并比照已有图本，重新绘制了整治水患的图簿

海瑞在秉正执法、整治腐败的同时，又兴利除弊，治理水患。他先从实地踏勘和调查研究开始。太湖平原水灾频仍，因其重要的经济地位，明代朝野有关太湖平原治水的理论、主张、措施层出不穷，并纷争不断。但海瑞认为"治水之法，既不可执一，泥于掌故，亦不可妄意轻信人言。盖地有高低，流有缓急，潴有深浅，势有曲直，非相度不得其情，非咨询不穷其致，是以必得躬历山川，亲劳胼胝。"

他深入湖区实地考察，与当地官员、乡野父老、老河工深入访谈。前苏州巡抚吕光洵重视水利，实地考察太湖地区的水情后，曾"得其原委，逐一画成图本"，后因调任，未能实施其计划。图本留了下来，海瑞比照其图本，根据自己勘察所得，绘制了整治水患的图簿。他审时度势提出：治理太湖平原水患，必须从整治吴淞江入手。

太湖水溢是太湖平原水患的根本原因，而治理的关键，则是如何将太湖的泄水迅速排入大海。太湖下泄原有三个通道，史称有"三江排水"。三江，指东江、娄江、吴淞江。东江、娄江在唐代八世纪前已淤塞、湮没。宋代仅有吴淞江一条干流泄洪，依靠太湖东北、东南两面的36浦排泄潦水。南宋时因东南海潮侵蚀严重，东南沿海的港浦基本阻塞。元末以后，吴淞江"被海啮，淤为陆"。海瑞在上海知县张嵩陪同下勘察吴淞江时，他吃惊地发现，在元末杨鹍《望海》的诗句"吴淞江口海门东，万里京师咫尺通"中，那条太湖通海的主流——吴淞江，宽阔的江滩上竟被淤塞得只剩下一条又窄又浅的细流。

当时治理水患的主张主要有两派：一派主张开疏太湖下游的三条水道，分水泄洪，并疏通东江下游的入海口。另一派的主张是专治吴淞江，其代表人物是归有光。海瑞赞成归有光的主张。因为太湖以前的几次整治，都是"不治其本，而别开津汊以苟一时之利，以致支流愈分，正流日塞"。吴淞江是太湖正流，整治吴淞江，借开疏的水力冲刷扩大，以利泄水。归有光说"力全则势壮，故水驶而常流；水分则势弱，故水缓则易淤"。海瑞受其启发，也认为泥沙淤塞，是泄水不畅的根本原因，"若内水急流，则是以冲荡潮泥，免于淤塞"。

他上奏了《开吴淞江疏》。在奏疏中，他指出："三吴水利，当浚之使入于海，从古而然也。娄江、东江系是入海小道，惟吴淞江尽泄太湖之水，由黄浦入海。"并指出，一段时间以来，主管水利的官员，没有很好地尽职，抚按亦未将兴修水利提到重要的议事日程，终于导致吴淞江淤塞，一遇大的降水，必然洪水四溢。

古语曰："治江南水利者，必先治吴淞江。"他还指出"浙江杭、嘉、湖三府与苏、松、常三府，共此太湖之水，吴淞江开，则六府均蒙其利，塞则六府同受其害。"他认为"三吴水利工程，此为第一"。

以工代赈　疏浚吴淞

"一寸堤坝一寸金"，说的是水利工程建设，要耗费大量金钱。吴淞江的疏浚，江堤的修筑，首先要解决的是钱和粮的问题。在当时明朝国家财政濒临破产的状况下，国家拿出的资金是极有限的，主要由地方政府想方设法筹集资金，再本着"谁受益，谁出力"的原则筹集民间资金。

隆庆三年（1569年）十二月，海瑞亲自实地勘察吴淞江段。他委派上海知县张嵿组织测量"按行故道，量得淤塞为浚地长该14337丈3尺，原江面阔30丈，今议增开15丈，计用工银76102两2个钱9分"。海瑞将实地考察勘测所得数据上报，要求批准他统一调配相应受益地区财政的银两，并截留淞江地区上缴的公粮20万石。海瑞又将过去衙

吴淞江今景

门留存的部分水利专项资金和各种罚没款,太仆寺少卿史际捐出的两万石粮食,以及朝廷批准动用的钱粮全部集中使用。

整治吴淞江的水利工程自隆庆四年(1570年)正月初三正式开工。海瑞命令苏州推官龙宗武、松江府同知黄成乐具体负责工程,上海知县张嶙和嘉定知县邵一本为辅,分别督工。海瑞自己则布袍缓带,冒雨冲风,往来于荒村野水之间,督促、检查水利工程的质量和进度。

工程资金全部集中在海瑞手中,他通过以工代赈召集灾民参加施工。本来政府应给灾民发放赈灾粮款,但因国库空虚,银两无从解决。现在灾民只要出一天工,就能领到一天的钱粮。与以往派工不同,灾民既得到了赈济,解决了生活问题;工程又无须派工,解决了劳工紧缺的矛盾。海瑞亲自发放钱粮,不扣一厘,而随官人役亦未尝横索一钱。主动要求上工地的灾民源源不断,人数多达13万之多,劳动热情空前高涨。以工代赈可谓一举两得,既征集到劳工,又赈济了灾民。

不到两月,工程就顺利完成。原预计耗费白银76102两,实际只耗费68397两,节省了十分之一。

开挑白茅　兼行赈济

在工程行将结束前,海瑞又上奏《开白茆河疏》。白茆河是太湖另一条泄水通道,它位于常熟东北。它始自元末张士诚治吴时,当时"横广三十余丈,长亘九十余里,藉以宣泄湖　,通引湖汐,备旱潦,为一方之利"。白茆河因天长日久无人整治,至明朝也已淤塞。海瑞在奏疏中说"禹贡称'三江既入,震泽(太湖)底定。'今天太湖入海之道路,南止吴淞江,北止白茆河,刘家河居其中,三处而已。刘家河原通达无滞,若止开吴淞江而不开挑白茆河,诚为缺事,难免水患"。他还指出到二月中旬,当地青黄不接,大批灾民无所生计,到时发放赈济在所必然,不如乘势一并疏通白茆河。"若是兴工之中,兼行赈济，一举两利，当开白茆"。海瑞的奏疏也很快得到朝廷批复。

整修白茆河所用钱粮，一是用整修吴淞江的节余款；不足部分，向"苏、松两府练兵各借一万两，镇江府借银两万两"。

白茆河水利工程从二月动工，三月底即胜利完工，共用白银41238两。白茆河原来是一条宽仅4丈的小河，拓宽后成了一条宽至7丈的中等河流。

旱涝有备　年谷丰登

吴淞江和白茆河的成功整治，解除了当地百姓的心腹之患，促进了农业生产的发展。史载"由是旱涝有备，年谷丰登。吴民永赖，乐利无穷。公（指海瑞）之开河之功，创三吴所示有矣"。此后两三年，太湖平原又遭大水袭击，因湖水排泄通畅，并未造成水患。一直到清朝，吴淞江、白茆河水利工程依然发挥着重要作用。清顺治年间进士钱中谐说："隆庆间巡抚海公则专治吴淞江，数十年间，虽有小灾，不为大害。"

最值得称颂的是，海瑞以工代赈治吴淞，救活了大批灾民。正如海瑞在工程施工前所预计的那样："吴淞借饥民之力而故道路可通，民借银米之需而荒欠有济，一举两利，地方不胜幸甚！"海瑞实施的以工代赈之法，使得13万灾民渡过了饥荒得以活命。

当时有民谣："要开吴淞江，须等海龙王。"民谣极言工程之难，但这项艰难的工程被海瑞成功地完成了，人们将海瑞看作是"海龙王"再世，于是"海龙王"的名字便远近传开了。太湖平原的人们用这个称谓表达他们对海瑞的感激和尊崇。

浩然正气　沛塞苍冥

万历十五年（1587年）农历十月十日，海瑞病逝任上，终年73岁。海瑞无儿，临终时，无妻女在侧。当有人问他有何遗言，他告诉仆人，将5钱柴火钱归还给户部。说是经过自己测量后，户部多给了5钱柴火钱。其同乡都御史王用汲等在清理遗物时，"检点其宦囊，竹笼中俸金八两，葛布一端，旧衣服数件而已。"王用汲等同乡放声大哭，纷纷解囊相助，才凑足了丧葬的费用。海瑞去世后，朝廷追赠海瑞为太子太保，谥号忠介。

海瑞墓

海瑞去世的消息传到江南，百姓们奔走相告如丧考妣，自动歇业七日，以示哀悼，并"家家绘像祭之"。据《明史》载：护灵回乡安葬时，"海忠介（谥号）公丧出江上，白衣冠送者夹岸，酹而哭者百里不绝"。

清官海瑞就这样两袖清风地被送回家乡海南琼山县新兴镇石峡村，安睡在家乡青山绿水的怀抱之中。斯人已逝，但其铮铮铁骨和浩然正气，却永垂青史，沛塞苍冥。光阴流转，岁月如斯，多少年来，每逢清明节期，当地百姓自带香烛纸钱，鱼肉鸡鸭，前往海瑞墓地祭扫，为其添土护墓，表达对他的崇敬和感念之情，寄托他们的深切哀思。

汤绍恩：千年遗泽在三江

三江闸是浙江绍兴观赏钱塘江大潮的绝佳胜地。每年八月十八日，大潮涌入钱塘江喇叭形入海口，随着两岸不断地收窄，大潮越涌越高，最大潮差可达 8.93 米以上，正如诗中所写"滔天浊浪排空来，翻江倒海山为摧"。大潮如万头雄狮惊吼跃起，当遇到宛如铁壁铜墙的三江闸及其堤坝的阻挡时，只得返身飞逝而去。真可谓"潮来溅雪俗浮天，潮去奔雷又寂然"。

400多年来，三江闸及其堤坝就这样成功地阻挡着海潮的一次次侵袭，保护了绍兴平原不再受咸潮之害。三江闸的另一效能，是成功地泄蓄了钱塘江、曹娥江、钱清江三江之水，使得绍兴平原重新成为旱涝保收的膏腴之地。

主持这项古代规模最大的挡潮排水闸工程的人，是明代嘉靖年间的绍兴知府汤绍恩。史载三江闸工程修建之后，"旱有蓄，潦有泄，启闭有则，山会萧（山阴、会稽、萧山）三邑成膏壤"。明代著名学者徐渭题联赞曰："凿山振河海，千年遗泽在三江，缵禹之绪；炼石补星辰，两月新功当万历，于汤有功。"将其誉为与大禹、女娲一样英勇无畏为民造福的英雄，实不为过。

命运似乎注定他将施恩于绍兴百姓

汤绍恩，字汝承，四川安岳人。他的名字有些奇特，似乎冥冥之中，命运注定他将与远在千里之外的绍兴有着千丝万缕的联系，他的一生将承担起某种责任，成就起大业施恩于绍兴百姓。

果然后来他被调任绍兴知府,任职其间,他服官济世,排除万难修筑了三江闸。三江闸造福一方,当地的百姓世代深受其恩泽。于是有一种传说在坊间传播开来:说在他出生之时,有一个云游峨嵋的僧人恰巧路过他家,看到这位正在玩耍的男孩长相不凡,便给其父亲说:"他日地有称绍者,将承是儿恩乎!"于是其父给他取名"绍恩",字"汝承"。传说难免有些穿凿附会,将汤绍恩神奇地变为天授大任的神人,但细想下来,传说实则表达了世代百姓对他的崇拜和敬仰。

汤绍恩像

汤绍恩,明代嘉靖五年(1526年)中进士,曾任户部郎中、德安(治今湖北安陆)知府。嘉靖十四年(1535年)调任绍兴知府。他来绍兴之时正遇淫雨连绵,暴雨成灾,四处一片汪洋。百姓的生活苦不堪言。当地人说,这样的灾难几乎年年降临。

越州是我国历史上有名的膏腴之地,是著名的鱼米之乡。唐朝诗人曾说"越州机杼耕稼衣食半天下。"即越州每年上缴的利税可以养活半个天下。如今怎么灾难频发,一片破败景象?这要从这里的地理变迁说起。

绍兴平原是一块冲积平原,一边是连绵起伏的群山,一边面临大海。每当大雨来临,群山上的雨水急速汇入曹娥江、钱塘江、钱清江等诸条河流,暴涨的河水涌向入海口。但由于钱塘江大潮的侵袭,将海中的泥沙顶托至海岸,造成泥沙淤积、河水入海不畅,形成一片汪洋。加之咸潮倒灌,盐渍的海水恶化了土壤,严重破坏了当地的农业生产。遇到极端天气,百姓的生活更是雪上加霜,生命和财产都受到严重威胁。

为了抵御灾难,免遭洪水之苦,早在东汉永和五年(140年)会稽郡(今绍兴)太守马臻就带领百姓修筑了800里鉴湖,成功拦蓄了绍兴一带36条溪流的洪水,并安装了斗门、闸门、涵管等,有效地排蓄了洪水。唐开元十年(722年),绍兴一带又修筑了一条100多里长的海塘,又在海塘上修建了闸门,既可以抵挡海潮,又可以排泄内涝。此时的绍兴平原可谓平畴千里,稻香阵阵,鱼肥藕白。

斗转星移,沧海桑田。由于泥沙淤积和围湖造田,鉴湖同我国历史上不少著名的陂塘一样,没有摆脱逐渐萎缩并最终湮没为田的悲剧性宿命,至宋代鉴湖已完全失去了作用。没有了鉴湖的拦截，洪水直冲百里海塘，海塘所有的闸门全部开启，也无法宣泄如脱缰的野马一样从连绵的群山上奔腾而下的溪水。人们只得在海塘上挖开口子排涝。这样一来，虽排泄了洪水，但当海潮来袭时，咸潮便长驱直入，淹没了良田，咸化了土壤；而大旱之时又无法蓄积水流，绍兴平原赤地千里，颗粒无收。绍兴平原的环境越来越恶化。

汤绍恩初来绍兴就任，洪水就给了他一个下马威。当时正逢暴雨来袭，只见海塘外"拥沙堆积如丘"，洪水不能外泄，绍兴平原汪洋一片。正如史载"每受潮患，逢淫雨泛滥、决塘泄水，苗槁泉竭……民甚苦之。"在他就任第二年，又遇大旱，农民颗粒无收，民有易子而食。

听到百姓悲号震天，作为一名父母官只能眼睁睁地看着却无法救助，汤绍恩心中悲苦万分。他开始踏勘当地的地形和水道，寻找治水之道。一路走来，只见"波涛浩淼，水光接天，目击心悲，慨然有排决之意。"等行至钱塘江、曹娥江、钱清江汇合口，只见两山对峙，他喜出望外，这可是修建闸门的好地势，一个宏伟的计划在心中产生：在三江汇合的彩凤山与龙背山之间造一座挡潮排洪大坝。他判断，在两山之间一定有坚实的石根可作水闸的基础。于是招募善水者在彩凤山与龙背山之间潜水探察，探察后果然发现有石脉横亘其间。汤绍恩大喜，决定兴事动工。

祈告海神：誓与大堤共存亡

在嘉靖十六年（1537年）三江闸正式动工兴建。

俗话说，一寸堤坝一寸金。水利工程建设要耗费大量的财力，此外，还要有人力、物力做保证。在生产力低下的古代，要建造这样一座历史上最大的排洪挡潮大闸，谈何容易！东汉时马臻修筑鉴湖时，就因无法解决资金问题，而私自动用了赋税、皇粮，被当地的豪强富绅告发，被处以极刑而惨死。

汤绍恩不畏艰难，说干就干。他先从筹集资金开始，奔走游说于浙江省衙与绍兴平原萧山、山阴、会稽三县之间。先是征得浙江巡抚的支持，从国家银库中下拨了一少部分银两。汤绍恩自己省吃俭用，带头捐出了官俸的三分之二。浙江省巡抚和其他县的知府也分别捐资。在他们的感召和游说之下,当地的豪强富绅也纷纷解囊,甚至连开店铺作坊的小商小贩也有钱出钱,有力出力。汤绍恩为了奖励和感谢诸位的支持,他为每一位解囊相助的人题写了匾额。另外又对三个县的每亩土地课税四厘纹银,终于在短短的22个月内筹集资金6千余两。

有了资金作保证,汤绍恩召集四个县的数万民夫开始了大规模的施工。汤绍恩命石工于大洋山开凿巨石,运抵工地,以备施工所需。

施工分四部分:基础、梭墩、闸门和桥面。

先是平整基岩,在基岩上开凿榫卯。再在基岩上铺以巨石,与岩层合卯,再灌以铁水使其坚固。每层巨石之间也用榫卯衔接,并用灰秫粘胶。

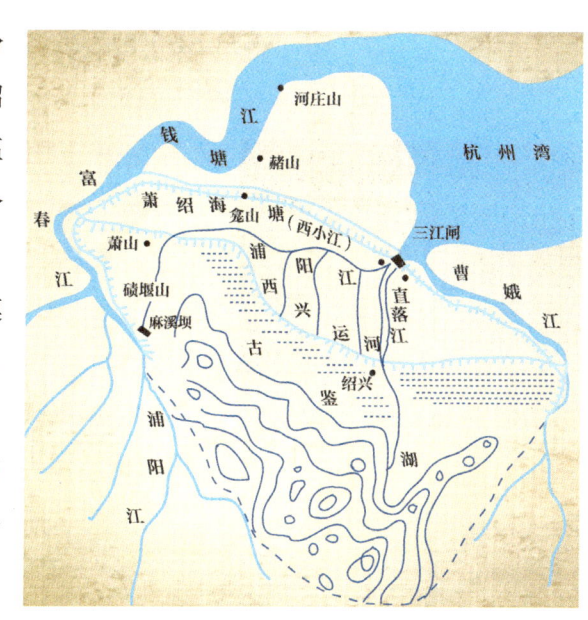

三江闸位置示意图

再在岩石上每隔一定的距离砌筑梭墩。所谓梭墩,是因为墩子的形状如同织布的梭子,两头尖,中间厚。墩子的尖头伸在水中可减少水的冲力,术语叫它"分水"。梭墩是由一块块重达千斤的巨石自下而上地筑成。为了增加大闸抵挡洪水的能力,每隔五洞再筑一个大梭墩;特别是在受力大的关键部位,只隔三洞就筑一个大梭墩,形成中流砥柱。

梭墩之间便是闸洞。闸洞的深浅不一,依两山的天然岩基而定。最深达5.14米,最浅为3.40米。在梭墩的两侧凿有闸槽,用以安装内外两道闸门。每个闸洞下的岩基上,设置了内外槛以承闸板。闸板上设置闸门的启闭系统。

在梭墩的上面架设石梁,形成了一道长百余米,宽九米的宽阔大桥,形成桥闸结合的建筑。其下是28孔的水闸,闸顶是相连一线的既能启闭闸门,又便于通行的平坦大桥。

施工一开始,先要堵塞水道,修筑围堰,才能在上下围堰之间修筑大闸。在水中筑堰是何等艰辛,而且时时存在危险。特别是在暴雨和大潮来临之时,才修筑的围堰就在风雨飘摇中垮塌。几次筑堰失败之后,民夫们怨声四起,纷纷罢弃不干。

大型水利工程的修筑十分艰难,尤其在生产力低下的古代,民众要承受沉重的赋税,又要付出难以想象的辛劳和血汗,甚至于生命。加之工程要占用一部分土地,要侵害一些人的利益,必然产生怨谤之声。东汉马臻修筑鉴湖,就是因为占用了一些豪强富绅的土地,豪强富绅们勾结在一起罗织罪状,诬告陷害,置马臻于死地。怨谤声中,汤绍恩无所畏惧,他力排众议,鼓励民夫摒弃短见,瞻望前景。他说:"此时民虽怨我,然闸成之后,比户盈宁,当感我不暇矣!"话虽这么说,但汤绍恩对工程的成败时时牵挂于心,以至于食不甘味,寝不安席。史书《三江闸全书》载他"乍闻树叶声,疑风雨骤至,即呕血"。可见他为建三江闸,殚精竭虑到了呕心沥血的程度。

古代修筑水利工程,除受"人和"条件的限制,也受到"天时""地利"等自然条件的严重制约。在修筑三江闸的配套工程"新塘"大堤时,在风雨、海潮的肆虐下,大堤曾多次垮塌。汤绍恩愁肠百结。在又一次遭遇连续几日风雨交加的天气时,汹涌的海潮冲击大堤,大堤随时有垮塌的危险。汤绍恩在无奈之中下定决心,与大堤共存亡。他给海神写下了祈祷书,赤身躺在大堤上祈告:"大堤若再溃决,他将与大堤一起归于东流。"汤绍恩视死如归、一往无前的精神,深深打动了民夫们的心,似乎也感动了天神。只见天遂人意,霎时放晴,大海也风平浪静了。在他与大堤共存亡的精神感召下,大家的情绪无比高涨,一条长200余丈,宽20余丈的新塘大堤终于建成了。

老三江闸

苍天不负苦心人,历经九个月的艰苦奋斗,三江闸主体工程终于胜利完工。大闸全长50余丈,宽3丈,共有闸门28孔。闸门高1丈6尺至2丈有余。28孔闸门,因对应了天上28星宿,便以天上的28个星宿的名字为其命名,故三江闸又被称为"应宿闸"。

在大闸完工后,汤绍恩又带领民夫在大闸外加筑了长400余丈,宽40余丈的大堤,形成阻挡海潮的坚实长龙。为了分削诸条内河水流的水势,汤绍恩又在三江塘和开江闸——山斗门以北之间,兴建了"平水""撞塘""泾缕"三个闸门。嘉靖十七年(1538年),他又带领民夫将古鉴湖遗存下来的东塘、南塘及通塞之堰、闸改建为水浒,东西连亘百里皆成通衢。

这些配套工程与三江闸配合使用，使得绍兴、萧山、山阴三县80万亩农田成了旱涝无虞的膏腴之地。原西小江沿岸一万多亩咸卤之地成为良田沃土。《闸务全书》称自此"旱御有备。旱则闭以蓄之，田足以灌溉；涝则启以泄之，稼不至浸淫。三邑之民安居乐业。"

除了排洪、挡潮的功能外，三江闸"其沮洳可蒲草，其泻卤可盐，其泽可渔，其疆可桑，其途可通商旅"，即兼收水产、鱼盐、桑麻、交通之利，成了一座可以综合利用的水利工程。

当年填海人人怨　今日宁澜处处烟

今日，自绍兴向北行走30多里，远远地就可看到，钱塘江、曹娥江、钱清江三条大江波涛滚滚奔腾而来，就在三条大江的汇合处，一座雄伟的桥闸宛如一条巨龙横卧江上，锁住了三江入海口。原先三江之水便乖乖地从这个大闸开启的闸门中流入大海的，自从1971年在离此地不远处建成了新的三江闸，三江的流水便改从新三江闸入海，这里便形成了一泓静静的水湾。

这个老闸便是明代绍兴知府汤绍恩主持建造的三江闸，它忠诚服役了400多年后，终于光荣"退役"了。

汤绍恩亲笔书写的"动静乐寿"

经过了400多年风雨的剥蚀，巨石铺就的桥栏、桥墩和桥面已是斑痕累累，原先每个闸洞的石梁侧面阴刻的星宿的名称，也已湮没得模糊不清。而立于闸旁的石柱形的"水则"，早已不见踪影。老闸已经是满目沧桑了。不想，老闸上仍有汽车来往穿梭，其中包括隆隆而过的载重卡车。老闸的闸门虽不再启闭，但仍然承担着公路运输的重责。

老闸百年沧桑的面孔下，竟然还葆有着一付如此强硬的筋骨！

它如何能历经400多年风雨而至今不衰？

究其原因，原来这得益于大闸选址的得当。它选在三江汇合的入海口，可以毕其功于一役，一下子解决三条大江的蓄泄问题，又借助两山夹一闸，成功地阻挡了大海的咸潮。

这也得益于大闸大胆而合理的设计。大闸建在两山之间坚实的地基之上，又以千斤

绍兴治水广场汤绍恩像

巨石相互卯合，灌以铁水，固若金汤。而每个闸墩的梭形尖头又减少了水的冲力，保持了桥闸的稳定。更巧妙的是大闸还有两个柱形的"水则"，一个立在闸旁，一个放在绍兴城里。这"水则"是用以控制闸门启闭的标准。"水则"的石柱上自上而下刻有"金、木、水、火、土"五字。水至金字脚，则全闸开启；水至木字脚，则开闸门16孔；水至水字脚，则开闸五孔；水至火字头，则全闸关闭。"水则"使得闸门的启闭简便而又易于操作。

老闸历经沧桑而不衰，也得益于多年来的严格管理和认真细致的操作，也得益于400多年来六次大的修缮，其中重大的维修，就有明万历十一年（1583年）户部侍郎肖良干的大修，清康熙二十一年（1682年）的整修。

近代，曾对三江闸进行了实测，测得该闸平均泄量为280立方米/秒，可使萧山、绍兴两县三日降雨110毫米不成灾。当时，有人写对联赞颂道："江流力挽，尽从此处朝宗，何患蒲芽水涨；砥柱功崇，悉自当年奠定，常如鲍子宫成。"赞颂汤绍恩建设三江闸的丰功伟绩。

三江闸可以说是我国几千年水利建设史上的一座丰碑。越地在我国历史上，是著名的鱼米之乡，是文化发达之地，是文明兴盛之所。作为"以农立国"的封建社会，越地的富庶与兴盛，鉴湖、三江闸等水利工程可谓居其首功。

它作为我国古代水利工程留存下来的一块"化石"，包涵着太多的信息：它记载了历史上那场声势浩大的水利盛事，展现了我国古代劳动人民的智慧与创造，更映现出三江闸建设的主持者汤绍恩的人格魅力……它们都是那样的令人感慨万端，又使人肃然起敬。

"当年填海人人怨，今日宁澜处处烟。"这位给绍兴平原人民带来安宁、富足生活的绍兴知府汤绍恩必然光耀青史。《明史》《闸务全书》等史书都记载了他的事迹。史载，他在绍兴任职六年，兴水利，赈灾荒，宽刑罚，恤贫弱，深得百姓的爱戴。他生活简朴，为节省衣衫，他将祖父的衣袍披加在官服之上，将自己官俸的三分之二捐给三江闸工程。

在绍兴任职六年后，汤绍恩升任山东右布政使。年老后致仕归家，97岁寿终正寝。当他去世的消息传到绍兴，绍兴一带的百姓悲痛不已，人们感念他的恩德，在府城开元寺和三江闸旁建立了汤公祠、汤太守庙，每年奉祀不绝。清世宗雍正敕封他为"宁江伯"，享有"泽被三江"的声誉。

今天在曹娥江摩崖石刻群上，仍保留着汤绍恩亲笔书写的"动静乐寿"四个大字。在绍兴南门还建立了治水纪念馆和治水广场，大禹、马臻、汤绍恩的雕像屹立在馆场中央。在"绍兴名人苑"还有"治水青天——汤绍恩"的雕像，他身着官服，背后是那个启闭闸门数百年的转轮。

万恭：因势利导治黄河

黄河水患，史不绝书。治河的思想也随之而生，几千年来纷争不断，并且在各种思想的激烈碰撞中发展前进。明代的治河思想在我国古代治河思想的发展进程中，占有很重要的地位。特别是明代所提出的"筑堤束水，以水攻沙"的治黄策略，后人给以高度评价，并"奉之为金科"。众人将这一思想的提出归功于潘季驯，殊不知它最初的倡导者却是万恭。

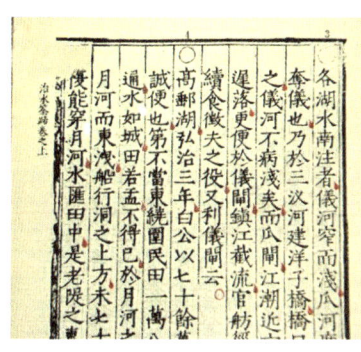

《治水筌蹄》

强毅敏达　誉为才臣

万恭（1515—1591），字肃卿，号两溪，江西南昌人。幼年聪颖，好读书，有神童之誉。嘉靖二十三年（1544年）进士。历官南京文选主事、考功郎中、大理寺少卿。万恭强毅敏达，一时誉为才臣。因对北京防守有功，受朝廷器重，嘉靖四十三年升为兵部右侍郎。他上疏请求进行选兵、议将、练兵车、火器等一系列军事改革，世宗照准。

在套寇侵扰边塞的危急时刻，万恭主动请缨，以兵部右侍郎兼右佥都御史的身份巡抚山西。为抵御"套寇东掠"，他在山西西部黄河一带筑边墙40里，有效地抵御了套寇的入侵，并教授当地的百姓耕种技术和使用水车，保护了百姓生命和财产的安全，并发展农业，造福一方。

隆庆六年（1572年）万恭接替潘季驯主持治理黄河，开始了一段倡导并实践"筑堤束水，以水攻沙"治黄策略的艰难历程。

分流治河　致河道漕运俱损

明王朝自永乐十四年（1416年）迁都北京，政治中心北移，而其时经济中心却在东南地区，"官饩、军饷仰给东南，岁输粟400万石"（《万历兖州府志》），漕运成了国家的命脉。正如孙承泽在《河纪》中所说："漕为天下重务，而通塞恒视乎河。河安则漕安，河变则漕危。漕之安危，国计民生系焉。"

但明代二百多年间，是黄河最为桀骜不驯的时期。当时黄河下游的流势十分紊乱，主流迁徙不定。或北冲张秋（今属山东阳谷，明代会通河与大清河交汇处）运道，或南夺淮、泗入海。至嘉靖（1522—1566年）前期，黄河下游主流走的是"南道"，即自今开封而东，到江苏徐州注入泗水，南流到淮安汇入淮河，再东入黄海。经前人的不断治理，至嘉靖中期，河患不断下移，此时已移至今日的曹州府、徐州府境内。

因京杭大运河呈南北流向，于是与黄河、淮河交汇，而淮安至徐州的540里一段黄河，也是运河的河道。这样有利也有弊。因运河徐州段水量不足，黄河水量充沛可以给予补济。但黄河泥沙过多，"一石水而六斗泥"，特别是黄河泛滥时，大量泥沙冲入运河，造成运河淤塞。因此，河患又多涉及到运河的通塞。而长期以来，朝廷一直把保漕运当作治黄的方针。但这段黄运通道的南面又是朱家的皇陵和祖陵，为了护陵，朝廷又提出"首虑祖陵，次虑运道，再虑民生"的治黄方针，这使治黄任务变得更加艰巨和复杂。

从明代初期到隆庆年间的二百余年中，明朝历任治河者长期采取"北堵南疏"和"分流杀势"的方略。"北堵南疏"，就是修筑加高朱氏祖坟所在一岸的大堤，而将水向另一岸分疏。"分流杀势"就是将黄河的河水向多方分流，以减轻洪水对运河的威胁。用这种消极的治黄方略治河，其结果是越治越糟，不仅未带来黄河的安流，反而造成黄河频繁决口改道，使河道、漕运大受影响。

由于多次分流，水势减弱，导致泥沙沉淀，河道阻塞。如明初黄河在南岸分流入淮，到嘉靖年间，各支河均已淤塞。其中孙家渡支河到弘治二年（1489年）已有淤塞，自弘治六年至嘉靖年间，曾疏浚十余次，共费公帑百万缗，随开随淤，终未开通。到嘉靖十二年（1534年）夏，又疏浚了150里，到第二年夏，河水大涨，一淤而平。

据《明史》记载，嘉靖三十一年（1552年），"河决徐州房村集至邳州新安，运道淤塞五十里"。嘉靖四十四年（1565年）"河决沛县，上下二百余里运道路俱淤……（河水）又分为十三支，或横决，或逆流入漕河，至湖陵城口，散漫湖坡，达于徐州，浩淼无际，而河变极矣"。

以人治河　不若以河治河

隆庆六年（1572年）正月，朝廷命工部尚书朱衡兼都察院左副都御史经理河工，命兵部右侍郎兼右佥都御史万恭以原官总理河道并提督军务。此时潘季驯因坚决反对不切实际的治河主张，得罪了权贵，遭到诬告，才被罢去总理河道等一切职务。万恭在危难之际来接替他的职务。

而此时正是治河之争最激烈之时，主要发生在分流和合流之争上。当时的治河者大都主张分流，"以杀水势"。宋濂、徐有贞、白昂、刘大夏、刘天和等明代治水名人都持这种观点，并进行了相当规模的实践。他们认为"利不当与水争，智不当与水斗"，只有分流才能杀水势，除水患。他们将黄河当清水河来治理，只知"分则势小，合则势大"，却忽视了黄河多沙的特点：水分则势弱，势弱则沙停，沙停则泥沙淤积，促使河道堵塞。河官刘天和虽对黄河得出"善淤、善决、善徙"的结论，但其认为这是黄河的本性，因此"自汉以下，毕智殚力以事河，卒莫有效者，势不能也。"即以"天意难违"为由，掩盖其治水的无能。有的河官面对河患，干脆"率众祭告河神"，以期黄河晏清，百姓平安。

万恭就任后，深入黄河下游和运河徐淮一带调查研究，并倾听来自各方的意见和建议。其中虞城一名生员向万恭提出的"以河治河"的思想，给予他极大的启迪。他采纳

万恭请人绘制了《黄河图》和《漕河图》，以供河官和河工们观看

了这一建议，并加以发挥，付诸实践。在经过认真的调查研究和深入思考后，他坚定地站在潘季驯一边，坚持并赞赏其筑堤防洪所取得实效，反对各种消极的治河方略，并对潘季驯遭受的不公平待遇深表同情。他认为"胸有全河而后能治河"。于是他请人绘制了自孟津至瓜仪2000里的《黄河图》和自张家湾至瓜仪2800里的《漕河图》，并勒石于总河公署的"四思堂"，供河官和河工们观看。

万恭认为黄河的特性是多沙，多沙是其常态，河清是变态。认为"黄河清，圣人生"是一种谬误，河清并非是祥瑞之兆。"水浊者尽泥沙，水急则滚，沙泥昼夜不得停息而入于海，而后黄河常深、常通而不决。清则水澄，水泥不复行，不能入海，徒积垫河身，与岸与耳。"河水长期积滞不得疏通，必然会决堤矣，黄河决口则漕运不通。

针对众多治水名人提出的"以人治河"和"以不治治之"的治河方针，万恭提出了"以河治河"的理论。他说："以人治河，不若以河治河也。借其性而役其力，则河可浅可深，治在吾掌耳。法曰：如欲深其北，则南其堤，而北自深；如欲深南，则北其堤，而南自深；如欲深中，则南北堤两束之，冲中坚焉，而中自深，此借其性而役其力也，功万之于人。"

万恭直接反驳了分流论的观点，并提出筑堤束水在治河中的重要性，他说"水之为性也，专则急，分则缓，而河之为势也，急则通，缓则淤，若能顺其势之所趋而堤以束水，河安得败？（《治水筌蹄》）""故欲河不为暴，莫若令河专而深；欲河专而深，莫若束水急而骤。束水急而骤，使由地中，舍堤无别策。"即以堤紧束河道，以加猛水力，冲刷泥沙。所以他主张"顺其势必堤防之、约束之，范我驰驱以于海"，使"淤不得停则河深，河深则水不溢变不舍其下而趋其高，河不决。故曰乃：黄河合流，国家之福也"。

万恭的治河思想，是治河从分流到合流的转折点，将数千年治河的主导思想，由治水转变为治沙为主，水沙并治，这是治黄史上的一大发展。"筑堤束水，以水攻沙"的方略，使得堤防不仅是防洪的手段，也是治河的工具。防、治结合，可保护大堤，并减轻洪水带来的灾难。遗憾的是，万恭主持总理河道的时间太短，未能实现黄河大治的愿望。而后潘季驯继承他的事业后,继续"坚筑堤防,纳水归一槽",在明代后期终于使得黄河下游长期以固定的河槽奔流入海。

黄运合一　治河即治运

在黄河下游,黄河与大运河紧密相拥,并相互依存,治运必治河,治河即治运。万恭深切感受到,像原来那些治河者将治河和治运截然分开,是极其错误的,必须将它们做通盘考虑。

他说:"言运而不言河,是进饮食而不理脾胃者也;言河而不言漕,是理脾胃而不进饮食者也"(《酌议漕河合一事宜疏》)。他还说,治黄河就是为了治运河,使运道畅通。若不为江南的粮食运到北京,仅仅是为了免除黄河之害,只要将河南铜瓦厢黄河北岸决开,使黄河东走渤海,则河南、徐州、邳州一带就会永远没有黄患了。但那样做能解决漕运吗?运河借助黄河的540里航道怎么办?难道改为陆运吗?

"舍堤无别法",只有在黄河两岸坚筑堤防,稳定河道,再束水攻沙,疏通河道和运道。因明代自隆庆以后"河患不在山东、河南、丰、沛,而专在徐、邳"。于是万恭修筑堤防重在徐、邳之间河段。他认为"黄河自宿迁而下河,博而流迅,治法宜纵之必勿堤。宿迁以上河窄而流舒,治法宜束之亟堤可也"。所以他在南岸从徐州城稍东奎山起到宿迁城西南止修筑缕堤。北岸自徐州吕梁洪起至邳州直河止,共修筑堤防370里。60天即完工,仅费银三万两。

后他又主持运河的治理,首先治理淮南运河。

唐宋以来,扬州是南北漕运的枢纽。从扬州到淮安的淮南运河是大运河中很重要的一段。明初以来,由于洪泽湖东岸高家堰屡屡溃决,淮南运河常常受阻。淮南运河河道专取山阳、宝应、高邮县境内的诸湖水以通航,故曰湖漕。隆庆初,湖水高出高邮、宝应城中数尺,每次决堤,高邮、宝应、兴化悉成广渊。万恭接任后,在仪征、江都、高邮、宝应、山阳的运堤上兴建平水闸(即分水闸)23座,并疏浚运道51处。高邮、宝应诸

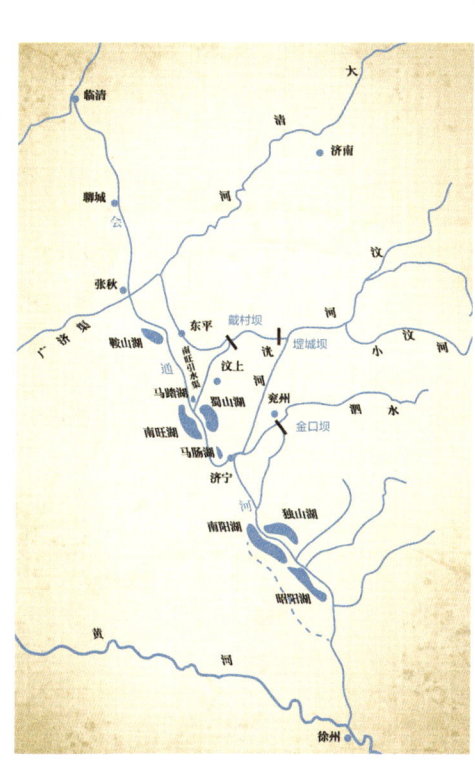

明代会通河路线图

湖洪水由各闸分支流汇入射阳湖。又在淮南运河开凿了两条汊河——瓜河和仪河，将洪水排入长江。

改筑南运口。南运口指今清江市西淮南运河与黄河、淮河的交汇口，是南北运河的另一个交通枢纽。明初陈瑄开清江浦河由天妃口入运。嘉靖时因天妃口淤塞，于浦南改开三里沟入淮为南运口，再由淮河进入黄河。万历初年三里沟亦淤。万恭在原来的天妃口重建石闸，当"运尽而黄水盛发，则闭闸绝黄，水落则启天妃闸以利商船。"即用闸门控制黄水入运河，以免淤塞运口。

整治会通河减水闸和改建引水工程。修复徐州城北淤废的境山闸，增筑南阳新河上的减水闸12座。在马家桥之西开水口建闸，以宣泄运东吕孟、微山诸湖夏水泛涨，以利漕运。为改善会通河水源，在兖州城东泗河上筑金口库，导泗水由府河至济宁城南天井闸入运……

在一系列黄、运联合治理后，黄河下游河道暂时得到安流，运道畅通。万恭说："历隆庆六年、万历元年，运艘行漕中若平地，河涨则300里之堤，内束河流，外捍民地，邳睢之间波涛之地，悉秋稼成运。"

防治结合　方能河安漕通

经过大规模、局部性的堤防修筑，黄河和运河暂时出现了"正河安流，运道大通"的局面，为了保持和筑固这来之不易的大好局面，万恭制定了一系列堤防修守制度。

万恭注重黄河水情的观察，争取防汛的主动权。他说："黄河非持久之水也，与江水异，每年发不过五、六次；每次发不过三、四日"，而多集中在夏秋两季，"吃紧在五、六、七月，余月小涨不足虑也"。他要求在伏秋大汛期，固守要害，布阵严防。为迅速传递水情，他还仿照"飞报边情"的办法，创立了从上游向下游传递洪水情报的制度。"上自潼关，下至宿迁，每30里为一节，一日夜驰500里，其行速于水汛，凡患害急缓，堤防善败，声息消长，总督（总理河道）必先知之，而后血脉通贯，可从而理也。"

万恭十分重视河防的管理，并制定了许多明确的制度。他说："有堤无夫与无堤同，有夫无铺与无夫同。"他在徐、邳之间370里河堤上每里设三铺,每铺三夫。南岸以千字文编号,北岸以百家姓编号。各按所辖信地修守堤岸,浇灌树木。五月十五日上堤,九月十五日下堤。伏秋水发时,各守汛段严阵以待。如遇水决,则上下左右互助而塞之。每铺还竖立黄旗、灯笼各一,有险情时白日挂旗,夜晚挑灯。另配的铜锣一面,鸣锣为号传报险情。

万恭用种植柳树来加固堤防。自河北张家湾至扬州瓜州、仪征循运河2000余里,两岸植柳70余万株,以固堤岸。

会通河每三年要有一次大的挑堤。按旧例正月十五筑堤绝流疏浚,至二月中完工。但此时正值天寒地冻,施工不便。又正值青黄不接之际,春耕、春漕接踵而至,摊派徭役十分困难。于是万恭提出改在九月兴工,十月竣工。这时漕船回空已尽,秋收告成,口粮充足,不害农事。万历后皆按万恭的建议挑堤,"官民称便"。

会通河由于水源缺乏,水流较弱,漕船通过运河,全凭四五十座船闸分段堰水,才可通过。各闸门的启闭是否值时十分重要。万恭说:"理闸如理财,惜水如惜金。"他制定了许多南北闸按水流多少定时启闭的规定和办法。这些规定和办法,在以后的实践中都证明是行之有效的,明万历以后和清代都沿用之。

在漕运的管理制度方面,万恭提出"八因""三策"。"八因":因河之未犯而北决,因河之未冻而南还,因风之南北为运期,因河之顺流为运道,因河安则修堤以固本,因河危则塞以治标,因冬春则沿堤以修,因夏秋则据堤以守。"三策":四月方终,舟悉入闸;夏秋之际,河复安流,上策也。运艘入闸,国计无虞,黄水啮堤,随缺随补,中策也。夏秋水发,运舸度河,漕既愆期,河无全算,下策也。此外,他在险工堤埽的布置、徭役的分配等方面也均有新见。

明清黄河故道 一座治河丰碑

万恭在总理河道的任上治河只有26个月,跨3个年头。正在他治河治运初见成效,准备将局部的堤防修筑推行开来，实现长时间黄河正流，运河畅通的宏伟目标时，不想工科给事中朱南雍奏本万恭治河不力，有掩过悻功之罪。工部复亦罪功，下严旨切责他。

明明是治水有效，反诬为治河不力；明明是治水有功，反诬其悻功有罪。为何会如此的黑白颠倒，是非混淆？原来万恭反对消极的治河主张，得罪了不少权贵；加之明代河漕制度的弊病，令河道和漕运两家责权不清，令矛盾激化……万恭最终还是难逃潘季驯同样的命运，万历二年（1574年）四月被罢官"回籍听田"。万历十九年卒，年77岁。

万恭只用26个月的时间，就为治河治运做了那么多的工作，他既有创新的治水思想，又有筑堤束水，以水攻沙的实践；既有初步实现黄河安流，运道大通的功绩，还有堤防、漕运的创新管理制度和办法……可见万恭是一心扑到治水事业上难得的河官，他为治水做到了殚精竭虑，鞠躬尽瘁。只可惜这样一位强毅敏达的水利才臣，只落得革职回乡的收场。

万恭是个有心人，他希望他的治水理论和实践，能为后世治理河患提供帮助，他在治水的26个月里，将自己治水的实践、措施、建议和心得均笔录了下来，汇成了一部重要的治水著作——《治水筌蹄》。这部著作受到了以后河臣们的重视和赞赏。潘季驯的《河防一览》以及清朝的河官们的治水著作中都引用了《治水筌蹄》的文字材料，今日仍是一部有价值的水利专著。

万恭被罢官后，治河官员走马灯似的换了一任又一任，治河方略眼花缭乱地换了一个又一个，最后却只有一个结果——河道、漕运形势大乱。朝廷在万般无奈之下，只好第3次启用潘季驯。潘季驯一上任便大张"筑堤束水，以水攻沙"的旗帜，并请求朝迁让他独揽治水大权，以防行政干扰。经过多年的努力，终于初步实现了"筑堤束水，水归一槽"的历史性转折。

后来经过明清两个朝代200多年的大力兴筑，在黄河下游南侧形成了历史上最完善、最坚固的堤防系统。这就是我们今天在地图上依然清晰可见的"明清黄河故道"。它像一座丰碑，永远纪念200多年来为治理黄河而付出的血汗乃至生命的河臣和河工们，也昭示着国人不屈不挠、顽强拼搏的崇高精神。

潘季驯：明代河工第一人

黄河是一条多灾的河流。有文字记载的 2000 多年来，黄河下游决口泛滥就有 1500 多次，河道重大改道 26 次。大致是三年两决口，百年一改道。水灾波及 25 万平方公里，造成赤地千里、十室九空的悲惨景象。

20 世纪初，为应对黄河带来的灾难，清政府邀请了一些具有现代科学知识的西方水利专家考察黄河，希冀能够拿出治黄的神药良方。后来专家们颇为自得地拿出了"采用双重堤制，沿河堤筑减速水堤，引黄河泥沙淤高堤防"的方案，引起国际水利界的强烈关注。不久后，他们便惊讶地发现，这竟和 300 年前中国明代治水专家潘季驯的治水理论和实践如出一辙。西方水利专家们不得不对潘季驯以及我国古代的水利科技水平表达深深的敬意。

潘季驯（1521—1595），浙江湖州人。从明世宗嘉靖四十四年（1565 年）至神宗万历二十年（1592 年）的 27 年间，他 4 次出任总理河道（官名，明代主持治河的最高官员），负责黄河、淮河和运河的治理。他总结了我国 2000 多年来的治河理论，开拓明清治河的新途径，是我国古代最杰出的水利专家之一。

潘季驯画像

开导上源，疏浚下流

明王朝自永乐年间（1403—1424 年）迁都北京后，首先完成了南北大运河中的瓶颈河段——会通河的治理，使得大运河成为了赖以维持其统治的南北交通大动脉。但是黄河与大运河成丁字形交汇，而黄河下游主流迁徙不定，并常常泛滥成灾，黄沙淤塞运河河道，引起漕运中断。

为了保证运河畅通，朝廷采取了"分流杀势"的治黄方略，将黄河的水从多处分流。为了保护凤阳、泗州的皇陵不被水淹，又采取了"北堵南疏"的方针，任凭黄河的水向南岸泛滥。这些消极的治黄方略，使得黄河的灾难更加频仍。到嘉靖晚期，黄河下游竟一度分岔 13 股南下，灾情严重。6 年间，朝廷换了 6 任治河的官员，灾害依然如故。

嘉靖四十四年（1565 年）七月，当黄河再次在沛县决口，纵横数百里一片汪洋，大运河也被泥沙淤塞了200余里。朝廷一片惊惶。于是朝廷于当年11月，任命一向勤政有为、政绩显著的潘季驯为总理河道，协助工部尚书兼总理河漕朱衡开展工作。

潘季驯第一次接触治黄工程，对黄河的水性和河工技术一无所知，但他不辞辛劳踏勘了黄河下游许多急流险段，又深入河工和黄河沿岸的百姓之中，倾听治黄的看法和建议。朝廷治黄方略的辩论也一直激辩不休，分水论、改道论、疏浚海口论等主张各不相让。潘季驯认真思考和比较不同的意见和观点，寻求治黄的有效途径。

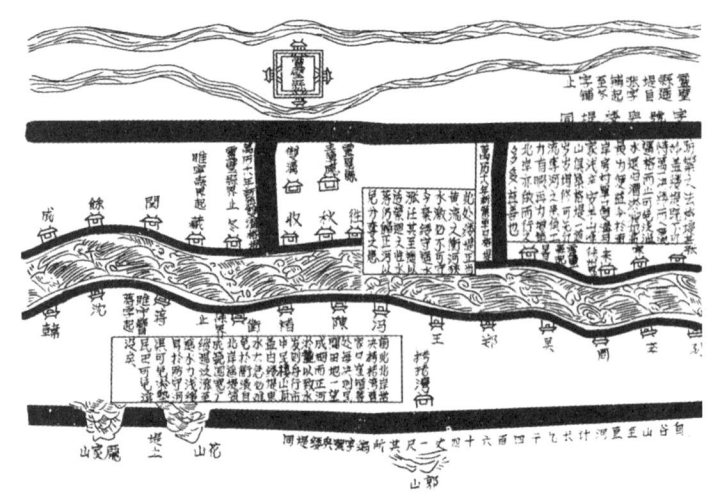

《河防一览·全河图说》局部

潘季驯首次的沿河踏勘，看到黄河在邳县决口，谷城、留城、境山一带河渠均被泥沙淤塞，面对满目黄沙，他竟"惶惧无措"。以往为治水采取的多次分水，使河水流速减慢，泥沙壅积，造成黄河漫流，灾情加重。潘季驯感到，治河的关键在于治沙，开河分水是一种消极的治河方法，只会使淤塞更加严重。要根本上解决黄河的灾难必须筑长堤，复故道，聚集水量，排沙冲淤。

他提出了"开导上源，疏浚下流"的治黄方案，坚决反对分流、改道的意见。希望经过"开上浚下"，结束黄河漫流的现状，实现"水归一槽"的目标。由于"开导上源"花费太大，朝廷只同意"疏浚下流"。后又在潘季驯的力争下，同意修复部分旧河。朱衡和潘季驯两人带领9万多劳工，开始投入到紧张的施工之中。很快便开出新河140里，修复旧河52里，修筑大堤3万多丈，石堤30里。

不想在施工即将结束之时，一场洪水不期而至，将新修的大堤冲决。一些持不同治河主张的人乘机诋毁朱衡，要求弹劾朱衡。潘季驯虽然在治河主张上与朱衡不尽相同。朱以治漕为先，潘以治河为急。潘季驯认为运河的问题根本还是黄河的问题。黄河迁徙不定，使运河水患不绝。但在关键时刻，潘季驯不计前嫌，上疏朝廷为朱衡据理力争，并又加紧督导堵住决口，治河工程终于大功告成。朝廷立即嘉奖了两位功臣，并晋升潘季驯为右副都御史。不久潘季驯母亲去世，他丁忧回籍。

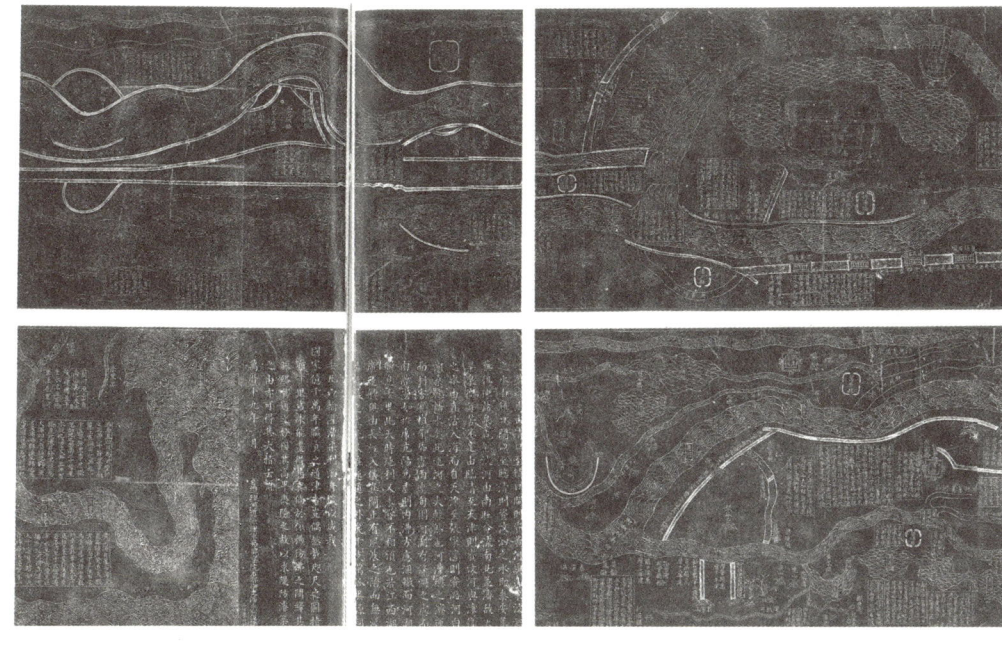

《河防一览·全河图说》立石拓本

筑堤束水 以水攻沙

隆庆三年（1569年）七月，黄河自沛县决口，九月淮河又决口。黄淮并溢，洪水横流。朝廷惊慌失措，再次任命潘季驯为总理河道兼提督军务。

第一次治河未能完全实现黄河"复故道、归一槽"的想法，当机会再一次来临时，潘季驯决心将自己的治河思想付诸实施。当时"加堤修岸"与"分水杀势"的争论十分激烈。不少人认为修复黄河故道困难太大，不如开新河使黄河分流以杀其势。但潘季驯认为，"水分则势缓，势缓则沙停，沙停则河塞"，"支河一开，正河必夺"。不解决河复故道的问题，新开河道再多也无济于事。他一针见血地指出："夫避难趋易，争一时之便而略其害非长策也。"

他一次又一次的沿河踏勘，见黄河泥沙不断地淤塞徐邳河段，淤塞清口，淤塞淮扬运河，淤塞海口……潘季驯深深感到不能把黄河问题同一般清水河流等同起来，也不能完全采用适于清水河流的方法来治黄。他说："黄流最浊,以斗计之,沙居其六。若至伏秋,

潘季驯踏勘河堤

则水居其二矣。以二升之水，载八升之沙，非极汛溜，必致停滞。"这就是黄河的特性。

但如何将黄河故道里淤积的黄沙清完，如用人力浚挖河槽，事绝难成。在治河的实践中他看到，水流入狭窄的河道时，水势猛涨，流速加快，强大的水流将淤沙迅速带走，河道变深。他说"水之力大则沙随水走，水之力微则水走沙积"。这时一个大胆的想法油然而生：要使河道不淤，可以借河水自然之力，因黄河本来具有如此能力，只需驾驭有法必可达此目的。

他提出"必须预筑长堤坚固，水无处泄漏，则沙随水走，无复停蓄壅遏之患"。而束水堤坝相距较近，水流的横断面较小，洪水来时容易漫堤，而欲图长远之利必须"筑近堤以束河流，筑遥堤以防溃决"。于是"筑近堤以束河流，筑遥堤以防溃决"的思想在其脑中形成，并成为其半生治水方略的核心，也是其后300年人类治理黄河的主臬。

"筑近堤以束河流，筑遥堤以防溃决"，这就如同300年后西方著名水利专家给清政府提出的"双重堤制"：逼近河水在两岸修筑缕堤，缩小过水断面，加大流速以水攻沙，直刷河底；远离缕堤一二里，再各筑一道遥堤，待伏秋涨水可拦洪防溃。双重堤制可谓给黄河上了双保险。

只可惜在潘季驯的第二次治水中，由于财力有限，加之"分流说"流派的反对、掣肘等，遥堤未能修筑。但潘季驯亲督5万民工堵塞了11处决口，在徐州至邳州西岸修筑了缕堤3万余丈，疏浚了匙头湾以下淤河，并修复了旧堤。束水攻沙成效大显，河道深广如前，漕运畅通。

这次治河工程大功告成，理应受到嘉奖，不料，潘季驯在治河中坚决反对一切消极的治河主张，得罪了一些权贵。正逢运河大水，漕运船只因超载翻船，漕粮漂没，这本属于漕督大臣的责任，与潘无干，但他们罗织罪名诬告潘季驯，潘被落职回乡。

蓄淮刷黄　水归一槽

时光匆匆，不觉之间五年光阴已经过去。在家中闲居的潘季驯依旧念念不忘治河，经过多年的思索，他更坚定了筑堤束水的决心。这时他突然又一次接到朝廷下达治河的命令。

原来是黄淮又遭严重水灾。万历初，黄河决崔镇而北，淮河决高堰而东。黄河南北两岸共决口 130 多个，其中崔镇决口宽达 180 多丈，河水越过归仁集，直冲泗州的明祖陵。黄、淮、运交汇处的清口一片淤沙，清口以下的黄河入海尾闾也被严重淤塞。朝廷无计可施，在宰相张居正的力荐下，朝廷于万历六年（1578 年）第三次起用潘季驯。

潘季驯难忘在二次治水时因众议纷纭，谤声汹涌，治河工程受到的严重影响，以及他自己受到的诬告。但他相信，清者自清，浊者自浊。他自己的事轻，而治河的事重。要坚持"修复故道""水归一槽"的治水方略，实现运河畅通、黄河安澜的宏图大业，必须排除各种不切合实际的治水主张的干扰和掣肘。

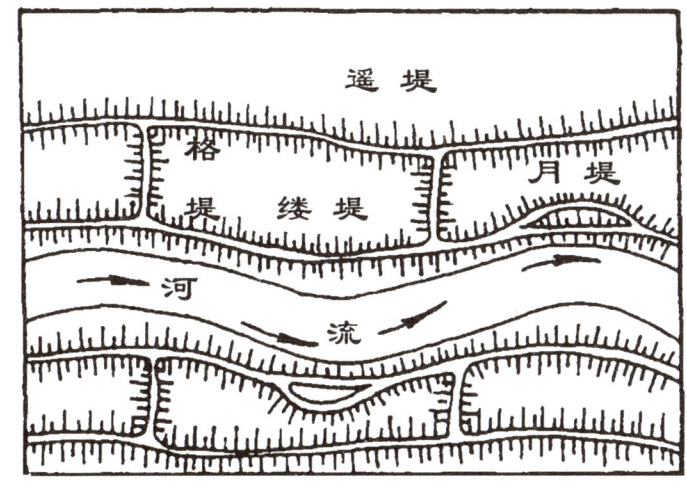

遥堤、缕堤、月堤、格堤示意图

他上疏朝廷，说明治河工程之艰难，特别是劳师动众，少不了怨懑，最易涣散军心。他要求朝廷给予他治水大权，便于他独立处置治水要务。他也立下了军令状：以三年为限，若治水不奏效，甘受军法处置。神宗皇帝准许了他的请求，并亲自任命他为都察院右都御史兼工部侍郎、总理河漕兼提督军务。

他一上任，便深入治水一线"相度地形"。他认为黄河运河相通，治理了黄河也就保护了运河，黄河、淮河相汇，治淮也就是治黄，既不能离开治黄谈保运，也不能抛开治淮谈治黄，必须将三者结合起来综合治理。

因运河常被黄河泥沙淤塞，要治理运河，必须先治理黄河。他首先在黄河两岸实施"束水攻沙"方略，大筑堤坝，形成堤防系统和河工建筑群。

堤防系统是由遥堤、缕堤、格堤、月堤等组成。遥堤拦洪防溃，是堤防中的骨干；缕堤束水攻沙，直接与水沙搏斗；遥堤和缕堤之间是一个狭长的滞洪区，可以滞蓄一定的洪水；格堤横隔在遥缕二堤之间，既可保护遥堤堤根不受冲刷，又可以截留洪水挟带的大量泥沙，淤高滩地，巩固堤防。

河工建筑群，是在黄河堤坝上修筑了滚水坝、减水闸、涵洞等各种形式的水工建筑。一般洪水，可以通过减水闸分泄一部分；如果遇到大洪水，则可以通过滚水坝泄洪；洪水消退以后，遥缕二堤之间低洼处的积水还可以由涵洞排走。

在他任职的两年间，共筑土堤10.2万多丈，石堤3300多丈。其中黄河北岸自徐州至清河城和南岸自徐州至宿迁城的遥堤分别为1.84万丈和2.85万丈，并在遥堤上修筑了闸门和减水坝20多座。为了防止黄河向南侵入淮河，又修归仁大堤7600余丈。在清江浦等处修筑旧堤和新堤。堵塞决口139处。

当大筑黄河两岸遥堤缕堤、挽河归槽之后，运河畅通。潘季驯又将目光转向淮河。望着清澈的淮河水，另一个大胆的计划在他心中产生——大筑高家堰，蓄淮刷黄。

潘季驯的这个主张让不少人吓破了胆。他们认为两河归并，水力更猛，更易造成河堤决口，造成更大的灾难，于是坚决反对。

但潘季驯成竹在胸："蓄淮刷黄"，即"当藉淮之清，以刷河之浊，筑高堰束淮入清口，以敌河之强，使二水并流，则海口自浚"。即一是借淮水之"势"来冲沙，水合则势猛；二是借淮水之"清"以释浑，水清则沙刷。他说："黄不旁决而冲槽力专，淮不旁决而会黄力专。如果尽令黄淮全河之力，涓滴悉趋于海，则力强且专，下流之积沙自去。下流既顺，上流之淤垫自通，海不浚而辟，河不挑而深矣。"

潘季驯由于大权在握心无旁骛，立即组织人力大筑高家堰，将淮水拦在洪泽湖内，并充分利用堤内万家湖、泥墩湖、富陵湖等洼地，使它们连成一片，极大地扩充了洪泽湖的蓄水容积。这不仅完成了"蓄淮刷黄"的任务，而且使洪泽湖成为了淮河的调洪水库，可以大大减少淮河洪水对下游淮扬地区的威胁。

此次大治理之后，出现了"两河归正，沙刷水深，海口大辟，田庐尽复，游移归业"，"漕运畅通"多年未遇的大好局面。万历八年（1580年）潘季驯治河有功，升任南京兵部尚书，后改任刑部尚书。

万历八年十二月，张居正病卒后，其家被抄，其80多岁的老母生活无着。潘季驯虽然在张居正当权之时，在开泇河上与张意见相左，但他认为张居正十年改革成效卓著，不应落得如此下场，他仗义执言为其母求情，却被以"党庇居正"罪而落职为民。

治河有定义而河防无止工

潘季驯第四次治河，已是他上次成功治河之后第八个年头了。

潘季驯离去之后，堤防松懈，河工废弛，堤坝因"车马之蹂躏，风雨之剥蚀"，大部分已"高者日卑，厚者日薄"。于是河患又不断发生。朝廷责令安抚使臣和地方官吏分区治理，但均无成效。神宗皇帝不得不第四次请潘季驯"出山"。

万历十六年（1588年），潘季驯以67岁高龄出任总理河槽。他深知千辛万苦修筑的堤坝及其他河工建筑，不可放松修守。他说"向来河堤之决，人皆归罪于河之猖獗"，而实际上"河势自无不猖獗者。譬之狂酋悍虏，环城而攻，唯在守城者加之意耳。"他说："治河有定义而河防无止工。"

他花大力气组织和完善堤防修守和管理制度：如铺夫制度、堤防每岁加固制度、四防二守制度、岁办待料制度、防汛报警制度、闸坝启闭制度以及工程修筑质量管理制度等，对堤防的岁修守护，特别是防洪度汛作出了明确规定。对筑堤、塞决、建闸坝、修涵洞、挑浚、扩堤等河工技术也总结了一套行之有效的管理办法。

潘季驯纪念园中的潘季驯雕像

潘季驯在治河实践中发现，在遥堤和缕堤之间修筑的格堤还有淤高滩地的妙处：当伏秋洪水退后，挡在格堤中的水仍流回到河槽，淤沙却留在格堤内，加厚了缕堤，又淤肥了滩地。这给潘季驯以极大启示：过去只想把泥沙冲走，现在才知道泥沙还可以留下来。

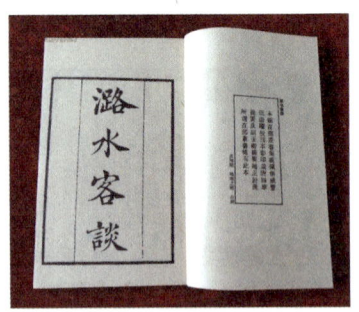

《潞水客谈》

留在河槽中有害，留在滩地上却有利。于是又提出了利用黄河本身的冲淤规律实行淤滩固堤的措施。

他在职期间，对旧有的 27 万多丈堤防闸坝进行了整修加固。在黄河两岸修筑堤坝 34.7 万丈，新建堰闸 24 座，土石月堤护坝 51 处，堵塞决口和疏浚淤河 30 万余丈，使黄、淮、运河保持了多年的稳定，实现了运河畅通，黄河安澜的宏伟目标。

我国古代治河思想的演变，大体经历了"壅障－分疏－束水"这样一个辩证的发展过程，而潘季驯的思想和实践完成了从"分疏"到"束水"的第二个否定过程。他的治河理念不仅从根本上动摇了千余年来人们在治河问题上的传统观念，而且对于此后 300 多年来人类治理黄河的工作产生了巨大的影响。我国著名的水利科学家沈怡在谈到潘季驯的历史功绩时极为钦佩地说，"潘季驯的治河是中国古代河工史上最光辉的一页"，"潘季驯是我国近五百年来最杰出的治河人物。"

去国之臣　心犹在河

万历十九年（1591 年）冬，潘季驯晋升为太子太保、工部尚书兼右都御史。此时的潘季驯由于多年治河工程劳累，已是疾病缠身，羸弱不堪。他常常吐血、昏厥，甚至于风瘫不起，但他仍在病榻上料理河工之事。他三次乞休离职，皆不准允。万历二十年（1592年），工科给事杨其休上疏朝廷，要求朝廷本着体恤爱护功臣的本意，批准潘季驯回家休养。两个月后批准。

在离职前，潘季驯给朝廷上疏，表白自己的心迹：自己半生致力于治河，可谓"壮于斯，老于斯；朝于斯，暮于斯"，即使即将离职，但"去国之臣，心犹在河"，真切写出了其为治河殚精竭虑的献身精神。

万历二十三年（1595 年），潘季驯病逝。其著作有《宸断大工录》《两河管见》《河防一览》《留余堂集》等。

王锡爵在《潘季驯墓志铭》中写道：他在治河中"数次几濒于死"，乘船在河中指挥时"风雨大作，震撼波涛中几覆，挂树梢乃脱"。二次治河时，背患疮痏不能坐立，强忍痛疼在船头指挥抢险。

回眸史鉴，瞩目来今，潘其驯的形象在历史的云烟中卓然而出，燿燿生辉。"地维赖其立，天柱赖其尊"，中华民族历经苦难而得以生存，得益于有无数像潘季驯这样的人。他们是中华民族的脊梁，是民族精神的楷模。

徐贞明：海河水利立高论

元明时期，寻求解决江南重赋方案，提出发展海河流域京畿地区水利思想，不乏其人。而著以专著，系统提出发展西北水利并展开实践者，当属明代著名水利专家徐贞明。

徐贞明（约1530—1590），字孺东，一字伯继，江西贵溪人，穆宗隆庆五年（公元1571年）考中进士，任浙江山阴县令。万历三年（1575年），被召入京，为工部给事中。官至尚宝司少卿。是明代万历年间倡导海河水利的代表人物。

《潞水客谈》经久传

神宗万历三年（1575年），徐贞明进京任工科给事中。在考察京畿各地实际，详细了解有关地区的地形、水文、土壤等自然环境后，徐贞明进奏《请觅修水利以预储蓄疏》，提出了兴修西北水利以解决西北地区的粮食供应问题，缓解南漕北运压力。

徐贞明像

徐贞明在上疏中说："神京雄据上游，兵食宜取之畿，今皆仰给东南，岂西北古称富地，不足以实廪而练卒乎。夫赋税所出，刮民脂膏，而军船夫役之费，常以数石致一石，东南之力竭矣。又河流多变，运道多梗，窃有隐扰。""若仿集意，招徕南人，俾之耕艺，北起辽海，南滨青齐，皆良田也。宜特简宪臣，假以事权，勿阻浮议，需以岁月，不取近功。或抚穷民而给其牛种，或任富室而缓其征科，或选择健卒分建屯营，或招抚南人许其占籍，俟有成绩，次及河南山东陕西。"徐贞明认为，首都设在北京，赋税"仰给东南"，从南方漕运粮食至京，耗费大量人力物力。为了减轻这一负担，主张开拓作为京畿地区的海河水利，发展当地的农业生产，提高粮食产量，以缓解南粮北运的负担。

工部尚书郭朝滨以"水田劳民"为由，没有采纳这一建议。随后不久，由于徐贞明同情关在狱中的御史傅应祯而受到株连，被贬出北京，任太平知府知事。

在赴任途中经潞河（今称白河、北运河）时，徐贞明思来想去，觉得此前上疏尽管没被采纳，但其方案行之有效，有必要扩展开来，详加论述。于是，静下心来，反复推敲修改，终于形成了旷世名作——《潞水客谈》。后来，明代著名科学家徐光启在论及西北水利时，则全文引用了《潞水客谈》，并冠之以《西北水利议》的名称。这里的西北，与东南相对而言，泛指京畿地区。徐贞明用宾客问答的形式，在借鉴前人治水思想和治水方法基础上，进一步阐述了自己的见解，详尽地论证了兴修西北水利的必要性、可行性，以及具体方法步骤。《潞水客谈》一书充分体现出了徐贞明忧国忧民的情怀。

关于兴修西北水利的必要性，徐贞明列举了十四条好处：一是"惟水利兴而后旱潦有备"，只有兴修水利，才能不怕旱涝灾害；二是"中人治生，必有常稔之田，以国家之全盛，独待哺于东南，岂计之得哉？水利兴则余粮栖亩皆仓庾之积"，过度依附东南，非长久之计，西北水利兴，粮食就能丰收，粮仓就会丰实；三是"东南转输，其费数倍。若西北有一石之入，则东南省数石之输，久则蠲租之诏可下，东南民力庶几稍苏"，在北方治水营田，可减轻东南转输之费；四是"西北无沟洫，故河水横流，而民居多没。修复水田，则可分河流，杀水患"，修复水田，能使河水分流，根治水患；五是"西北地平旷，寇骑得以长驱。若沟洫尽举，则田野皆金汤"，北方地广，广修沟洫，植树种田，能够阻止北方蒙古骑兵长驱直入；六是"游民轻去乡土，易于为乱。水利兴则业农者依田里，而游民有所归"，兴修水利，发展农业，可以减少游民人数，保证社会稳定；七是"招南人以耕西北之田，则民均而田亦均"，迁移南方人口到北方开垦土地，将极大地缓解人口增加对东南土地、粮食供应造成的压力；八是"东南多漏役之民，西北罹重徭之苦，以南赋繁而役减，北赋省而徭重也。使田垦而民聚，则赋增而北徭可减"，治水垦田增加役民，既减北方徭役，又减东南民赋；九是"沿边诸镇有积贮，转输不烦"，沿边诸镇有积贮，可减轻运粮的麻烦；十是"天下浮户依富家为佃客者何限，募之为农而简之为兵，屯政无不举矣"，募来之民又能为兵，可兴屯田；十一是"塞上之卒，土著者少。屯政举则兵自足，可以省远募之费，苏班戍之劳，停摄勾之苦"，屯田兴，可省远募之费，兵源充足，给养得到保障，免除军粮转输之烦；十二是"宗禄浩繁，势将难继。今自中尉以下，量禄之田，使自食其土，为长子孙计，则宗禄可减"，限制宗禄，使自食其力，减轻宗禄负担；十三是"修复水利，则仿古井田，可限民名田，而自昔养民之政可举行"，修复水利，可渐行古代养民之政；十四是"民与地均，可仿古比闾族党之制，而教化渐兴，风俗自美"，民有田耕，从而"教化渐兴，风俗自美"。

在《潞水客谈》中，徐贞明进一步解释为什么必须先在京东修水利，"京东辅郡，而蓟又重镇，固股肱神京，缓急所必须者。……姑摘其土膏腴而人旷弃，即可修举以兆其端者，盖先之京东数处以兆其端，而京东之地皆可渐而行也"。提出了先京东而后西北的具体办法："先之京东以兆其端，而畿内，而列郡……辽海以东青徐以南，皆可渐而行也……特端之于京东数处，因而推之西北"，最终实现"一岁开其始，十年究其成，而万世席其利"。

徐贞明在《潞水客谈》中列举了兴修西北水利的十四条好处

该书很快流传开来，受到了很多人的认可与称赞。原来反对过徐贞明的兵部尚书谭纶："见而美之曰：'我历塞上久，知其必可行也'。"而顺天巡抚张国彦、副使顾养谦则按他的办法在蓟州、永平、丰润、玉田等地进行了实践，都取得了成效。徐贞明的理论直接影响了徐光启，徐光启在《农政全书·凡例》说，西北水利"始于元虞集，而徐孺东先生《潞水客谈》备矣"。

治水营田利万年

在诸臣的举荐下，万历十三年（1585 年）徐贞明重新回朝，被任命为尚宝司少卿，受命兴修水利。他先在京畿永平府一带展开试点，随后，勘看海河流域各地，准备全面推广。由于豪强权贵的反对和谏官的弹劾，治水营田计划被迫停止。

徐贞明领了敕令后，先实地查看，了解京畿地区河流流向、地形状况、人口布局等。

经过考察，他认为京畿地区治水营田条件优越："负山控海，负山则泉深而土泽，控海则潮淤而壤沃，易于水利营田。"而且，这一带"泉从地涌，一决而通，水与田平一引而至"，也为农田灌溉提供了优越条件。在徐贞明看来，京东自然条件优越，背山面海，川多泉深易于灌溉，近海潮淤而使地肥沃，在那里治水垦田，能够增加粮食产量。

随后，徐贞明把掌握的情况和具体想法，上奏朝廷。户部尚书毕锵等看完徐贞明的上疏后，认为切实可行，就采纳了他的建议。同时，议定了以垦田勤惰为标准，徐贞明可对各郡县官员举荐、弹劾；地宜种稻者要逐步改成稻田，不改者追究当地官员责任，令其按时完成；招募南方人，来教如何种稻；所垦田地子孙可继承，成绩显著者按功封官加赏以及贷谷种、止徭役等六项措施，一并上奏皇帝。皇帝全部采纳。万历十三年九月，皇帝命徐贞明兼监察御史领垦田使，开始兴修水利，开垦种植。

徐贞明领旨后，夜以继日，全力投入。徐贞明利用熟悉农务的南方士兵进行屯田，招募南方农人开治水田。由于采取了各种切实可行的办法，治水营田工作取得显著成效。自万历十三年三月至十四年二月，不到一年的时间，徐贞明就在"密云燕乐庄，平谷水峪寺，龙家务，三河塘会庄顺庆屯等地，蓟州城北、黄崖营西白马泉镇、国、马伸桥，夹林河而下，别山铺、夹阳流河而下至阴流；遵化平安城夹运河而下，沙河铺城西，涌珠湖以下韭菜沟，上素河、下素河百余里；东则榛子锁，西则雅红桥，夹河五十里；玉田青坞、后湖，三里屯及大泉小泉。至于滨海之地，自水道沽关大黑子墩，至开平卫南宋家营，东西百余里，南北八十余里，垦良田三万九千余亩"。

初尝胜果的徐贞明计划"一岁开其始，十年究其成，而万世席其利"，准备继续在真定（今河北正定）垦治滹沱河周边地时，却遇到了豪强权贵的强烈反对和坚决抵制，他们"恐水田兴而失其利也"。在权贵们看来，漕粮北运是他们的发财致富之路，通过把持运河官闸、运输、粮仓等，可以借机中饱私囊。如果徐贞明的治水营田成功，京畿地区变成天下粮仓，那就直接断了他们的财路，砸了捧了多年的"金饭碗"。另外，京畿地区多为王府和权势通过多种手段获得的田地，一旦治水营田计划实现，王府和权势"则己利尽失"，其非法占用的土地，就面临清退，直接触犯了他们的切身利益。御史王之栋提出"水田必不可行"的十二条理由，妄称"滹沱非人力可治，徒耗财扰民"，反对京畿地区治水营田。明神宗信以为真，"谕令停役"。

京畿地区种稻的计划就此夭折，已种稻田，"一闻诏下，尽撤毁堤岸，斥为闲田"。面对强大的权贵力量，徐贞明感慨万千："开垦已成之功废于一旦，良可惜也"。徐贞明自感希望渺茫，于是辞官还乡。《明史》评论："京东水田实百利，事初兴，既为浮议所挠，论者惜之。"

徐贞明的治水营田行动尽管被终止，但影响深远。之后，左光斗等人都致力于京畿水利的开拓。保定巡抚汪应蛟在天津开发海河水利，筑堤浚河，垦田五千多亩，其中稻田占十分之四。左光斗于万历四十七年组织军民屯垦，种水稻。董应举天津开发农田水利，垦田十八万亩。明末徐光启先后四次来天津，兴修水利，进行农业科学试验。

治水先治江河源

《易经》曰："润万物者，莫润乎水。"水是生命之源，人类生存与发展与水密切相关。水孕育文明，滋润万物，使人类尽享水之"利"；但是，连绵不断的水患，又威胁着文明，给人类带来巨大的灾难。人类一直把兴修水利、根治水患作为自己的根本大业。人类文明发展史，在某种意义上说，就是一部治水史。几千年来，人类一直在致力于除水害、兴水利。大禹利用地势和河道进行疏导，成功制服泛滥洪水。李冰父子顺应自然规律，修建都江堰，自动调配水量，使灌区内"水旱从人，时无凶年"。潘季驯四次治河，筑堤束水，借水刷沙，"两河归正，沙刷水深，海口大辟"，使黄河保持了多年的稳定。

徐贞明在总结前人治水经验并调查分析的基础上认为，治水的关键在于把水散开而不使其聚合，水"聚之则害，而散之则利；弃之则害，而用之则利"。在徐贞明看来，如果不加以利用，听任地面水源自流，汇聚起来就可能泛滥成灾；如果能积极发展农田水利，将水散布于田间沟渠之间，不仅能够避免洪水发生，而且能使变害为利，变废为宝，造福于人类。

徐贞明创造性地提出："夫利水之法，高则开渠，卑则筑围，急则激取，缓则疏引。

其最下者，遂以为受水之区，因其势不可强也。然其致力，当先于水之源"，即"治水先治源"。徐贞明认为："源则流微而易御，田渐成则水渐杀，水无汛溢之虞，田无冲激之患"。就是说，兴修水利应因地制宜，要从上游开始治起。原因在于，河流上游水势较弱，便于控制和利用。他主张在治理泛滥河流时，应先从其发源地治理起，然后再依次及于中游和下游。自上而下，利用河水，将两岸的土地依次改造成水田，层层散水，河水的水势必将被削弱，水患自然会得以消除。

具体到水田建设，徐贞明借鉴历史经验，认为应在田间修建沟洫。他分析到："河之无患，沟洫其本也……河自关中以入中原……当夏秋霖潦之时，诸川所经，无一沟一浍可以停注，旷野洪流尽入诸川，其势既盛，而诸川又会入于河流，则河流安得不盛。流盛则其性自悍急，性悍则迁徙自不常。"由于西北地区的很多沟洫被废弃，因而雨季黄河流经西部地区时，频发水患。如果"疏为沟浍，引纳支流，使霖潦不致泛溢于诸川，则并河居民，得水利成田，而河流渐杀，河患可弥矣。"如果田间沟洫畅通，就既可以有效地防旱排涝，消除河患，又可以灌溉农田，一举两得。

徐贞明"治水先治源"理论引起广泛反响。徐光启在徐贞明"治水先治源"的基础上，总结提炼了"用水之源"的办法。沈梦兰赞同"治水先治源"理论，提出："河自孟津以上，禹迹未改，土厚水深，穿渠引河，有利无害。诚使山陕一带，遍开支渠，灌溉田亩，兼杀河势，洵数省之利也。"主张在黄河中上游修渠兴利兼治水，反对在孟津以下引河灌溉。许承宣传承"治水先治源"理论，指出："水之流盛于东南，而其源皆在西北。用其流者，利害常兼，用其源者，有利而无害。"

徐光启：以农立国　水为农本

2012年4月16日，是徐光启诞辰450周年。上海市在徐汇区举行纪念活动，以"颂宗师风范，承经世之志"。徐汇区是我国古代著名的科学家、中国近代科学技术的先驱徐光启的出生地，这里又因三条河流交汇而得名徐家汇。

徐汇区南丹路，在绿树掩映中有一片开阔地为光启公园，徐光启的墓地便坐落在这里。徐光启一生科技成果颇丰，但为使国民"丰衣食，绝饥寒"，他将毕生主要精力放在对农学和水利方面的研究上，主张以农立国，水为农本。43岁考中进士后，他提议测量长江、黄河、淮河三大流域水道。他力主发展北方水利和农业，变天下为江南，改变"军国大命，独倚于漕运"的现状。他晚年编写了集古今农业科学之大成的《农政全书》，其中九卷是论述水利的。

坎坷仕途，成就实学思潮的积极推动者

徐光启（1562—1633），字子先，号玄扈，出生于松江（今上海）。

他祖籍苏州，祖父落户上海以经商致富，及至父亲家道中落，于是弃商归农。父亲为人"博识强记，于阴阳、医术、星相、占候、二氏之书，多所通综，每为人陈说讲解，亦娓娓终日"。而母亲"性勤事，早暮纺绩，寒暑不辍"。且识大体，明事理。每临大事，颇有主见。在这样的家庭和父母的影响下，徐光启自小便喜欢钻研科技，重农兵，尚实践，唯勤唯俭，并自小立志"治国治民，崇正辟邪，勿枉为人一世"。

徐光启像

徐光启早先务农，20岁中秀才，36岁中举人，43岁中进士。他虽饱读诗书，满腹经纶，在当地享有神童、才子的美誉，但在科举应试的路上却历尽了坎坷和辛酸。自秀才至进士，他用去了23年的时间。在入仕前的较长的时间里，他以教书为生，并随着主人家辗转于广东、广西一带。白天教书，晚上阅读农书，钻研农业技术。因农业又涉及水利、天文、数学等，他的研习的内容也由此延展。

明中叶后，陆王心学盛行，其主张禅静顿悟，反对经世致用。在现实生活的磨砺下，徐光启的思想逐渐与之相背，他认为应当学以致用，文章学问应以救正时弊、济世救民为要。更何况当时政治黑暗，阉祸、党争猖獗，民不聊生，禅静顿悟之说只求个人修炼，实为祸国殃民。由于他的思想不合时宜，文章自然无法进入阅卷者的法眼，使得他的科举之路备受艰难。

他中举和进入翰林，都颇有偶然性和传奇色彩。在关键时刻因有高人慧眼识人和贵人相助，他才得以步入仕途。

万历二十五年（1597 年），在经历了多次应试失败之后，徐光启又一次入京应试。这时家里已经是一贫如洗，母亲卖了家中的口粮作为徐光启应试的盘缠，以致家人数日断粮。

不想，这次他应试的文章又得不到阅卷人的青睐而落选。但奇迹却在此时出现。主考官焦竑在落选的试卷中翻拣，意外地发现了徐光启的试卷，读后竟拍案叫绝，赞叹道："此名士大儒无疑也！"将他从落选中提为第一名。原来焦竑和徐光启都主张文章学问应该"益于德，利于行，济于事"。正是这种共同的认识和一致的思想，才使得他们惺惺相惜成为挚友，徐光启也因此得到了焦竑的激赏而中举。

后焦竑丢官，徐光启又经历了 7 年的磨难，才考中进士。他殿试排在三甲五十二名，排名较后，按理没有资格进入翰林院。依明朝的传统，"非进士不入翰林，非翰林不入内阁"。徐光启要步入仕途，必须要先步入翰林。这时，与他同科的进士，他的老师黄体仁已取得考翰林的资格。黄体仁当时已年满花甲，不忍心看到有抱负、有才具的学生将大好年华耗费于入仕之路上，于是主动让贤，徐光启才得以考入翰林，步入仕途。

长期在社会底层生活，使徐光启对百姓的贫困生活有切身的体验，更坚定了他"兼济天下"的决心。而在科举应试路上的坎坷和辛酸，使他对当时的应试制度和陆王心学产生了怀疑和否定，思想发生了变化。有人记述徐光启思想的变化时说他，"尝学声律，工楷隶，及是悉弃去，专习天文、兵法、屯、盐、水利诸策，旁及工艺数学，务可施用于世者"。

徐光启思想上的转变，使其后半生走上了主张经世致用，崇尚实学的道路，成为明末学术界、思想界兴起的实学思潮的积极鼓动者、推动者。他官至礼部左侍郎、文渊阁大学士，官位不可谓不高，但在宦官擅权日益严重的晚明，他作为学者型的官员却屡遭弹劾，数次称疾而去。在宦海沉浮中，其抱负始终不能实现。

徐利之交，开启了中西文化交流之门

在政治上失意的徐光启，将精力投放到了农业、天文、水利等实用科技的研究之中，这时又一个历史际遇再次降临：徐光启与意大利传教士利玛窦相交，使得徐光启从数千万明代官吏中脱颖而出，成为了晚明"西学东渐"的领袖，成了我国"睁眼看世界的第一人"。

万历二十三年（1595 年），徐光启受聘去广东韶州任教，偶然去当地的基督教堂游览，遇到耶稣教会的传教士郭居静。在那里他看到了由意大利传教士利玛窦带来的世界地图——《万国坤舆全图》，得知中国之外竟有如此大的世界，并得知麦哲伦乘船航海绕地球一周的事实。他极度震惊又大开眼界，也对当时大名鼎鼎的传教士利玛窦无比仰慕。

五年过去了，1600 年，徐光启听说利玛窦在南京传教，他急忙赶往南京，于是开始了一段有历史意义的相识，一场动人心魄的奇缘。因为徐光启不仅认识了一位洋教士，而是认识了近代世界科学发展的大趋势，成了中国深刻认识世界科学的第一人。后来的事实证明：有了两人的交往才有了西学的东渐，才有了中西文化的第一次会通。

16—17 世纪，欧洲科学技术高度发展。欧洲传教士来到中国，也将西方先进的科技知识带到中国。在徐光启与利玛窦相识、相知、相倾之中，徐光启被西方的科技、文化深深折服，他期望能够通过学习西方先进科技，实现富国强兵、济世救民的理想。

他向利玛窦学习算学、天文、历法、水利、地理等知识。在学习的过程中，他敏锐

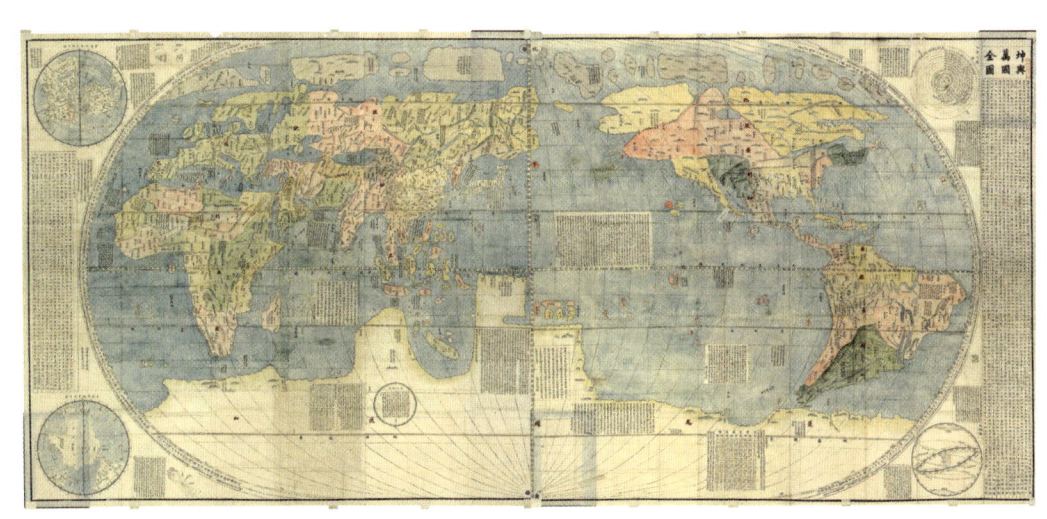

《万国坤舆全图》

地认识到，这是一个世界科技发展的关键时期。要把握时机，将西方的先进文化传播到中国，并利用先进科技超越西方。他说："欲求超胜，必先会通。会通之前，必先翻译。"他决心作"翻译—会通—超胜"之路的拓荒者。

欧几里得的《几何原本》是西方科技基础，它所代表的逻辑推理方法，再加上科学实验，是世界近代科学产生和发展的前提。它的近代意义不仅仅在数学方面，更主要的乃是思想方法。徐光启敏锐地察觉到《几何原本》的重要作用，他决定说服利玛窦一起合译这本巨著。

早先，利玛窦曾说服他的一位才智超群的学生瞿太素翻译过这本书，但因困难太大，没能成功。利玛窦劝他不要冲动。但他说："一物不知，儒者之耻。"

徐光启当年已经44岁了，早过了学习数学的最佳年龄，遑论翻译？何况汉语里也没有与拉丁文对应的几何学的专业术语。但徐光启说："困难很大，但我不怕它，它就怕我。"利玛窦被他的执着精神打动了，于是师徒合作开始了艰难的翻译工作

经过一年多双方不断地切磋、研究，以及徐光启虚心地请教和呕心沥血地反复琢磨和推敲，简洁而优美的《几何原本》的前六卷汉译本终于面世。

徐光启创造性地制定了"点、线、面"到"三角形、四边形、多边形"，以及"切线、相似"等几何术语，并用音义兼顾的方法给这门学科起了绝妙无比的名字——"几何"。这些他创造的术语译名一直沿用至今，并东渡日本等国，影响深远。

译著出版后，徐光启手抚译著说："此后一百年里，必将成为天下学子必读之书，但届时恐为时已晚。"晚清的梁启超对译本也倍加赞赏，说："字字精金美玉，为千古不朽之学问。"

遗憾的是，徐光启未能译完《几何原本》剩余的9卷。他父亲去世，按旧制他回乡服丧三年。待他服丧结束返京时，利玛窦已经病逝。后9卷直至1857年，才由英国人伟烈亚力和中国科学家李善兰译出，而时间已过去200年了。

此外，徐光启还翻译了《测量法义》，与李之藻、熊元拔等人合译了《泰西水法》《同文算指》等。徐光启借助西方科技，推动我国天文历法、军事、测量、农田水利的发展。

他借助西方的天文历法知识，修正明朝的《大统历》，历时三年完成了130余卷的《崇祯历书》的编定。《崇祯历书》对古代历法的改革是一次飞跃性的突破，他引进了圆形地球的概念，介绍了地球经度、纬度，引进了球面和平面几何的计算方法，绘制了全天性星图……《崇祯历书》的编定，奠定了我国300年历法的基础，是古代历法向现代历法发展的奠基石。

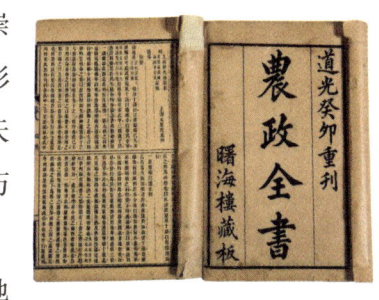

他当时所处的年代，正是世界军事从冷兵器时代向火器时代转变的时期，他敏感地察觉到这种转变的脉动。为发展国家的军事实力，他进口葡萄牙火炮，并研究火药和火器的制造。为了抵御努尔哈赤的南侵，他主张"正兵"自强，撰写了无数奏疏、条令、阵法等，力主通过选才、练兵、制造火器等，达到富国强兵的目标。这些条文均收录到《徐氏庖言》之中。

徐光启一生成果颇丰，但他花费精力最多，成就最大的是对农业和水利工程的研究。这方面的著述最丰富，影响也最大。

农政全书，古今农学集大成之作

明代末年，国家正处在风雨飘摇之中。危机四伏，矛盾激化，农民起义蜂起，东南方沿海倭寇一次次入侵，北方女贞人南下袭扰不断，百姓生活在水深火热之中。

利玛窦的笔记真实地记载了他所看到的中国实况："是民贫乏，一遇水灾，则有道殣，国计绌焉。"徐光启长期生活在社会底层，对百姓的疾苦感同身受，让百姓"丰衣食，绝饥寒"是他终生为之奋斗的理想。徐光启入仕后多次进言农业、水利、测量诸法，认为这些都是富国足民之良方。

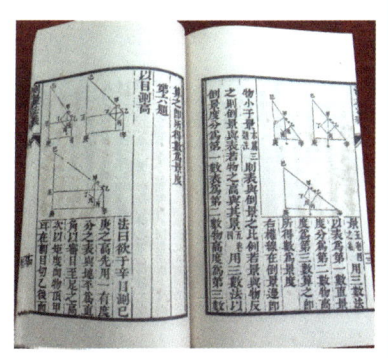

徐光启著作及其翻译著作

他首先指出，漕运是经济陷入困境的原因之一，提出"水利，农之本也，无水则无田"，并将"富国必以本业，强国必以正兵"作为座右铭。

明王朝迁都北京后，政治中心与经济中心远离。每年需要从太湖流域漕运400多万石粮食和其他物资进京，即所谓的"军国大命，独倚重于漕运"。为此，一切农田灌溉皆为漕运"让路"，即"灌田者不得与转漕争利"。

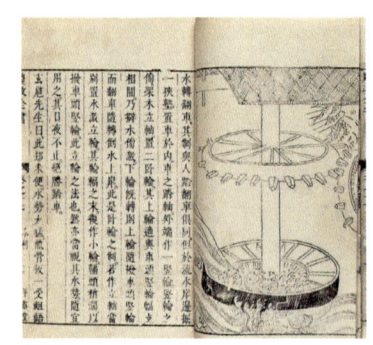

《农政全书》里关于水磨的介绍

"漕运第一,灌田次之"方针的长期实施,耗费了大量的水资源,加剧了河患。每年为保漕运,耗费了大量的人力财力,使得经济凋敝,民生维艰,于是徐光启大声疾呼:"漕能使国贫,漕能使水费,漕能使河坏。"主张以农立国,水为农本。呼吁将灌溉为漕运服务,改变为水利为农业服务。

为解决北方的粮食短缺问题,改变南粮北运的局面,他主张优先发展北方水利和农业,尤其是开发京津地区的农田水利,变天下为江南。为此,他在天津进行了四次屯垦,大兴水利建设,并实验和研究在北方种植水稻。他在北京、天津、上海设置实验田,致力于农业研究。

回乡服丧时期,他在家乡实验从美洲引进的番薯的种植,并获得成功。1608年,江南一带遭遇水灾,水稻、小麦颗粒无收,番薯却获得丰收。他向皇帝上《甘薯疏》,在全国积极推广番薯的种植,以解决百姓的口粮问题。历史学家认为,明末中国人口不足1亿,到清乾隆年间,人口发展到3亿,番薯、玉米、马铃薯等美洲作物的广泛种植发挥了重大作用,因为它保证了口粮的供应。其中徐光启在晚明广泛推广种植番薯,也可谓功不可没。

徐光启还高度重视测量技术,他推崇元代郭守敬从事大规模水利地形测量的作法。他在考取进士后,就提议,对长江、黄河、淮河三大水道进行大规模的测量,作为水利工程建设的依据。

在天启五年至崇祯元年(1625—1628年)间,他将一生积累的农业水利知识和科研成果,编写成了我国历史上最重要、影响最大的农学著作——《农政全书》。全书共60卷,约70万字,内容涉及农业的方方面面。其中水利共9卷,占到全书篇幅的六分之一。显然,他将水利看作治国安邦的重要一环。

《农政全书》可谓是我国农业的百科全书,它分为农本、田制、农事、农器、树木、蚕桑、蚕桑广类、种植、牧养、制造、荒政共12门,是农林牧副之大成。在水利方面的内容有:水利总论、西北与海河流域水利、东南水利、浙江水利、海塘与滇南水利、利用多种自然水体的工程方法、灌溉提水机械图谱、水力机械图谱、西方水利技术介绍等。

他在农业水利方面的研究可谓成绩斐然，成果惠世。

经天纬地，无愧于那个时代的巨人

崇祯五年（1632年）五月，徐光启以本官兼任东阁大学士，入阁参与机务。不久又加太子太保衔，进为文渊阁大学士。这时他官拜宰相，位极人臣，本该是大有作为的时机，可惜奸臣当道，壮志难酬。

次年，徐光启已年届72岁，因过度劳累，身体羸弱不堪，而《崇祯历书》的编审和《农政全书》整理刊行均未完成，他"力疾依榻，犹矻矻捉管了历书"，并嘱咐家人"速缮成《农书》进呈，以毕吾志"。

徐光启纪念馆

十一月，徐光启离开人世。"盖棺之日，囊无余资。"崇祯帝下令追赠其为太保，辍朝一日，以示哀悼。灵柩运回家乡上海安葬。

一代哲人徐光启就这样两袖清风地离开了人世。遗憾的是，他超越时代的思想不被当时的社会理解和接收，他通过"翻译—会通"，最终"超胜"西方的理想没能实现，近代科技快速发展的进程并未在中国发生。

徐光启去世11年后，明朝覆灭。回望徐光启生活的时代，世界正是处在富有伟大转折意义的历史进程之中。西方走出中世纪，并形成了巨人辈出的文艺复兴时代。恩格斯说"这是一个需要并且产生巨人——在思维能力、热情和性格方面，在多才多艺和学识渊博方面的巨人时代"。正如复旦大学教授朱维铮所说，中国的徐光启也是无愧于这个时代的巨人，在"思维能力、热情和性格方面，在多才多艺和学识渊博"方面，不逊于他在世界史上的同时代人。

第七章　清

康熙帝：三大国事有河务

清圣祖仁皇帝爱新觉罗·玄烨，即康熙帝，清朝第四位皇帝、清定都北京后的第二位皇帝。他8岁登基，14岁亲政。在位61年，是中国历史上在位时间最长的皇帝。他是中国统一的多民族国家的捍卫者，奠定了清朝兴盛的根基，开创出康乾盛世的大局面。年号康熙，其名有深意。康为安宁，熙为兴盛，蕴万民康宁、天下熙盛之意，蒙古语为"平和宁静"。与西方崇尚武功的恺撒大帝式英雄不同，在中国历史上，很多大英雄是因为治水被铭记的。中国第一个朝代夏朝的建立，正是由于大禹除水患而得民心；春秋五霸之首齐桓公"九合诸侯"，约法三章中第一条就是"无曲防"，即不许截断邻国水源或把本国水患引向邻国。

康熙皇帝像

作为我国两千多年封建社会里最重视治水的君王，在长达61年的执政时间里，康熙帝将河务与三藩、漕运并列，作为国家的头等大事，六下江南以巡视河工为首要，十二次到三河交汇处清口阅视河务，亲自筹划治河，指授河臣。

夙夜廑念忧河务

滔滔黄河，是中华民族的摇篮，像伟大的母亲一样哺育了中华儿女，并以五千年的文明屹立于世界民族之林。但在我国古代社会，长城易修，河水难治。从上古时期大禹开始，治河便成了历代统治者的试金石和朝代兴替的催化剂。

千百年来的历史规律是乱世治兵盛世治水。那时的康熙朝，东北有沙俄袭扰，西北有蒙族掠疆，东南有郑氏占台，西南有三藩之乱，内忧外患，离盛世尚远。康熙虽心系治水，希冀河清海晏，但于国于己都力所难及，因此，他就把治水写在了皇宫柱子上，以昭心志。正如他自己反复说过的："听政以来，三藩及河务、漕运为三大事，夙夜廑念，曾书而悬之宫中柱上。"

自明末以来，由于战乱频繁，黄河年久失修，到康熙初年造成了巨大灾患。仅康熙元年（1662年）至十六年（1677年），黄河大的决口就有60余次，不仅使河南、江苏、山东等地深受水患之苦，而且严重地影响了清王朝的交通命脉——漕运。

康熙六年（1667年），豆蔻少年康熙刚亲政不久，就遭遇了大洪水，黄河夺淮，黄淮相冲，不能合流入海，以致波及运河，漕粮受阻。更加严重的是，河水漫溢不止，当时北面黄河"尽归决口，北流入海，正河淤浅。宿迁以东，北岸民田，皆成巨浸"，南面淮河、运河一带"淮阳七州县（山阳、盐城、高邮、宝应、江都、泰州、兴化）田地一片汪洋。"沿河州县尽受水患，江苏高邮更是水高二丈，城门堵塞，乡民溺死达数万之众。从这时起，水患就引起了年少的康熙帝关注，于是，他暗下决心，一定要打败洪水这个难以降服的敌人，除水患安民生。诚如其言："朕自十四岁即反复详考如宿迁以下高家堰等运河。"

康熙十五年（1676年）夏，黄、淮再发大水，黄河倒灌洪泽湖，河南、安徽等地一片汪洋，大堤决口34处，淮水冲入运河，不仅人民生命财产受到直接危害，而且切断了维系清朝统治的经济大动脉。这对平三藩、战噶尔丹以及收复台湾等国之大事都十分不利。面对极度拮据的财力，青年皇帝还是痛下决心会一会这个"水敌"。他提出了"务为一劳永逸"的全面修治方针，提升安徽巡抚靳辅为河道总督，批准了一笔205万两的巨额治河经费，限定三年完工。当时治河包括了黄、淮、运三河，目的是要疏导黄、淮，合流入海，恢复运河正常航行，使沿河人民免于水患，安心生产。就当时的科技水平而言，治河是一项举全国之力也难以达成的任务。但在这三年里，康熙命靳辅实施了导黄入海等六大工程，"水敌"初步就范。

导黄入海六大工程暂时缓解了水患的燃眉之急，康熙心里明白，这只是治标，并未治本，这个敌人仍然没有心服口服，未来某天，或许会再次给自己以致命的反戈一击。

康熙在等待着时机，一个与滔滔洪水决战的时机。康熙二十二年（1683年）夏，清朝名将施琅率兵占领澎湖，收回台湾。清政府在台湾设一府三县，隶属福建省。康熙心里最后一块石头落地，他开始谋划与洪水大决战，专心治理黄河了。那段时间，康熙反倒比以前更忙了，为了打赢这场特殊的战争，康熙命人将"绘于纸上平漫难辨高下"的平面图改成"刻木制成观看易明的立体地形图"，悬挂在屋内。此外，他四处巡视，多次阅视河工，亲乘小舟，不避风险，踏勘地形，征求意见，并及时纠正地方官员治水计划中的错误方案，要求他们不要只待在衙门里，而应该走出去了解情况。为了这场战役，康熙在下一盘硕大的棋。

选用河臣亲实验

康熙治水图

康熙清楚地看到了水治则国兴、水废则国亡的道理，为了征服"水敌"，他深刻认识到良将的重要作用，"倘河务不得其人，一时漕运有误，关系非轻"。但是，水敌难服，变幻莫测，这就需要有坚忍不拔的精神，需要有决胜千里的才能，还需要有通晓"水敌"的良将。一而言之，治水之人至关重要。康熙几经搜罗，终于挖掘出了一套深得要领的治水班子，不仅有倡导"兴水利，而后有农功；有农功，而后裕国"的巡抚大臣慕天颜，还有靳辅、于成龙、张鹏翮等一批降水大将。

降服水敌，需要足够的智慧与勇气。清朝初年，五易河督而未得其人，导致黄河越治越乱，水敌肆虐。康熙汲取先帝的教训，慎用、专用、重用河臣，以水为师，籍臣辅佐。其中，康熙首先做的就是聘请了一位高明的总工程师，那就是靳辅。靳辅借鉴明代水利学家潘季驯"筑堤束水，以水攻沙"的治水理论，进一步提出了"筑堤束水与引河放水交相使用"的方法，找准症结，疏堵结合，一方面疏浚黄河下游清江浦至云梯关河道，使洪水得以畅流入海，另一方面相继堵塞高家堰及黄河各处决口，遏制了洪水的泛滥之势，为黄河构筑起了一道立体的防护网。随后，他又完成了改移运口于七里墩、开清口四道引河、疏浚皂河、加挑中运河等一批辅助工程，取得了明显成效。经过三十年的努力，终于使"黄淮故道次第修复，漕运大通"，"河中商贾船行不绝"。洪水这个倔强的敌人终于在康熙面前低下了头，康熙高枕无忧，自谓"两河安宴，堤岸无虞，深为可嘉"。

选对人只对了一半，做对事才是成败的关键。康熙充分看到了水患的危害性，事关国运民生，不能等更不能急，他对治水方案慎之又慎，每一项重要措施实施前，都要在永定河进行实验，得到验证后再推广。为了解决黄河泥沙淤垫、壅塞河道的问题，康熙便把永定河的河道裁弯取直，浚直河身，以直流冲沙，经过实验，效果很明显。当负责黄河河工的大臣请示把黄河的两处急湾浚直时，康熙成竹在胸，告诉他说："我看永定河治理试验的办法很好，河身直，河底深，所以淤沙都被冲走了。现在治理黄河也用这种方法，才有效果。"此后，为了解决河水冲刷堤岸的威胁，康熙派人在永定河用树枝、秫秸、石头捆成"埽"，用来加固堤岸。经过验证后，这种方法在黄河治理中大范围推广。有的治河大臣不同意，认为永定河水可以用埽，而黄河水势大，不宜用埽。面对大臣的反对意见，康熙并没有以势压人，只是说"姑试用之"。治河大臣试用后，"河堤果然坚固"，从此心服口服。

六下江南察水情

为了彻底征服水敌，康熙还不辞劳苦，六下江南，进行全面的治河、导淮、济运。水臣靳辅治河虽然取得了一定成效，但是，淮、扬水灾并未明显好转，康熙为此殚精竭虑，日夜焦劳，他唯恐官员治河失法，便举南巡之典，不远万里，亲阅河工，开始了他的南巡之旅。从康熙二十三年至四十六年（1684—1707年），康熙先后六次南巡，为了把黄河的事情彻底弄明白，他除了多次视察下游的孟津、徐州、宿迁、邳州和清口等地，还扬帆远上，直达中游的山西、陕西、内蒙古、宁夏等地，行程数千里，"所至之处，无不详视"。

康熙二十三年（1684年），康熙从山东出发，一直到达苏州和江宁（今南京），开始

康熙南巡图

了他的首次南巡。他一路察看地理，约谈名士，体察民情，特别是巡视了黄河沿岸180里的各处险要工程，提出了很多治水意见。在三河交汇处清口，康熙甚至徒步10余里，虽然泥泞没膝，也不辞其艰。看到沿河百姓疾苦后，康熙感叹"朕南巡，亲睹河工夫役劳苦，闾阎贫困。念此方百姓，何日俾尽安畎亩？河工何时方得告成？"五年后，康熙帝再次南巡。在清河县，康熙帝谕示河道总督王新命："中河与黄河逼近，如黄河溃决，将混而为一，宜有预防之法。"返回京师后，康熙御门听政，广泛征求百官的治河意见。

前两次南巡后，又过了10年，对治水已成竹在胸、甚至堪称专家的康熙进行了第三次南巡。这一次，他带着自己的想法而来。在看到"靳辅、董安国、于成龙但知筑堤御水，至于改河身使北，俾清水通流，并未言及。若不令清水通流，虽修堤筑岸，黄水终致倒灌，焉能御之"的问题后，他大胆作出了改修河道，使黄河河身稍向北移，淮水得以畅流的新方略，并命新任河道总督张鹏翮贯彻实施，拆除拦黄坝，深挖入海河道。次年夏天，发生了特大洪灾，康熙忧心自己的新方略能否经得起考验，便命张鹏翮日夜蹲守在河堤。咆哮的洪水终于屈服于勤勉的君王，在深了3丈、宽了20多丈的河床里，再肆虐的洪流也不得不乖乖入海，黄河水没有倒灌，堤坝没有决口，农田也没有受淹。这一次，康熙终于赢了。

康熙四十二年（1702年），为了验收即将告成的河工，康熙进行了第四次南巡。康熙帝御舟入清口，阅视天妃闸、御坝，颁《奖勉河臣诏》对河道总督张鹏翮及在河各官亲加奖勉，命令吏、工二部对总河以下各官"详加议叙具奏"。康熙在船中亲作《河臣箴》并赐给张鹏翮，欣喜之情溢于言表。文中说："自古水患，惟河为大。治之有方，民乃无害。禹疏而九，平成攸赖。降及汉唐，决复未艾。渐徙而南，宋元滋溢。今河昔河，议不可一。昔止河防，今兼漕法。"一路巡视后，康熙十分满意，便欣然命笔作《览淮黄成》诗一首："殷勤久矣理淮黄，几度风尘授治方。九曲素称天下险，四来实为兆民伤。使清引浊须勤慎，分势开流在不荒。虽奏安澜宽旰食，诚前善后奠金汤。"

河工虽然告成，但康熙认为尚须察验形势，筹划善后之规。因此，康熙开始了他的最后两次南巡。在清州，康熙泊舟于土桥闸，对大学士等说："初次到江南时，船在黄河两岸，人烟树木一一在望。康熙三十八年则仅是河岸，四十二年则去岸甚远，是河身日刷深矣。自此日深一日，岂不大治。闻下河连年大熟，亦从前所未有也。"在扬家庄等处新开的河闸口及附近堤岸，见黄河已顺轨安澜，康熙非常高兴，欣然赋诗二首。最后一次南巡，康熙虽已知天命，但为了考察泗州西溜淮套是否可以开河，还是决定前往。殚精竭虑，劳苦用心，清晰可见。

浑河永定心愿遂

除黄、淮、运主要河道外，康熙对其他江河的治理也十分重视。据《奉天通志》记载，我国东北"辽河官堤之设，盖始于有清康熙"，对防止辽河的洪汛灾害，发展农业生产起到了应有的作用。为了使关东粮食粮饷北运，康熙二十二年（1683年），康熙曾派人测量浑同江与辽河间的水运，打算沟通伊通河与东辽河之间的航运。在康熙五十年，他还派人勘测过鸭绿江和图们江，为治理提供资料。到了晚年，他仍亲自指挥治理了永定河。

最能表现出康熙治河才能的，是他对永定河的治理，这也是晚年康熙的治水杰作。永定河的上游是桑乾河，下游原名芦沟河，又叫浑河。这条河经常泛滥成灾，沿河居民常常"架巢而居"，素有"小黄河""无定河"之称。永定河挟带黄土高原的大量泥沙滚滚而下，经常使河道淤塞，酿成水灾。清朝建都北京，要保卫京城和附近的安定，就务必要治理浑河。康熙为了根治这条害河，亲上河堤，乘船沿河巡察。在巡视河道时，遇到水浅的地方，他就冒险改乘小舟，边看边指示治河方略。有时，也登岸步行，亲自用仪器测量，定方向，钉木桩，还向陪同的大臣讲解测量方法。整个治理浑河的工程，都是由他亲自组织、直接领导的。最后，这位伟大的皇帝亲自测量出河床已高出堤外地面，得出此河已成悬河，是造成水害的主要原因。之后，他亲自调集大量民夫，靠人力挖挑泥沙，但是费工甚大。后来康熙提出了用水力冲刷的办法，引清河的水，从琉璃河与浑

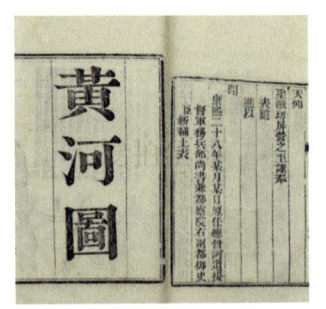

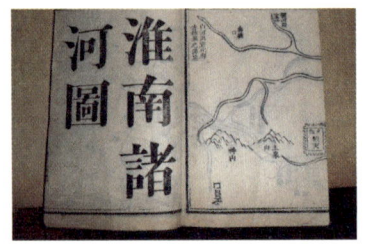

《治水方略》

河汇流处，用清河的水势冲刷浑河，同时加固堤岸，使大量积沙冲走。治水大臣们认为这个方案只适合水势迅猛的夏天，到冬天，可能就无法发挥作用，但是康熙却告诉他们，冬天的效果会更好。将信将疑的治水大臣们等到冬天，意外地发现河底泥沙被冲得更干净。康熙告诉他们，冬天水势为冰面所压，冲刷力量其实更大。

浑河经过康熙的治理，浑河之水分流下泄，浑河终于出现"从此安流，水害不作"的和平景象。在以后的几十年里再没有发生大患，沿河人民生活安定，附近的农田得到灌溉。为此，康熙下诏改赐浑河为永定河。1716年，京畿大雨，山水骤涨。康熙忙赶去巡视永定河，看到堤岸坚固，河水并没有泛滥，他高兴地吟起诗来说："坚堤长护幸安全。"

"永定"二字，是这位帝王毕生治水宏图的无意流露。这位伟大的君王，直至去世前两个月，还在巡视河道。

靳辅、陈潢：联手治黄　劳绩昭然

今日我们在地图上依然可以清晰地看见，自郑州以下，经砀山、徐州、宿迁、淮阴至云梯关海口，千里大堤蜿蜒不断，将黄河扼束其间。这便是历史上有名的"明清黄河大故道"。它是我国历史上第四次修筑黄河堤防高潮的产物。由清代治水名人靳辅、陈潢在明代潘季驯修筑堤防的基础上大力修筑的，在黄河中下游形成了历史上最完善、最坚固的堤防系统。

"俟河之清　人寿几何"

黄河为患，由来已久。俟河之清，人寿几何？至明末清初，由于战乱不绝，黄河的水患更是连年不断，灾害加剧。

史载康熙元年（1662年），河南黄河决口"大梁四面水围毕，余波冲倒郑州城，中牟县去十之七,支派偏满蓬池乡,张扬一市无居室,三十六坡尽泽国"。四年后，桃源又决，"沿河州县悉受水患……水势尽注入洪泽湖，高邮水高几二丈，城门堵塞，乡民溺毙数万"。康熙九年（1670年），"淮扬二府于五月终旬，淮黄暴涨，湖水泛滥，百姓田亩庐舍被淹"。康熙十五年（1676年）黄河高家堰大堤和运河大堤各决口30余处，"淮扬二府七县受淹，漕运中断"。

清初入关,连年用兵,无暇治黄。至康熙亲政,尽管吴三桂等"三藩之乱"尚未最后平定,但连年水患迫使康熙皇帝不得不将治黄当作稳定江山的头等政治任务。

"黄河清天下靖",是历代历朝的统治者都深知的道理,康熙皇帝作为一代明君深知这个古训的现实意义。要想励精图治巩固政权,不仅要靠武功,还要靠文治。即不仅要用武力镇压叛乱保持统一,更要发展经济,繁荣文化。他于是将"撤藩、河务、漕运"六个字写在宫廷的柱子上,作为他时刻牢记的三大要务。漕运与河务密切相关,河务中最重要的是黄河,而运河又是南北的大动脉,运河的通畅,又取决于黄河。治黄自然成了康熙治国安邦的重要策略。

康熙十六年(1677年)二月,康熙皇帝思忖再三,决定调任精明强干的安徽巡抚靳辅为河道总督,开始了大规模的治水工程。

靳陈联手　同绘治水宏图

靳辅(1633—1692),字紫垣,辽阳人,隶汉军镶黄旗。顺治九年(1652年),由官学生考授国史编修。康熙十年(1671年)任安徽巡抚,在赴任途中与陈潢相识。

陈潢,字天一,号省斋,浙江钱塘人。博学多才,尤其擅长水利,曾多次去黄河沿岸调查,精研治黄之学,但一直怀才不遇,屡试不第。

其时,靳辅赴任安徽巡抚途经河北邯郸,游吕祖庵时,见墙壁上题有诗句:"富贵荣华五十秋,纵然一梦也风流。我今落拓邯郸道,要替先生借枕头。"诗者借《邯郸梦》的故事抒发自己满怀建功立业之志,却无报国之门的惆怅之情。

靳辅是个求贤若渴、知人善任之人,见此诗句便想结识此人。见所题诗句墨迹未干,便派人去寻找。两人相见甚为相得,靳辅便礼请陈潢作其幕僚,跟随他先去安徽,后又与他同赴河道总督之任,携手开始了长达十年的治水事业。

陈潢尊重科学,重视调查研究,当靳辅刚刚授命主持治河,陈潢就向靳辅说道:"请为公跋涉险阻,上下数百里,一一审度,庶弘纲克举,而筹划乃可施也。"

于是他们历经两个多月,踏着泥泞的河岸上下千里,察勘了黄河、淮河、运河一带的河流形势及冲决要害,只见"淮溃于东,黄决于北,运涸于中",其状令人不胜其忧。为了探寻治理水道环境的良策,他们虚心听取当地官员和百姓的治水经验和建议。"毋论绅士兵民以及工匠夫役人等,凡有一言可取一事可行者,莫不虚心采择,以期得当。"

水情了然于心之后,经过周密策划,靳辅一日之内向皇帝连上了八道奏疏,明确提出"治河之道,必当审其全局,将河道运道为一体,彻首尾而合治之,则后可无弊也",系统地提出了治理黄河、淮河、运河的全面规划,制定了治水的策略和措施。

根据他们的规划,预算约需工费银215.8万两。当时平定三藩之乱的战事尚未了,而工程所费人夫又过多,廷议暂缓实施。靳辅、陈潢又用三个月的时间,深入实地进行考察,认为黄河、运河形势严峻,"河之坏极矣",断断不可缓议。并提出用驴子及独轮车运土以减少人工的办法。

康熙被他们治水的宏伟规划打动,于十七年(1678年)一月批准开工,直接拨发工费银250多万,在黄河、淮河、运河沿岸几十个州县征发百万民夫,开始了声势浩大的治水工程。

栉风沐雨　只为河清水畅

靳辅、陈潢开工伊始,针对"运道之阻塞,率由于河道之变迁",而淮河泛滥也因黄河南徙夺其道所致,决定率先治理黄河:堵决口,疏河道,筑堤防,让黄河水归故道。

黄河之水多沙,由于长年淤积,使得河床高于两岸,成为一条悬河。这是黄河水患频发的根本原因。靳辅、陈潢将治沙作为治黄的关键。他们继承潘季驯筑堤束水,以水攻沙的思想,提出"治河必以堤防为先务"。理由是"堤成则水合,水合则流迅,流迅则势猛,势猛则新沙不停,旧沙尽刷,而河底愈深"。

他们"先开清河引河四道,塞高家堰、王家岗、武家墩诸决口,筑堤束水"。

他们在黄河下游两岸大筑缕堤、遥堤、月堤、格堤。以缕堤扼束河水,借水力冲沙;以遥堤、月堤、格堤拦蓄大洪水时冲决出缕堤的洪水,将其送至下游回归河道。

在大力修复潘季驯旧堤之时,又将修筑河堤的范围扩展到河南境内。他们认为"河南在上游,河南有失,则江南河道淤淀不旋踵"。于是在河南中部和东部的荥阳、仪封、考城等地,都修筑了缕、遥二堤。又在苏北云梯关以东修筑了18000丈束水攻沙的河堤。

在强调筑堤作用的同时,他们又力主治河方法的多样化,因为黄河河道的不同地段,宽窄险阻各不相同,而一年四季黄河来水的多少也相差很大,治理也必须因地制宜,"或疏、或蓄、或束、或泄、或分、或合,而俱得自然之宜"。

他们将"分流"和"合流"结合起来。将"分流杀势"作为河水暴涨时的应急措施,而"合流攻沙"作为长远安排。

针对黄河"上流河身宽,下流河身窄"的状况,他们在江苏砀山以下至睢宁间的狭窄河段的两岸增建多处减水坝、开凿涵洞或引河,引水至河道宽阔处,以保障涨水时堤坝不受损。如遇黄河、淮河并涨时,即开黄河北岸减水坝;若黄河水涨而淮河水落,则南北两岸的减水坝并开,把南坝分出的洪水引入洪泽湖,使沙澄湖底,其清水再从清口流入黄河。

放淤固堤

由于黄河含沙量高,自身挟沙能力不足以将全部泥沙输入大海,清口流出的大量含沙量低的清水注入黄河,加大了输沙能力。这是他们继承潘季驯加筑高家堰逼淮注黄之外,又一清水刷黄的创造性壮举。

为了使河流保持一定的流量和流速,陈潢还发明了"测水法",用测量土方的方法,测量过水的流量和流速,把"束水攻沙"的理论置于更加科学的基础之上。

除了束水攻沙外,他们还加上人力的疏通方法。在堵塞决口时,他们总结出"川"字形疏通河道的方法。即在堵塞决口之前,先在旧河床上的水道两侧三丈处,各开一条宽八丈的深沟,加上中间的水道,形成"川"字形。堵决口,挽正流后,三条水道的急流便很快将中间未挖的泥沙冲走。这样既减少了开挖泥沙的工作量,而开深沟挖出的泥沙又可加固两岸的堤防。

在疏浚河道时,他们看到三年以内的新淤比较疏松,借助河水容易冲刷。而五年以上的旧淤已经板结,得靠人力疏浚。在疏浚河口时,他们还创造了带水作业的办法,将铁扫帚系于船尾,船只来回行驶将河道的淤沙泛起,再借助流水的冲力,将泥沙冲入大海。

经过靳辅、陈潢在黄河中下游施工现场事必躬亲地日夜奋战,黄河两岸21处大决口全部堵塞,河道基本疏通,初步实现了水归故道。

治理淮河和运河的工程也先后开工。淮河的治理重在修筑导淮通道,即为淮河另寻出路改道入海。淮河原本独流入海,1128年黄河南徙入海,夺去了淮河的入海通道,造成了入淮诸水泛滥。治理淮河就先堵塞淮河大小决口34个,自周家闸经古沟、唐梗至翟家坝南又修筑32里长的大堤,大浚清口、烂泥浅、裴家场、帅家庄引河,使淮水全出清口,会黄河东下。

而运河的治理,先对长江北岸江都(今扬州市)到黄河南岸清河(今淮阴市)300多里的运河河道进行了大规模的挑浚,堵塞了包括清水潭两里长的决口在内的32处决口,并加高了两岸堤防。在宿迁清河地区新开凿一条300里长的"中河",使运河中的航船沿中河到清口,从清口横过黄河,直达北岸。结束了以往漕船出清口后借道黄河溯行180里的历史,避免了漕船在黄河中浅滩急浪,重载逆行的诸多危险和不便。人称中河有"百世之利"。

至康熙二十二(1683年)靳辅、陈潢的治水工程终告完成。此时黄河回归故道,淮河出流顺畅,漕运也畅通无阻。

康熙二十三年(1684年)十月,康熙南巡,对河工成就十分满意。在山东召见靳辅,慰问有加,并赐以手书的《阅河堤诗》:

"防河纤旰食,六御出深宫。缓辔求民隐,临流叹俗穷。何日乐稼穑,此日是疏通。已著勤劳意,安澜早奏功。"

康熙皇帝用诗句赞扬了靳辅治水的汗马功劳及付出的艰辛,接着问靳辅:"尔必有博古通今之人为之佐!"靳辅也毫不掠人之美,答道:"通晓政事有一人,即陈潢。凡臣所经营,皆潢之计议。"并说:"臣垂老多病,万一即填沟壑或卧病不能驰驱,则继臣司河者,仍必得陈潢幕佐之,庶不歧误。"帝准其所请,并赐陈潢佥事道衔,参赞河务。

治河功臣　信而见疑忠而被谤

此时治水工程告一段落，于后便进入巩固已有成果，寻求永久性修筑措施阶段。毕竟治河工程巨大，非一朝一夕之功。正如靳辅所言："黄河为患最大，为功最艰。目前急务，不得不治其大而略其小。"指明治河之艰难，先解决最迫切的大水患，再图长远。

然而，面对不断遇到的新的水患，如何建设永久性措施，此时朝廷上又展开了激烈的争论。

实际上，自靳辅主持治水工程以来，朝廷中对于他的治水策略和措施，一直争论不休，有时甚至达到惊心动魄的程度。靳辅也因此命运几经沉浮，治理工程也经常受到掣肘。靳辅对于不能专心治理水患也恼怒不已，在廷议时，他直言不讳发出感叹：人事问题比自然灾害影响更大，"若人事既尽，则天事或可回"。但这些均于事无补，大规模的治水工程毕竟是一项关乎国计民生的大事，所费银两、物资、人工颇多，涉及面也实在太广。

而此时的争论尤胜于以往。矛盾集中在如何治理下河以及屯田问题上。此次的争论对靳辅尤为不利，因为在治理下河的问题上，他站在了康熙本人与直隶总督于成龙的对立面。

靳辅主持治水殚精竭虑，但是朝廷中对于他的治水策略和措施却一直争论不休

下河地区位于江淮之间运河段以东，由于地势低洼，形若釜底，内水排泄不畅。加之运河上的减水坝在汛期要放水保漕运，涝害就更加严重。于成龙提出开浚下河，疏浚海口，让积水排入大海。靳辅和陈潢到实地考察以后，认为此举实不可取。因为下河地势低于海面，疏浚海口，会使海水倒灌，危害更大。应该沿海筑堤阻挡海潮。并提出在运河以东再筑一道重堤，将运河汛期排出的水引入黄河，便可解决下河地区积水的问题。但康熙认为修筑重堤"困民""害民"，不同意靳辅的意见。

在堵塞黄河、淮河和运河的决口之后，一些原先被水淹没的土地，渐渐涸出水面。

靳辅、陈潢将这些土地按原先照章纳赋的田亩数，交还原主，其余的土地作为屯田，招民屯垦，收取佃价，用作河工费用。由于一些豪绅大户隐瞒田亩数量以逃避赋税，而靳辅、陈潢将这些隐瞒的土地查出收为屯田，这便大大影响到豪强们的利益，于是"仇谤沸腾"。于成龙也借此机会，联合群臣对靳辅、陈潢进行攻击，指责靳辅縻费钱粮，治河无功，又违抗圣旨等。

靳辅不服，上疏辩诬。他说受命治河之日，正是两河极坏之时，而自己昼夜奔驰，先堵高家堰，淮水方出清口；旋堵清水潭，挑挖运河，改移运口，迄今永远深通。其向来行运之骆马湖，淤浅不能行舟，自从创开皂河，漕艘无阻。至于浚筑经费，原遣大臣估计六百万两，而自己苦心节省，一切所用不及原来估计的一半。

在朝廷上，靳辅为了下河百姓的安危，不畏权势，全然不顾康熙的反对，据理力争坚持修筑重堤。而于成龙则指责靳辅的治河方法有悖古训，应该用大禹的成法，改堵为疏，坚持"下河宜挑不宜停，重堤宜停不宜筑"。于成龙依仗人多势众，攻击靳辅说，江南百姓恨靳辅恨到欲食其肉的地步。靳辅一针见血地指出，反对他的众臣们在下河都有土地，反驳道："臣为朝廷效力，将富豪隐占之地查出甚多，所以豪强怀恨，与百姓何干？"于成龙等人又借明珠与索额图两党之争而明珠失势之机，诬蔑靳辅党附明珠。

康熙二十七年（1688年）江南道御史郭琇告靳辅治河九年无功，用人不当；告陈潢"攘夺民田，妄称屯垦"。靳辅被革职回乡。陈潢也被削职，"解京监候"，后冤死狱中。

不久，康熙南巡查勘中河情况，结果"沿淮一路军民感颂靳辅治绩者众口如一，久而不衰"。康熙这才发现于成龙等人陷害靳辅、陈潢。康熙二十八年（1689年），康熙谕令吏部：淮安百姓众口称誉靳辅、陈潢治河有功，念念不忘。而且"滩河深通，筑堤坚固，实心任事，劳绩昭然"，应恢复原品级。

此时靳辅虽不到花甲之年，但多年来为治水殚精竭虑辛劳奔波，早已积劳成疾，无法接受成命。康熙又命顺天府徐廷玺作为协理，协助其工作，靳辅才不得不走马上任。上任后，他出色地完成了督运漕粮赴西安、凤翔救灾的任务。在病重时仍连连上疏，陈述两河善后之策及河工守成事宜，还对治理黄淮运提出建议。靳辅还上疏为治河有功、为民造福、不畏权势的陈潢平反昭雪。但陈潢平反昭雪之事尚无结果，靳辅却已病逝任上。

靳辅、陈潢是继潘季驯之后治河成绩最突出的名臣。靳辅去世之后五十年内，黄河没出现大的水患，南北交通畅通，社会稳定，经济发展。海晏河清的大好局面，也为清代"康乾盛世"奠定了坚实的基础。为此，康熙四十六年，靳辅被追赠太子太保。雍正五年，复加工部尚书。

淮安一带的民众对靳辅感戴不尽，称他为"河伯再生"，并为他建了祠堂，年年祭祀。而当年带头反对靳辅的于成龙，后继任河道总督时，按古理治河，结果一场大水下来，黄河二十几处决口，最终只得按靳辅的治河方略办事。当康熙问其缘由，于成龙面有赧色地说，臣那时无知妄言，现不得不按靳辅的规矩办事了。

靳辅著有《治河方略》《靳文襄公奏疏》，陈潢著有《治水述言》。这些著作是我国水利史上的治水名著，对于后世人们治理江河仍有着重要的参考价值。

鄂尔泰：云南治水建新功

他，有志有猷，有才有守，功勋至上，是雍乾时期满族著名股肱重臣；他，不遗余力，不负众望，改土归流，开创历史基业，促进了边疆稳定和繁荣；他，修建滇池，发展水运，大力兴修水利工程，促进云南水利发展。他，就是清代名臣，保和殿大学士傅文端公鄂尔泰。

鄂尔泰（1680—1745），姓西林觉罗，满洲镶兰旗人。康熙三十八年己卯科中举。雍正元年正月，鄂尔奉被钦点为云南乡试翻主考，五月改任江苏布政使。雍正三年，"迁广西巡抚，甫上任，调云南，以巡抚治总督事"。雍正四年，任云贵总督。雍正十年，内召到京，官拜保和殿大学士兼兵部尚书、军机大臣，封一等伯爵。

鄂尔泰自从康熙三十八年己卯科中举，至康熙六十一年，一直默默无闻。雍正帝即位以后，才从诸多王公大臣中脱颖而出。雍正帝遗诏曰："大学士鄂尔泰志秉忠贞，才优经济，安民察吏，馁靖边疆，洵为不世出之名臣。"将来此臣"著配享太庙，以昭恩礼。"乾隆帝评价曰："公忠体国，直谅持躬。久任边疆，懋著惠绩。简与机务，思日赞襄。

鄂尔泰像

才裕经纶，学有根底。不愧国家之柱石，允为文武之仪型。"

主政西南开新篇

雍正帝即位后，非常重视封疆大吏人选，曾谕曰："封疆大吏关系国家隆替，若得有猷，有为，有守者二十余人，分布寰宇之内。俾各位临民，敷宣教化，则天下大治计日可期矣。"又着重指出："巡抚一官，原极繁难，非勉能清、慎、勤三字便可谓胜任也。用人虽不求备，惟至督抚必须全才，方不有所贻误，若无包罗通省之襟怀，统驭群僚之器量，即为不称厥职。"在雍正帝看来，虽然用人不能求全责备，但是做到督抚必须全才。同时，要有宽阔的胸怀，统驭群臣的度量。封疆大吏关系国家兴衰，如果能有二十多个德才兼备之人任督抚，掌管各地，则天下大治就指日可待了。

在江苏布政使任上，鄂尔泰忠心耿耿，兢兢业业，为朝廷分忧，为百姓造福，逐步显现出堪当大任、统驭全局的才干与本领。结果一段时间的历练和考察，雍正帝于三年九月，特任命鄂尔泰为广西巡抚，随后任云南抚巡，管云贵总督事。四年十月，升任云贵总督，成为封疆大吏。

被委以重任后，鄂尔泰在积极推行改土归流政策的同时，重视发展农业生产。针对云南山多、沟泉河流交叉的地理特征，鄂尔泰修河筑坝，灌溉农田，积极发展农业生产。

云南山峦叠嶂，山高水深，交通极为不便，历史上一直是制约云南各族人民经济发展与内地交往的因素之一。由于水利设施落后，基本靠天吃饭，"大潦犹可望半收，小旱则难筹一策"。一遇到荒歉，米价就飞涨，老百姓生活极其艰难。鄂尔泰履任后，通过耳闻目睹和深入细致的调查研究，深刻地认识到："地方水利为第一要务"，"水利之兴废，实关民生之休戚"，兴修水利尤为重要。水利通畅，老百姓的农田就能够得到灌溉，农业丰收；水运发达，物流就会通畅，商业自然就会繁荣，社会就会富足。

鄂尔泰主张，对于缺水的地方，"相度水源，疏通灌溉"，要探寻水源，因势疏导，引水灌溉；对于水多的地方，"虑沙漩水溢，涨没田禾"，要防止水灾泛滥，淹没庄稼。鄂尔泰告知部下："勿论湖海江河，以及沟渠川浍，或因势利导，或尽力开通，大有大利，小有小利，皆未可畏难惜费、忽焉不讲者"，"凡有兴之水利，逐处兴修"。鄂尔泰把建设水利过程，发展农业生产，当作地方要务来抓。他本人更是"博采舆论，合看绘图"，"勤访密查，不遗余力"，广泛听取意见，亲自调查研究，变水害为水利，大力兴修水利工程。

为保证水利工程顺利建设，鄂尔泰设立水利专项资金。资金多方筹措，如兴修水利后长出的田亩，变卖得银，再用于水利；土地变价、盐斤余额等正项之外的余银等，用于水利。水利专项资金交与专人负责管理，"造册存贮"，作为每年水利的专项开支，以备永远。

据粗略统计，雍正年间，云南一省九府二十多个州、县，扩建、改建、重建和新建的灌溉、防洪除涝、湖泊治理、河道航运等各类水利工程共计82项，占有清一代云南水利工程总数276项的30%。这其中大部分效益显著的工程，多得力于鄂尔泰。

治理滇池润昆明

滇池，位于云南省昆明市的西南，古名滇南泽，又称昆明湖，有高原明珠之称。《史记·西南夷列传》有记载："滇"，在古代是这一地区最大的部落名称，楚将庄蹻进滇后，变服随俗称滇王，故有滇池部落，才有滇池名。而晋人常璩《华阳国志·南中志》中另有一说："滇池县，郡治，故滇国也；有泽，水周围200里，所出深广，下流浅狭，如倒流，故曰滇池。"

滇池是中国第六大淡水湖，云南人民的母亲湖。千百年来，滇池滋养着周边百万人民，促进了文化繁荣。滇池在造福百姓的同时，也带来了水患。古往今来，许多仁人志士致力于治理滇池，鄂尔泰就是其中的杰出代表。

滇池汇聚了盘龙江、银汁河、白沙河、宝象河、马料河、海源河等河流，灌溉着昆明、呈贡、晋宁、昆阳等州县农田。但由于滇池出水海口，南北两面皆山，每年雨季到来，山洪暴发，沙石并下，淤塞河道，阻塞水流，淹没田地，给周边村民带来巨大损失。虽然每年农闲时节都在维修治理，但是由于官员潦草应事，年年疏浚，年年淤塞，百姓深受其害，苦不堪言。

雍正七年，鄂尔泰让云南粮储道黄士杰以及地方官实地查看滇池海口，研究如何根治水患。黄士杰经过调查发现，滇池海口是滇池泄洪要道，雨水暴涨时，沙石并流，易于壅淤。而海口一旦淤塞，沿海田亩即遭淹没。黄士杰相度地势，认为只要在海口南面再开凿一条子河，就能够分流泥沙、石子，避免海口淤塞。鄂尔泰并不认同黄士杰的方案。在鄂尔泰看来，既然开挖一条子河就可解决海口

滇池今景

大河易于壅淤的问题，为什么前代一直没能做到呢？鄂尔泰决定亲自坐船到海口现场勘察。为了了解实际水深，鄂尔泰手持竹竿，遍测水位。发现滇池海沿深八九尺，而横亘在海口大河中的一埂二滩附近之水仅止九寸，"其不得条达畅流者，势使之然"。原来，海口处的滩埂太高，阻碍了洪水下泄。鄂尔泰当即命令黄士杰组织人员开挖一埂二滩，以使海口宣泄无阻。

海口修治工作进展顺利。雍正八年，黄士杰向鄂尔泰禀报，滇池海口"牛舌滩一座，今已挖平至水面，牛舌州亦已挖去其半，再得数日，俱可挖平"。鄂尔泰经过深思熟虑，认为："此一滩一洲，若仅与水平，尚未能畅达，必更深下三四尺，方能通畅"。随后又命令黄士杰，一鼓作气，继续加班加点，深挖滩埂，以利久远。

在铲平老埂、牛舌洲、牛舌滩的同时，鄂尔泰还安排张允随、黄士杰等部属，疏浚盘龙江、白沙河、宝象河、海源河等河道，加固堤岸，开辟引河等。

经过此次治理，滇池水患得到有效根治，灌溉条件大有改进，保证了数十万顷田亩的灌溉。

畅通水路达四方

对于崇山峻岭、山高水深的云南来说，水路不通，陆路甚险，往来交流和贸易者，常常要肩挑马驮，翻山越岭，费力耗时，极为不便。鄂尔泰深刻认识到，"穷荒之大利，莫急于舟车"，"必得四通八达，声息相闻，在在无阻，然后可通永宁"。"云贵远居天末，

必须商贾流通，庶地方渐有生色"。水陆交通的发达与否，对政治稳定和经济发展具有至关重要的作用。社会要稳定，经济要发展，必须加强水路航运建设。

鄂尔泰态度明确，"立意开浚……务俾舟楫来往"，"疏决导引，纵一时难措，而日积月累，未始不可以小济……必欲经始，以待将来。即迟至10年、20年，但能成事，实云贵永远之利也"。在云南任上，鄂尔泰一直致力于开通与周边地区之间的江河航运，使内地商贾便于往来，相互交流，促进地方发展。

雍正七年（1729年）二月，鄂尔泰向朝廷奏报云南水利事宜，阐明位于阿迷州东南的个旧是云南铜矿主产区，开通阿迷州至昆明水道，有利于个旧等处之铜矿资源运至昆明，既便捷，又省钱。鄂尔泰还向朝廷奏请开通阿迷州口岸，一旦口岸开通，"阿迷至粤可以安稳行舟往来，商贾有千百年之便利矣"。朝廷准奏。雍正七年六月，阿迷州口岸开通，水路畅通，"凡一千五百里，可直通八达"，大大提高了个旧等地区铜矿资源的外运能力，促进了对外交往和社会繁荣。

鄂尔泰不仅仅满足于开通云南省内水路交通，而且还致力于开通滇桂湘黔之间的水路，以使整个西南地区相互畅通、连为一体。他在《重修桂林府东西二陡河记》中曾写道："若乃舟楫之便利，惠贾通商，则自灵渠而北，曲赴湖南；自鲢鱼陡（指桂柳运河）而西，直至黔省之古州（今贵州省榕江），粤土虽瘠薄，得二渠以储民福泽，可俯视秦关郑白矣！"道出了开通滇桂、滇湘、滇黔水路的意图，以及水路开通对西南地区经济发展的重要意义。

雍正七年十二月，鄂尔泰勘察西隆至桂林水道，计划开通滇桂水路。西隆位于滇桂交界处，南盘江流经此地。实地勘察后，鄂尔泰指出，只要打通西隆至广西东部的水路，就连接了云南与广西的水运交通。于是组织人员疏通修治，畅通了滇桂水路。

鄂尔泰又着手兴修广西全州至湖南的水运交通。全州是湘江上游发源地区，紧邻湖南永州。湘江经全州北上湖南，河段落差较大，影响行船。鄂尔泰经过勘查分析，采取迂回策略，变陡为平，使得湘桂两省航运顺达便捷。

雍正八年，鄂尔泰主持开发清水江，使相距1000余华里的黔南都匀（今都匀市）与湖南黔阳（今湖南洪江）两地的水路得到全面沟通。与此同时，还组织疏通了镇阳江，由镇阳江顺流而下,经玉屏侗族自治县与湘西水系融为一体。这两条水路的开通,使滇湘黔之间的水路联网,云南通往内地的水路多元通畅。

水路航运的畅通,把云南地区与周边省区紧密联系在一起。既实现了清王朝在政治上对西南边陲的有效控制,也便利了云南与周边省区的贸易往来。云南的茶叶、矿藏等资源大量地运出去,湖广的稻米、江淮的食盐等源源不断地运进来,大大促进了经济繁荣。

委任专员司水利

在治理水利过程中,鄂尔泰深感到,兴修水利,非比寻常,"务期一劳永逸。暂行补救易,长筹通利难;就事治事易,以人治人难"。仅仅设置作为省级机构的粮储水利道,已经不能适应水利事业的发展形势。还须细化职责,在基层委任专员办理水利。雍正九年,鄂尔泰上疏朝廷,建议在有重要工程的府、州、县设专职水利官员。如承担建设滇池海口工程的云南府昆阳州,"添设水利州同一员,驻扎海口,以专责成"。其他府、州、县,"有水利之处,凡同知、通判、州同、州判、经历、吏目、县承、典史等官,请加水利职衔,以资分办"。

雍正十年,朝廷"议准云南各州、县凡有水利之处,将同知、通判、州同、州判、经历、吏目、县丞、典史等官,皆准加水利职衔,境内河道沟渠,责令专理"。这样,水利事务的管理,上至朝廷、下至州县,均有水利官员,层层有责,层层负责,进一步提高了对水利的重视程度,切实增强了地方官员的治水责任感。

兴修水利,责任重大。鄂尔泰勉励官员,"须不畏强御,方克有成。即势不能摇,又或造为别论,使必不可行。此不欲开河之通弊,不可不留意也"。诸事开头难,"难与创始,易于落成"。只要持之以恒,"将不数年,即支流、小路亦皆遍行开修"。鄂尔泰还告诫官员,"实心措办,所需之费请于变价银两内酌量动支,敢或藉端侵冒及苟且塞责者,立即揭参,以为漠视公事者戒"。为了保证官员实心办事,鄂尔泰主张"酌留岁修银两,分定勤惰考成,立季报、月报之条,着具详、具结之例。其督、抚、藩司仍应将要紧河道分派着落,令不时勘修,俾于总管之外,又各有专员,庶现在各属员役不敢怠忽从事,即后来大小官吏亦不致因循,并无可诿卸"。这对于水利发展"实有裨益"。

鄂尔泰在所著《云南水利疏》中,对治水工作进行了总结,对自雍正三年至九年全省的水利建设成就、存在问题和以后的规划打算,做了较详细的分析研究和阐述。鄂尔泰治水工作取得了巨大成就,但他对自己所兴办的水利工程进行总结时谦逊低调:"……然兴修已竣而获水之利者仅半,已修未竣、已竣未妥、应修未修、委勘未确者居半,此应分晰开明,陈请圣鉴者也。"

乾隆帝:治水仍为养民道

爱新觉罗·弘历(1711—1799),清朝第六位皇帝,定都北京后第四位皇帝。年号乾隆,寓意"天道昌隆"。25岁登基,在位六十年,退位后当了三年太上皇,实际掌握最高权力长达六十三年零四个月,是中国历史上执政时间最长、年寿最高的皇帝,在位时间仅次于其祖父清圣祖仁皇帝爱新觉罗·玄烨。庙号"高宗",谥号"高宗纯皇帝"。

有研究者说,中国封建社会的最后一个盛世——康乾盛世,与其说是封建社会的回光返照,毋宁说是千百年来治水成功后的水到渠成。作为清朝第六位皇帝,也是整个清朝寿命最长的皇帝,乾隆几乎经历了整个18世纪,他把治水归为民道之基,反对靠天吃饭和单纯依赖赈济,主张以预防为要,兴修水利、去除水患,提出了"自古致治以养民为本,而养民之道,必使兴利除患,水旱无虞,方能使盖藏充裕,缓急可资"的治水思路。

治河修水民安康

乾隆初年,水旱灾害频繁发生。边陲陕西、甘肃、云南、贵州时有旱灾;沿海浙江、福建、江苏受海潮威胁;中原河北、山东、河南、安徽和苏北地区则水旱交替。看似稳固的统治背后,其实隐藏着社会经济的巨大危机。乾隆看到了水利对农业和国家长治久安的重要意义,因此他要求各省督抚树立忧患意识,做到居安思危,未雨绸缪,在平时就要讲究研讨,做到"潦则有疏导之方,旱则资灌溉之利"。

乾隆皇帝像

国泰民安中，人口越来越多，吃饭问题越来越突出。乾隆忧患在前，看到各地水利设施大多年久失修，"圩岸不无坍颓，泥沙不无淤积"，他提出"与其岁久溢渠，事难费省，不若逐年疏葺，事易费省"，要求各省督抚讲求水利之法，"各于所属境内相视河流浅阻，每岁农隙，募夫挑挖，定为章程，逐年举行"，把水利作为一项长期的和经常性的任务。在古代社会，历朝历代都把治黄当作治水的重头戏，乾隆也不例外。

乾隆认为，治理黄河"关系国计民生，最为紧要"。在前代已有的治河成就的基础上，他动用了大量的人力、物力和财力，对毛城铺引河、淮扬运河和淮河入江水道进行了疏浚，对清口进行了整治，并亲临工地，与大臣共同探求治理办法，充分表现出了对水利事业的关注。上有所好，下必效焉。江南、甘肃、云贵、安徽、河南等地的地方官员都纷纷遵照乾隆皇帝的旨意，从当地实际出发，疏浚河道，加固堤防，修建陂塘沟渠、圩埂土坝等大量水利工程。

眼看黄河即将大治，意外却发生在身边。乾隆八年，首都直隶地区发生严重旱灾，民不聊生。乾隆意识到"直隶河道水利，关系重大"，为了缓和旱情，乾隆命令直隶总督高斌督促民间打井灌溉。当时正值农忙季节，"亟需浇灌，民间俱各踊跃从事"，天津、河间两府也都"以次办理"。至次年二月，保定府属已开成土井2200余个，顺天府霸州也打井2000余口。旱灾缓和后，山西道御史胡潮生上奏，主张大修畿辅水利。乾隆对这一奏折予以高度重视，但并没有轻易听信，而是派人对首都地区的水资源进行了详细的普查，最后发现在直隶地区河流众多，水资源丰富，而治水的关键在于用人得当，"畿辅水利乃地方第一要务，必简用得人，始能有益无弊。"所以，乾隆命对该地区情况比较熟悉的吏部尚书刘于义会同直隶总督高斌一起督率办理，并拨出专款，派遣大臣到畿辅各地办理。不久，在他们的建议和主持下，修复了宛平、良乡、涿州、新城、雄县、大城等地的旧有渠道，并开挖了许多新河道和堤埝、涵洞、桥、闸等工程，使灌溉面积大大增加。

在直隶地区水利治理中，永定河是一个重头戏。永定河是该地区含沙量最高、汇流面积最大的河流，常常是造成重大洪涝灾害的根源，直接威胁着首都的安全，因此成为当时治理的重点，其修防之勤仅次于黄河。皇祖康熙晚年的治水杰作就是治理永定河，乾隆也没怠慢这条牵动京城的小河。据《清史稿·河渠志》统计，乾隆对永定河进行较大规模的治理活动达 17 次之多。并且，乾隆还曾多次亲自巡察，指导治河工作，采取了诸如修筑堤埝、兴建减水坝、疏浚河道甚至人工改道等工程措施。先后命鄂尔泰、孙嘉淦、方观承等人主持治理，有效提高了防洪能力，减轻了灾害损失。

敬畏水利顺自然

故宫博物院里放着一尊稀世珍宝《大禹治水图》，作为乾隆的生日礼物，这是世界上最大的玉雕之一，历时十年才完成，深得其喜爱。之所以尊崇大禹，是因为乾隆十分赞同大禹的治水之法，认为水宜疏不宜堵。这一改历朝历代把水与民同治的简单认识，体现了乾隆对水利的敬畏之心，对自然的顺应之意。

乾隆移民让水，不与水争道。随着人口的增加，与水争道问题日益严重。乾隆在其御制诗中慨叹道："上古田庐稀，不与水争地。今则尺寸争，安得如许地？"永定河修筑堤埝，一些居民房舍被圈在其中，乾隆觉得："河中有居民，究非长久计。相安姑弗论，宜禁新添寄。"有些居民安土重迁，不肯搬走，汛期一来，往往成为灾民。乾隆三令五申地命令将这些人迁出堤外，堤内土地也禁止占垦，否则受灾时不能享受赈济抚恤待遇。当时许多地方沟渠、淀泊都被附近居民围垦、占据，影响汛期的行洪和排涝。乾隆认为对于这种现象不可等闲视之，便命令总督李卫留心体察，让各州县"将旧有渠淀，查明造报，毋得隐匿。若有已经升科者，免其赋税。至有涸河之处，亦行确勘，不得筑堰筑坝，以阻河流之故道。庶积涝不致为害，而于地方实有裨益矣"。

乾隆十分器重懂水之臣，水官成为提拔的优先对象。清代选官是通过科举制度，这致使工程技术人员奇缺，因此，"通晓河务之大员，甚为难得"。乾隆听说河南布政使朱

故宫内刻有《大禹治水图》的玉雕

定元曾担任南河厅员和浙江海防兵备道，对河防有一定研究，就传谕给朱定元，要其仍然"将疏浚保护之法，加意讲求，以备将来之任使"。浙江按察使完颜伟担任海防道员，熟悉浙江海塘事务，主持兴建尖山海塘有功，于是乾隆将其提升为江南河道总督。乾隆还规定，担任过河官或者熟悉治水业务的地方官员，可以在履历中注明，优先提拔使用。这种办法鼓励有更多的官员重视水利、热心水利、献身水利，促进了水利事业的发展。

乾隆在治水中从不擅自做决定，不随意颁布水政，所有决策都建立在熟识水情和充分调研的基础上。乾隆多次派大学士鄂尔泰、讷亲到全国各重要水利施工现场了解水道原委，还命户部侍郎赵殿最勘查卫河和运河，钦天监正明图勘查拒马河，钦差督统新柱和四川总督会勘金沙江，大学士高斌和左都御史刘统勘查山东河道，直隶属总督孙嘉淦筹划水利，吏部尚书讷亲勘查江浙海塘。通过调研，乾隆掌握了大量的第一手资料，对水情有了深入的了解，为进行大规模的治水活动打下基础。

六巡江南治水患

皇祖康熙曾经六次巡幸江南，传为千古佳话。乾隆皇帝也效法康熙，六次南巡。乾隆认为，自己一生干了两件大事：一件是"西师"，率军西征，平定西北；另一件是"南巡"，在前后30多年中，六次巡视江南。每次下江南，乾隆必到洪泽湖流域巡查河防工程。六次南巡中，乾隆共发出数百条治水命令，五次阅视黄淮治理工程，四次勘察浙江海塘，指示清理杭州西湖。

乾隆在《南巡记》中称："六巡江浙，计民生之要，莫如河工堤防，必亲临阅视。"清朝实施了多项重大水利工程，动用了几千万两白银，每年固定的河工"岁修银"占到全国财政支出的十分之一，是当时国家最大的基本建设项目，对减少水患起到了重要作用。

在这六次南巡中，乾隆皇帝五次阅视黄淮，重点视察了黄河、淮河、运河交汇处的苏北地区。在"悬湖"高邮湖，乾隆看到"堤岸高于屋，民居疑地窖"，感叹"嗟我水乡民，生计惟罟霖"。在洪泽湖，乾隆了解到高家堰与蒋家坝之间的黄河大堤只有三座大坝，每年到了夏秋两季，洪泽湖水位上涨，由于排泄不畅，很容易发生水灾。于是，乾隆命令河道总督高斌再增加两座坝，这样，洪泽湖的高家堰立起了仁、义、智、礼、信五座水坝，建起了一道水上长城，非常有效地保证了大堤和下游的安全。

为了降低洪泽湖的水位，乾隆南巡时萌生了治水史上著名的"抽薪之计"。所谓抽薪，就是修订水情、调度水则，让淮水入江以减少淮水排向扬州的泄量。"抽薪之计"酝酿于乾隆第二次南巡，实施于第三次南巡，检验于第四次南巡。在"百室求宁"的美好愿望下，乾隆二十三年，他把淮水入江定为急办工程，先后连续多年投入，使淮水入江工程达到盛期，所做的工程有加开董家沟、东西湾三合土滚水坝，开挖太平河、建壁虎二桥等，使归江口门达到 342 米，比康熙时拓宽了将近一倍，让归江河道具备了排泄淮水的功用，奠定了淮水由里下河归海转向归江的局势，这对减轻里下河水患起了重要作用。

洪泽湖今景

抽薪之计完成后，为了检验成效，乾隆在第四次南巡时专程进行了巡视。事实证明，他的决策是正确的。通过抽薪之计，里下河赢得了 20 多年免遭水患的黄金时期。

除了部署完成"抽薪之计"，乾隆六次南巡时，还四次勘察了浙江海塘，修筑海塘也成为他南巡时一直在做的一件大事。海塘是抵御海潮侵袭，保护沿海城乡安全和生产的堤防工程。浙西海塘规模最大，历史上投入人力物力最多，自唐代开始就大规模修筑，宋代海塘有较大发展，已出现土塘、柴塘、木柜装石（石囤）塘、石塘等，明代经多次改进形成五纵五横鱼鳞石塘等重型塘，最后才定格在乾隆实施的鱼鳞大石塘，有力地保护了江南水乡的繁华昌盛。

古海塘

乾隆第三次南巡时，在海宁看到，修建石塘后，旧塘坝向后移了数十丈才能打桩，毁掉了许多百姓的田地和村庄，他内疚不已，说本来想保护民众，现在反而先害了他们，于是，他决定先修筑柴塘，并要求每年用竹篓装上石头加固。到第五次南巡时，看见浙江原有的柴塘和土塘经不住海潮的冲击,沿海堤坝的泥土被湍急的水流不断冲走,装石头的竹篓都裸露出来,乾隆要求在可以修筑石塘的地方,都改建鱼鳞石塘。此后,修建了石塘4000余丈,有效地加强了这一地区抗御海潮的能力,为安定当地人民的生活作出了重大贡献。后来乾隆总结到:"辛未始南巡,土堤以石改。癸酉并涨时,恃此为宁载……是后凡三巡,粗识其原委。"

乾隆在南巡中为江南的水利建设做出了突出贡献,而他勤于政事,崇尚务实,注意调查研究,处事稳重细致的作风,在历代封建皇帝中是十分少见的。

以工代赈首挑河

乾隆通过治水来养民道的重要体现就是以工代赈制度的推行。水利工程是各个朝代极为重视的农业基础设施,这些设施在抵御水旱灾害侵袭、保障农业生产顺利进行,甚至在抗灾保收中,都发挥了极为重要的作用。但是,随着农业垦殖活动的深入发展,水土流失现象日渐严重,水利设施常被泥沙淤塞甚至损毁,如果不加以疏浚,其功效就无法正常发挥,农业生产也就得不到保障。正如乾隆自己所说:"浚治河川,乃消弭水患之根本办法。水旱既弭,则农民可安于畎亩,而努力生产。"

以工代赈是一项一举两得的事,在灾荒中招募饥民兴修或疏浚水利,既可以使农业生产的基础设施得到加强,又能使灾民得到佣金或粮食以度饥荒。工赈制度确立于乾隆初年,源于直隶百姓修堤埝及疏浚河渠,乾隆看到"以工代赈最有益于贫民者,首惟挑河,次筑堤",沿用雍正朝确立的工赈费用从正项钱粮开支的制度,把兴修或疏浚水利作为工赈的首选,并在各灾区广泛实施工赈措施。因此,乾隆朝成为清开国以来实施工赈最多的时期,工赈真正成为清代钱赈或粮赈之外的重要辅佐性赈灾方式。

乾隆元年,江南发生水灾,"淮扬一带各州县低洼田亩,有被水淹漫者",乾隆"恐民穷失所",遂谕令督抚等官员在"加意赈恤,俾获安居"的同时,采取相应的工赈措施,在宿迁、桃源、清河、安东以及高邮、宝应等州县对"应行挑浚之河道"进行疏浚,让饥民"于冬春之交,再令佣工,以资力作,更为有济"。此外,拨银2万余两疏浚安东旧盐河，再拨银 12 万余两疏浚宿、桃、清、高、宝等地的河道，"著于今冬明春，次第兴工，即令雇募民夫，及时挑浚。则于紧要河道，既得深通，而寓赈于工，穷黎更得藉以养赡，于地方民生大有裨益"。

乾隆二年是清代工赈史上最重要的时期，乾隆帝在全国范围内颁布了发生灾荒时修建城郭以赈灾的谕旨，标志着"以工代赈"制度在统治者的重视及提倡下得以确立，并在全国范围内实施。在朝廷的大力支持及地方官员的努力下，乾隆朝在各地举办了众多以兴修水利工程为核心的工赈活动，兴修了众多水利设施，对各地的农业生产产生了积极影响，也在一定程度上减少了水旱灾害的损失。

乾隆朝多次采取修浚水利工程的工赈措施，取得了较好的成效。如乾隆四年发生灾荒时，河道总督白钟山据此前奏报的增培黄河大堤的计划，实施工赈，"现在分别最要、次要，逐段查估兴修"。乾隆七年，淳安县发生水灾，进行加赈，"并请修筑城垣、土堤，以工代赈"。乾隆十二年，山东巡抚阿里衮奏报，沂州府兰山、郯城二邑的河道淤塞，乾隆令阿里衮周密计划，"将上源下委，审度周详，然后可以兴举"，并令高斌在江南查赈事竣时"便道查看，将应行疏筑之处，悉心妥酌，勘实奏闻"。……乾隆二十一年，江苏发生水灾，乾隆帝担心被灾各县属"将来青黄不接之时，闾阎口食维艰"，谕令实施工赈，修筑、疏浚水利工程以济灾民。乾隆四十七年，河南省青龙冈堵筑漫口，"下游居民经黄水淹浸，民食维艰"，就实施工赈，修筑堤岸以济灾民，"另筹开挑引河，改建堤岸，俾江南、山东两省附近灾黎赴工授食"。

乾隆朝实施的水利工赈措施，使各地的堤埝、塘坝、河渠等水利工程逐渐得到修建和疏浚，达到既赈济灾民又推动水利工程建设、保障水利设施发挥功效的双重作用，取得了良好的社会效果。

郭大昌：黄河安澜因有君

他无官无职，但每逢黄河决口时他就成为首选的堵决高手；他"讷于言而拙于文"，却筑就了我国历史上费用最省的黄河堵口。他就是清朝乾隆、嘉庆年间颇具传奇色彩的老坝工郭大昌。

清代著名学者包世臣将郭大昌与潘季驯、陈潢相提并论。他说："河自生民以来为患中国。神禹之后数千年而有潘氏（潘季驯）；潘氏后百年而得陈君（陈潢）；陈君后百年而得郭君（郭大昌）。贤才之生，如是其难。"

多灾的黄河　炼就老坝工

黄河自古以来就是一条多灾多难的河流。黄河桀骜不驯的性格，水沙参半、善淤、善决、善徙的特点，使华夏民族的先民们长期生活在洪水的大劫难之中。特别是黄河下游更是洪灾频仍。黄河上中游高山峡谷多，河流湍急，泥沙沉淀少，河道相对稳定。但当黄河进入下游平原地区，流速骤降，大量的泥沙沉淀下来，于是河道淤塞，河床抬升，形成"悬河"。河水暴涨时，常造成黄河决堤，一片汪洋，给当地百姓的生活和生产带来极大的破坏。

郭大昌像

"患则治"成为了黄河下游人们顽强生存的铁律。在黄河下游无数次与洪水的搏斗中，人们经受了磨难，也增加了见识，增长了才干，在普通群众中涌现出不少治河的能工巧匠，郭大昌便是一个突出的代表。

郭大昌（1742—1815），字禹修。他出生于黄、淮、运交会的山阳县高良涧镇（今江苏洪泽县），这里是洪灾频发的地方。他虽是一个贫寒农家的孩子，却天资聪慧，好学善思。乾隆二十二年（1757年），年仅16岁的郭大昌进入江南河库道（南河总督下辖的一级机构，主管治河、财粮、料物工作），当了一位名为"贴书"的小职员。

他年纪不大，职位虽低，却是一个有心人，在治河的实践中，不管是工程概算还是料物管理，他都认真学习，刻苦钻研。短短三年时间，聪明好学的郭大昌，就熟练地掌握了河工财务管理的业务，其水平"过于其师"。

他还积极参加了河工修防。在每次的治河工程中，他虚心地向师父和老河工请教河工方面的知识，并在实践中反复观察、琢磨水情流势。在长期的实践中，他终于摸清了黄河的特性和规律，史载他"明于水性衰旺，能以意知其溜势所直"。他关注历史上治黄的成功措施和方法,并在现实的治理工程中加以运用,取得良好的成效。

他的才能和治河技术受到了河工们的普遍尊重,被誉为"老坝工"。当时的河库道嘉谟十分赏识郭大昌的才能,提拔他作自己的属吏。每当河道出现险情,嘉谟便听从郭大昌的意见去治理,皆取得显著成效,嘉谟对他更加器重。当嘉谟升任漕运总督后,又尊其为上客,并"倚为左右手"。嘉谟原准备带郭大昌同赴漕运总督任上,但由于淮扬道(南河总督下辖的一级机构,主管淮安至扬州一段的河道)提出,黄淮两河正处多事之时,要求嘉谟留下郭大昌助理河工。由于河务繁忙,急需人才,嘉谟只得答应请求。郭大昌从此便客居河道署。

老坝口堵决　青史留名

南河总督吴嗣爵在治河方面一窍不通,却刚愎自用,不肯虚心听取郭大昌的意见。加之其贪财如命,在做修河预算时,授意夸大预算,虚报冒领,侵吞资财中饱私囊。秉性刚直、不徇私情的郭大昌看在眼里,恨在心上。在又一次为如何治河发生意见分歧之后,郭大昌决意离开:"道不同,不相为谋,决不与贪污成风的河道官员同流合污!"乾隆三十九年(1774年)他愤而辞职,从河道署搬出,入住清江浦五圣庙内。

这年8月,黄河在清江浦老坝口(在今淮阴市东北2.5公里)决口,口门一夜冲阔至125丈,跌塘深5丈。洪水冲入运河,淤沙阻塞,漕运中断。淮安、宝应、高邮、扬州四城,鱼游城关,舟行树梢,官民皆乘屋避灾。总督吴嗣爵面对灾情竟然被吓得目瞪口呆,手足无措。此时正逢钦差大臣即将来决口处所视察,吴嗣爵慌张得不知如何应对?吴嗣爵虽然与郭大昌反目不久,无奈之下,还是硬着头皮亲自至五圣庙向郭大昌致歉,请郭大昌出来主持堵口。

坝工堵决

郭大昌问:"大人对堵口有何高见?"吴嗣爵说:"我若有成算也不会来麻烦先生了。只要堵决工程能早日开工,计划拨款50万两,限期50天内完工。"

郭大昌既懂得工程概预算，又熟知河工技术，对堵决费用及工时，他无须细算便胸中有数。一听来者的话，他就知道这位总督大人又想趁堵口之机大捞一把，便说："既然如此，请总督另请高明，本人不敢应命。"吴嗣爵不解郭大昌之意，说："决口虽然不小，但50万两银子已经不少，工期50天已经不短。如果再加银两，皇帝会降罪的！"

郭大昌微微一笑道："你如果诚心要我出来堵决，工期只需50天，工费不超过10万两。但必须答应我的条件。条件是，只需派文武汛官各一人在工地维持秩序，此外不许任何官员到场。工料也应由我随时调取。"

吴嗣爵觉得条件未免苛刻，要想从中得利已是无隙可乘，但钦差下来视察不是儿戏，交不了差不但官帽不保，弄不好连脑袋就要搬家。无可奈何之下，只得答应了他的条件，又索性将图章也交给郭大昌，命令库房只要见郭大昌的签字即给发工费料物。

到了决口现场，面对滚滚洪流，郭大昌指挥若定。没有了总督大人及其他官员的掣肘，郭大昌放手大干起来。他带领民夫打桩、抛石、卷埽……经过日夜苦干，终于48天完成堵口工程，工费料物总共只合银10.2万两。

老坝口堵决工程是郭大昌一生中取得的重要成就之一，也使得其成为了黄、淮、运治理中颇具传奇色彩的人物。后来颇负盛名的文人包世臣闻说此事，曾去河督公署查阅原档，工期银数均实，不由更为钦佩。而这次堵口也青史留名，在我国的水利史上，被称为费用最省的黄河堵口。

刚正不阿　直斥贪官

从战国起，黄河已有"浊河"之称。西汉时已是"河水一石，其泥六斗"。至清朝，随着黄河上中游沿岸树木植被的锐减，泥沙更是与日俱增，在暴雨季节，出现了浆河现象。黄河下游泥沙淤塞更加严重，水灾也越发频仍。

"功莫大于治河，政莫重于漕运。"华夏历史上，历代君主都知道，治理黄河直接关系到政权的稳固，他们都将治河列为当朝要务。

史载，清乾隆末年国家每年财政收入约4千万两白银，而一年用于治河的经费就达

200多万两。嘉庆年间用于治河的经费又比乾隆时增加了一倍，但黄河的水灾却有增无减。

这中间除去天灾，还有人祸。河官利用黄河决口大肆敛财。当时的民谣说："黄河决口，金银万两；河官发财，民难糊口。"治河工程成了大小官吏中饱私囊的机会。有的人将经费多报少做，有的只领经费而不施工，更有甚者，竟人为地制造险工，以鲸吞经费。治河成了贪官污吏榨取民脂民膏的捷径。

郭大昌出身贫寒，深知百姓的疾苦，他又长期从事治河工程，对贪官污吏的丑恶行径了若指掌，对他们的无耻勾当更是深恶痛绝。他不与他们同流合污，甚至当场揭露他们的贪婪本性。由于他秉性的刚正不阿，屡遭河官们的排斥打击。

嘉庆元年（1796年）黄河又在丰县（今江苏丰县）决口，洪水由丰、沛北注山东金乡、鱼台，冲入昭阳、微山等湖。负责堵口的官员申报工费120万两。

南河总督兰第锡也觉得要钱过多，怕皇帝不准，打算减掉一半。

他找郭大昌商量。郭大昌认为再减一半也足够了，总督听后面有难色，认为30万两银子办不了什么事。郭大昌毫不客气地说："15万两用来堵口，另外15万两你和其他官员分掉，还嫌少吗？"

郭大昌的这番言语击中了贪官的要害，令河督兰第锡颜面扫地。河督勃然大怒，郭大昌也拂袖而去，决意不再与南河官员共事。

不在其职　心系治河

郭大昌得罪了河督，从此去职而去。但嘉庆年间，黄河几乎年年都要决口，每次决口都牵动着郭大昌的心，因河政腐败，贪污猖獗，郭大昌虽有精湛的河工技术，但得不到重用。郭大昌壮志难酬，郁郁寡欢。但他不忍心目睹生他养他的故土遭洪水袭击一片狼藉，更不忍心目睹家乡的百姓生命涂炭哀鸿遍野，他时刻想着治河，想着要将自己的治河技术和方略献给治河事业。

不想这时他遇到了一位知人善任的清官——包世臣。

包世臣为官清廉,心系治河,是清朝官场的一个例外。他未到淮安就早知"老河工"郭大昌的声名。他一到淮安就登门造访郭大昌,两人志趣相投,谈得十分投机,很快就成了知己和诤友。

海口并无高仰,河身断不可改

嘉庆十三年(1808年),因黄河下游河床淤积严重,河道行洪不畅,黄河险情不断发生。面对危情,河官们认为行水不利,是因为海口高仰,建议黄河改道,改由南出射阳湖(今射阳镇一带),或北出灌河口(今灌南县西北)入海。

包世臣到任后对河官们的建议十分怀疑:如果改道,则淮河下游有不少地区将成为泽国。回顾治河历程,如果此建议可行,就不会有康熙二十四年(1685年)于成龙与靳辅、陈潢的激辩,就不会有康熙二十七年(1688年)的靳辅被革职、陈潢冤死狱中。最终事实证明,当年靳辅、陈潢反对分流,主张筑堤束水的主张,是正确有效的。事情才过去不到百年,人们的争论怎么又回到了原点?

嘉庆十三年(1808年)二月,包世臣决计亲自去察勘水利现场,他邀上老河工郭大昌,携带潘季驯、靳辅的有关著作和抄录的雍正初至嘉庆二年间历年治河奏案,历时2个月,勘察了上至徐州、下至射阳湖一带的黄、淮、运、湖形势。每至一地,老河工郭大昌就不厌其详地给包世臣指点水性地势,现场总结前人的经验教训。郭大昌认为:"海口并无高仰,河身断不可改。"认为潘季驯、靳辅陈潢当年筑堤束水、借淮攻沙的方法,今日依然是治黄的圭臬。提出"接筑长堤到海滨""于运口筑盖坝,导淮溜出黄以减运涨"的建议。

堰水图

嘉庆十三年五月,朝廷派出大学士长麟、戴衢亨到南河视察河工。在到达清江浦的次日,他们即会见包世臣。包世臣将阐述勘察心得的两篇撰文交与使臣长麟,长麟对包世臣的文稿大为赞赏。包世臣于是把他与郭大昌勘察所得

——陈明,指出不需改道,只要在清口筑盖坝助淮水入黄,并修缮以下黄河两岸堤防即可。长麟采纳此建议并上奏,奉旨允行。

不料此时黄河又在北岸马港口决口,由灌河口入海。这一线路正好符合不少河官员黄河改道的心愿。于是郭大昌、包世臣的方案便被搁置起来。

此后近三年,黄河由灌河口入海,因沿途多苇滩,黄河并未冲出理想的河道,只能任由河水连年四处泛滥,运河也接连数次决口溃堤,"漂没民居以百万计""兴化、盐城、东台、甘泉之民田常为巨浸"。但河官们不断假报灾情,说水患是有,但运河冲决轻于黄河,无伤田庐。这样河官们不断兴工又可借机私饱中囊,又可从下拨的赈灾款中分得好处。于是出现了"马港决口,黄河安澜"的谬论。百姓不堪水患之苦,纷纷赴京呈控。

朝廷派尚书马慧裕前往调查处理。起初马慧裕听信了河官们的一面之词,倾向于不堵马港口。郭大昌让灾民们乘小船千余艘,要求马慧裕亲自坐船前往海口视察。马慧裕的船只才出口门,行不了数里,便搁浅而不得前行。马慧裕发现上了河官们的当,马港口决河如此浅涩,如何能作为黄河的下泄河道?于是奏请按长麟、戴衢亨二人所上奏的方案修堤筑坝。

河官们迫不得已,只得敷衍塞责一番。堤坝终于嘉庆十五年(1810年)冬完工。但由于主管官员偷工减料,堤防高、宽不到原议的一半,结果在第二年三月,倪家滩新堤便被冲溃一口,有人建议抢护,河督陈凤翔不许堵筑。到五月运河又决于王营减坝,河督却以"坝上土堤坐蛰过水,河由旧河身归海,无伤田庐"上报。

加长盖坝　接筑长堤

不久黄河又有两处决口,一处在邳州的棉拐山,另一处在萧县以南的李家楼。滚滚黄河水自决口脱离故道向洪泽湖奔涌而去。朝廷得知水情后派左都御史百龄为两江总督,急驰现场察勘灾情,商讨对策。

郭大昌思忖:黄河上游棉拐山、李家楼已决口,溃水半个月内将到洪泽湖,再过10天洪泽湖必然蓄满。然而洪泽湖出口不畅,湖水必将外溢,运河两岸的百姓势将陷于一片汪洋之中。为解百姓于倒悬，郭大昌再次找到包世臣，请他务必向百龄阐明情况，坚持"加长盖坝则清淮无恙，接筑长堤则黄流顺轨"，即加长盖坝让洪泽湖水入黄，借淮河的清水助黄河冲沙，并坚筑下游长堤使黄河归槽顺畅入海，以保证运河两岸百万生命的安全。

包世臣见百龄后，力陈利害，说服百龄按郭大昌建议行事。百龄采纳了他们的建议，在运口加长了盖坝，又堵塞了李家楼等地的决口，将黄河大堤接长至海边，使黄河重回故道。果然收到了黄、淮水流畅泄，运河水位有所下降的明显效果。

嘉庆十七年（1812年）黄河大汛，大河皆深2丈，海口水更是深达7丈，但河水流泄顺畅无溢河槽。此后十多年，江苏境内黄河决溢明显减少，实现了人们久已向往的黄河安澜、清黄并力入海的小安局面。

治水救民　人皆祀之

嘉庆十八年（1813年），72岁高龄的郭大昌仍念念不忘治河，他与包世臣最后一次行视清口以下大堤。他嘱托包世臣说："现在黄、淮、运工程，虽然没有完全按照我的建议办，但10多年内不会有大事。可是目前又有人建议多开减水坝，分泄黄河、淮河，如果实行，10年之内高家堰拦淮大堤将不可守。我是看不到了，今后你在有关官员面前，一定要多多进言，杜绝这一隐患。"

嘉庆二十年（1815年）郭大昌去世，终年74岁。郭大昌一生无官无职，也无著作传世，但在运河百姓心中，他是救民于水火的下凡神仙，是专门来呵护运河的精灵。清江浦一带的百姓在运河沿岸，为他立牌位二三十处，纪念着这位刚直不阿、不愿趋炎附势的老坝工。包世臣在勘察黄、淮、运、湖的过程中，也亲眼见到的百姓为郭大昌立的牌位即不下二三十处。

包世臣对郭大昌的道德、学识十分敬仰。他在所著《中衢一勺》一书中，根据郭大昌的意见提出了的治理黄河、淮河、运河的方略和措施。又在《中衢一勺》一书中以真挚的感情写了六千多字的《郭君传》。文中，他将郭大昌与潘季驯、陈潢相提并论。

他说:"河自生民以来,为患中国。神禹之后数千年而有潘氏(潘季驯);潘氏后百年而得陈君(陈潢);陈君后百年而得郭君(郭大昌)。贤才之生,如是其难。"他惋惜地叹道,郭大昌的才能还未充分发挥,则只能偶试锋芒,竟不见用,实在太可惜了。

陶澍:度领水利系江淮

陶澍(1779—1839),字子霖,号云汀,湖南省长沙府安化县人。嘉庆七年进士,历任翰林院编修、国史馆纂修、四川乡试副考官、监察御史、户科给事中、川东兵备道、山西省按察使、安徽省布政使、安徽巡抚、江苏巡抚、两江总督兼理两淮盐政。萧一山在《清代通史》中所说:"中兴人才之盛,多萃于湖南者,则由于陶澍种其因,而印心石屋乃策源地也。"

陶澍不仅是封疆大吏,还是一位水利专家,他兴修水利、积极推行漕粮海运等,政绩卓著。魏源在《太子太保两江总督陶文毅公行状》中高度概括了陶澍的卓著功绩:"公自任督抚以来,如漕务之创海运,三江三修水利,淮南之裁浮费、截粮私,淮北之裁坝杠、改票税,皆恒情所动色相戒,公奋不顾身,力排群议,卒能创始善终,可久可大,而海运、票盐尤百世之利,后之筹国者必将取法焉。"《清史稿·陶澍传》论曰:"陶澍治水利、漕运、盐政,垂百世之利,为屏为翰,庶无愧焉。"道光为表彰陶澍,晋赠太子太保,并谥"文毅"。

陶澍像

资江之滨结水缘

乾隆四十三年(1779年)十一月,在湖南安化县陶姓人家里,一个可爱的娃娃呱呱落地。娃娃的出生,给全家带来了幸福和欢乐。时值久旱地荒,为了祈祷给这个世界带来甘霖和好运,其父专门给他起了一个带水的名字——陶澍。陶父认为:"天下之能苏万物者,莫如雨。戊戌年大旱,冬,谷骤贵,而长子适生。因名之曰澍,而字以子霖,盖其而以泽苍生也。"

陶澍的故乡坐落在资江之滨,风景秀丽,景色优美。"其山大屏……其水茱萸、石潭、善溪、伊水,与夫上游之七十二滩,下游之二十四港,皆岿峉磅礴,湍洄清冷。实宇宙之奥区，冠盖所不至，红尘所不及。"陶澍从小就"牧于斯，樵于斯，渔于斯，且耕且读"。陶澍对这条养育自己的河流赞美有加，在《题〈松堂老人读书图〉应湘皋》诗中说："洞庭四大水，沅澧与资湘。三水名最艳，惟资天一方。"

印心石屋

陶澍自幼聪慧，文思敏捷，在当地称为"神童"。某年除夕，陶澍拟了一副对联贴在门上，联云："红薯、包谷、苋根火，这点福老夫所享；齐家、治国、平天下，那些事小子为之。"就是希望长大后能为国家干一番事业。陶澍18岁参加县试，得补邑诸生；23岁参加乡试，中举人；25岁参加会试，中进士，由此踏入仕途。

在资江之中，有一块形似印章的奇石，俗称"印石"。其上游不远处，有一座颇像平房的悬空石，俗名"石居"。陶澍幼时，每日都登上印石，下雨天就钻进石屋，苦读圣贤书。这两个地方，后来被陶澍称之为"江上书斋"。

道光十五年（1835年），陶澍在觐见道光帝时讲述了"江上书斋"的故事。陶澍的"江上书斋"，引起了道光浓厚兴趣，御笔一挥，赏赐"印心石屋"四个大字。陶澍专门请人把道光皇帝的题字刻在了石碑上。"印心石屋"石碑留世遗迹众多。现在，位于南京煦园的两江总督府旧址，印心石屋碑亭依然完好如初。碑亭为上下两层。下层为一方室，正中砖壁一方，背面嵌双龙戏珠砖雕。正面嵌着刻有陶澍原籍"资江印心石屋山水全图"及上道光帝谢恩奏折石碑。

兴修水利普东南

陶澍对水利事业十分重视，认为水利乃"覆育苍生"之大事，能使"舟楫畅行，旱潦无虑，民生永资利赖""赋出于田，田资于水，故水利最关紧要"。在陶澍看来，赋税来源于田地收成，田地收成又取决于水利条件。因此，兴修水利，疏浚河湖，是国家大计。水利兴，才能使农田免受灾害，农业丰，国家的田赋才能有保障。

对于因水利失修带来的水利灾害，陶澍曾在诗中进行了描述："一旬梅子兼旬雨，暴涨连番浸大田。滚滚江潮翻不尽，汪汪堤岸竟无边。拍天恶浪奔铜渚，行地神州为铁船。谁识登临忧极目，人家旁午未炊烟。"任内，陶澍疏通河流，建闸筑坝，功勋卓著。齐彦槐赞道陶澍"兴修水利普东南"，"以农田水利为国计民生要务"，使"旱涝无忧，东南永赖"。

陶澍认为"江浙水利莫大于太湖"。"所灌苏、淞、常、太、嘉、湖诸府州之田亩以亿万计，漕粮居天下之大半，皆恃太湖为之润溉"。太湖熟，天下足，兴修好太湖水利，灌溉好万亩良田，关系江山社稷。然而，由于治理不当，入海口不畅，太湖水患时常发生。因此，欲治太湖，必先治太湖入海之口。太湖入海口有三条河：浏河、黄浦江、吴淞江。吴淞江为太湖入海正流。因此，治理吴淞江为太湖水利的关键。

陶澍在治水方法上既注重吸收前人成功经验，又能根据实际情况创造新的办法。在疏浚吴淞江过程中，陶澍多次实地调查了黄浦江、吴淞江等河流入海口地形、水流等情况，一举推翻了历来治理吴淞江都在入海口修建石闸，以防潮阻沙为主的传统方案。陶澍认为，治理吴淞江入海口，宜疏不宜堵，海潮既然可以挟泥沙而来，也可以凭借其巨大的冲击力带泥沙而去，潮退之时，泥沙也将顺势入海。而建有石闸，反而会使吴淞江的泥沙堆积于闸内，影响泄洪。因此，陶澍主张，撤除吴淞江入海口石闸，取直，拓宽。吴淞江撤闸通海，成为水利史上的创举。

陶澍在吴淞江入海口撤闸通海，成为水利史上的创举

工程竣工后，陶澍亲自验收，"逐段勘量"，"沿途按段测量，水深均有一丈九尺至二丈不等，实为一律深通，毫无浅阻之处"。放水时，"水势畅出，汹涌如雷，坝外淤泥即时冲散"。陶澍曾作诗总结经验："作俑良田智者凿，建闸之议堪揶揄，以闸御潮沙亦滞，闸内闸外生崎岖。岂知江潮在田地，本若元气相转输。一呼一吸荡肠胃，焉有塞口防沾濡？来源不足闸何益，刻舟颇笑前人愚。"

与吴淞江撤闸通海不同，在治理浏河、白茆河上，陶澍主张将浏河、白茆河建成不通海口的清水长河，即筑坝栏其海口，使不通潮，专蓄清水，再次体现出了陶澍治水因地制宜、绝不因循守旧。

浏河是太仓境内的一条主要水道，源于太湖东北，长约 80 里，东流入海。白茆河在常熟、昭文二县境内，长约 60 里，与黄浦江、吴淞江、浏河三江互为表里。陶澍经过勘查浏、白二河流域的地势、水势，发现"江、浙两省地势山脉，一自湖州趋杭州，一自镇江趋常州，南北皆高，而嘉兴、苏州、松江、太仓适当其中洼。自江苏一省言之，则地势北高而南下"。河、白茆河外高于内，如果开通海口，"恐潮汐倒漾，轻易停淤。且口门皆有拦沙，挑浚倍为费力。即开通之后，涨沙恐复相连"。于是，陶澍大胆否定历来治理浏、白二河方案，主张将浏、白二河顺应地势，"灌田而不可通海"，"海口筑坝，以防浑潮倒灌之患"，改造成不同海口的清水长河。

道光十四年（1834 年），在陶澍的指挥下，浏河、白茆河工程开工。竣工后，陶澍前往验收，"父老夹岸欢迎，咸言百余年来所未有"，"沿途香花载道，欢欣异常"。是年七月，"苏淞一带大雨倾盆，太湖附近诸山陡发蛟水，处处盛涨，拍岸盈堤。（陶澍）当即飞纷太仓，镇洋二州县，将该坝涵洞，全行启发。据禀：滔滔东注，两日之内，消水二尺有余。而秋汛大潮，仍无倒灌。是浏河之容纳与涵洞之宣泄实已著有成效。"浏、白二河工程经受住了汛期的考验。《清史稿·陶澍传》称，陶澍兴江苏水利，"吴中称为数十年之利"。

陶澍治水，善于总结前人经验，将开浚河道、疏通河水、导引水流、排除渍水等，总结为"疏、瀹、决、排"四种方法，并运用于治水实践。对于黄河治理，陶澍分析认为："夫河之迁涉无常，要自有其不易者，水之性利于下，流不畅则逆，逆必溢；水之势蓄于上，力不并则弱，弱必壅。"他强调对黄河的治理，要用"疏、瀹"方法，疏散引导，不阻水势，取得了显著成效。

陶澍还注意利用商人资本进行治水。在浚疏白茆河工程时，估银达十一万两之多。陶澍认为"经费有常，未敢概请借帑"，于是"率同司道、府、县，倡捐廉银，并谆劝常、昭两县绅商、富户，以此河既系万不可缓之工，而民情又处迫不可支之景，各宜勉力捐资，以工代赈"。商人捐资，百姓以工代赈，既充分利用了商人资本，又充分调动了百姓的积极性。"水利以兴，穷黎以济，为一举两得"。

漕粮海运济京城

漕运是封建王朝统治者将征集的田赋通过水道运往京师或指定地点，用于供宫廷消费、百官俸禄、军饷支付和民食调剂。漕运由来已久。早在春秋时期，晋国发生饥荒，秦穆公下令从秦国都城雍用庞大船队通过渭河、黄河、汾河运送几千吨粮食到晋国都城绛。作为世界上开凿最早、里程最长、工程最大的京杭大运河，事实上与漕运密切相关。大运河联结黄河、淮河、长江三大水系，成为沟通南北、南漕北运的主干渠道。

漕运是封建王朝的生命线，"国家大计，莫过于漕"。在明清两代，被称为国家"三大政"之一。"国家建都燕京，廪官饷兵，一切仰给漕粮。是漕粮者，京师之命也"。江苏的漕粮最多，约占全国漕粮之半，漕粮转输，全靠运河，所谓"漕运之务在河"。漕粮沿大运河运至京师。运河畅通与否，成为漕粮能否准时到达的关键。

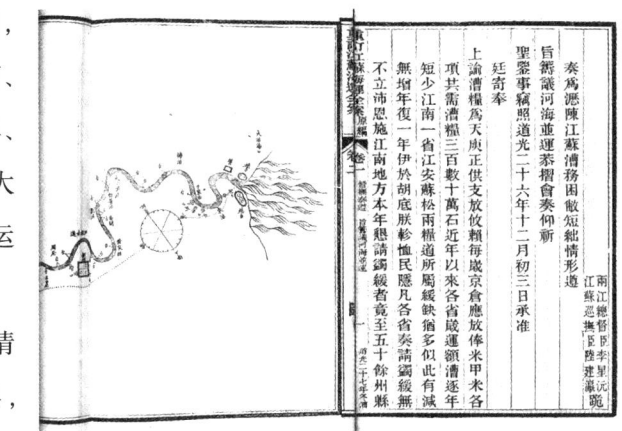
《海运全案集》

运河在淮安与黄河、淮河交汇。"黄河南行，淮先受病，淮病而运亦病"。黄、淮之水涌入运河，泥沙淤于河底，漕运困难重重。"嘉庆以来，黄河屡决，使运河淤垫日甚"，"已成不可救药之势"。《清史稿·河渠志》载："嘉庆十四五年间，淮、扬、运河三百余里浅阻。"清嘉庆道光年间，漕务弊端丛生，南漕北运屡屡受阻。至道光四年，黄河猛涨，高堰决口，河道多处浅阻，漕船无法通行，大量南粮待运。

道光帝急命孙玉庭为钦差，办理漕粮北运事宜，孙领命后，积极组织疏通，但进展极缓。鉴于现状，户部尚书英和力言海运，他说："治道久则穷，穷必变，小变之小益，大变之大益，未有数百年不弊且变者。""河道既阻，重运中停，河漕不能兼顾，唯有暂停河运以治河，雇募海船以利运，虽一时权宜之计，实目前之急务。"英和上奏后，朝廷意见不一。

经过深思熟虑，陶澍积极主张海运，他在奏折中分析道："其于运也，可以海则海，可以河则河，不可以海、可以河，则陆。后之言运者，已而又一于河则废海，一于海则废河，此所以相持而不得其通也。""专办海运，则恐商船之不足；专办河运，又恐清水之难恃。惟有两者相辅而行，可期无误。"道光帝同意了陶澍海河并运主张，命陶澍全力组织漕粮海运。

漕粮海运，船只是关键。为广募船只，陶澍发布《筹办海运晓谕沙船告示》，给船户以利益上的保障，如"载米一石，即有一石之价，另委大员，当堂给发，丝毫不经吏役之手"。"在上海受载装米之外，仍准稍带客货，到津卸载之后，仍准放至奉天，揽装豆饼等物是官给运价之外，更有余利也"。由于条件优惠，商船闻风而集，很快募集了一千余艘沙船。

为了有效保障漕粮收兑，陶澍在上海设立海运总局，具体负责漕粮征集、交兑、雇募商船等事。在天津设立收兑局，陶澍令粮道"先派大员齐带册籍前赴天津，经理交兑事宜"。为防漕粮流失，陶澍令"各省沿海水师会哨巡防"，以防万一。同时，"派委武职大员二人，押坐商船赴津，以资稽考"。

陶澍多次到上海勘察海口地势、水形、风向等情况。向船户、渔民、老农了解各种情况，从而选择好海运的时间、路线。陶澍"每遇熟习海洋之人，详加询问，征以记载，得其径道。"并先后以《海河并运疏》《进呈海运图疏》奏报朝廷。此外，陶澍还组织绘制了《海运图》，注明沿途的地名、岛屿、沙滩、风向、水情，以及海岸的州县、村镇等。

在陶澍周密组织下，海运极为顺利。从道光六年正月起，截至六月初五日止，"前后用沙船及浙江蛋船、三不像船共一千五百六十二只，起运潜白正粮一百四十五万一千三十一石零，又节省归仓候拨粮米五万九千七十五石零，又给船耗米十二万余石，通计装载正耗各米共一百六十三万三千余石"。"间有松舱抛失耗米，为数共止八百余石，不及全运米千分之一"。海运取得重大成功。

林则徐曾诗赞陶澍："重臣规划赞中朝，飞挽云帆蜃气消⋯⋯真看鹏云搏溟渤，米觉鲸波荡沃焦⋯⋯"魏源总结海运："国便、民便、商便、官便、河便、漕便，于古未有"；"利国、利民、利官、利商，为东南拯弊第一策。"《清史稿》认为，陶澍"治水利、漕运、盐政，垂百年之利"。宣宗亦因此表彰陶澍"督率有方，可嘉之至"，赏赐孔雀花翎。

海运结束后，陶澍编写《海运全案集》，总结经验，留给后人。

林则徐：水利大家 治水名臣

在火星和木星之间有一颗小行星叫"林则徐星"，这个行星是国际小天体命名委员会正式命名的。"林则徐星"的命名是为了纪念林则徐这位中国晚清时期名震中外的民族英雄，及其彪炳史册的禁烟运动和抗击英军入侵的爱国业绩。

对他的禁烟运动和抗英事迹，人们耳熟能详，但他在水利方面的卓著成就，不少人却知之甚少。要知道，他还是一位功绩卓著的水利大家、治水名臣。

在他近四十年的宦海生涯中，不论是身居庙堂之高，还是地处江湖之远，他都将兴修水利，发展农业放在重要的位置。他历官十三省，从北方的海河，到南方的珠江；从东南的太湖流域，到西北边陲的新疆伊犁地区，各地都留下了他治水的足迹。他潜心研究我国历代治水方面的论著及奏章，写下了《畿辅水利议》及大批有关治水的奏折。林则徐治水时间之长，投入精力之多，贡献之大，是清代其他封疆大臣难以比拟的，在历史上亦属罕见。

林则徐像

水利之兴废，农田系焉，人文亦系焉

林则徐(1785—1850)，字元抚，一字少穆，福建侯官(今福州)人。嘉庆十六年(1811年)，林则徐会试中选，赐进士，选翰林院庶吉士，开始进入了官场入仕做官。十九年(1814年)授编修。此后历任国史馆协修、撰文官、上书房行走等职。

林则徐出生在清末，当时社会矛盾重重，加之西方列强和日本侵略者的侵扰，清朝政权处于风雨飘摇之中。林则徐出身贫寒，对底层百姓的疾苦感同身受，对贪官污吏深恶痛绝。在京为官时期，他矢志做一个济世匡时的正直官吏。于是他"文学而潜修"。为了通于政事，"益究心经世学，虽居清秘、于六曹事例因革。用人行政之得失，综核无遗"。

为了挽救衰落的经济，发展农业，他特别重视水利设施的兴修，在《娄水征文序》中，他说："水利之兴废，农田系焉，人文亦系焉。"这说明林则徐不仅认识到水利是农业的命脉，而且洞察到水利能左右社会文化的兴衰。

国计民生过度依赖漕运，带来诸多弊病。他在京师为官七年中，广泛搜集元、明以来几十位专家关于兴修畿辅水利的奏疏、著述，写就了《北直水利书》。书中明确指出"直隶水性宜稻，有水皆可成田"，"农为天下本务，稻又为农家之本务"。认为只有发展华北水利，提倡种稻，就地解决漕粮，才能合理解决南粮北运及由此产生的漕运积弊问题。

弊端不除，江河何以安澜

治理河道是关乎社会稳定，国家安全的大事，每年朝廷要拨大量的银两用于治理水患。由于河防官吏贪腐严重，河道得不到有效的治理，水患不断。

嘉庆二十五年（1820年）二月，林则徐受命江南道监察御史，巡视州县，考察官吏。林则徐在署衙倾听到下属禀报：有官员在治河过程中徇私舞弊、偷工减料，大搞垛料投机。他不禁拍案而起："似这种积习不改，弊端不除，江河何以安澜？民众何以养息？必先周其弊，乃可严立其防，方可奏效"。当晚便带领随员直奔仪封（今河南兰考东）黄河工段，巡检工事。

在仪封黄河工段上，林则徐逐一查巡险工，询问工地上的河员、堡夫、民工，了解河工秸料的购买、使用、验秤、运输、堆垛等详细过程。他发现一些收购的秸料质量以次充好，重量大小不一，料垛保管不善，堆放松散，严厉斥责官员、堡夫，并限期解决。

在工地上他还发现有些人大搞垛料投机，哄抬料价，致使民工停工待料。他即奏准朝廷交料物按平价购买，杜绝中间盘剥。他整治贪官，河南巡抚琦善由此被朝廷褫职议处。

一时间，工地上下，料垛为之一新。仪封险工也迅速得以修复。大小官员，无不称颂林则徐督察认真，政纪严明。连皇帝也赞扬他："向来河工查验料垛，从未有如此认真者。"

同年八月，林则徐调任杭嘉湖兵备道。到任不久，就勘查了保障滨海良田的海塘工程。当他发现"旧塘于十八层中，每有薄脆者掺杂"，病险程度严重，因资金一时难以解决，他立刻主动捐出自己的廉银充作修塘经费，委任海盐（今属浙江）知县加固这些病险工程。他还特别强调"新塘采石，必择坚厚"。经过整修之后，新塘"较旧塘增高二尺许"，且在"旧制五纵五横之外加添桩石",极为坚牢。后经部议作为筑塘成式。

水道多一分疏通,即田畴多一分之利赖

道光三年(1823年)五月,江苏遭受罕见水灾,江河横溢,三十余州县一片汪洋。灾民饥寒交迫,无路可走,只得冲进官府,要求赈灾放粮。林则徐时任江苏按察使,正深入灾区,察看灾情。巡抚韩文绮等官员主张派兵镇压灾民暴乱,林则徐却极力反对。他采取了"禁屯积,广劝募,招商贾,赈饥者"等措施,并亲自微服到施粥队伍中去排队受粥,清查并严惩个别施粥官员贪污克扣赈粮的行为,安抚了灾民,平息了动乱,被灾民誉为"林青天"。

安抚道光四年(1824年)十一月,林则徐接任江宁(今南京)布政使。稍后,又兼署江浙两省七府三品水利总办官。

江苏水灾,林则徐为尽快修浚三江一河,甘冒风险亲写借据,向巡抚借取库银

林则徐经过考察指出,江苏的水灾,主要是太湖出水道的吴淞江、黄浦江、娄江(又名浏河)及白茆河久淤不畅所致,要保证今后不再成灾,必须赶在冬春季节修浚三江一河,"水道多一分疏通,即田畴多一分之利赖"。他把自己的意见上奏朝廷,很快得到了批准。

但疏浚河道所需钱粮甚多,一时不能凑齐。无奈之下,林则徐便去拜访巡抚韩文绮,商借江宁、江苏两藩库银十五万两。为了使工程能早日开工,林则徐甘冒风险,亲自写下借据,并情愿辞去布政使,去从事艰苦的水利工程。

经费筹齐之后,三江一河同时兴工。由于他克己为民、敢于负责,感动了督抚官员们和百姓。几个水利老官也不顾年迈体弱,日夜跟随林则徐奔忙于工地上,勤于职守。数百里河段内人流如潮,万众争奋,疏浚工程如期完成。

是年九月,正在验收工程时,林则徐母亲病逝,他只好回乡守制。

守制的第二年岁末,地处黄、淮、运交汇处高家堰十三堡和山盱六堡发生溃决,十余州县悉被水淹。"黄强淮弱,漕艘稽阻",直到次年三月,漕运依旧不通。朝廷为之震惊。道光帝降特旨起复守制中的林则徐,"夺情"赶赴河南督修堤工。

今福州小西湖

林则徐接旨后，日夜兼程赶到高家堰，投入抢险。林则徐身穿孝服，不加顶戴，赤脚奔走于泥泞工地，督修险工，工地上的人们谁也看不出他是个三品大臣。工程历时近半年即告竣工。高家堰诸决完成了，而林则徐却因劳累过度而病倒了，不得不回乡继续守制并养病。

道光七年（1827年），林则徐复任江宁布政使。这年冬其父病逝，丁忧三年。丁忧期间，林则徐仍念念不忘水利，帮助家乡整修了小西湖。

福州的小西湖凿成于西晋，湖面宽四十里，可蓄水灌田达数千顷。后来由于沿湖豪富大肆围湖造田，不断蚕食湖面，致使湖面仅留七里之宽。林则徐不忍心"纵豪右之兼并，而致良农之坐困"，说服官吏和乡亲自筹经费修复。

林则徐带领民众经过十一个月苦战，挖取土一万五千余方，使湖水深达二至七尺，沿湖砌石岸一千二百余丈，并在湖岸种植梅树千株。小西湖又恢复了昔日的风貌，湖水灌溉周边农田达三千多顷。不但恢复了闽都濒于湮塞的水利工程，而且建成了著名的风景旅游区，百姓交口称赞。

周历三省　所至贪吏望风解缓

道光十一年（1831年）六月到次年七月，林则徐先后任湖北、河南、江宁布政使。他锐意整顿财政，兴修水利，救灾办赈，"一时贤名满天下"。史载他"一岁之中，周历三省，所至贪吏望风解缓。疆臣重其才，皆折节倾心下之"。

当年十月，由于林则徐政绩卓著，治水有方，擢升为东河河道总督，专管河南、山东的黄河、运河河务。

为了治理黄河，十一月间，林则徐不顾天寒地冻，奔走于闸河上下，对河势工情反复查勘，历时月余。对备用的几千个治水秸料进行检查，还将沿河地势、水流情况绘图张挂，便于了解和治理。面对关系到河道民生重大问题，他"破除情面""力振因循"，以求"弊除帑节，工固澜安。"　他在滕县发现运河清淤开工已迟，当即严令该汛员弁，"加倍添夫赶挑，以速补迟"，确保不误工期。并告诫下属："所有挑夫，自即日起，均按日计工，以取实效；不力者，一律扣而不发。"林则徐对工程质量要求极严。在巨（野）嘉（祥）

工地，他发现挑挖的河道稍偏于东岸之处，"虽量明丈尺不差，并非弊窦，但不居中挑挖，侧注一边，则靠西浅处诚恐日久积淤，河身遂窄"，影响通航。林则徐对负责该工程的主簿徐恂严加训斥，并当场摘掉他的顶戴，限令他限期改正以戴罪立功。

在堵口筑堤中林则徐还大力推广抛石新技术。清代河工向以秸料为主，而秸料容易腐烂，需年年拆旧换新，耗资巨大。康熙时试用在埽前抛碎石护根，效果都不错，但未普遍推开。林则徐善于吸收新技术，在他接任河督后亲自试验，并向河工查对抛石后的实效，从而得出了"碎石之于河工有益"的结论。于是他奏明朝廷，大力推广。这是晚清河防工程的一大进步。

道光十七年（1837年）正月，林则徐升湖广总督。面对湖北境内每到夏季大河常泛滥成灾，林则徐采取有力措施，提出"修防兼重"，使"江汉数千里长堤，安澜普庆，并支河里堤，亦无一处漫口"，对保障江汉沿岸百姓的生命财产，做出了不可磨灭的贡献。

林公任湖广总督不久，湖北监利县两年内共收堤工费6万串，但薪饭开支竟达1万余串，虚耗假报激起公愤导致聚众毁局。为了平息众怒，林公大力整顿堤工总局，规定出"局不许多设，人不许多充，用不许多开，费不许多派……"的原则，既减轻了人民的负担，又有利于堤工建设，终于使长江和襄河（即今之汉水）在他上任后次年安澜度汛。

塞马未堪论得失，相公切莫涕滂沱

在鸦片战争中，林则徐明明抗英有功，却遭投降派的诬害，被扣上"办理不善"的罪名革职降级，充军新疆伊犁。道光二十一年（1841年）五月，他怀着满腔悲愤踏上了谪戍边陲的万里行程。

这年六月，黄河于祥符（今河南开封）三十一堡发生溃决。由于河官和地方大员抢修不力，堵口无方，致使省城遭滔滔黄流围困。不久豫、皖五府二十三州县也沦为泽国。只见哀鸿遍野，饿殍满地，朝廷上下为之震动。皇帝赶派大学士王鼎亲往河南总理河务。而王鼎深知任务重大，非得力官员相助不能完成此任，他竭力推荐林则徐。皇帝遂下特令"林则徐折回东河，效力赎罪"。

林则徐于八月赶到祥符工地，随即深入决口河段查看险情，提出具体堵口方案。王鼎按照林则徐的方案，急令所有官员抓紧时间堵口。一方面组织灾民筹备秸料、石料，一方面调集人力进占口门，动工兴筑正坝、上边坝和下边坝三道挑水坝，并开挖引河。

当时林则徐只是一个戴罪之臣，无一官半职，但他不计个人得失，以匡世济民为己任，呕心沥血日夜奔波在工地上，督促进度，监督质量。由于过度劳累，几次鼻疾复发，血流不止，又患腹泻，却始终坚持在堵口第一线。

次年二月五日，堵口合拢前夕，王鼎举办庆功宴，恭请林则徐首座。王鼎表示，一定将林则徐的这一功绩如实上奏皇帝，请留林则徐继续在河工任职。

七日上午，原宽三百零三丈的口门全部合龙，河水由引河回归故道，工地之上一片欢腾。但皇上传下圣旨："林则徐于合龙后，著仍往伊犁。"王鼎听旨后，泪如泉涌。所有官员以及众河工十分不解，又忿忿不平。而林则徐反而心怀坦荡，神色自若。他以"塞马未堪论得失，相公切莫涕滂沱"，"公身幸保千钧重，宝剑还期赐尚方"的诗句，告慰大家，便从容揖别上路了。

谪戍边关：父子协力引水屯田

林则徐一行昼行夜宿，出阳关，涉黄河，穿戈壁沙漠，越天山冰原，于道光二十二年（1842年）十一月初抵达伊犁。伊犁驻军将领布彦泰分派林则徐掌管粮饷处事，从而开始了他的谪戍生活。

林则徐不顾长途劳累，年老体弱，第三天一早，便出去巡查。他没料到眼前的边陲伊犁，竟然是沃土千里，牛羊遍野。由于有大山阻挡了北方的寒风，这里气候温和，适合农业生产。他兴奋异常，当晚就给布彦泰写了一信，提出兴修水利、开发屯田的主张。布彦泰见信后十分赞赏，急奏朝廷批准，下旨林则徐即日起辅佐喀喇沙大臣全面督办屯田事务。

林则徐从修渠引水入手，开凿了长二百四十里的伊犁河渠。当时伊犁的财力困难，对阿齐乌苏渠（后称"湟渠"）采取了捐资分段承修的办法，林则徐主动捐资承修了整个渠工最艰巨的龙口工程。他当众声明,此举并非是"希冀乞恩","既然在此效力,不敢置身事外,虽是一名罪臣,也要随众捐献工程"。

林则徐亲自出马,"查龙口地势,高二三丈至八九丈不等,水傍坡流,须刨挖石坎北岸系碎石陡坡;南岸坐在河流之中,必须建坝筑堤,钉桩抛石,方免冲刷之虞。应修要工渠宽三丈至七八丈不等,深五六尺至丈余不等,长六里有奇"。

伊犁林则徐纪念馆

"湟渠"于1844年6月兴工,历时4个月完竣。"湟渠"的开挖,使得伊犁城东的大片荒地得到开垦,当年即获得大丰收,百姓感激不尽。"湟渠"流水淙淙,流淌至今,伊犁人民吃水不忘开渠人,他们今日仍习惯将"湟渠"称为"林公渠"。

道光二十四年(1844年)十一月,冰天雪地之中,林则徐带领两个儿子从伊犁上路奔赴南疆开拓屯田的工作。他们历时一年,往返三万余里,"周历南八城,浚水源,辟沟渠","凡垦田六十八万九千七百八十亩",创造出惊人的奇迹。

在伊拉里克(今托克逊西北),他协助少数民族大修沟渠,使高山雪水穿过沙漠,灌溉农田。为加强管理,还按渠系把耕地划分为人、寿、年、丰四区,并按地形进行编号,每号各设正户长一人,副户长二人,乡约四人,"择诚实农民充当承领。凡该号内钱粮水利等事,责成经理"。又制订《经久章程》四条,对协调农牧民关系以及维修出工等项都作了规定。

在吐鲁番盆地,林公初见坎儿井,看到坎儿井将高山融化的雪水穿行于地下引入盆地,避开了戈壁沙滩上烈日的蒸发,他为其奇妙的设计而惊异不已,视此为"不可思议之事"。林则徐高度评价坎儿井的效益。他说:"此处田土膏腴,岁产木棉无算,皆卡井(即坎儿井)水利为之也。"于是在当地大力推广,一下子新修了六十多道,为历史上的两倍,使许多"溉田久荒"的土地变成沃壤。

为感念林则徐这一功绩,群众把坎儿井改称为"林公井",赞誉他是"吾乡之伟大人物哉",树立碑刻,让世代传颂。

苟利国家生死以,岂因祸福避趋之

道光二十五年(1845年)十一月初,林则徐于查勘哈密途中,接到道光帝"赐还"的谕旨,终于结束了谪居新疆三年的生活。他在入关途中,又接到道光帝以"三品顶戴,先行署理陕甘总督"的命令。之后,林则徐又先后授陕西巡抚、云贵总督、广西巡抚和钦差大臣等职。行至潮州途中,积劳成疾的林则徐,医治无效,于道光三十年十月十九日,与世长辞了,终年六十六岁。

这年道光帝驾崩,咸丰帝即位。咸丰帝念及林则徐"平素办事认真,不避嫌怨",便派员专往致祭,并"优诏赐恤,赠太子太傅,谥文忠"。故世人尊称林文忠公。陕西为他建了专祠,云南、江苏各以他入祀名宦祠。

日月更迭,沧海桑田。大清帝国的最后一抹残阳早已消失于历史的长河之中,但林则徐的英雄形象却永远活在人们的心中。一句"苟利国家生死以,岂因祸福避趋之"的传世名言;一个虎门销烟抗击英军的惊世之举,一生坎坷多难却埋头治水济民的忧患之心,构筑起了一座高大巍峨的丰碑。

高山仰止,景行行止。林则徐不仅受到国人的崇敬,也得到世界人民的崇尚。在美国纽约寸土寸金的百老汇大街上竟然高高树立着林则徐的塑像,旁边还有林则徐广场、林则徐大道。这位将西人的鸦片烧毁的禁烟英雄竟在美国受到崇尚和敬仰。崇尚英雄,崇尚英雄们崇高精神,毕竟是一种普世价值。林公若天上有知,当可笑慰九天了。

坎儿井

左宗棠:引得春风度玉关

左宗棠是饱受争议的历史人物。他曾镇压过太平天国、捻军起义,但在沙俄等外强侵占新疆时,他请缨出征,抬棺西行,以与国土共存亡的决心收复了新疆,书写了晚清残阳中最辉煌的一笔。

他白发临边,屯田垦荒,兴修水利,广栽树木,将边塞荒漠变得庄稼遍地,树木成荫。浙江巡抚杨昌浚特赋诗曰："大将筹边尚未还，湖湘子弟满天山。新栽杨柳三千里，引得春风度玉关。"

半耕半读柳园　忧国忧民情怀

左宗棠（1812—1885），字季高，又字朴存，湖南湘阴人。他出生于世代耕读相继的寒素之家。少小跟随祖父和父亲，一面读书一面躬耕。道光十二年中举，后又屡试不第，转而留心农事。

他认为"读书为经世之学，科名特进身之阶耳！"左宗棠"绝意仕进"，打算"长为农夫没世"。他买下一处田园，名为"柳居"，并自称为"湘上农人"，开始了长达十五年的半耕半读的生活。他专注农事研究，将前人总结的农事经验在实际耕作中加以验证，著成了《朴存阁农书》。他还饱读群书，钻研舆地、兵法。

左宗棠像

左宗棠毕竟是一位饱受儒家思想熏陶的人，"求田问舍"并非他的心愿。他不甘心就此隐世，特别在国家遭受帝国主义列强蚕食，国内战乱频仍的情势下，他积极寻找时机以展抱负。他自称"今亮"，即当代的诸葛亮，并写下"文章西汉两司马，经济南阳一卧龙"的诗句，寄托高远的志向。而在他23岁新婚之时，又写下了"身无半亩心忧天下；读书万卷神交古人"的对联，彰显他的情怀。

1849年，林则徐途经长沙，指名要见隐逸在家的左宗棠。两人一见如故，彻夜交谈。两人政见一致，特别在西北军政问题上的见解不谋而合。林则徐称其为"绝世奇才"，并多次向皇帝推荐。林则徐认定左宗棠就是自己寻找已久的御俄之人才，林则徐说："将来东南洋夷，能御之者或有人；西定新疆，舍君莫属！"他将自己多年来整理的新疆地图和资料送给左宗棠，临别时又以对联相赠："苟利国家生死以，岂因祸福趋避之。"希望左宗棠能够为实现西定新疆的重托而尽心尽力。

后太平天国起军，战火很快烧至湘阴。战乱中左宗棠逃离家乡，先后在湖南巡抚张亮基、骆秉章府中作幕僚，为平定太平军策划。其间他显露出过人的胆识和才干，湖南巡抚骆秉章对其言听计从。咸丰九年，翰林院侍读学士潘祖荫给皇上奏书道："国家不可一日无湖南,湖南不可一日无左宗棠也。"于是左宗棠的名字一夜传遍全国。

　　左宗棠在曾国藩的举荐下步入官场,这时他已经50岁了,但他以卓越的才干,仅用两年时间便官至闽浙总督。他54岁在福建兴办船政局,大兴洋务,为我国近代海军的建立奠定了基础。他64岁高龄率军西征,收复新疆。72岁带病抗击入侵台海的法军。

坐镇西北边陲　治水造福一方

　　左宗棠自幼接受儒家积极入世的思想,在隐逸"柳居"期间,他广泛结交一些有经世致用思想的人士,对贺长龄、陶澍、林则徐等人兴国忧民的情怀十分敬重。他出身于农家,对底层人民的疾苦有亲身体验,所以对陶澍、林则徐治水兴农的思想非常推崇。晚年他为陶澍、林则徐合建祠堂时,亲题楹联道:"三吴颂遗爱,鲸浪初平,治水行盐,如公诚不朽;册载接尘音,鸿泥偶踏,湘间邗上,今我复来。"表达了他效法他们治水兴农的志向。

　　清同治五年(1866年),左宗棠由闽浙总督转任陕甘总督。他到任后到各地视察,看到的状况惨不忍睹。清末,陕甘一带灾荒连年,内乱频起,赋税繁多,百姓四处流亡,耕地荒芜,整个西北一片荒凉、凄惨的景象。

　　大西北是中华民族的发祥地之一,巩固西北边防,稳定发展经济,对维系历代历朝的统治都至关重要。左宗棠不顾自己年高体弱,调兵遣将加速平叛,安定地方。他的家人对他到天高地远的大西北任职颇不放心,望他能换个任所。左宗棠给家人信中说:"天下事总要有人干。国家不可无陕甘,陕甘不可无总督。一介书生任兼折,岂可避难就易哉?"

　　左宗棠在平定叛军以后,就着手招募游民屯田垦荒,兴修水利,开渠凿井,发展经济。他在给刘锦棠的信中说:"西北地区素缺雨泽,荫灌禾稼蔬棉,专赖渠水。渠之来源,唯恃积雪化及泉流而已。地亩价值高下,在水分之多少。水足则地价高,水绌则地价贱。盖自凉、甘、安、肃以达新疆,大致相若。"他明确提出:"治西北者,宜先水利;兴水利者宜先沟洫,不易之理。"

左宗棠在陕西兴建了不少的水利工程。他疏通了荒废多年的郑白渠，又在泾水上游开凿了长200里的渠道，"可得腴壤数百万顷"。他将泾水上游的诸多细流收合一起，节节筑坝、蓄水，并横开沟渠，引水灌溉，使得沿河一带"皆成沃壤"。经过几年的努力，水利工程取得了良好的经济效益。虽"无郑白之名，而收益去害，其利可久"。

在甘肃，左宗棠也大力兴修水利。在同治十二年（1873年），他命令部将王德榜开成长70里，宽1丈6尺的明渠，可灌溉田地数十万尚（每尚为两亩半）。在河西走廊，他带领驻军和地方官修复河渠，引水灌6800多亩。在宁夏，左宗棠也多次拨款给地方，用以兴修水利，共修"干渠20多道，支渠140多道，能灌田80万多亩"。

经过左宗棠十多年的开发建设，西北荒地渐少，民困渐苏，百业肇兴，民气日旺。光绪帝称赞左宗棠经营西部"井井有条"，"渐著成效"。

《清史稿》记载左宗棠"善于治民，每克一地，招徕抚馁，众至如归"。左宗棠的军队所到之处，百姓"箪食壶浆，以迎王师"。

抬棺西行收复新疆　白发临边屯田垦荒

左宗棠所处的时代是清王朝进入衰败的最后阶段，国家充满危机。帝国主义列强乘机瓜分中国。在新疆，沙俄和英帝国主义的走狗阿古柏入侵新疆，沙俄侵占了伊犁河谷，日本帝国主义占领台湾，情势十分危急。清朝廷爆发了关于"海防"和"塞防"的激烈争论。

李鸿章认为海防和塞防"力难兼顾"，主张放弃塞防，将"停撤之饷，即匀作海防之饷"。他说："新疆乃化外之地，茫茫沙漠，赤地千里，土地瘠薄，人烟稀少。乾隆间平定新疆，倾全国之力，徒然收数千里旷地，增加千百万开支，实在得不偿失。"

左宗棠反驳道："天山南北两路粮产丰富，瓜果累累，牛羊遍野，牧马成群。煤、铁、

叶尔羌河

金、银、玉石藏量极为丰富。所谓千里荒漠，实为聚宝之盆。"

左宗棠认为新疆的战略地位尤为重要。"若新疆不固，则蒙部不安，匪特陕、甘、山西各边时虞侵轶，防不胜防，即直北关山，亦将无晏眠之日。"左宗棠警示道："若此时即停兵节饷，自撤藩篱，则我退而寇进尺。"左宗棠认为，收复新疆势在必行。

光绪元年（1975年）二月，左宗棠被任命为钦差大臣，督办新疆军务，拥有筹兵、筹饷和指挥大权。经过一年的筹备，次年二月，左宗棠带领着八万大军，其中包括二万骁勇善战的湘军将士，浩浩荡荡西出阳关，抗击入侵之敌。

此时，林则徐送给他的资料和地图，派上了用场。左宗棠在柳园研习的兵法和舆地，在实战中发挥了极大的作用。他采取"先北后南，缓进急战"的策略，带领将士英勇拼杀，屡挫强敌。当年九月便平定了北疆。接着挥师南下，于光绪三年十二月初二（1978年1月4日）攻下了和田，收复了除伊犁之外全部的新疆地区。朝野大震。

这时朝廷派软弱无能的崇厚出使俄国，谈判归还伊犁之事。不想归还之事未能谈成，反倒签下了辱国丧权的《里瓦几亚条约》。举国震怒。此时左宗棠愤怒地斥责道："武事不竞之秋，有割地求和者矣！"他一针见血地指出将伊犁割让给俄国将后患无穷，"譬如投犬以骨，骨尽而噬不止。"他认为应"先之口舌，继以兵戎，事无不济"。

左宗棠不惮英俄列强的百般威胁，不顾权奸的极力阻挠和掣肘，不惧高山大漠征途险远，主动请缨，要求带兵西征。此时他已68岁了。光绪六年（1880年）春，左宗棠带兵分三路大军进军伊犁。

为了表达与沙俄决一死战的决心，他抬棺西征。他说宁可马革裹尸，没打算过还乡的。左宗棠的壮举极大地振奋了军心，也威慑了敌胆。沙俄政府面对分三路包抄而来的左宗棠大军，不得不与我国签订了《中俄改订条约》，归还了被强占的伊犁。

自鸦片战争以来，西方列强用坚船利炮打开了我国的大门，签订一个个丧权辱国的条约，一次次地割地赔款，令国人气沮之极。唯有左宗棠以独步天下的骨气和勇气收复了新疆，书写了晚清残阳中最辉煌的一笔，令国人振奋不已。

收复新疆后，左宗棠五次给朝廷上奏折，要求新疆建省。

左宗棠还上奏朝廷在新疆开荒屯田。他说："历代之论边防，莫不以开屯为首务。或办之用兵之时，以省转馈；或办之事定之后，以规久远。"他认为屯田政策是收复新疆后，恢复和发展当地生产，解决军粮和老百姓口粮的首要措施。"为抚慰民心，安定民生，充裕国库，巩固国防计，莫急于农田水利之修复。"新疆天旱少雨，因此开屯的基本条件是解决水利灌溉的问题。他说："开屯之要，首在水利。"

左宗棠带领驻军在天山南北开始了大规模的兴修水利工程。他认为新疆的水利工程以修浚渠道为主，而"修浚沟洫，宜分次第"。"先干后支，先总后散，然后条理秩如"。

修筑干渠工程量大，他派遣驻军为主力。他命令驻军首领"于秋后农隙督饬各营将弁，派拨屯丁，妥为修筑。万一工程浩大，屯丁势难独任，准即会商该道，招集附渠农民，酌借资粮，一体帮工"。地方兴修水利，他则用以工代赈的方式，征用民夫并付以劳资。

坎儿井

他在北疆考察了当年林则徐在吐鲁番开凿的坎儿井，并广为推广。在哈密重修了已废弃多年的石城子渠。在乌鲁木齐修筑了长达120里的永丰渠，长达160里的太平渠。还修了长20里的地窝堡、九家湾渠……在南疆修筑、治理了喀喇沙尔河、叶尔羌河，在库车等地修筑了渠道。

他还尝试着使用新式机器兴修水利。他有过洋务活动的实践，便从德国购买了一套开河机器，用于水利工程建设。这是左宗棠第一次将洋务活动延伸至民用事业上。

据《新疆图志·沟渠志》记载，到光绪后期，新疆38个县修整和新修干渠940条，支渠2300条，灌溉面积超过1100多万亩。水利事业的发展，促进了新疆经济的复苏，巩固了边防。

史载，凡左宗棠带领军队经过的地方，都遍种树木。从陕甘至新疆，兴起了"万里大造林"的活动。史载"左宗棠恪靖自泾州以西至玉门，夹道种柳，连绵千里，绿如帷幄。"在新疆也是如此。浙江巡抚杨昌浚特赋诗曰："大将筹边尚未还，湖湘子弟满天山。新栽杨柳三千里，引得春风度玉关。"

依依垂柳，寄托了远离湖湘戍守边关的左宗棠及其将士，对故园和亲人深深的思念，给西北荒原带来了春意和生机，给边疆的百姓留下了福荫和希冀。而当地的人们也世世代代不忘收复领土的左宗棠及他栽种的"左公柳"。

桑干水畅永定河清　江淮水归旱涝有备

左宗棠并非专职管水利的大臣,但他在从政的几十年里,一直将水利当作他施政的重点之一。

桑干河河畔

他说:"王道之始,必致力于农田,而岁功之成,尤资夫水利。"他一贯具有重农思想和民本思想,在他看来,既要维护国家的利益,就要重视赖以维持这个国家存在的民众,就要以"民生为务"。他将水利作为养民安民的根本。他说:"水利所以养民,先务之急,以此为最。"

从他同治五年(1866年)在西北任陕甘总督,到晚年到东南任两江总督,他每到一处,便总是致力于水利建设,发展当地的农业生产。

收复新疆后,光绪七年(1881年)二月,左宗棠调入京城任军机大臣。在他入关返京途中,看到山西、河南、直隶一带连遭旱灾,田地荒芜,民生维艰。左宗棠进京后立即上奏,陈述治理直隶水利的主张。他谈到沿途所见"旱涝相寻,民生日蹙"的状况,提出"今直隶旱涝频仍,水利之兴修宜亟"。于是清廷命他办理京畿水利。

不想,在他开始着手治理水利时,却遭到重重阻力。一是"一些王公大臣以练兵为当务之急"为由,反对将财力用于水利建设。二是京辅一带多为王庄和旗产,兴修水利必然要侵占王公贵族的利益。但左宗棠对国家大事一向是"知无不言,言无不尽,见无不为,为无不力",他将自己从西北带回的"亲随有年不辞劳瘁"的三千亲军用于治理直隶水利,又奏请醇亲王统领协调王庄和旗产之事。

于是,治理桑干河和永定河的水利工程拉开了帷幕。

光绪七年(1881年)五月,左宗调集旧部,分段疏浚桑干河。"将士冒暑忘劳,堆沙成堤。"仅用两三个月，就完成了任务。左宗棠已是年届七旬的人，且有病在身，他多次亲赴工地督察进度和质量，保证了工期和质量，"所治桑干河颇著明效"。

当年夏天，左宗棠又着手治理永定河。他令两位部将分别负责永定河上游和下游的水利工程。挑挖淤沙，裁直河道，砌坝凿渠……将士们不顾"寒风凛冽，刺骨砭肌。并力工作，不知其劳"。

经过左宗棠苦心经营，终于使"直隶十余年为之无成，且群疑为不治者"的水利工程胜利完工，并且发挥了很好的效益。

光绪七年（1881年）十月，左宗棠改任两江总督兼南洋大臣。他一到江宁（今南京）便去视察运河、淮河和长江的水情，提出"治吴诸策，治水为要"的主张。而要使得两江水有所归，旱涝有备，关键是治理淮河。

金、元时期黄河夺淮，黄河的泥沙淤积在淮河下游河段，堵塞了淮河入海口，逼迫淮河由洪泽湖改道南下流入长江。淮河河床抬高，泄水不畅，一遇大雨、洪水，江北便是汪洋一片。淮河成为长江下游一条多灾的河流。

左宗棠治理淮河就是要疏浚淮河，清理入海口壅塞泥沙，"引淮仍归云梯口入海"。

其中最大的一项工程是朱家山工程，自浦口起至张家堡接通滁河止，修筑长达20余里的河道。这是清乾隆、嘉靖时期"屡论兴修"，而终究未能完成的工程。其难度在于，要在朱家山中段凿开深达20余丈的坚实石脊，并在下游开凿一条新河，"工程繁巨"。由于石根坚硬如铁，施工难度大。左宗棠派出军营中善于攻石的勇丁，用火药炸山开河。将士们不辞劳苦挑土筑堤，浚河筑坝开凿新渠。

由于"各营全力赴办"，左宗棠严厉督办，只用了两年时间,工程便胜利完工。自此"不特沿江圩田，平时均受其益，即山水陡至，亦可免漂没人畜庐舍之惨，而粮艘货船，可由内河而行，不必再犯大江风涛，尤属农商两便"。

接着便是治理赤水湖工程。赤水湖"湖底既高，圩堤变薄，旱干水溢，均受其害，民间苦之"。左宗棠再调亲兵"添开湖河，以正其流，加筑圩堤，以固其基，并修建桥闸，以收蓄泄之利"。光绪九年（1883年）春工程完成。当年七月适逢飓风骤雨，若是往年必将又是汪洋一片，但此时却无一处被淹。

左宗棠从政几十年来，兴修了那么多重大的水利工程。他体恤民艰，在遭受战争破坏的广袤土地上，致力于安抚和重建，取得了卓越的成绩。

千秋功罪　后人自有评说

1884年8月中法战争爆发，法军向我东南沿海进攻，前方吃紧。9月，左宗棠被朝廷任命为钦差大臣督办闽海军务。

一到福州，左宗棠便指挥亲军，与台湾的守军一起，与入侵之敌奋力拼杀，收复了被法军占领的马尾、澎湖。而张之洞部下冯子才带领士兵，在中越边界的镇南关浴血奋战，取得镇南关大捷。反法战争形势大好。这时清廷的主和派却要求"乘胜即收"，于是李鸿章代表清政府和法国签订了丧权辱国的《中法新约》。

消息传来，左宗棠气愤之极，大骂李鸿章："对中国而言，十个法国将军也比不上一个李鸿章坏事。""李鸿章误尽苍生，将落个千古骂名！"一个月后，左宗棠在福州因忧愤郁结气绝，终年73岁。慈禧太后追赠左宗棠为太傅，恩谥"文襄"。

提起左宗棠，人们有太多的矛盾和纠结。

作为晚清王朝的重臣，他竭尽全力维护着一个行将就木的封建王朝的最后喘息。他镇压太平天国军、捻军和西北的回民起义，但在列强入侵，江山破碎之时，他奋起抵抗，成为抵御外侮的中流砥柱，收复了祖国六分之一的国土。

在那个国内外矛盾空前激化的年代，毕竟民族矛盾高于阶级矛盾，民族利益重于阶级利益，作为一个秉持中国传统文化的文人，匡复社稷主权作出了彪炳青史的业绩。他在遭受战争破坏的广袤土地上，致力于安抚和重建工作，治水兴农、为民造福，取得的显著成绩，也是不能被抹杀的。

丁宝桢：兴怀救弊恨无穷

丁宝桢（1820—1886），字稚璜，贵州省平远县（今织金县）人，咸丰三年（1853年）

左宗棠墓两侧华表对联："汉业唐规西陇永固　秦川陇道塞柳长青"

进士。咸丰十年（1860年）任湖南省岳州知府，不久即调任长沙知府。同治三年（1864年）任山东按察使，次年迁布政使。同治六年（1867年）升任山东巡抚。光绪二年（1876年）任四川总督。丁宝桢文武双全，功勋显赫，同治皇上赏赐一品花翎，加太子少保衔，"宫保"是对太子少保衔的尊称。

提起丁宝桢，很多人都能说出"宫保鸡丁"这一道川菜典故，然而丁宝桢与都江堰有什么关系，却鲜为人知。

勿拂百姓心　亲修都江堰

丁宝桢任四川总督时，面临都江堰年久失修，深感大修都江堰之必要，切不可"省一时之费，拂万姓之心"。光绪三年（1877年）十一月二十八日，丁宝桢在奏折中记载了他上任后亲自勘察都江堰的情况："内外两江节节淤垫，较旧时江底高至一二丈及八九尺不等。两岸沙滩，上与田齐。乱石纵横，中流阻塞。灌县、温江、崇宁、郫县、崇庆州等处民田，冲毁已至六七十万亩。若不准予挑修，非但已冲之田不能复业，且恐成都十六属州县，一遇大水，浸成泽国，而省城地处下流，亦恐淹浸。"

经朝廷同意后，都江堰大修工程由成绵龙茂道丁士彬、灌县知县陆葆德具体负责施工。自光绪三年（1877年）十二月初开工，光绪四年（1878年）三月中旬竣工，共耗银12万9480余两。不幸的是竣工仅两月后，岷江洪水暴发，部分大修工程遭水毁。关于这场洪水的水情及灾情，丁宝桢于光绪四年（1878年）七月初八的奏折中有详细描述："乃自五月十七八连日大雨，至十九日辰刻，江水陡涨一丈九尺有奇（约6.4米）。满江浊流，水黑气腥。离堆以下，声如牛吼。而恶浪掀腾，漩涡喷起。上流连抱大木，及长可丈余之巨石，随波直下。至午刻水力益猛，内外两江高过堤岸将近尺余。二十一日巳刻，水复增涨，洪涛澎湃。查堤岸，全行淹没，但闻内外江声如雷震，顿将人字堤第三道湃缺所筑之金刚墙冲塌数丈。幸所筑之新工鱼嘴及人字堤，并以下各堰分水鱼嘴，尚无损折。惟两岸堤身，向系碎石堆砌，间有刷动，亦无大损。至灌县城外护城底石，大半冲去。计自五月十九日起，至六月十六日止，水势始渐平稳。"

丁宝桢像

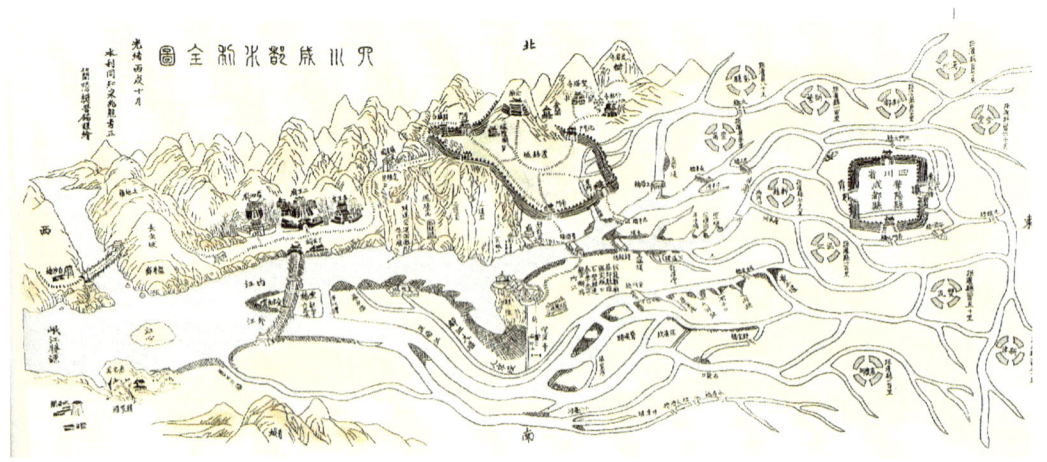

据水利同知宋兆熊考评后绘制的四川成都水利全图

又称："我朝定有岁修，并于离堆之宝瓶口建立水则，以视水之涨落，预为堤防。其水则以一划为一尺，自出水面一划起，定至二十二划为上。从来江水盛涨，闻未有逾十八九划者。甲子年（指同治三年，即1864年）水大异常，亦只至十八划有奇。而下游民田，已成泽国。省城城内，亦可行舟。幸消退迅速，未致大害。本年异常泛涨，直将水则全行淹没……月余以来，不惟下游省城及各属民田毫无损坏，即灌县城垣逼处江滨，亦完善如故，一无损折。"

光绪帝阅丁宝桢奏折后，对奏文中"完善如故，一无折损"心存疑虑，于八月十二日谕中说，"从前盛涨，下游已成泽国。此次大水大于前，据称沿江民田均无冲损，殊难凭信。至堤身既有缺动，能否抢护平稳不至大损；所筑新工有无损折，能否一律结实，恐有不实不尽之处"，并要求丁宝桢应严饬丁士彬，认真履勘，据实禀报，不准稍有粉饰。

是年九月初八，丁宝桢再次奏称："伏查都江堰水本年异常泛涨，据本地土民均称，为数十年来所未有，当水事极大时，臣亦虑新工难资抵御，民田必致冲没。亟于五月底饬丁士彬前往，督同水利同知及灌县等县，设法抢护。并饬各州县查明民田有无冲没，随时禀报。乃自五月十九日起，至六月十六日止，水势渐平。所有新筑分水各鱼嘴、人字堤及两岸堤身，均未损折。惟五月二十一日巳刻，内江离堆以前之水，涨高一丈七八尺有奇，气色腥黑，屹如山立，不上不下。灌城居民惊心骇目、呼号不绝。但闻离堆脚下声如牛吼，满江洪涛澎湃，有同雷震。历时许，至申正，涛头忽转向人字堤喷击，声如电掣，立将人字堤后第三道湃缺所筑护堤之金刚墙击塌三丈余。水势豁然，由此奔赴外江、分流中江，始就平顺。查看人字堤毫无损折，惟两岸堤身向用碎石堆砌，浊流经过，间断均有冲刷,堤岸并无损伤。此外各工,均各完固,民田均一律幸获保全。臣前奏实系确切情形,并不敢稍有掩饰。"

奏章又称,(都江堰)"近数十年来,久失修理","沙石壅塞,已过堤岸","一遇水涨,民田率多冲没","此次大修,一面挑深江身,一面将挑出江身之大小碎石,即以培修堤岸","江身既无淤塞,水流自行畅利。故民田只受灌溉之益,而绝无冲没之患也","现在秋收已毕,成属实计八分有余,米价自七月中旬至今,较六月以前,减落十分之四","俟十月水势大落后,所有两岸堆砌碎石堤身间断冲刷各处,及人字堤后冲刷之金刚墙三丈余,谨遵旨饬丁士彬亲往补修齐整,并将所筑各工程分晰奏咨核销"。

新工遭水毁　功败惹争议

都江堰大修工程,遭水毁一事,引起朝廷普遍关注,加之官场上的勾心斗角,对这次大修褒贬不一,各持一端。分歧的核心问题是都江堰大修工程遭水毁的情况和原因,是特大洪水造成的自然灾害,还是决策失误导致的责任事故。给事中吴镇参奏丁宝桢误听道员丁士彬之言,将灌县笼堤拆毁,有碍水利等情。光绪帝钦命军机大臣恩承、童华赴川调查。

光绪五年(1879年)正月,恩承、童华奏称:"窃臣等到省后,逐日督饬随带司员,按照交抄各折,钦遵面奉谕旨,认真查办……臣等调阅督道厅县各全卷,并督同司员,于正月十四日前往都江堰,连日履勘。周历江干、传集承修监修之道厅州县各员暨绅耆等,详加咨访。难免其中各存私见,回护前说。而萃以众论,稽之志书,是非无难立刊。"

奏章引《四川通志》中记载的李冰所遗的六字千古治水法则,即"深淘滩,低作堰",历数国朝二百余年治水之尽职者皆是沿用竹笼作堤之法,又称元明两朝采用铁石治水却最终震荡湮没,从而认为竹笼作堤之法由于它能"不与水敌,且能泄水之为便"而优于铁石之法。然而,丁宝桢的这次大修所采

都江堰传统工程技术竹笼、马槎

的方法却是废竹笼而兴条石。在恩承、童华的奏折中是这样记载的："唯此次大修都江堰,卷载系将旧铺笼堤透底揭去,改用石工,先将河身挖深数尺,加桩填石,贯铁漫灰,并加宽加厚。堤身宽厚,河身必致逼窄。其所修新工石堤,又定为一丈八尺,亦属过高,是以去岁水发,河窄则大溜壅川,堤高则盛涨难泄。且系石工壁立,逼水激冲,遂将新堤一百三十丈冲刷过半。所存石工无几。现在堤外砂碛中,乱石纵横,其冲刷情形,宛然在目。核与该督所奏,仅冲刷金刚墙三丈余情形,迥不相等。"

恩承、童华将都江堰大修工程遭水毁一事归纳成三个原因:一是将堤防工程由竹笼装石改为条石砌筑;二是"堤身宽厚,河身逼窄";三是石堤过高"盛涨难泄"。

光绪帝御览恩承、童华的奏折后,是年二月十二日谕:"(现已)查明都江堰堤工,原参(指吴镇奏章)毁掘石梁,及淹没田庐各节,尚无其事。惟该处旧用竹笼作堤,此次全行揭去,改用石工,并加宽厚,致河身逼窄,水势激冲,将新堤一百三十丈,冲刷过半。与丁宝桢所奏仅冲刷金刚墙三丈余情形,迥不相符等语。丁宝桢办理堤工要务,又值经费支绌之时,宜如何尽人心区画,谨慎兴办?乃凭丁士彬之言,并不详细考查,率更成法,发帑兴工,以致被水冲刷。又不据实奏陈。迨经降旨询问,仍以人字堤毫无损折等词粉饰覆陈,实属办理乖方。丁宝桢著交部议处。前署成绵龙茂道丁士彬、前署灌县知县陆葆德,承修堤工,领款甚巨,现经查明做法,与原禀悬殊,难保无浮冒侵蚀情事。丁士彬、陆葆德均著先行交部议处。"

同日,又谕:"恩承等奏,履勘都江堰堤工,相度形势,惟有仍守成法,并将分水大鱼嘴退修原处,再将外江淤沙淘平,内江深槽平垫,准以水则,定以水平,庶内六外四,分水可均等语。著丁宝桢按照该尚书等所陈各节,督同司道等悉心妥议具奏。一俟水涸农闲,即行办理。"

遵照光绪帝二月十二日谕,主管吏部事务的大学士宝鋆提出处理建议后,给予丁宝桢降三级调用的处分,给予丁士彬、陆葆德革职处分。是年闰三月初九日,光绪帝再次谕军机大臣等,查明丁宝桢大修都江堰"动用银两,何以前后数目悬殊,有无浮冒情弊,即著丁宝桢据实覆奏。一面禀遵前旨,将工程银两迅速造册报销"。

是月十七日，丁宝桢在《为查明修理都江堰工用款、造报核销事》的奏章中详细陈述了大修工程情况及经费开支情况，并附据"收领票据呈验，称此次大修'全河工段绵长已至七十里'，尚有鱼嘴、人字堤、桥梁等工程，确系工程浩大，从而开支较多，共耗银十二万九千九百四十五两六钱零六厘八毫，内有光绪四年分例发岁修银四千九百二十余两，一并在内"。核查所办的各个工程，并无虚报用款数据，应准予核销。其中，光绪四年"应请领岁修银四千九百二十五两，仍按常年成案办理，无庸另行筹还"；人字堤工程"计应销银二万二千三百四十五两四钱一分三厘五毫四忽，本系实支实用，但既经盛涨冲刷，照例应赔，复查四川省历办堰工成案。凡修办堤工，若水势在宝瓶口水则十六画内冲损者，应惟承办之官吏、工头罚赔；若在水则十六画以上者，准免。此次堤工被冲，实系异常大水，没过水则，照川省向办成案，应准免赔。惟既被冲刷，究属修工不坚。臣已将此款全行删除，仍令丁士彬、陆葆德分赔，饬限两年交清，不准开销"；所余"十万二千六百七十五两一钱九分三厘二毫九丝六息"，由四川省自行筹捐，分五年归还国库，每年还银二万两，还款来源一是"本省各属自行酌情养廉"，二是"通省公捐之缉捕"，三是"赏需预筹经费"。

是年四月初五，丁宝桢《为遵旨据实覆奏事》的奏折中，再次就大修都江堰的用款问题作了详细说明。

是年六月二十一日，丁宝桢"为都江堰补修人字堤工，现经伏汛盛涨，一律坚固，并前修砌之两岸堤埂及淘挖江身，通畅顺流，民田毫无淹刷，据实具陈事"。奏称："兹节届立秋，伏汛已过，所有本年都江堰水，自四月二十一日起至五月十五日止，均涨至十八画六七寸，较之上年盛涨时淹没水则之水，尚小九尺余寸，而比之前数年大水则已相等。查看新补堤工屹立水中，一无冲动。江水虽涨，毫无漫溢，民田均无损伤。其自五月十五日以后至六月十七日止，水势均涨至十七画五六七寸不等，皆缘江身淘挖深通，两岸堤埂收束得务，是以盛涨时水流极顺，不致溃决为害。"奏折又称："此次补修堤工……系丁士彬等自行捐资修办……丁士彬系于去岁十月早经交卸，例应归现任成绵道崇纲经管，臣因人字堤有修补之工，是以将本年全河仍责成丁士彬经理……现在伏汛正庆安澜，

现代发行的都江堰水利工程邮票

一俟霜降后，各堤完固，丁士彬亦可卸责。"

是年七月十三日，丁宝桢为查明都江堰分水大鱼嘴难以向后退回修建之事，对军机大臣提出的"将分水鱼嘴退修原处"的建议做出回复。在丁宝桢看来，都江堰的分水大鱼嘴原本是设在安澜索桥下，后因河道迁改靡常，承修官员循流溯源，将其节次向前移置。丁宝桢又根据道光十年前任水利同知强望泰所记的"其时分水大鱼嘴已在安澜索桥之上"，推出移改之事应始于道光以前，而非近年。再者，推考其历年向前移置的原因，是上游江源早分则下游的水势便不再汹涌。如要将分水大鱼嘴退修至原处，上游的急湍狂澜会并力直入，不仅新工事无从下手，且人字堤将更加容易溃决。再统观内外两江形势，春种之时，利在节流停蓄以均灌溉；夏汛之时，利在宣泄疏畅以保州县田庐。宣泄要法便在于源流界划分明，均水利而期通畅。因此，都江堰分水大鱼嘴难以向后退修。

是年八月二十二日，光绪帝谕丁宝桢："都江堰之大鱼嘴，为四川十四属分水紧要关键。据该署督查明实在情形，即著照前所请，毋庸另议退修。至淘去外江淤沙、平垫内江深槽各工，仍著丁宝桢督饬所属悉心妥办。倘有疏虞，必惟该督是问。"

防洪显成效　世飨民祀谢

九月二十三日，丁宝桢再次奏称："现在霜降已过，据水利同知暨各属禀报，堰工各项工程，普形坚属，民田收成丰稔。惟查农田水利关系于民生者甚重，有不得不缕悉沥陈者。"

奏折中，丁宝桢叙述了光绪三年大修都江堰的缘由及成效。在都江堰大修之前，成都各州县受其患已数十年。洪涝之时，成都平原便要久经淹没，据当时的记载无法耕种的田地大约有 20 余万亩，尚未淹没之地也时常被洪水冲毁。然而到了每年三、四、五、六等月的灌溉用水高峰期，成都十数州县又时常出现用水不足的情况。极端缺水时，当地百姓便涌至成都绵道乃至四川总督署衙门前敲锣请愿，索水情形哄乱不堪，"皆聚众至千余人，哄堂塞署，任意叫嚣。官吏出而劝导，辄加殴辱。即总督、道员，亦只忍受不敢出问"。见民生之疾苦，丁宝桢在奏折中写道"若再仍前漠视，何堪自问"。大修之后的都江堰，各堰能层层消纳洪峰，但有灌溉之利，绝无泛滥之患，成都各州县也无灾情出现；淹没已久的二十余万亩田地也已涸复八万二千九百余亩，逐渐恢复播种之功用。"由此以观，今日堰工，比较前数十年，利害悬殊，似有成效"。

是年十一月，丁宝桢再次奏称："光绪四年五月中旬，连日大雨。松潘、懋功厅等处，蛟水大发。于十七、十八、十九等日，江水陡涨至一丈八九尺，拱木巨石，随流滚下。色黑气腥，纵横鼓荡。声如牛吼，惊心骇目。""二十一日巳刻，忽闻江声雷轰，骤由湃缺冲奔而出，势如掣电，斜趋中外两江，水即平退丈余。沿江各州县，田亩庐舍，均毫无损伤，秋后仍获丰收。本年夏汛较往年亦大，经该县等随时督饬抢获，卒亦安流顺轨，俾成属十数州县，无旱无涝。两年以来，涸复田地至八万数千余亩，稻谷丰登。"

嵌刻于二王庙的《治水三字经》

时至冬令，都江堰已进入岁修时节，丁宝桢于十二月二十日奏称："臣因都江堰距省不远，因于十二月初二日，亲行前往查看（岁修工程），该水利同知岁修外江之工，将次竣事，办理尚为结实。当饬于十五日赶将内江之水放入外江，修理内江。定于明春二月中放水，分入内外两江，以资农田播种之用……至所留人字堤者，长仅一百二十丈。其堤身壁立水中，春时全资以得力，至夏秋间则不甚吃紧。盖因三、四月内江水尚未涨发，内江每患水少，故以此堤拦截内江之水，使不致溢入外江。至五、六、七月，江水大涨，内江不能容纳，则必须任其漫过堤顶，泄出外江，而后内江不致泛滥。故人字堤一段向来均用竹编成长笼，装石堆砌，其间高低尺寸均有一定。光绪三年陆葆德等易笼石为砌石者，殆见此段堤身，屹立江中，以笼石堆砌，历年一经涨发，竹即朽败，不堪御水，冬令必须全行拆修。因与该处绅民等商议，改笼石为砌石，期于经久，可免年年拆修，稍节公费。嗣经次年江水大涨，砌石之法，不若笼石之宣泄合宜。即于是年冬月，自备经费，仍将所砌石堤，全行拆尽，照旧改造为笼石堆砌。既改为笼石堆砌，则此后仍需年年拆修，方可无误。而内外江心，于光绪三年大修后，已经两年盛涨，江水来源甚勇，挟沙而下，不无淤积处，亦应照前将河底逐段查看办理，以免淤积愈甚，用资久远。"

丁宝桢的这一番话，既对人字堤的功能做出了准确的解读，又对改笼石为砌石进行了深刻的反思，还提出了岁修与淘淤的建议，表明了他对都江堰的高度责任心。

光绪五年（1879年），恒训曾奏称"丁宝桢所奏都江堰堤工修筑坚固，恐有不实，请饬密查"。光绪帝谕"按照所奏各节秉公确查，据实具奏"。恒训于腊月初旬往勘，光绪六年（1880年）初再次上奏，称丁宝桢对都江堰大修工程遭水毁一事奏报不实，认为丁宝桢将内江挖深至一丈七八尺，水势全注内江，连年堰工冲塌，实由分水不匀所致。灌县等处，并无涸出农田八万余亩之多。二月十二日，光绪帝"著丁宝桢按照恒训覆奏各节，据实明白回奏，如敢意存掩饰，贻误地方，恐该署督不能当此重咎也"。

是年四月十六日丁宝桢上奏光绪帝，对恒训参奏的各条，据实覆奏，予以反驳。奏折称"今堰工修理已经两年，堤无冲缺，田无被淹，年丰谷贱，迥异从前，田家者流，毫无异议"。对改笼石为砌石导致人字堤被洪水冲毁一事称"夫臣措置未当，怼尤交集，蒙圣主逾格矜全，不加遣逐，咎已宽诸既往，过思补于将来，亦何敢用其铺张，更何忍肆其欺罔"。

半月后，是年五月初一，光绪帝谕："堤堰保卫民田，大利大害，关系甚重。该署督惟当实力实心，认真经理，以期经久可行。固不可忧谗畏讥，稍易初念；亦不可刚愎偏徇，自护已非。朝廷实事求是，丁宝桢将来功罪，总以有无成效为断，不在此时之剖辩也，懔之慎之。"短短数语，言简意赅，情真意切，语重心长。既是对丁宝桢治水成效的肯定，又是对丁宝桢治蜀修身的勉励。

随后两年，都江堰安澜。光绪七年（1881年）十月初二，光绪帝发大藏香十支，四川总督丁宝桢祗领，虔诣江神庙祀谢。光绪帝为这场持续两年的争论打上句号，丁宝桢的心情也坦然了，他登上二王庙，遥望滚滚东去的江水，写下《二王庙感怀》的诗篇："龙门凿后大河通，告锡元圭报德崇。别导江流分内外，全将地力遍西东。蜀人庙祀由来久，秦代山川尚此同。善创何人能善述，兴怀救弊恨无穷。"

第八章 近现代

杨守敬：从《水经注疏》到《湖北江汉水利议》

杨守敬（1839—1915），字惺吾，晚年自号邻苏老人，湖北宜都人，是清末民初杰出的历史地理学家、金石文字学家、目录版本学家、书法艺术家、藏书家。有83种著作传世，驰名中外。"三峡"一词，其所指内容就是杨守敬所定。在日本，被尊为"日本现代书道之父"，仅研究杨守敬书法艺术的学者就多达六千多人。

杨守敬——"为鄂学灵光者垂二十年"

杨守敬像

有"三峡第一学人"之称的宜昌乡贤先儒杨守敬，是一位在学术上有着多方面成就、产生了重大影响而受到国内外人士极大尊敬的国学大师。杨守敬幼年即知好学，肯刻苦用功，一生埋头学问，勤勤恳恳，寒暑不辍，数十年如一日；其中鸿篇巨制甚众，并有大量书法珍品留传后世；致力于中日文化交流，在日本学术界享有盛誉。《清史稿》称："其学通博，精舆地，用力于《水经》尤勤；通训诂，考证金石文字；能书，摹钟鼎至精；工俪体，为箴铭之属，古奥耸拔，文如其人。以举人官黄冈教谕，加中书衔。尝游日本，搜古籍，多得唐宋善本。辛苦积资，藏书数十万卷。为鄂学灵光者垂二十年。"

杨守敬出身商人家庭，幼年丧父，幸得母亲及时启蒙，教以识字读书。11岁休学随祖父习商，夜间仍诵书学文不辍。14岁复学，而18岁三就院试皆不中。后求学于朱景云先生，更加刻苦攻读习字，每夜必鸡鸣始就寝，于是学业坚实，书法精进，文章超群，19岁以优异成绩取秀才入学。

在书塾旁听朱先生等人论古而欣然，杨守敬即神往于"国朝诸儒之学"。因青年教师孙璧文勤学不倦，而与其结为挚友。当时江浙学者文豪郑谱香、顾子山避战乱来陆城，先后租住杨宅，杨守敬有幸博观群籍，随时请教。两位先生见其好学不倦，大为青睐。在阅览六严《舆地图》后，杨守敬更是朝夕影绘，入迷舆地之学，郑谱香知之乃大激赏。杨守敬24岁赴省参加乡试，得中同治元年举人。郑先生预言："此人年少好学，他日必为传人。"

同治元年（1862年）冬，杨守敬始赴京会试，自此18年间六次应试，屡以落榜告罢；他虽精于科举时文，然终不得主考官之首肯。而杨守敬以都中为人文渊薮，乐与赏奇析疑，更为看重学问进步。

初入京路遇学者陈乔森，志趣合符如故相识；经其引见，杨守敬结识了潘孺初、邓铁香两位良师益友。潘先生精诣卓识，凡学问流别及作文写字，对杨守敬指授颇多；师生合著《楷法溯源》，古雅新意，见源知流，可称传世经典。邓铁香卓荦不群，好金石，精舆地，杨守敬随其入金石学之门径，并与他同撰《历代舆地沿革险要图》初稿。杨守敬还在京搜购图书，物色碑版，著成《激素飞清阁评碑记》及《激素飞清阁评帖记》。这期间杨守敬家境艰难，他还得以更多时间居乡谋生，奉养亲老，曾几度设塾授读。经商教学之余更潜心著述，有《论语事实录》《望堂金石》等陆续刊刻。

1880年初夏，杨守敬应聘赴任驻日本钦使随员，遇到前所未见之中国古籍甚多，于是举其积资以至借贷，竭尽全力购求；又以所携汉魏六朝碑版及古钱古印，与日本人互通有无。盈箱累箧之中，有六朝唐代抄本及宋元版古籍等珍贵图书。钦使黎庶昌见其所撰《日本访书缘起条例》大为感动，遂决意出资刻印《古逸丛书》，嘱杨守敬专任其事。

在日本四年，杨守敬与日本文化界人士广泛交游，给日本送去既古老又新鲜的碑学，得天时地利人和，以"旋风"之势改造了大和民族千年以来柔媚的书风，被尊崇为"日本书法现代化之父"。

杨守敬归国赴任黄冈县教谕，第七次会试不中，自是始绝意科名，专心著述。他筑"邻苏园"以藏书，更倾情于"朴学"。其时杨守敬与弟子熊会贞历时九年四易其稿，著成《隋书地理志考证》，并正式开始《水经注疏》的纂述。

石门风磬不离水
长乐雨钟溪出华

杨守敬书法作品

1899年,年届花甲的杨守敬受张之洞之聘任教两湖书院,三年后另设勤成学堂为总教长,又四年再改存古学堂仍任总教长,时称"湖北师儒宿学之冠"。十余年间著述甚丰,涉及舆地、金石、版帖、丛书、方志等学术领域,至晚年专注重《水经注疏》。

1904年《水经注疏》初稿成,"旷世绝学,独有千古"。次年《水经注图》刻成。而后杨守敬与熊会贞圆满完成《历代舆地图》的著述,该图书为中国古代沿革地理最高成就的集中体现。

武昌起义爆发,杨守敬旅居上海三年,以卖字维持家计。讲授书法要义,撰成《学书迩言》。为校定《水经注疏》常在床执卷,或通宵不寐。1914年被民国大总统敦聘为顾问,既入都复以参政相属,然杨守敬仍以名山之业为念。1915年1月9日,杨守敬在北京逝世,海内外人士深为悼惜。

1982年8月,国务院公布《古籍整理规划》,杨守敬著作《隋书经籍志补正》《楷法溯源》《水经注疏》和《三续寰宇访碑录》榜上有名。1984年5月,在北京成立了《杨守敬集》整理小组,集中全国40多所大专院校的数十位知名专家,全面开展杨著的编纂工作;从1988年至1997年的十年间,《杨守敬集》十三巨册陆续出版发行。1987年6月,杨守敬故居修复基本竣工,龙窝墓葬得以复原;8月18日,设于杨守敬故居的杨守敬纪念馆正式开馆。在中国首个文化遗产日(2006.6.10)前夕,国务院公布杨守敬故居和墓葬为第六批全国重点文物保护单位。与此同时,在国学网、百度网、中国人民大学国学院主办,中国台湾网协办的"我心目中的国学大师"网上评选活动中,杨守敬为50位候选大师之一。

《水经注疏》——"开舆地学之新纪元"

杨守敬首先是杰出的历史地理学家,他的舆地学代表作包括《历代舆地图》和《水经注疏》。《历代舆地图》前一部分为《历代舆地沿革险要图》,杨守敬在京任教期间与邓铁香绘成初稿,1878年与饶敦秩补撰刊印,1906年重订出版,包括历代疆域形势图、四裔图等72幅,相当于全书的总图。后一部分系历代正史《地理志》图,在熊会贞协助下历十数年之功于1911年完成。全书共绘出历朝历代地图44组，分装成34册。《历代舆地图》是我国历史上朝代最为完整、内容最为详细的一套大型历史地图集，备受学者关注；毛泽东读史多有参考，并提议改绘"杨图"，由此诞生《中国历史地图集》。在完成《水经注疏》初稿后，杨守敬与熊会贞采用古今对照、朱墨套印的形式，编绘《水经注图》；如此疏图互证，相得益彰，尽现地理沿革之本真，成为研究中国历史地理的重要文献。

有感于郦道元《水经注》精奥之处前人多未窥见，杨守敬与弟子熊会贞合撰疏文，发愤而作《水经注疏》。师生接力用功近60年完成这一巨著；其后历经周折，方得以在海峡两岸及日本陆续面世。

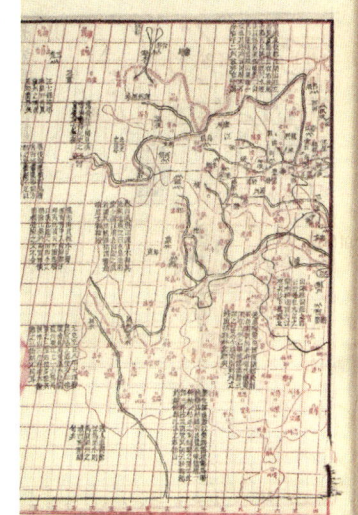
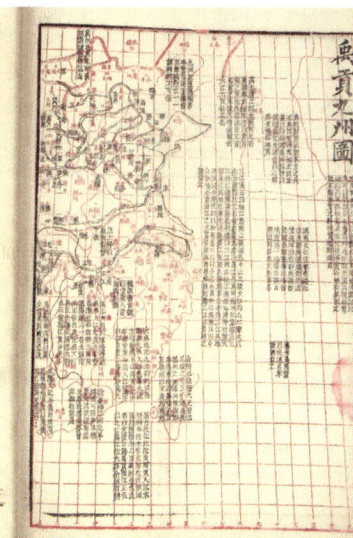

《历代舆地沿革险要图》

《水经注疏》为杨守敬的首要代表作，在我国舆地学发展史上占有重要地位；其书精诣，包孕宏富，开创郦学地理学派，实为《水经注》研究总结性著作。

《水经》是我国第一部记述全国范围内河道水系的专著，全书三卷，所记水道137条，每水各成一篇（有的仅为一两句话），并附《禹贡山水泽地所在》凡60条。南北朝时期北魏地理学家、散文家郦道元（约470—527年），撰成《水经注》四十卷。虽名为注释，实则据《水经》为纲，作了20倍于原书的补充和发展，以30余万字篇幅自成巨著。因其记载广泛、体制精深而被誉为"宇宙未有之奇书"。

郦注以《水经》中137条水道为干流，记述江河水道1252条，一一穷源尽委，详细记叙所经地区山陵原隰、城邑关津等地理情况、建置沿革和有关历史事件、人物轶闻，甚至神话传说，涉及农事水利、道路驿馆、名胜古迹、祠庙冢墓、第室石刻、歌谣怪异、动物植物等，内容极为丰富，是公元六世纪之前中国最全面而系统的综合性地理著作。《水经注》繁征博引典籍437种，金石碑刻350种；所引书籍碑文今多不传，幸赖郦注而得以保存。《水经注》在《水经》"因水证地"的基础上，开创了"因水以证地，即地以存古"

的治学方法，对后来地理学发展产生了深远的影响。

1904年岁序甲辰，杨守敬、熊会贞合撰《水经注疏》初稿完成，这实在是近代学术史上的重大事件。杨守敬次年又刻《水经注图》，他在《邻苏老人年谱》中解释道："故余为此图，皆循郦氏步趋，必一一证合，以书考图，以图覆书，无不吻合，而流移变动，如指诸掌。乃知郦书细针密缕若蛛网，丝毫不乱。"著名学者罗振玉得其图书大加叹赏，称杨守敬地理学与王念孙、段玉裁小学和李善兰算学，为"本朝三绝学"。这就验证了杨守敬师友潘孺初早年的预言："旷世绝学，独有千古。"诚然，杨守敬著《水经注疏》为千年郦学别开生面，独创新篇。

杨守敬与熊会贞乃以同时期学者王先谦著《合校水经注》为底本，对《水经注》在内容上作疏解、考订、正误，不落词章派、考据派之窠臼，而着眼于山川形势分析，由此开创郦学地理学派，格物求是，经世致用。郦学名家汪辟疆评价《水经注疏》说："其书精诣，有突过人者，抉择精审，包孕宏富，真集向来治郦注之大成也。"

以长江的支流"清江"为例。《水经》云："夷水出巴郡鱼复县江"，《水经注》曰"蜀人见其澄清，因名清江也"。后来学者多据此以为清江初始源出鱼复（奉节）之长江，先前曾作为与三峡江段平行的蜀楚水上通道，后来"夷水受江处，不知何时日就湮塞"。就此问题，杨守敬在《水经注疏》中以千余字篇幅一一引证史实加以反驳，而且还不畏险阻实地考察，以求其实："余尝由清江上溯，至长阳之资邱，舟行止此。其间滩险以数十百计，两岸山峡壁立处，较巫峡又狭数倍。由资邱以上，则崎岖更甚。其水有悬崖数十丈若瀑布者，必不可通舟。若古时又有江水并流，势必漫山溢谷，非惟险逾三峡，将沙渠、佷山之间，无居民矣。今按大江夔巫南岸之水，惟巫山之观渡河，与建始之蒲潭溪相近，而中隔大石岭，观渡北流，蒲溪南下，安能逾岭相通？观渡之上有大溪河，由瞿塘入江，源出十二关，与建始之龙溪亦相近，而关岭重叠，亦断无通理。"

杨守敬一生的治学轨迹，与历史舆地相始终，他"年二十即好舆地之学"，"晚年专注重《水经注疏》"。论其学术体系，刘禺生根据熊会贞的阐释，在《世载堂杂忆》中介绍道："杨守敬立意作《疏》，以为郦氏之《注》，本于《禹贡》《班志》，乃撰《禹贡本义》《汉书地理志补校》,以溯其源。以《经》作于魏人,乃撰《三国郡县表补正》,以考其世。以《隋志》魏近,《隋志》可证郦《注》,乃撰《隋书地理志考证》,以究其委。又以历代州郡沿革,分合靡常,水道经流,古今悬绝,乃撰《历代舆地图》《水经注图》,藉明变迁之迹,皆与《郦疏》同时纂辑,然后按图作疏,纤细差违,靡得而遁焉。"如此博大精深的著述体系,标志着杨守敬历史地理学的卓越成就。北京大学教授袁同礼先生称颂杨氏所建之功,为"开舆地学之新纪元"。

《湖北江汉水利议》——"为生民立命"

《湖北江汉水利议》载《杨守敬集》第 5 册,全篇约 2500 字。此文建国前曾由湖北师范学院《史地丛刊》发表,吴天任先生据该刊转载在《杨惺吾先生年谱》中。谢承仁先生在《杨守敬与〈水经注疏〉》一文中,联系《湖北江汉水利议》,高度赞扬杨守敬学以致用的研究精神。他指出:自古真正学问,莫不来源于实际,而又莫不服务于实际。《禹贡》《水经》以及历代史书之《河渠志》《沟洫志》,莫不如是。《水经注疏》之写成,得力于古代文献实际,考古实际,以及亲身调查实际,当然亦应服务于当代之现实。《水经注疏》撰著目的,表面上是为郦《注》作疏,为后世积累资源,实质上则是为当世提供有益经验教训,向有心治理河道水利者献计献策。或问:何以见得?曰:此点可从杨氏所写《湖北江汉水利议》一文中,得到肯定回答:"夫大江绵历数千载,何以至今日江身淤浅若是?盖大江发源青海,其容纳以千百计,大抵多山溪之水。至巫峡七百里则重岩叠嶂,略无阙处。及宜昌出峡,始见平原。古时两岸皆有森林,至近代,则临江之木砍伐尽净。土人不知复种树,即挖锄树根,于岩隙处种菽麦。一逢大雨,其泥沙随流而下山溪,再由山溪而入大江,久而岩隙之土日薄,并麦菽亦不能种矣。原夫江在蜀中,水流峻急,势如建瓴,或不至淤塞。及至宜昌以下,则水势平缓。道、咸以来,南岸石首、松滋,堤破不复筑(以恐筑之于北岸有伤也),江水挟沙泥趋湖南。至洞庭,遂澄渟而成南洲。从前,洞庭广圆七八百里,至今几去其半,于是常德连年漫溢成灾。"

《水利议》第一部分,就长江水利建言献策。万里长江,险在荆江,泥沙淤浅,以

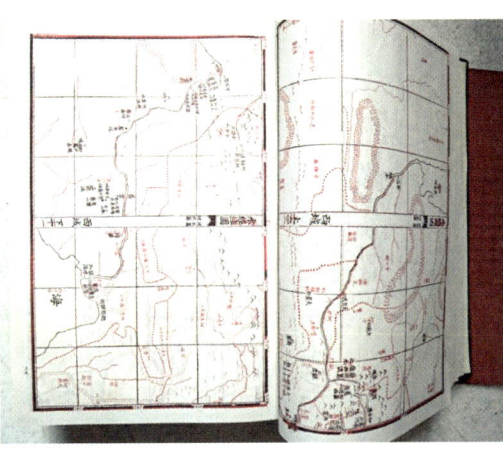

《湖北江汉水利议》

致河床抬高，隐患无穷。杨守敬强调："今若不再设法浚深，年复一年，其冲决不堪设想；不第北之潜、沔，南之沅、湘，悉为泽国矣。"论其缘由，为上游沿岸树木砍伐尽净，植被破坏水土流失。而荆江南岸决堤不复筑，又造成洞庭湖水域缩减。所以，湖北浚江与湖南浚湖当"同力合作"，"一有偏私，终成画饼"。

《水利议》第二部分转而陈述汉江水患："汉口为商船集泊之所，每当汉水暴发，常有倾覆之患。自电报兴而先时可以预防，亦有躲避未讫而水头已到者。至前年，司电者疏忽而淹没船舰、丧失生命不可计数，此诚吾鄂之大患也。近代以来，夏秋之间零雨不时，沙阳之堤，屡筑屡决，潜、沔之间，惨不忍闻，虽竭良有司之力，亦无所施。若仍以筑堤捍后患，必无成效。夫古来同一汉水，不闻为害如此之大，此由近代不讲求森林，举凡临江之树木，砍伐尽净，泥沙随流入汉，汉水遂日淤日浅。水身既窄，一遇洪潦奔腾而下，遂至无坚不破，此古人可以堤捍者今人不能堤捍之故。汉水之沙泥较江水尤散漫，故往往拥没船只，谓之'抢沙'。汉水暴涨，堤决水淹，沉船夺命，惨不忍睹。这是由于近代不讲求森林，遂使汉水日淤日浅；其泥沙较长江更为散漫，故仅以筑堤除后患必无成效。作者结合汉水河道历史变迁加以分析，对症下药提出治水方略：分泄汉流，使汉水沟通下游诸小河，以分其水势；并筑石闸数处，水盛则启之，水消则闭之。杨守敬还指出："若此二策皆不可行，则惟疏浚之一法，所虑只能救一时之急，久之仍归湮浅耳。"

《水利议》第三部分就武昌城临江环湖地理形势，针对"每当江水泛涨时灌入湖中，田庐受害不少"的状况，并具体分析"去年阴雨过多，遂淹没良田无算"的原因，主张标本兼治，于筑堤修闸之外，着手沟通湖泊水系，便于排涝清渍。作为历史地理学家，杨守敬将自己的学识用以解决现实问题："今武泰已建，固不必开通梁子湖。而由长虹桥通赛湖，由赛湖通沙湖，但从东门外长春观前衡善堂左右开港以行小舟，则沙湖东湖之水，虽有积潦，每年由武泰闸放出，必无大害。"

《湖北江汉水利议》成稿于1910年或1911年春夏，作者时任湖北通志局纂校。在那个国运日衰难以有为的时代，杨守敬仍以满腔热血关注国计民生，为国分忧为民谋利。《水利议》所献之策，诸如浚沙、清淤、筑闸、开渠、排涝等项，论之有据，切实可行，大多已在今天成就为现实。尤其难能可贵的是,杨守敬明确指出:森林破坏,水土流失,乃是江汉水患的根本原因;人类赖以生存的资源和居住的环境,若不加以保护,反而无知地施以破坏,其结局只能是自食苦果。杨守敬一生埋头学问,但从未脱离实际,也从未忘记周围环境。他在《水利议》中所言"唯高明者裁之"一语,清楚地反映了他对那些有权有识的地方当局,寄予了多么恳切的期望,发出了多么沉重的呼声;"又有一大利者"一语,更是生动地表达了他对家乡人民述说不尽的热爱之情,对桑梓忧患永远难忘的关注之心。

杨守敬的道德文章,诚如宋儒张载所言:"为天地立心,为生民立命,为往圣继绝学,为万世开太平。"

王同春:问渠哪能清如许

王同春是清末民初开发黄河河套的传奇人物。他"生平无他好,惟嗜水利如命";不识几个字,却识水性,谙地理,精疏浚。他在黄河后套一带先后开凿了5道大渠,270多道支渠,可灌溉水田7000多顷,熟地27000余顷。在他的开发下,荒凉的后套地区变成了渠道纵横,田畴相连,桑麻遍地的膏腴之乡。他被当地人奉为"河神",著名学者顾颉刚专门为他写了人物小传,并收入当时的小学课本。

赤手空拳将河套开发成塞外江南

王同春(1851—1925)字浚川,河北邢台石门村人。幼年家贫,仅读过几个月的私塾。9岁时随族叔到塞外河套磴口及西山咀一带谋生。即当年的"走西口":出塞外,去河套,这是山西、陕西、河北一带的关内人因生活无着,为改变命运,选择的一条极具冒险性的道路。当年这里蛮荒一片,土匪出没,险象环生,谋生十分不易。

黄河东流受山脉阻挡,在宁夏一带形成了"几"字形,因形似套索,故被称为"河套"。当年王同春他们"走西口"落脚的地方在后套。后套在"几"字形的左上端,南临黄河,北与乌加河交界,形成了一块南北宽四百余里,东西长五六百里的冲积河谷平原。河套

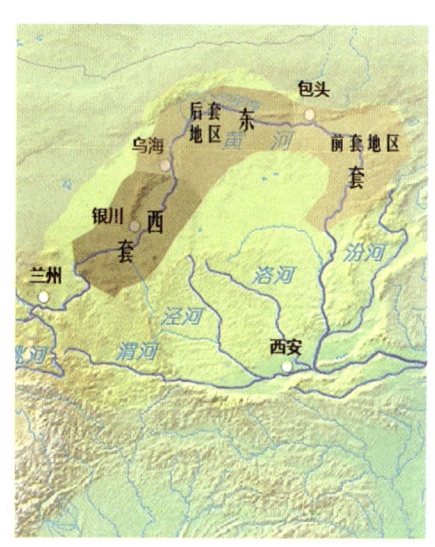

河套平原地貌图

一带开发较早，汉武帝就曾大力发展河套农业，并获得显著成效。谚语"黄河百害，惟富一套"，就是从那时传开的。但汉唐以后，社会动荡，王朝更迭，战事频繁，河套的农业和水利的发展时进时退。特别是元蒙古大军入侵以后，这里的农业遭到毁灭性破坏，耕者逃亡，土地荒芜，河道淤塞，后套成了牧民放牧的莽莽荒原。

后套有独特的地理优势：地势平坦，土地肥沃，只是雨量稀少。至清乾隆年间，有几个汉族渔夫捕鱼至此，在近河处引水试种庄稼，大获丰收。消息传开，"走西口"来后套的人渐渐多了。他们先是凿井利用桔槔汲水或提取黄河等自然河道的水种地，后又自己开渠引水灌田。他们发现，只要有水，在这里种庄稼，种一年可以吃十年。因这里南临黄河，只要解决了引黄灌溉的问题，后套就又能成为塞外江南。当时的水利建设规模很小，但自王同春自行开渠发展水利始，才真正拉开了后套水利开发及农业迅速发展的序幕。

王同春身无分文，先是为当地有钱人挖渠谋生。由于他善于钻研，肯动脑筋，18岁就担任了渠头，在业主的雇用下负责管理渠工挖渠的活儿。

清同治十二年（1873年），后套有四家业主准备合股治理短辫子河。短辫子河由于河流上游泥沙淤塞，无法引水，成了一条废河。当时年仅22岁的王同春被雇用负责挖渠。他到实地勘察地形后，提出废弃上游河道，另从黄河开新的取水口，然后开凿新渠与短辫子河下游连通，就可使废河起死回生。王同春的建议得到采纳，治理工程大获成功。

这条长达百里的干渠，因四家合股人中郭家势力最大，遂名为老郭渠（后改名为通济渠）。史载，老郭渠修筑后，当地的田地"高不病旱，低不怕涝，耕者皆获其利"。老郭渠的修筑不但使当地原先的熟地得到灌溉，而且大片荒地也得到开垦，业主们收益颇丰。从此，王同春也在当地名声大振。

老郭渠是后套最早开凿的一条干渠。它的成功开凿，调动了后套人水利建设的积极性。各地纷纷争先开渠引水，垦荒种田，农田灌溉面积很快超过了千顷。

清光绪七年（1881年），年届30岁的王同春决定不再受雇于人，于是借得银两租了蒙古喇嘛的若干顷土地，开始了自己的创业生涯。他以前都是为别人开渠卖力，如今为自己开凿渠道，开荒种田，积极性空前高涨。他勤奋过人，每日鸡叫出门，鬼叫进门。家里的人也一律不得偷懒，包括裹着小脚的女人，也得下地干活。他爱惜牲畜，总要在喂完牲畜后，自己才开始吃饭。

他开凿的渠道先名为王同春渠，后又改名为义和渠。随着荒地越开越多，他开凿的河渠也自南向北越凿越长。为了便于经营，他在一个名为隆兴长的地方，盖起了房屋，扎下了根。经过十年的艰苦奋斗，他开凿的义和渠已长达50多公里，浇灌面积达2000多顷。昔日的茫茫荒原，已成为人丁兴旺的米粮川。随着他家业的兴隆发达，隆兴长后来发展成为后套地区的经济和政治的中心——五原县城。这时他已经不满足现有的成果，他决定以隆兴长为基地，全面推行开发后套的宏伟目标。

至光绪二十八年（1902年），王同春的事业达到鼎盛时期，在他自行开渠的21年时间里，他先后组织开凿了五条干渠：义和渠、沙河渠、丰济渠、刚目渠、灶王渠，还开凿了270多道支渠，可灌溉水田7000多顷，熟地27000余顷。在他的开发下，荒凉的后套地区变成了渠道纵横，田畴相连，桑麻遍地的塞外江南。王同春的家业也迅速兴旺，他成为了富甲河套的人，被当地人称为"河套王"。

光绪十七年、十八年（1891年、1892年）京北大旱，王同春捐助了粮米一万多石。光绪二十七年（1901年）又闹灾荒，他再捐粮六千多石。

光绪三十年（1904年）王同春又受清政府的委托，用两年时间开凿了后套第一大渠——永济渠。干渠从黄河引水，纵贯后套，最终流入乌加河。渠道水量充沛，水流畅旺，可灌溉田地2万余顷。至此整个后套的经济、社会有了长足的发展，当时绥远一省仅有十八个县，而五原、临河、安北三个县是王同春开发起来的。

"河套王"是怎样炼成的

在当时文化非常闭塞的塞外河套，在没有任何科学仪器设备的情况下，一个不识几个字的庄户人，却能完成如此浩大而艰巨的水利工程，不仅靠他的勤苦劳作，更在于他特异的禀赋，以及特有的胆识和抱负。

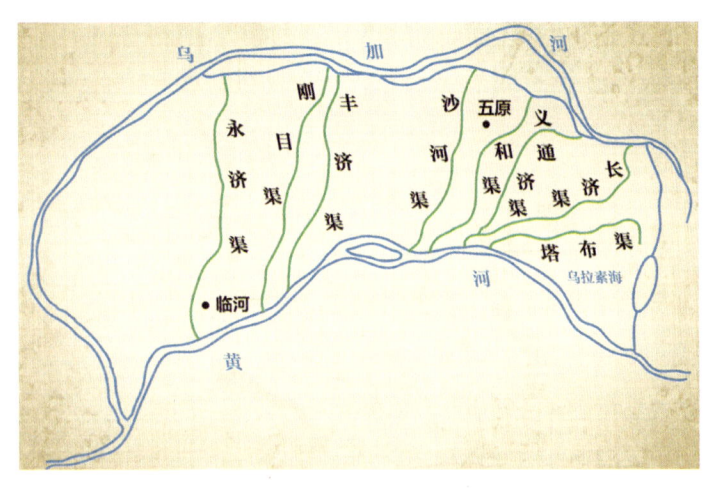

[后套八大渠布置示意图]

开凿渠道，不论是选择渠道的运行路线，还是测量水渠的水平；不论是筑坝、修涵洞，还是寻找合适的取水口等，无不是技术性极强的活儿，稍有差池开凿的水渠便成了废渠，结果劳民伤财。王同春全凭自己的刻苦钻研、反复揣摩和实践，终于掌握了开渠的技术，成了声名赫赫的开渠能人。

为了开好渠道，他终日骑马奔波在山野、河边，细心观察，认真琢磨。每逢下雨天，不管家里有多么重要的事，来了多么尊贵的客人，他都要骑马冒雨去观察水的流向，为渠道的走向掌握第一手资料。

他认真学习前人开渠引水的经验，不断总结、创新。史载，他早年"观工人修渠灌田，憬然如触所好，于是惮心渠工，孜孜讲求，不遗余力"。在他开凿水渠时，"每遇疑难渠工，俯而察，仰而思，面壁终夜，临流痴立"。"及豁然有悟，往往登高而呼，临河踊跃，以为平生第一快事"（《绥远通志稿》）。

久而久之，他练成了"识水性，谙地理，精疏浚"的全套本领。黄河的水性，后套的地理，在他的心里有一本明白账。看到黄河水冒泡，他就知道要来洪水。夜里在野外骑行，抓起一把泥土，他就知道走到了哪里。看到地鼠翻出湿土，便知此处地下有水。

经过多年来的观察，他得出一个结论：后套地势是西南高，东北低。依据这个最基本的认识，他开的几条干渠都是从黄河"迎水"，然后向东北流去，一直流过阴山脚下，进入乌加河，再注入乌梁素海，最后南出西山嘴流入黄河。这样形成的落差，符合"上引下拉"的水力冲刷系统，确保了渠水畅通丰沛。

他总结出许多后套黄河水势的特点和规律经验，如"水流三湾自急"，"水流百步上墙"等，这些认知在开渠的实践中得到充分发挥。他将几条引黄干渠开凿成弯曲形，形同蜿蜒的河套。他之所以不将河道拉直，正是基于他的这些认识，从而避免了渠水的迅猛冲激。

他非常注重黄河取水口的选择。渠口流水的流量、流速和泥沙的多少，都是干渠开凿成败的关键性因素。渠口的进水，既要流量足，含沙量小，又要流速快，能冲刷泥沙，减少渠口的淤塞。渠口的水力往往与很远的上游水流有关。每当他选择取水口时都多次勘察，反复琢磨，最后才确定下来。他选择取水口的原则是：渠口若在上游，因水位较高，为避免直接迎溜，就只引"倒漾水"；若渠口在下游，则加设引水坝提高水位；而位于中游的渠口，他往往设在黄河凹岸下游。这样的选择，既可控制水量，又能保证流速，又减少了进入渠道的泥沙。

他还创造了一些测量河道的土法。

【踩渠】在反复踏勘地形的基础上，初步选择渠道的运行路线。渠道的走向选得好，这个渠道就能畅通，水流就会充足，渠道就能成活。为此，他往往经过数十次的踏勘后，才初步确定渠道的运行路线。为保证万无一失，夜里，他命几个手下点上几盏灯，分别站在初选的河道上。他站在上游观察灯火的高低，以此确定最终的开渠路线。

【测渠深】开渠路线确定以后，开始开挖土方。由于地形起伏不平，开挖的渠道深浅不一。如何确定渠道各处开挖的土方量呢？王同春想出一个方法：他将十个柳编的水斗，涂成白色，再在水斗上面钉一根竹竿，让人扛着沿着选择好的渠道，每十丈立一个水斗。他站在前方一顺望去，水斗的高低一目了然。高多少，低多少，他再用十个木签记录下来。然后撤去水斗，插上木签。最后依照木签上的记录挖取土方。他的测量也跟着水斗依次前行，一直从渠口测到渠尾。

开渠的殚精竭虑和反复实践，使他练就了一身过人的本领。史载，他"登高而望，即知亩浍所宜；卧地以窥，即可查看地面之高下"，"驰马巡行，凡山原高下，工程多寡，斗角钩心，了了然不差累黍，虽精于测算者不如也"（《南园丛稿》）。

后来从黄河引水的渠道越来越多，引水渠互相影响。往往是上游渠道进水量多，引起水淹；而下游渠道进水量不足。如何才能调节所有干渠的进水量呢？他思来想去，提出一个上下游河道统一筹划的计划——《复兴后套计划图》。

鉴于后套的各大干渠都是从南边黄河引水，蜿蜒向东北流去。他设想从西向东横着开挖两三条渠道，和各大干渠连在一起，形成一个连环。这样就可以调节上下游渠道水量的余缺。具体做法即从丰济渠开挖连环渠，再由王子六壕挖通退水，"使尾闾纵横贯注，以期一劳永逸"。这种治水认识，成为了河套灌区进、排水总体框架思想的萌芽，为新中国建立后河套黄河灌区的水利建设奠定了基础。

他不幸生于那时的中国

光绪二十六年（1900年），八国联军攻入北京，河套地区的政治形势发生了急剧的变化。外国势力侵入河套后，霸占田地和河渠，引黄灌溉系统遭到破坏，严重影响到农业生产。同时，清政府为了摆脱财政困境，在河套搞了所谓的"移民实边"，强迫农户将开垦的土地归公。他们迫令王同春将所开凿的灌渠和所属的农田一并交给清政府。王同春被逼无奈，将自己数十年辛勤开凿的渠道和所置的田产，一并交官，仅得官方赏银1.5万两。光绪三十二年（1906年），王同春还被清政府抓进监狱，直至辛亥革命后才被放出。

当年著名的地理学家张相文曾来到河套，看到如此完善的水利系统，非常兴奋，非要亲眼见一见这位开发河套的传奇人物。两人相见后，听了王同春的讲述，张相文连连称奇，称他为"难得的水利人才"。张相文将他推荐给当时政府农商部总长张謇。张謇召王同春进京，共商治淮事宜。王同春被聘为水利顾问。他到淮河流域勘察后，提出引淮入海的治淮方案。而同时被聘请的两位比利时和美国的工程师则和王同春的意见相左，主张导淮入江。王同春的方案未被采纳。

1925年，冯玉祥的部队开进河套，开始屯垦开荒。冯玉祥聘请74岁的王同春协助指导、督察水利工程的修建。王同春不顾年老体衰到工地去指导水利建设。当年6月患病回家休养，6月28日病逝。王同春虽已逝去，他的事迹却被当地人长久地广泛传颂着，人们将他誉为"河神"，并为他修建了祠堂，将每年的六月六定为庙会日，为这位给河套人民带来福祉的伟人祭祀，并在河渠放河灯为他祈祷。

这位河套近代水利开发的先行者，不仅草创了河套灌区的水利建设，而且对河套经济发展、行政区域的设置，均产生了广泛的影响。但不幸的是，他处在近代历史漩涡的之中，置身于各种势力矛盾斗争的风口浪尖。兵乱、匪扰、外国势力的入侵、腐败政权的吞噬，他的处境危机四伏，险象环生，他五次入狱，多次死里逃生，但他不畏艰险，才成就了这样一番大事业。

民国地理学家张相文说："王同春是不幸生于中国。"著名历史学家顾颉刚说："一个不识字的人能赤手空拳创出这番大事业来，那还不够我们纪念？再说倘若官民能够合作，他的成绩又将怎样？"他称王同春"是一个民族的伟人"。他还专门为他写了人物小传《王同春开发河套记》，并将其收入民国的小学课本中。王同春的事迹也还被载入《剑桥中华民国史》《清史稿》。央视播放的电视剧《王土地》，就是根据他的事迹编写的。

张謇：实业救国 水利状元

他是我国科举制度中最后一位状元，是近代著名的实业家、教育家，他一生主张实业救国、教育救国。他在实业和教育方面的丰功伟绩名动天下，但作为我国著名的水利大家，致力于江淮、黄河的治理，热心于近代水利教育事业的开拓，为我国水利事业呕心沥血近40年的伟大思想和实践却鲜为人知。他是将我国传统的官僚治水引向近代专家治水、科学治水之路的有力推手。人们将他与近代水利科学先驱李仪祉并称为"近代水利导师"。

张謇像

弃官：只为实业救国

张謇（1853—1926），字季直，号啬庵，江苏南通人。他出身贫寒，但少有才气，小小年纪便称誉乡里。三岁能背诵《千字文》。十二岁时塾师出上联，"人骑白马门前去"，他当即对曰，"我踏金鳌海上来"。他16岁考中秀才，但此后科考并不顺遂，直至41岁才以科举一甲一名"大魁天下"，从此名声鹊起，被清廷授翰林院编撰。

1904年，清政府授予他三品官衔。1909年被推为江苏咨议局议长。1910年，发起国会请愿活动。1911年任中央教育会长，江苏议会临时议会长，江苏两淮盐总理。1912年起草退位诏书，在南京政府成立后，任实业总长，1912年任北洋政府农商总长兼全国水利总长，1914年兼任全国水利局总裁。

张謇所处的年代国家内忧外患，积贫积弱，他目睹了列强入侵，国事日非的现实，特别是官场的黑暗和腐败，毅然弃官。他说："愿成一分一毫有用之事，不愿居八命九命可耻之官。"他将实业和教育称为"富国之大本"。在他看来，欲达富强之目的，处于日益严重的民族危机之中的中国，唯有对外力御强敌，对内改良政治，振兴经济，发展教育，民族才有希望，国家才有前途。

南通大生纱厂

他从救亡图存，实业救国，振兴中华的忧患意识出发，开始从事传统文化中士大夫所鄙视的工商业。他既无大权，也无巨富，但有很高的社会地位和社会声望。他凭着强烈的社会责任感和理想主义，四处筹资引进设备，在家乡南通兴办实业，形成了"南通模式"。他围绕"棉铁主义"的实业救国的良方，创办了我国最早的民族纺织工业——南通大生纱厂，后又陆续兴办了钢铁、面粉等20多个工厂。其中多个企业的兴办，在当时都是全国首创。他兴办的企业养活了几万人，并造福一方。他创立的"南通模式"，是中国工业和城市发展的初次有益的尝试。对今天也有重要的启示作用。他也成为了我国近代民族工业发展的开拓者和先驱。

实业的发展要依靠科技，于是他大力兴办教育。他一生创办了370多所学校。其中有我国第一所师范学校——通州师范，与马相伯在吴淞创办了复旦公学（复旦大学前身），创办了河海工程专门学校（河海大学前身）、吴淞商船专科学校（上海海事大学前身）、医学专门学校和纺织专门学校，农业学校、测绘学校、盲哑学校和女子师范学校等，创建了我国第一个博物馆、图书馆、气象台……这些学校和事业单位的创办，为我国科技和社会的发展打下了坚实的基础。

但由于社会政局的剧烈动荡，工商业的发展没有一个稳定与有序的环境，加之封建营垒的倾轧，外国资本的吞噬，社会各层的重重盘剥，他经过几十年辛勤奔波投资的几十个企业仍旧难逃衰落的命运。

张謇一生与水利有缘。他在考状元殿试时，策问的是水利河渠要旨。他在中状元前，在好友开封府尹孙云锦处作府幕，正逢黄河决口，他参与了治黄赈灾工作。后在北洋政府担任农商总长兼全国水利局总裁的职务，主要致力于治淮工程。辞职返乡后又致力于保圩护乡的治理长江的工程。张謇暮年政坛归隐，实业衰落，唯有水利事业仍萦绕在心，于是他将自己的余生专注于水利事业，并为之献出生命。

治黄：为解民于倒悬

张謇初涉水利事业是他中状元以前的事了。由于科举考试屡试不中，张謇应开封府尹孙云锦之邀，入住开封府幕。光绪十三年（1887年）八月，正值黄河在郑州决口，决口宽达200余丈，洪水横溢，"夺溜由贾鲁河入淮，直注洪泽湖。"张謇在他所著的《郑州决口记》记载，滔天的洪水冲击开封："漂没村庄、镇集以二三千计……溺死之人。蔽空之下若凫鸥之出没。"

张謇所建的南通博物院

孙云锦请张謇帮助他治水赈灾。张謇多次冒着生命危险乘船沿河察看水势，了解灾情，办理急赈。为了掌握第一手资料，他几乎走遍了洪涝灾区的每一寸土地。他察勘地形，深入基层访问河工，探寻黄河水灾的原因和治理洪灾的方案。

经过反复研究和周密思考，他制定了一整套治黄的方案，其中有治河方略，黄河分流的路线，甚至包括堵决的器具，劳工的来源等。如治黄需大量的劳力，他提出以工代赈，招募灾民和流民挑土治水："既为工程增一役夫，又为草野去一盗贼。"

他5次致函河南巡抚倪文蔚，陈述其治黄方案。他认为治理黄河要塞疏并举，分流入海。堵塞决口是为目前打算，而疏浚河道则是长远之计，也能解决眼前的灾情。由于黄河河身深远宽通，正好趁决口黄河漫流之际，河水浅涸易于施工，抓紧河道疏浚，然后堵塞决口，将河水挽回故道，分为数支由山东入海。

张謇在治黄中发现，黄河水患不唯是天灾，亦是人祸。清朝末年朝纲松弛，河事腐败。对那些不顾百姓死活，一味地贪污治水费用的官吏，他深恶痛绝。他毫不留情地对负责黄河河防的官吏进行揭露和谴责。他揭露上南厅同知余璜在职十三四年荒淫无度，不理水事。他平时用银器便溺，出门看戏则"先期戒治，帷幔如天宫"。更可恨的是委外工司事李祁贪婪成性，按例每年霜降时节，要谕民捕獾，因獾在黄河堤坝打洞，易引起管涌甚至决堤。李祁却将捕獾将作为捞钱的工具，每捕一獾费钱达数千之多，而獾洞却不依法覆土塞实,结果大堤决于獾穴。治水工款更是层层克扣,就连此次郑州洪水逼近,"河道请三千金资抢护未发,河决银亦未解"。

对张謇的五次致函提出的治黄方案,倪文蔚听若罔闻拒不采纳,张謇在开封无用武之地,于是忧郁南归。此次治黄虽无功而返,但为他以后主持全国的水利工作,奠定了坚实的基础。

导淮:为淮水寻一条出路

张謇辞别孙云锦南归,途经苏北,"眼见洪水漫天归来,淮河流域各县均受其累。"淮河遮天蔽日的滔滔洪水,灾民惨不忍睹的悲苦处境,深深刺痛了张謇的心,他明白只有根治淮河水患,才能解民于倒悬。于是根治淮河成了他一生矢志不渝的信念,成了他孜孜不倦追求的目标。

他索性在淮安住了下来,深入调查淮河的历史和现状。在调查中发现淮河受病很深,非彻底根治不可。他又多次上书朝廷,提出治淮的要求和治理规划,如《请速治淮疏》等,但上书虽多均石沉大海。张謇愤懑地说:"专制之国,有君无民,故置民之疚痛愁苦,漠然不顾。"

后来南京政府和北洋政府相继成立,张謇担任政府要职,这又为他治淮提供了机会。

郦道元的《水经注》将淮河作为我国亘古江、河、淮、济"四渎"之一。由于黄河夺淮入海,造成淮河水量猛增,加之河道泥沙淤积,一到汛期洪水四处漫溢。淮河下游地势低洼,洪水排泄不畅,洪灾频仍。自1855年黄河自铜瓦厢决口北徙之后,治理淮河成为了可能。

如何治理淮河,如何科学地解决淮水的出路问题,历来争论不断,但不外乎入江、入海、分入江海三种理论。

当时苏北乡绅丁显的引淮水至云梯关全量入海的理论颇有影响。丁显主张"浚淮渠","复故道","开云梯关",认为只要"复神禹故道,则积世之害于此去。"在实际调查中张謇发现,淮河故道自宋至清已废弃700多年,河床高出两岸地面6～8米,疏浚河道费工又难以持久。而淮水全部入江，若遇两水并涨，仍会泛滥成灾。

他聘请荷兰、美国、瑞典等国的外国水利专家商讨治淮事宜，又深入钻研我国历代水利官员的治淮之道，还请引黄开渠能人王同春协助治淮。

他不轻信外国权威，也不盲从古人，一切从实际出发。他组织人力测量了淮河、运河以及沂沭泗等河道，计算不同季节各河流的流量、流速。他组织人力测量制作的导淮图表就多达1238册，图25册2328幅。经过广收博采，权衡主次，在实测和计算的基础之上，一步步具体化的演进，提出了具有开创性的导淮理论——"三分入海，七分入江"。即让大部分的淮河水经洪泽湖的三江闸流入长江，少部分的水沿苏北灌溉总渠流入东海。当时测得淮水最大流量为12500立方米每秒，设计将入江流量定为7000立方米每秒，入海流量为3000立方米每秒，另2500立方米每秒贮蓄于洪泽湖。

后来国民政府导淮和新中国建立后的治淮，都基本是以张謇的理论和资料为依据的。从实践看，张謇的这项设计具有前瞻性。如2003年淮河又遇特大洪水，刚完工的入海水道最大泄洪量为1500秒立方米，入江水道最大流量为8700秒立方米，这和张謇制定的入海入江流量基本相似。

张謇将自己的治淮主张写成《治淮规划之概要》《导淮计划宣告书》《江淮水利计划第三次宣告书》《江淮水利施工计划书》等上报政府，但遗憾的是又都被束之高阁。

1924年，深知已治淮无望的张謇，吩咐清江浦测量局处长沈秉璜将自己12年测量之成果汇订成册，付梓出版，并亲自写序。他治淮心愿落空，只能将毕生的心血寄予后来者了。

张謇的治淮理论虽在当时未能实施，但在日后却产生了深远的影响。它显示了我国治淮历史上，从"复淮"到"导淮"，从"全量入海"到"江海分疏"不断前进的步伐。它在理论和实践上都比较科学地解决了淮水的出路问题，是我国治淮史上的一大创举。人们称他为"百年治淮第一人"，并不为过。

治江：保坍护乡和治江三说

南通在长江的北岸，位于长江下游河道的拐弯处。由于受长江主流的顶冲，南通江岸坍塌十分严重，土地、房屋常常遭到损毁。1907年，与南通隔江相望的江常县为了多淤沙田，在江边筑起了两道坝。这两道坝扰动了江流，形成的汹涌江涛直冲南通的江岸，坍塌骤然加剧，住在江岸的百姓坐卧不宁，唯恐江水吞没自己的家园。江岸虽没有张謇的一分土地，但他不能坐视不管。他上书政府要求拆去江常县所筑江坝。但政府一直拖着不办，最后竟不了了之。张謇自己出资3000元，请专家勘察水情商讨对策。决定修筑丁坝以分水势。但中央政府不予支持，地方政府又缺乏资金，张謇于是成立了"南通保坍会"，自筹资金修筑丁坝，共筑堤坝6000米。由于资金有限，筑坝挡水只能是杯水车薪，滔滔不绝的江水仍不断冲毁江岸。于是张謇于1914年6月在南通召开较大规模的水利学术讨论会，请中外水利专家共商保坍方案。经过商议决定修坝和筑楗双管齐下。由于会议影响较大，省政府也出面给予了资金支持，保坍工程得以继续进行。至1927年，南通共筑堤防工程约9公里，筑楗18座，加之沿岸险要地段抛石护滩，南通江岸日趋于稳定。

保坍护乡仅仅只是对长江下游一小段江段的整治，对于整个长江的治理，张謇也有着自己的一套理论。其中最有名的是"长江三说"：一是为治全江计，应呈明政府，联合湘鄂赣皖苏五省水利人士，设立长江水利讨论委员会，以南京为会所。二是由湘鄂赣皖四省遴选优秀知识青年四五十人进河海专门学校学习。三是为江苏计，境内长江干流宜作统一规划，分段治理。

"长江三说"在当时意义非凡。它涉及到对长江全流域水利人才的培养，促进了后来"扬子江水道讨论委员会"的成立，以及对长江的综合管理。

1914年，全国水利总局在京成立，张謇任总裁。因为当时国弱民穷，西方列强对我国虎视眈眈，妄图控制长江，进而侵略中国。英国商会就曾想联合其他列强，越俎代庖建立"长江委员会"，妄图挟制我国政府为他们的侵略行径让路。张謇说："若待外人提出要求，或竟越俎设立，非特国体攸关，授人以柄。而吾国偌大之天然利权，从此被外人挟制无可挽回,贻害于将来之农田水利、商业、交通,诚非浅鲜。"在张謇的大力策划下，由湘、鄂、赣、皖、苏五省共同组成的"长江委员会讨论会"成立，它就是今天的长江水利工程委员会的前身。这在长江水利史上具有开创性意义，对我国长江的综合治理影响很大。

由于江淮一带灾情严重，他治江主张的核心，是"治江当从下游始"。他在作长江治理的整体规划说，"顺乎水性，作全局统筹"，切不可"囿于局部利益而利己壑邻"。可惜的是，由于时代的限制，他的治江规划实施不多，只进行了一些水道的测量、水文测验等，但他的治江主张及机构的组建，不仅在当时产生影响，对后来长江的综合治理亦有重要启示。

1926年，张謇为防汛巡视长江南堤，不慎遭受风寒，后转为伤寒，不幸去世，终年72岁。

张謇：近代治水的开拓者

水利界的专家学者认为，张謇是我国传统水利向近代水利变革中的关键人物。我国漫长的封建社会，历代历朝都是官僚治水，上至帝王下至百官，人人皆可言治水。而近代水利的标志是专家治水；有专门的国家级水利管理机构；水利工程设计重理性，讲科学。

对于清末治水的现状及弊病，张謇在几十年治水的过程中有深切的体会和清醒的认识。他说："文明各国，治河之役，皆国之名大匠，学术堪深，经验宏富者主之，夫然后可以胜任而愉快。我国乃举以委之，不学无术之圬者，而以素不习工事之文士督率之。末流积弊，滑吏作奸，甚至觊其工程，希冀再决，以为牟利得官之余地。"他强烈要求彻底改变这种现状，并在其主持水利工作中和治水的实践中进行大胆的改革和创新。

南通张謇墓

从张謇一生近四十年致力于水利工程的实践来看，他创办了南京河海工程专门学校等多所学校，专门培养专业的水利人才；他设立了北洋政府导淮局（后改为全国水利局）、扬子江水道讨论委员会（长江水利委员会的前身）、江浦测量局等多所水利机构，这些都是中国近代国家级管理机构的雏形。而他在治水工程中，特别是在导淮工程中重实测，精测算，经过科学论证，提出"七分入江，三分入海"的导淮主张。

因此说，张謇的实践，不仅仅只涉及治水本身，其实他已成为我国传统治水引向现代治水的有力推手，他的一生承启中国传统治水与近代治水的一段历史。他不仅是我国民族工业的开拓者，也是我国近代治水的开拓者和先驱。

李仪祉：中国近代水利事业的奠基人

他是我国著名的水利学家、教育家，现代水利建设的先驱。在2001年的国际水利学会上，他被确定为20世纪杰出的科学家。

他生于行将就木的清朝末年，国家之衰亡，百姓之苦难成为他心中的疼，特别是目睹了故乡渭北由于缺水而颗粒无收的惨境，他决心以水利救万民于水火。他留学德国专攻水利，学成归国后，先在南京创办河海工程学校，后任陕西水利局长，筹办关中水利，主持兴建了泾惠、洛惠、渭惠三渠，使万顷旱田一跃成为灌溉粮仓。他治理黄河，提出全面综合整治的主张，改变了几千年来单纯着眼于下游整治的思想。

他去世后，于右任为他题写的挽联："殊功早入河渠志 遗宅仍规水竹居"，纪念他为我国近代水利事业发展做出的卓越贡献。他便是中国近代水利事业的奠基人——李仪祉。

一家人四口　革命人两双

李仪祉（1882—1938），陕西蒲城人。他出身于书香门第，父亲李桐轩为关中名儒，伯父李仲特为数学家，曾任川汉铁路工程师。

李仪祉像

他生长的年代正是清朝末年，清朝政府昏庸腐败，帝国主义列强乘机入侵，人民遭受多重压迫饱受苦难。此时国内资产阶级民主革命风起云涌，他的父亲和伯父都是同盟会的重要成员，为辛亥革命做出过贡献。他自幼受父辈民主革命思想的熏陶，学习和接受近代科学知识，特别是两次留学德国学习西方先进的科学技术，奠定了他忧国忧民、科学救国的思想基础。

他与哥哥李约祉同于北京京师大学堂学习期间加入同盟会,并参加了反清反帝革命运动。1905年,他上书清廷痛斥御史王少瀛奏请清廷镇压天津、上海罢工罢课的工人、学生的无耻行径。他积极参加反美运动,要求废除中美关于旅美华侨不平等条约。1908年,他上书控告陕西蒲城县知县李体仁残酷镇压学生的罪行,迫使清政府将李体仁革职。

1911年,武昌起义爆发,在德国留学的李仪祉立即购买了手枪和子弹,辍学回国,积极投身于辛亥革命之中。由于他家父子三人和伯父一起积极参加了辛亥革命,并有着突出的表现,人们对他们有"一家人四口,革命人两双"的赞誉。后因南北和议,民国成立,李仪祉转而致力于水利教育和水利工程建设。

水利救国　济民利物

清朝灭亡,民国成立,但国家仍是一个烂摊子。军阀混战,经济凋敝。面对岌岌可危的国家和饱经忧患的人民,当时许多的志士仁人都在努力寻求着强国富民的良方。科技救国、教育救国、实业救国等各种救国救民的"良方"争论不休。李仪祉是赞同科技救国的,他先去德国柏林皇家工程大学土木工程科学习铁路建设,但中途辍学回国参加辛亥革命。回国后他看到我国作为一个农业大国,农业落后,农村凋敝,农民食不果腹。特别是长期以来水利失修,旱灾、水灾频仍。每当灾害来临,便是哀鸿遍野,饿殍载道。他曾亲眼目睹了家乡关中大旱时人相食的悲惨景象,这使他痛心疾首不已。

他的家乡关中,在历史上就有著名的水利工程——郑国渠和白渠,它们曾造福百姓,利济一方。他对修筑郑国渠的郑国和修筑白渠的白公敬佩不已。他想起历史上:魏以引漳而富,秦以引泾而强,蜀修都江堰而获天府之国美称,苏杭以太湖水利而富甲天下。他以史为鉴,认定"水可兴国"。

特别是他留学德国时,游历了俄、法、荷、比、英、瑞等欧洲各国,考察了河流闸堰堤防。看到那里水利发达,农业兴旺的景象,回想我国水利事业的颓败和农业的衰落,更激起了他"水利救国"的宏愿。他认为水利与农业、工业、商业、交通等都休戚相关,是社会安定、国家兴旺的最基本事业和文明程度的重要标志。他第二次赴德时,毅然放弃了铁路建设专业，义不容辞地改学了水利。他决心终生以治水为志，学习西方先进的水利工程科技，总结、发掘中国丰富的传统治水经验，求郑白之愿，效大禹之业，振兴中国水利事业。

要做大事，不要做大官

1915年，李仪祉从德国留学归来，踌躇满志地回到陕西，准备为家乡的水利事业做些实事。不想陕西政局不稳，加之财政困难，为家乡兴修水利的愿望，只好暂时搁置。

他应全国水利局总裁、实业家张謇之聘请，参与创办我国第一所高等水利学府——南京河海工程专门学校，任教务长。当时高等水利教育事业初兴，教师、教材都十分缺乏。他除了亲自讲授《现代水工》和我国古代治河理论外，还四处延揽有真才实学的著名学者、专家到学校任教。他曾聘请茅以升任教授，请竺可桢讲学。他亲自编写教材，编写了《水功学》《水力学》《水工试验》《潮汐论》等教科书。他还亲自动手将各地的水利工程做成模型，进行直观教学。他还带领学生到海河流域等河流实地考察，联系实际示范引导。

李仪祉纪念馆，位于陕西省泾阳县王桥镇

他在河海工专执教7年，培养了200多名我国现代水利科技的骨干专家。著名水利专家宋希尚、沙玉清、汪胡桢等都出自于他的门下。

他还先后参加创办了三秦公学、陕西水利道路工程专门学校（后改为西北大学工科）、陕西水利专修班（后改为西北农学院水利系），担任教授、校长，兼任陕西省教育厅厅长。他还在北京大学、清华大学、同济大学、第四中山大学、交通大学执教，造就了大批科学技术人才，为我国水利工程教育事业做出了卓越贡献。

他教书育人从不计个人得失。1923年，他创办陕西水利道路工程专门学校时，由于当时人们对水利和交通认识不足，报考的人仅有七八名。李仪祉"不以投考者寥寥而懈其志，常围坐庭院，讲述泾渠计划，农事改良，水利之切要"。在强调"水利之切要"时，他说："水利实为利农要图。西北地势高亢，旱灾时见，不有水利，农事何赖？"

他教育学生学好水利知识，为国家的振兴建功立业。他对学生说："要做大事，不要做大官，一切事情要讲求实际，不要争虚名。将来学成到民间，改良农作物，指导农民复兴农业，挽救岌岌可危的国家。这么大的责任都要放在诸位的肩膀上，是多么大的使命！"他说："学工程的青年，于求学时代便应存一济民利物的志愿，日展其所学，便时时想到如何可供一般人民受到我的益处。"

他看到西方科学技术的先进，大力主张学生们学习西方先进的水利科技，同时总结发掘我国丰富的传统治水经验，"用古人之经验，本科学之新识"。他还要求学生理论联系实际，使学生由"通、广、博"向"专、深、约"发展。

为了壮大我国水利事业的科技人才，他采取"请进来"、"送出去"的方法，培养年轻一代。他想尽办法筹集资金，选送优秀的学生出国深造。又请国外的著名学者、专家来学校讲学。由于他在水利教育事业上的卓越贡献，他被誉为我国"近代水利导师"。

效郑白之志　兴关中水利

1922年，李仪祉离开南京回到陕西，任陕西省水利局长兼渭北水利局总工程师。他多年以来效法郑国、白公振兴关中水利事业的宏愿，终于可以实施了，他兴奋不已。他设想在关中修筑八条大渠：泾惠、渭惠、洛惠、梅惠、黑惠、涝惠、沣惠、泔惠，即"关中八惠"，彻底解决关中地区的干旱问题。但工程量巨大，只能一步步进行。他准备先解决引泾灌溉工程，于是四处网罗人才，组织引泾灌溉工程的勘探设计。1924年引泾灌溉工程的勘探设计工作胜利完成。

不想陕西当局根本无视水利建设，处处作梗，工程资金更无从解决，李仪祉痛斥当局尸位素餐无视百姓疾苦的不良行径，愤然辞职而去。他在给友人的信中说："弟自十一年（1922年）回陕，乡人之属望愈切，弟心神之苦痛愈甚。荏苒光阴，去我知矢，望小辈努力成功也。"其壮志未酬之苦痛，对乡人期望落空之歉疚溢于言表。

关中八惠之洋惠渠渠首

后来陕西接连三年大旱，要求兴修水利的呼声日渐高涨。1930年，杨虎成督陕，任陕西省主席，他召回李仪祉并任其为省政府委员兼建设厅长，于是，引泾灌溉工程提上议事日程。省政府筹款40万元，华洋义赈会筹款40万元，美国檀香山华侨募捐15万元，朱子桥先生捐出水泥2万袋。各方共筹款百万余元，工程于1930年顺利开工。1932年6月，泾惠渠第一期工程完工通水，可灌溉土地50万亩。1935年第二期工程完工，扩灌面积至65万亩，成为当时中国现代化水利工程之典范。

在兴修泾惠渠不久，洛惠渠也开始动工，李仪祉不顾重病在身，组织、领导了洛河的勘测工作。洛惠渠由于工程艰巨，至解放初才得以完工。渭惠渠也于1935年开工，1937年第一、二期工程相继竣工，可灌溉土地30万亩。不久梅惠渠开工兴建。1938年初，李仪祉抱病赴郿县参加渭惠渠拦河大坝南土坝合龙工程，回家后因心力交瘁卧病不起，不久便离世。至1938年李仪祉逝世，泾惠、渭惠、洛惠、梅惠四渠初具规模，共可灌溉土地180万亩，关中的万顷旱田成为了旱涝保收的米粮川，初步实现了"郑白宏愿"。李仪祉去世后留下了《引泾论》《考察龙洞渠报告》《测勘黄渭航道报告》等几十篇有关关中水利的著作。

科学治黄　综合治理

1933年，李仪祉奉命筹建黄河水利委员会。8月，黄河发特大洪水，中下游决口70余处。李仪祉抱病前往南京参加救灾工作，堵塞决口，救助灾民。黄河水利委员会成立后，他全力投入治黄工程。他不畏艰险，亲赴黄河上下游各地踏勘水情、地势，根据我国独特的地理环境，结合国外的水利科技和我国古代传统的治水经验，提出了一整套科学工作治理黄河的理论。

他主张治理黄河要上中下游并重，防洪、航运、灌溉和水电兼顾。这些理论改变了几千年单纯着眼于黄河下游的治水思想,将治理黄河的方略向前推进了一步,并为我国现代水利的发展奠定了基础。

他首先提出要科学治河。中国几千年治理黄河靠的是官僚治河,不管懂不懂得水利,官吏们都可参与治河。李仪祉说:"然历来施于河之治功多矣,迄今成效者何?""筑堤无学理之研究,守护无完善之方法,官吏无奉公之才德耳!欲根本图治,一要施科学的研究,二当改变其河务组织,洗清流弊,力谋更新始可。"他一针见血地指出长期以来治理黄河不见成效的根本原因:一是不讲科技,二是社会、河政方面的原因。

关中八惠之洛惠渠渠首

他提出,现代水利靠的是科技治河和专家治河。"通过精确测勘,了解流域中丘壑形势、气候变迁、流量增减、沙淤推徙及床址长削原因"。此外,还要有严密的水工试验,作为治理工程的依据。

依据水利科技和黄河独特的地理、水文特点,他提出黄河的治理要上中下游综合治理。黄河为害的根本原因是泥沙淤积。泥沙主要来源于上中游,如何减少泥沙淤积?

他提出:上游要植树造林,防止泥土冲刷;还要在山谷设置谷坊、横堰,平缓水势;平治阶田,开辟沟洫,减少泥沙下泄。中游在干支流上修建水库,控制洪水,避免沙淤。而下游的防洪,主要是为洪水"筹划出路,务使平流顺轨,安全泄泻入海"。具体做法为整治河槽,开辟减河,疏浚河口。

其中植树造林,防止泥土冲刷是治理黄河之本,它开了我国水土保持理论之先河,为我国水土保持研究奠定了基础。

在繁忙的治理黄河的实践中,他还抓紧时间埋头著述,写下了《黄河治本之探讨》《黄河水文之研究》《黄河流域土壤研究计划》《宋以前河堤之概况》《治理黄河工作纲要》等40多篇治理黄河的理论文章,为我们留下了一笔宝贵的水利科技遗产。

在《黄河治本计划概要叙目》中,他高瞻远瞩地提出黄河治理的根本方略和长远规划,其内容为:黄河下游河防整理计划、黄河入海口整理计划、黄河干支流水库建设计划、黄河防沙计划、黄河流域造林计划、黄河干支流水利计划。他还把黄河的除害和兴利结合起来,提出综合开发利用黄河,为民造福。他提出灌溉、放淤、垦荒、航运、水电五大水利综合开发计划,将黄河百害变为百利。

在管理体制上,他主张水政统一,河政统一。在黄河的治理中,他多次提出流域的统一管理,以免政出多门,对于今日的流域管理也有重要的意义。

他还参加了长江、淮河、海河的治理研究。他勘测了长江上中游,提出了坚堤,护岸,消除洪水暴涨,确保河道航运等措施,写下了《对于治理扬子江之意见》等重要理论文章。他对海河的治理重点放在治理永定河上,写下了《永定河治本计划》。他曾筹划了白河水利,设置了黄河水文站,勘察了运河和淮河,拟定了导淮计划,设计了杭州湾新式海塘,在天津创建了我国第一个水工实验室。他一生著述丰厚,共撰写了水利科技文章多达200余册(篇),至今仍有着重要的科学价值。

立德 立功 立言者不朽

李仪祉先生多年来为了实现他"水利救国"的理想,一直超负荷工作,正如他所说:"竭尽余之所能,贡献国家。"后终因积劳成疾,于1938年3月8日病逝于西安,终年57岁。

当年在西安参加追悼会的群众多达万人,当他的灵柩运往泾阳陵园时,有五千多当地群众自发地为其挥泪送别,他们深深缅怀这位水利工程大师、一代贤哲为民造福的伟大功绩。当时的《大公报》写道:"李先生不但是水利专家,而且是人格高洁的模范学者,一生勤学治事,燃烧着爱国爱民的热情,有公无私,有人无我。"于右任先生为他题写了挽联:"殊功早入河渠志 遗宅仍规水竹居",纪念他爱国救民鞠躬尽瘁的精神。

人少有不朽的,只有立德、立功、立言者,才能不朽。李仪祉先生以他卓越的才华和鞠躬尽瘁的工作,成就了他不朽的人生。今天陕西关中家乡的人民感念着"关中八惠"带给他们的福祉,河海大学的师生们遵循他为民造福的精神改造河海,更多的人为了李先生强国富民的理想在努力奋斗着。

冯玉祥：爱国将军水利情

在泰山脚下，长眠着一位伟人，墓碑上刻着生前自己所题的墓志铭："平民生，平民活。不讲美，不讲阔。只求为民，只求为国。奋斗不懈，守诚守拙。此志不移，誓死抗倭。尽心尽力，我写我说。咬紧牙关，我便是我。努力努力，一点不错。"他，就是爱国将军冯玉祥。冯玉祥的自题诗，生动形象地展现了其朴实无华的精神风貌，为国为民的理想抱负。邓小平高度评价冯玉祥，"是很值得我们纪念的人物，他的一生有相当长的时间为国家和人民做了许多好事，建立了丰功伟业"。在冯玉祥的丰功伟业中，水利贡献功勋卓著。

冯玉祥（1882—1948）。谱名基善，表字焕章。原籍安徽省巢县（今巢湖市）夏阁镇竹柯村，生于直隶青县（今属河北沧州市）。西北系军阀首领，国民革命军陆军一级上将军衔。

冯玉祥照

水利发展系民生

旧中国灾荒不断，水旱灾害频发。1928—1930年，豫陕甘三省发生了历史上罕见的大旱灾。严重的干旱使冯玉祥深刻认识到水利重要性，他说："水利为人民生命大事，此事不成，则一般人民之性命均在不可知之数。""水利之事不能办好，不论何时，人民之苦不能救也。"他提出："国家应为人民办理之事，首要者为水利。"

冯玉祥认为"三民主义，最要者为民生主义，目的在使大多数同胞，皆得良好之衣食住行"。而"民生问题，莫要于水利二字"。在1928年8月召开的国民党二届五中全会上，冯玉祥提出《本党对于民生衣食住行四大需要应有最低限度之紧急设施建议案》。建议案提出发行水利公债，兴办水利，治理河流，挖渠打井，通过增加农业生产而提高人民生活水平，充分表达了冯玉祥对百姓生活的倾心关注。在冯玉祥的努力争取下，该建议案获得通过。

在1929年7月4的日记中，冯玉祥写道："我在小钟楼上写字，南望汾河之水白白流去，而此间人民反苦旱灾，真是觉得国家民族太无知识，无办法，万分叹息。午后约

6点,汾水大涨,人民房屋庄稼多被淹毁,伤心之至。"

驻军常德期间,冯玉祥安排部队修筑加固了常德城西南城墙和城墙下面的石堤。此后,山洪暴发,城墙固若金汤,百姓免遭洪涝灾害。冯玉祥还安排部队在常德江边筑建码头,搭上条板,伸入河中,方便居民远离岸边生活污水,取清水饮用。为了改变家乡的农田条件,冯玉祥自掏腰包在巢县修建了祝家坝拦水工程,惠及附近千亩良田。在泰山隐居时,当冯玉祥看到"泰安地势干燥,旱多涝少,一遇久旱,不但无灌田之水,且感饮料之艰",随在五贤祠"修坝三道,每道约七八尺不等,储水颇多。前年天旱之时,山居竟不缺水"。

抗日战争胜利后,冯玉祥赴美考察水利。冯玉祥计划回来后"在黄河上游办大坝的工作,作出许多T.V.A来,使北方永远没有旱灾,永远没有水灾,并且农村都变成电气化。"冯玉祥考察了美国加州工专与农部合办的水利实验场、世界最高的波尔得坝、密西西比河的筑堤护岸及河口工程、T.V.A的水库等。

田纳西流域管理局所辖流域的综合开发和良好的水土保持状况使他深受启发。他提出,中国防治水土流失,必须赶紧在西北的山头、山谷等地筑坝。当冯玉祥看到美国发达的农业水利时,随即给故乡巢县地方官员写来长信,建议到:"巢县雨多即淹,雨少即旱,应在山凹里建水坝……若能做100个,或200个大坝,就没有水、旱灾,人民不会饿死,也不会忘记你的恩德。""巢县荒山太多,应组织一个森林栽培委员会,每年种100万棵树,就没有旱、涝年。"冯玉祥还特别教导地方官员:"人民是主人,县长是仆人,……(百姓)无论大事、小事、好办的、不好办的,都要马上见,马上谈,给他们解决困难。"

冯玉祥认为水利是一项长期的任务,必须要有专门人才持之以恒地干下去。为培养水利人才,1922年,冯玉祥创办"河南省水利工程测绘养成所",培养出水利工程测量专业人才59名。1927年,他开办"凿井技术训练班",培养凿井技师100余人。1928年,又筹办了"河南省水利技术传习所",培养了有关水利专业技术人才150名。除了在当地举办这种专门的训练班之外,冯玉祥分送西北军军官至金陵大学农林科学习,更好推广农林事业。

筑堤抢险永定河

永定河是"北京的母亲河",也是为数不多的御赐河名。永定河,其实在清代以前叫"无定河"。1698 年,康熙赐予"永定河"名,意在"永不为患"。这条历史悠久的河流,催生了古老的北京城。永定河发源于山西北部的管涔山,流经黄土高原时,夹带了大量泥沙。出西山口进入宛平后,由于地势平坦,水流缓慢,所携泥沙到此处淤积,以致水势迂曲,河床游移不定,多次河水泛滥。康熙帝鉴于水患危及京师,曾筑"永定大堤"以固河槽。

然而事与愿违,永定河曾多次决堤,给沿岸人民带来了巨大损失和深痛灾难。1923 年、1924 年连续两年,冯玉祥率部队修治永定河大堤,保护沿岸人民的生命和财产。竖立在永定河畔丰台镇北天堂村龙王庙前的《冯检阅使德政碑》,就记载了 1924 年冯玉祥抢修永定河的过程。

永定河美景

1923 年,永定河石景山下游部分堤段,由于年久失修,损坏严重,一旦遇到洪水暴发,将直接威胁百姓和城市安全。5 月,永定河河工局官员张伯才等人就永定河修治事宜拜访冯玉祥,希望得到冯玉祥部队的支持。冯玉祥表示,军人的职责就是保国卫民,疏浚河道,消除隐患,造福百姓,是利国利民的大事,刻不容缓,全力支持。冯玉祥与当时负责督办水灾河工事宜的熊希龄商议后,决定在修复毁损河堤的同时,再挖新河床,双管齐下。冯玉祥集合部队,亲自做动员令。5 月 19 日,近千人的治河部队开赴治河现场,投入战斗。6 月 18 日,冯玉祥专门赶赴河工现场,慰问施工部队,并与大家一起野餐,极大地鼓舞了官兵士气。经过两个月昼夜不息的施工,治河任务完成,确保了汛期安全。

1924 年夏天,北京连降大雨,永定河发生了民国时期最大洪水。永定河北岸险情迭出,丰台镇南黄土坡堤岸被特大洪水冲开缺口达一百四十多丈宽。河务局急电检阅使冯玉祥,恳请速派部队抢救。冯玉祥火速派京畿警备司令鹿钟麟、李鸣钟率领军队两千多人到堤岸协助防汛。当时洪峰猛烈,官兵们不分昼夜,冒雨抢护。到 8 月中旬,冯玉祥又加派了两个团抢险救灾。冯玉祥前往永定河查看水势，随后带领慰劳团到抢护永定河危险地段的黄土坡散发罐头、饼干等食品，慰劳官兵。在抢险护堤中，官兵一个个争先恐后，奋不顾身。官兵们克服了许多难以想象的困难：缺少抢险材料，他们自己设法解决；因赶赴抢险时情况紧急，没有准备灶具，官兵们渴了就饮河中泥水解渴，饿了就吃干馍；由于河堤地狭人多，官兵们晚上就人挨人挤在草席上露宿；冯玉祥部队纪律严明，在防汛堤外有一处荷田，官兵们尽管有时饥饿难耐，但没有一个人偷吃莲藕。

冯玉祥部队吃苦耐劳、不畏艰险、勇于牺牲的精神赢得了人们的尊敬和爱戴，受到了《泰晤士报》《上海时报》《中华报》等媒体的广泛赞誉。《中华报》评说："冯军乃执干戈卫社稷之士也。御外侮则可，抢护河险，非其分内事也。事有专责，责在内务部水利局各机关负之。而负责之各机关，竟一筹莫展，完全推之冯军。冯军不辞劳瘁，毅然担任，夜以继日。是冯军只知为民，未遑计其职责何在也。吾甚为京畿一带人民幸云。"近代著名新闻工作者邵飘萍，称赞冯玉祥部队抢险的成功，"最与人民国家有关之惊天动地的功业"。洪水过后，当地老百姓为纪念冯玉祥和这次抢险行动，把抢险时修筑的堤称为"冯公堤"。

经营西北兴水利

1925年，冯玉祥任西北边防督办，管辖着察、绥、甘、宁广大地区。西北地区幅员辽阔，但经济落后，基础条件薄弱，自然灾害频发，百姓生活贫穷。冯玉祥认为："经营西北，最要者为水利。"农业作为传统产业，在经济中占有重要地位，而农业的发达，有赖于水利工程的兴修。冯玉祥统筹谋划，采取各种举措，兴修水利，开垦土地，造福人民。

1927年3月，冯玉祥主持通过《陕甘建设会议议决案》。其中，水利议决案中，明确："1、渭北引泾：业经总司令部每月拨款五万元，由建设部负责办理。2、宁夏渠工：由甘肃省政府将现有各渠剔除管理积弊，已废各渠迅速派员查勘，设法兴复。3、勉县水利。4、渭南赤水渠工。5、三桥堤工。6、临潼斜口堤工。7、改良汉中三河堰。以上3、4、5、6、7五项，由建设部派员查勘后再定办法。8、兰州西固城渠工：由甘肃省政府查勘拟具办法。

9、恢复沟洫之制。10、筑堰防止沟壑之扩大。以上两项应由李协绘具详图加以浅显说明,多印小册分发各县、各机关及各学校传阅,以资仿办。"

冯玉祥部队每到一处,都配合当地百姓,开河渠、凿井水,灌溉农业。在甘肃靖远县,通过筑堤开闸,引水灌溉,使近两万顷滩地变成良田。在玉门和酒泉地区,开辟河道,引山上雪水灌溉农田。在陕西临潼洞口开河,使附近田地悉获保障。在五原,疏通了黄河的泥沙淤塞。在张家口,疏浚因山洪阻塞的河道,加高堤岸,并建筑清河桥,改善了河两岸的交通。

1928—1930年豫陕甘三省发生了历史上罕见的大旱灾。冯玉祥认为:"欲救陕甘之灾,首应兴水利,以利农事"。"兴修水利为第一要务,不可缓。"进行抗旱斗争最有效的办法就是兴修水利。1928年10月,冯玉祥发布《通令帮百姓掘井开渠电》,要求部队官兵努力帮百姓掘井开渠。

冯玉祥命令部队和民众在黄河两岸安装抽水机,引黄河之水灌溉农田。又令在黄河、沁河挖渠开塘,引水抗旱。3个多月时间里,在沁河两岸的武陟、博爱、沁阳三县境内,共修筑旧闸口33处,新闸口5处。1929年2月,在河南辉县开渠引百泉之水灌溉农田。

除了充分利用地表水,冯玉祥还大力提倡凿井灌溉。冯玉祥亲率部队,为民打井。还经常深入田间,教农民使用铁管、竹管等简便方法打井。为抗御旱灾,他要求河南在两个月的时间内,"大县凿井二百口,中县一百五十口,小县一百口",并规定规格质量标准。为了解决群众凿井在人力物力方面的不足,他提倡进行合作互助,明确"水地户联合共凿一井者,县政府得给以十元之补助,以资奖励"。

为解决灌溉工具问题,冯玉祥令各省购置吸水机,令兵工厂制造水车,无偿让老百姓使用。他还命人在开封西门设木厂,制造龙飞水车,供百姓汲水灌田。

1929年,因辉县百泉年久失修,水量大减。冯玉祥立即拨款让新辉水利支局"把所有泉池一律疏浚,增加水量以灌农田"。冯玉祥和夫人还亲自到梅溪、卓水参加修渠、凿井。为感谢和纪念冯玉祥将军,当地百姓把他领导开凿的水井称为"冯井",挖出来的泉定名为"冯泉"。

河南辉县百泉今景

植树造林涵养水

中国自古以来，就有植树造林传统。《礼记》有言："孟春之月，盛德在木。"五帝时代，舜便设立了九官之一的"虞官"，处理全国的林业事务。秦始皇统一中国后，便下令在道旁植树作荫蔽之用。明太祖朱元璋在推行一系列振兴社会经济文化措施中，就有植树造林一项。1915年，在孙中山的倡议下，民国政府以每年清明节（每年4月5日前后）为植树节。1928年4月7日，民国政府通令全国："嗣后旧历清明植树节应改为总理逝世纪念植树式"，规定每年3月12日举行植树式，以纪念革命先驱的植树造林愿望。

作为孙中山先生的景仰者，冯玉祥特别重视植树造林。在冯玉祥看来，植树造林是一项关系国计民生的大事，可以绿化荒山，可以涵养水土，改善自然环境，抵御水旱灾害。冯玉祥认为，植树造林是治理黄河的重要途径，"查豫陕甘鲁宁青六省区，黄河横亘其间，只因疏治无方，辄为间阎之害。首要之图，莫先于沿河两岸多种树株。既可增加雨量，复可巩固堤防"。他一再强调地方政府要认真办理，不可徒托空言，"多为人民种一行树，即多为人民谋一份福利。此实目前切要之图，万不容怠忽者也"。1928年3月，冯玉祥当面指示河务局长张文炜要"以植树为巩固堤防治河之本"。

冯玉祥认为，陕甘旱灾原因很多，"而以树木缺乏，不能吸收水分，实为主因"。他分析了森林的重要性，"树木之于人，利益极大，调和风雨，变化气候。""森林于国计民生甚有裨益，其重要实不亚于五谷杂粮，……要知水旱灾害之多寡，殆可以森林之盛衰为转移：森林盛者，水旱灾害均可减少；反之则水旱频仍，为害甚巨。……豫陕甘三省地素干燥，易成旱灾。黄河两岸，又每发水灾，百数十村，辄成泽国。倘此时能惩前毖后，广为植树，多辟极大苗圃，则数年或数十年后，此种灾害，或可减少，或竟至全无。此诚百年大计，决不可忽也"。为了改善豫陕甘地区的生态环境，从而有效防止水旱灾害的发生，冯玉祥大力提倡植树造林，鼓励民间种树。1929年1月，冯玉祥在南京购买白榆树苗，运送豫陕等省。他还要求西部省份因地制宜，选购树苗，广为栽种。

把水的权力关进笼子，让它更合理地流淌
——后记

这本书写了很久。它的大部分篇什来自于我所供职的杂志的一个栏目——江河人生。当初创立这个栏目，意图只是梳理一下与水事相关的人物传记。用编年体例，从大禹起笔，慢慢写。

但事实上，这个写作过程，是一个奇妙的生命融合过程。它让我能有动力、有时间去翻阅历史，去了解和观看那些被尘封的水利人生。我不敢说那些历史著述和写作过程中的思考给过我什么直接的生活助益，但也许那些东西就是这样悄然沉淀进我的血管，成为我认识世界的一个角度或者方法。

从夏而今，凡几千载。水之利害，意也远矣。防洪、漕运、农田水利，甚至军事国防，水是文明史上的真正主角，水与人的关系则是文明史上最重要的关系。水从来不像抒情诗人一厢情愿的比喻——母亲；更多的时候，水更像一位震怒的暴君，不羁的浪子，任性的孩童……作为人，你所能做，就是把水的权力关进笼子。只有在这种条件下，水才会呈现出它静美、宽仁、容忍和善意的一面。

而本书中涉及的大部分历史人物，恰恰就是去完成这样一个艰巨的任务——把水的权力关进笼子。无论是圣如禹王，抑或是霸如杨广，无论是成功如潘季驯，抑或是失败如钱四娘，无论是巧思如宇文恺，抑或是精明如王同春……他们所做，无非就是把水的权力关进笼子，让它们为人所用，让它们更合理地流淌。

水德即为道德。举凡跟水相关项，必涉及巨大，耗费国帑之众，令人唏嘘。甚至即使投入巨大，也常常会无功而返。如果国库本就单薄，治水兴利亦更多艰，故而才会诞生郑国这样思量"疲秦之计"的工匠，岂料结局竟是只延韩数岁之命，却令秦关中沃野千里。不过这样的故事，在历史上尚属孤本。有时则因糜费众多，遭人诟病倾轧，贬职罢官；此间因涉及利益巨大，亦有以身犯险的贪狼，致陷囹圄者众。所以，把水的权力关进笼子之时，亦当将人的权力关进笼子。

但治水本身又需要给官员足够的自由度，让他及时得到钱粮、人力的补给。如果朝廷处处掣肘，错过天时地利，也只能令人扼腕。所以我们在这本书上也能看到，官员的心寒，无奈的喟叹，都在情理之中。所以举凡涉水事项，君主的胆识，大臣的才具，官员的良心，百姓的向背，缺一不可。故而，若"筑堤无学理之研究，守护无完善之方法，官吏无奉公之才德"，亦难功成。

故而，本书在讲述历史人物故事的时候，没有仅仅讲述他与水利工程、水利事件本身的故事，而是涵盖了他的生平小传，以便让读者了解这个人物的来龙去脉。让大家明白，为什么在历史的这一时段，他正做着这样一件事。在个人史、朝代史，甚至人类历史的流态中，他演出着什么样的角色，负载着什么使命。

最后，向李宗新、靳怀堾、汤鑫华、程晓陶、孙志禹各位师长言谢。

2015 年 3 月

图书在版编目（CIP）数据

图说水利名人 / 任红等著. -- 北京：中国水利水电出版社，2015.6
（图说中华水文化丛书）
ISBN 978-7-5170-3321-9

Ⅰ. ①图… Ⅱ. ①任… Ⅲ. ①水利建设－名人－生平事迹－中国 Ⅳ. ①K826.16

中国版本图书馆CIP数据核字(2015)第130288号

丛 书 名	图说中华水文化丛书
书 名	图说水利名人
作 者	任红 陈陆 刘春田 张春平 傅世金 陈渭忠 著
出版发行	中国水利水电出版社
	（北京市海淀区玉渊潭南路1号D座 100038）
	网址：www.waterpub.com.cn
	E-mail: sales@waterpub.com.cn
	电话：(010) 68367658 (发行部)
经 售	北京科水图书销售中心 (零售)
	电话：(010) 88383994、63202643、68545874
	全国各地新华书店和相关出版物销售网点
书籍设计	李菲
印 刷	北京印匠彩色印刷有限公司
规 格	215mm×225mm 20开本 18.4印张 346千字
版 次	2015年6月第1版 2015年6月第1次印刷
印 数	0001—4000册
定 价	68.00元

凡购买我社图书，如有缺页、倒页、脱页的，本社发行部负责调换
版权所有·侵权必究